国家出版基金项目
NATIONAL PUBLICATION FOUNDATION

海外著名汉学家评传丛书

葛桂录 主编

Academic Biographies
of Renowned
Sinologists

王丽耘 著

A CRITICAL 大卫·霍克思 评传 BIOGRAPHY

David Hawkes

山东教育出版社
·济南·

图书在版编目（CIP）数据

大卫·霍克思评传 / 王丽耘著 . — 济南 ： 山东教育
出版社，2023. 12
（海外著名汉学家评传丛书 / 葛桂录主编）
ISBN 978-7-5701-2741-2

Ⅰ. ①大… Ⅱ. ①王… Ⅲ. ①大卫·霍克思—评传
Ⅳ. ① K835. 615. 81

中国国家版本馆 CIP 数据核字（2023）第 223939 号

DAWEI HUOKESI PINGZHUAN
大卫·霍克思评传

王丽耘　著

总 策 划	祝 丽	
责 任 编 辑	董 丁	
责 任 校 对	刘 园	
装 帧 设 计	书籍 / 设计 / 工坊 刘运来工作室	

主 管 单 位　山东出版传媒股份有限公司
出 版 人　杨大卫
出 版 发 行　山东教育出版社

地　　址　济南市市中区二环南路 2066 号 4 区 1 号
邮　　编　250003
电　　话　(0531) 82092660
网　　址　www.sjs.com.cn

印　　刷　济南精致印务有限公司
开　　本　710 毫米 x 1000 毫米　1/16
印　　张　30.75
字　　数　456 千
版　　次　2023 年 12 月第 1 版
印　　次　2023 年 12 月第 1 次印刷
定　　价　139.00 元

如印装质量有问题，请与印刷厂联系调换，电话:0531-88783898

大卫·霍克思（David Hawkes, 1923—2009）

—

图片来自
香港中文大学特藏库"霍克思文献"
2000年5月5日在牛津与琼庆祝金婚纪念日的大卫·霍克思

总　序

　　"汉学"（Sinology）[1]概念正式出现于19世纪。1814年，法国法兰西学院设立了被称为西方汉学起点的汉学讲座。我国学界关于汉学概念的认知有所差异，比如有关"汉学"的称谓就包括海外汉学、国际汉学、域外汉学、世界汉学、中国学、海外中国学、国际中国学、国际中国文化等，近年来更有"汉学"与"中国学"概念之争及有关"汉学主义"的概念讨论。[2]李学勤先生将"汉学"看作外国学者对中国历史文化和语言文学等方面的研究。阎纯德先生在为"列国汉学史书系"所写的序言中说，中国人对中国文化的研究应该称为国学，而外国学者研究中国文化的那种学问则应称为汉学，汉学既符合中国文化的学术规范，又符合国际上的历史认同与学术发展实际。[3]这样，我们在综合国内外学者主流观点的基础上，目前拟将"（海外）汉学"初步界定为国外对中国的人文学科（如语言、文学、历史、哲学、地理、宗教、艺术、考古、人类学等）的研究，也将其作为本套"海外著名汉学家评传丛书"选择

---

[1] 指代"汉学"的Sinologie（即英文的Sinology）一词出现在18世纪末。
[2] 顾明栋：《汉学主义：东方主义与后殖民主义的替代理论》，张强、段国重、冯涛等译，北京：商务印书馆2015年，第40-140页。
[3] 阎纯德：《汉学历史与学术形态》，见阎纯德主编：《汉学研究》（总第十集），北京：学苑出版社2007年。

02

传主对象的依据之一。当然，随着海外汉学研究不断深入拓展，它所囊括的范围也将包括政治、社会、经济、管理、法律、军事等国际中国学研究所涉及的社会科学范围，打通国际"汉学"和"中国学"研究的学术领域。正如国内海外汉学研究的领军人物张西平教授所说，我们要树立历史中国和当代中国统一性的正确史观。[1]

中国自公元 1219 年蒙古大军第一次西征引发与欧洲的"谋面"始，与西欧就有了越来越多的接触与交流。数百年来的中西文化交流史，同时也是海外汉学的发展史，在这一历史过程中，海外汉学家是研究与传播中国文化的特殊群体。他们在本国学术规范与文化传统下做着有关中国文化与文学的研究和翻译工作。从中外交流的角度挖掘一代代海外汉学家的存在价值并给予其科学的历史定位，既有益于中国文化走向世界，也有利于中国学术与世界接轨，因而该领域的研究工作亟待拓展与深化。

本丛书旨在通过撰著汉学家评传的方式，致力于海外汉学研究的深耕掘进，具体涉及汉学家的翻译、研究、教学、交游，重点是考察中国文化、文学在异域的接受轨迹与变异特征，进而从新世纪世界文化学术史的角度，在中华文化与世界主要国家文化的交流、碰撞和融合之中深入探索中华文化的现代意义，加深对中华传统文化价值的认识，借此推动学术界关于"中学西传"的研究更上新台阶，并促进海外汉学在学科自觉意义上达到一个新高度。

一、海外汉学与中华文化国际传播

海外汉学的发展历程是中华文化与异质文化交流互动的历史，

---

[1] 张西平：《历史中国和当代中国的统一性是开展中国研究的出发点》，载《国际人才交流》2022 年第 10 期。

也是域外学人认识、研究、理解、接受中华文化的足迹，它昭示着中华文化的世界性意义。参与其中的汉学家是国外借以了解中华文化的主要媒介，中华文化正是在他们的不懈努力下逐渐走向异域他乡，他们在中华文化走向世界的过程中做出了特殊的贡献。

季羡林先生早在为《汉学研究》杂志创刊号作序时就提醒世人不可忽视西方汉学家的重要价值："所幸在西方浑浑噩噩的芸芸众生中，还有一些人'世人皆醉，而我独醒'，人数虽少，意义却大，这一小部分人就是西方的汉学家……我现在敢于预言：到了 21 世纪，阴霾渐扫，光明再现，中国文化重放异彩的时候，西方的汉学家将是中坚人物，将是中流砥柱。"[1]季先生还指出："中国学术界对国外的汉学研究一向是重视的。但是，过去只限于论文的翻译，只限于对学术论文、学术水平的评价与借鉴。至于西方汉学家对中西文化交流所起的作用，他们对中国所怀的特殊感情等等则注意还不太够。"[2]

事实上，海外汉学家将中华文化作为自己的兴趣关注点与学术研究对象，精心从事中华文化典籍的翻译、阐释和研究，他们丰富的汉学研究成果在其本国学术界、文化界、思想界相继产生了不小的影响，并反过来对中国学术发展产生了一定的促进作用。汉学家独特的"非我"眼光是中国文化反照自身的一面极好的镜子。通常汉学家不仅对中华文化怀着极深的感情，而且具有深厚的汉学功底，是向域外大众正确解读与传播中华文化的最可依赖的力量之一。尤其是专业汉学家以对异域文化、文明的译研认知为本位，其研究与译介中国文化与文学本着一种美好的交流愿景，最终也成就

---

[1]季羡林：《重新认识西方汉学家的作用》，见季羡林研究所编：《季羡林谈翻译》，北京：当代中国出版社 2007 年，第 60 页。
[2]同上。

了中外文化与文学宏大的交流事业。他们的汉学活动提供了中国文化、文学在国外流播的基本资料，因而成为研讨中华文化外播与影响的首要考察对象。

自《约翰·曼德维尔游记》（*The Travels of Sir John Mandeville*，1357 年）所代表的游记汉学时代起，海外汉学至今已有六个多世纪的历史。如果从传教士汉学、外交官汉学或学院专业汉学算起，也分别有四百多年、近三百年以及约两百年的历史。而中外文化、文学交流的顺利开展无法绕过汉学家这一特殊的群体，"惟有汉学家们才具备从深层次上与中国学术界打交道的资格"[1]。

19 世纪下半叶至 20 世纪初，随着第二次工业革命的兴起，西方国家对海外市场开拓的需求打破了以往传教士汉学时代以传教为目的而研讨中华文明的格局，经济上的实用目的由此成为重要驱动力，这一时期是海外汉学由"业余汉学"向"专业汉学"转变的过渡时期。海外汉学在这一时期取得了较大的突破，不论汉学家的人数抑或汉学著述的数量皆有很大增长。

尤其随着二战以后国际专业汉学时代的来临，各国学府自己培养的第一代专业汉学家成长起来，他们对中华文化的解读与接受趋于准确和理性，在中华文化较为真实地走向世界的过程中做出了巨大贡献。他们是献身学术与友谊的专业使者，是中国学术与世界接轨的桥梁。其中如英国著名汉学家大卫·霍克思（David Hawkes），他把自己最美好的时光献给了他所热爱的汉学事业。霍克思一生大部分时间都用于中国文化、文学的翻译、研究、阐释与传播。即使到晚年，他对中华文化的热爱与探究之情也丝毫未减。2008 年，

---

[1] 方骏：《中国海外汉学研究现状之管见》，见任继愈主编：《国际汉学》（第六辑），郑州：大象出版社 2000 年，第 14 页。

85 岁高龄的他与牛津大学汉学教授杜德桥（Glen Dudbridge）、卜正民（Timothy Brook）专程从牛津搭乘火车赶到伦敦，为中国昆剧《牡丹亭》青春版的英国首次演出助阵。翌年春，霍克思抱病接待前来拜访的时任中国驻英大使傅莹女士。傅莹大使赠送的一套唐诗茶具立即引起霍克思的探究之心，几天后他给傅莹大使发去电子邮件，指出这套唐诗茶具中的"唐"指的是明代唐寅而非唐代，茶具所画乃唐寅的《事茗图》，还就茶具所印诗作中几个不甚清楚的汉字向傅莹大使讨教。霍克思这样的汉学家对中华文化的熟悉程度与探究精神让人敬佩，他们是理性解读与力图准确传播中国文学与文化的专业汉学家。确实如前引季羡林先生所说，这些汉学家对中国怀有特殊的感情。

霍克思与他的汉学前辈翟理斯（Herbert Allen Giles）、阿瑟·韦利（Arthur David Waley）可以共称为推动中国文学译介最为有力的"英国汉学三大家"，在某种程度上他们改变了西方对中国的成见与偏见。他们三人均发自内心地热爱中华文化，从而成为向英语国家乃至西方世界读者推介中国文学特别是中国古典文学的闯将。西方读者正是通过他们对中国优美诗歌及文学故事的移译，才知晓中国有优美的文学，中国人有道德承担感。如此有助于国际的平等交流，也提升了中国在西方的地位，同时他们也让西方读者看到了中国的重要性，使关于中国的离奇谣言不攻自破，让外国人明白原来中国人可以沟通并理解，并非像过去西方出于成见与偏见而想象的那样异样与怪诞。

由此可见，海外汉学家在中国文学与文化向域外传播的过程中扮演着重要的角色，他们与中华文化国际传播存在着天然的联系。诚如北京语言大学原校长刘利教授在题为《构建以汉学为重要支撑的国际传播体系》的文章中指出："汉学自诞生之日起，便担负着中华文化国际传播的重要使命。汉学家们在波澜壮阔的中外交流史中留下了独特且深厚的历史印记，他们广博精深的研究成果推动了中外文化交流和文明交融互鉴，世界各国对中国形象的认知也因此更为清晰、立体、真实。"[1]确实，中外文明交流互鉴的结果有利于在世界上显现丰富而真实的中国形象，这不仅意味着中华文明"外化"的传播，也意味着异域文明对中华文明"内化"的接受，这有助于展示中华文明走向外部世界的行行足迹。

在新的时代背景下，推进中华文明国际传播，推动中华文化更好地走向世界，除了我们自身要掌握思想和文化主动，还要特别关注海外汉学家的著译成果，特别是海外汉学家的全球史视野、跨文化比较视阈以及批判性反思与自我间离的能力，有助于增强不同文化之间的共识，创建我们所渴求的文化对话，并发展出一套相互认同的智性标准。[2]因而，在此时代语境中，探讨海外汉学具有重大战略意义。

从中国角度看，海外汉学可以帮助我们了解中华优秀传统文化在国外的传播与影响情况，了解域外的中国形象构成及其背后的诸多因素，并吸收他们传播中华文化的有益经验。从世界角度看，海外汉学著译成果及汉学家的诸多汉学活动（教育教学、与中国学人的互动交流等），可以让世界了解中华文化的特性及其与域外文化交流互补的特征。

充分关注与深度研讨丰富多彩的海外汉学成果，有助于我们站在全球史视野与新世纪世界文化学术史的角度，在中华文明与异域文化的碰撞交流与融合发展之中，梳理与总结出中国文学与文化对

〔1〕刘利：《构建以汉学为重要支撑的国际传播体系》，载《学习时报》2023年7月21日。

〔2〕葛桂录：《中华文明国际传播与话语建设》，载《外国语言文学》2023年第3期。

外传播影响的多元境遇、历史规律、思路方法，为国家制定全球文化战略提供学术佐证，为深化文明交流互鉴提供路径策略，为中华文化国际传播与中国话语体系建设提供历史经验。

本丛书正是以海外汉学家为中心的综合研究的成果，我们将从十位汉学家的思想观念中理解和分析具体的汉学文本或问题，从产生汉学著作的动态社会历史和知识文化背景中理解汉学家思想观念的转折和变化，从而总体性把握与整体性评价汉学家在中华文明外播域外的进程中所做的诸种努力及其实际效果，以确证海外汉学的知识体系和思想脉络。在外国人对中国认知逐步深入的过程中，汉学研究的成果始终起着传播和梳理中国知识、打破旧有思想体系束缚、引领国民中国观念、学习和融合中华文化的重要作用。

二、撰著的方法路径与比较文学视角

海外汉学研究离不开汉学知识史的建构与汉学家身份的认知。正如张西平教授所说："在西方东方学的历史中，汉学作为一个独立学科存在的时间并不长，但学术的传统和人脉一直在延续。正像中国学者做研究必须熟悉本国学术史一样，做中国文化典籍在域外的传播研究首先也要熟悉域外各国的汉学史，因为绝大多数中国古代文化典籍的译介是由汉学家们完成的。不熟悉汉学家的师承、流派和学术背景，自然就很难做好中国文化的海外传播研究。"[1]

海外汉学自身的跨文化、跨语言、跨学科的特质要求我们打破学科界限，使用综合性的研究方法；用严谨的史学方法搜集整理汉

---

[1] 葛桂录主编：《中国古典文学的英国之旅——英国三大汉学家年谱：翟理斯、韦利、霍克思》，郑州：大象出版社 2017 年，总序第 5 页。

学原典材料，用学术史、思想史的眼光来解释这些材料，用历史哲学的方法来凸显这些材料的观念内涵；尽可能将丰富的汉学史料放在它形成和演变的整个历史进程中动态地考察，区分其主次源流，辨明其价值与真伪，将汉学史料的甄别贯穿于史料研究、整理工作的全过程之中；充分借鉴中国传统学术如版本目录学、校雠学、史料检索学以及西方新历史学派的方法论与研究理念，遵循前人所确立的学术规范。

目前已出版的海外汉学专题研究论著，不少是在翻译研究的学术框架下以译本为中心的个案研究，通过原本与译本的比较，援引翻译研究理论，重点是考察与比较汉学家翻译工作中的误读、误释的基本情况，揭示汉学典籍在域外的传播与变异特征。本丛书旨在文献史料、研究视野、学理方法、思想交流诸方面创新海外汉学研究的观念价值，拓展海外汉学领域的学术空间，特别是深度呈现中外文化交流语境里中华文化的命运，详尽考察中华文化从走出国门（翻译、教学与研究）到走进异域思想文化（碰撞、认知与吸纳）的路径，再到以融合中华文明因子的异域思想文化为参照系，激活中国本土文化的提升空间与持久动力的历程。具体也涉及特定历史文化语境中的汉学家如何直接拥抱所处时代的文化思想及学术大潮，构建自身的异域认知与他者形象。我们要借助丰富多彩的海外汉学成果，关注中外哲学文化思想层面的交互作用，在此意义上评估中华文明的延展性、适时性、繁殖力等影响力问题。

在方法路径上，首先，要在中外文化交流史的基础上弄清楚中华文化向域外传播的历史轨迹，从这个角度梳理出海外汉学形成的历史过程及汉学家依附的文化语境。其次，以历史文献学考证和分析的基本方法来掌握海外汉学文献的传播轨迹和方式，进而勾勒出构成海外汉学家知识来源的重要线索。最后，借用历史语境主义的研究范式探究海外汉学家不同发展阶段的汉学成就及观念诉求。

因而，文献史料的发掘与研究不仅是重要的基础研究工作，同时也意味着学术创新的孕育与发动，其学术价值不容低估。应该说，独立的文献准备是学术创见的基础，充分掌握并严肃运用文献，是每一位海外汉学研究人员必须具备的基本素养。而呈现数百年来中华文化在域外传播影响的复杂性与丰富性的途径之一，就是充分重视文献史料对海外汉学家研究和评传写作的意义。海外汉学史研究领域的发展、成熟与文献学相关，海外汉学研究史料的挖掘、整理和研究，仍有许许多多的工作要做。丛书在这方面付出了诸多努力，包括每位传主的年谱简编及相关文献史料的搜集整理，为厘清中华文化向域外传播的历史轨迹，梳理海外汉学发展的历史过程及汉学家依附的文化语境，起到了重要的支撑作用。

构建海外汉学史的框架脉络，需要翻阅各种各样的包括书刊、典籍、图片在内的原始材料，如此才能对海外汉学交流场有所感悟。这种感悟决定了从史料文献的搜集中，可以生发出关于异域文化交流观念的可能性及具体程度。海外汉学史研究从史料升华为史识的中间环节是"史感"。"史感"是在与汉学史料的触摸中产生的生命感。这种感觉应该以历史感为基础，同时含有现实感甚至还会有未来感。史料正是在研究者的多重感觉中获得了生命。

通过翔实的中外文原典文献资料的搜罗梳理及综合阐释，我们既可以清晰地看出海外汉学家、思想家对中国文化、文学典籍的译介策略与评述尺度，又能获知外国作家借助于所获取的汉学知识而书写的中国主题及其建构的中国形象，从而加深对中外文学、文化同异性的认知，重新审视中外文学交流的历史性价值和世界性意义，有助于提升中外文学交流史的研究层次，提出新的研究课题，拓展新的研究领域，并奠定中外文学交流文献史料学的研究基础。

海外汉学家研究属于中外文学、文化交流的研究领域，从属于比较文学研究的学科范畴。我们要以海外汉学数百年的发展史为背景，从中外文化与文学交流的角度来重新观照、审视汉学家的汉学经历、成就及影响，因而必须借鉴历史分析等传统学术研究方法，并综合运用西方新史学理论，接受传播学理论、文本发生学理论、跨文化研究理论，以及文化传播中的误读与误释理论等理论成果，从文化交流角度准确定位海外汉学家的历史地位，清晰勾勒他们如何通过汉学活动以促进中外文明交流发展的脉络。这不仅有利于传主汉学面貌的清晰呈现，也裨益于中国文学与文化的域外传播，同时更有助于我们透视外国人眼中的中华文化。因此，海外汉学家研究作为中国比较文学学科的一个重要领域，必将能为中华文化的海外弘扬贡献力量，它昭示的是中华文化的世界性意义。

同样，海外汉学家在其著译与教育交流实践中，也非常关注比较文学视角的运用。比如，霍克思担任牛津汉学讲座教授几年后，从比较文学的视角正面回答了汉学学科这一安身立命的问题。在他看来，中国文学的价值在于其与西方的相异性，作为世界文化的一个组成部分，其独特性使其有了存在与被研究的必要。霍克思认为，对不同文学间主题、文体、语言表达与思想表达差异的寻找等都是中西文学比较中可展开的话题。他在多年的汉学研究中时刻不忘比较视域，其学术路径在传统语文学研究方法基础上增加了比较思想史视野下审视学术文献意义的步骤。对于霍克思而言，研究汉学既是为了了解中国，了解一个不同于西方的文学世界，也是为了中英互比、互识与互证。此中贯穿着比较，贯穿着两种文化的互识与交流。霍克思对中国典籍译研的文化阐释影响深远，比较文学意识可算是贯穿其汉学著译始终的重要研究理念。

比较文学视角有助于促成跨文化交流与文明互鉴的理想结果，

也就是对话双方能够在交流中找寻本土思想文化创新发展的契机并实现互惠。因为，跨文化对话有一种镜子效应，把陌生文化当作一面镜子，在双方的对话中更好地认识自己，而且新意往往形成于两者的交锋对话之中。当然，安乐哲（Roger T. Ames）也提醒我们："文化比较需要一把'双面镜'，除了要站在西方文化的立场上依据西方的思想体系和结构翻译与诠释中国文化外，我们更应当以平等的态度和眼光，通过回归经典去实事求是地理解中国的传统，即从中国哲学和文化本身出发去理解它，并且从中认识到其所具有的独特性。"[1]

在此意义上，海外汉学家在中国典籍翻译阐释中所展示的跨文化对话意识具有特殊意义。他们固然可以复制出忠实于原作的译本，同时更可能出于自己的理论构想与文化诉求，通过主观性阐释与创造性误读，使译作具有独立于原作之外的精神气质与文化品格，同时进行着本民族文化传统的"自我重构"。他们借助于独具特色的译介中国行动，既构筑了新的中国形象，也试图通过东西方文明对话构筑起新的世界，从而实现跨文化对话的目标。

本丛书在撰著过程中立足于比较文学视角，依靠史料方面的深入探究，结合思想史研究的路径、文献学的考证和分析、跨文化形象学研究的视角与方法发掘，在具体汉学家的思想观念中理解和分析具体的汉学文本或问题，从产生汉学著作的动态社会历史和知识文化背景中把握汉学家思想观念的转折和变化，展示海外汉学学科体系奠基与进行中西文化融合的过程，从而把握海外汉学的知识体系和思想脉络。

---

[1]〔美〕安乐哲:《"生生"的中国哲学：安乐哲学术思想选集》，北京：人民出版社2021年，第141页。

三、编撰理念与总体构想

海外汉学家数量颇为可观。本丛书选择海外著名汉学家十位，每位传主一卷，分别展开他们的综合研究工作，评述每位传主的汉学历程、特点及重要贡献。通过评传编撰，呈现每位传主汉学生涯的生成语境；通过分析阐释传主的翻译策略、文集编选、汉学论著、教育教学理念等，揭示传主汉学身份特征，论析传主汉学思想的载体与构成要素，站在中外文化交流史与海外汉学思想发展史的高度，客观评述传主的汉学成就。反之亦然，从传主的汉学成就观照其所处时代、所在区域的汉学思想演进脉络。撰述过程中关注时代性、征实性、综合性，最终凸显作为汉学思想家的传主形象。

本丛书编撰遵循历史还原、生动理解与内在分析的基本思路。所谓历史还原，即通过对文献史料的爬梳，重现传主汉学成就的历史文化语境。所谓生动理解，即通过消化史料，借助合适的解释框架，理解及重构传主鲜活的汉学发展脉络。所谓内在分析，即通过厘清传主汉学生涯的基本理路，分析传主饱含学养的汉学体验与著译成就。

本丛书各卷的撰述风格与笔法，希望能与今天的阅读习惯接轨，在丰厚翔实、鲜活生动的叙述之中，将传主立体地呈现在读者面前。丛书将以丰富的史料、准确稳妥且富有见地的跨文化传播观点、开放的文化品格、独特的行文风格，使不同层面的读者都能在书中找到各自需要的灵韵，使之在不知不觉的阅读中形成这样的共识：通过几代海外汉学家的不懈努力，中华文化走进异域他乡，引发了中外文学与文化的交融、异质文化的互补，这不仅是昨天的骄傲，更是今天的时尚与主题。

本丛书各卷采用寓评于传、评传结合的体例，充分考虑学术性（吸收学界最新成果）与可读性（充满活力的语言），有趣亦有益。各卷引言总论传主的汉学思想特征，各章梳理传主的生活时代与社会思想背景，呈示传主的生平事迹、著述考辨、学养构成，阐释传主的各种汉学成果，从传主的译介、研究、教育教学活动等方面全方位呈现其汉学成就，概括传主的汉学贡献，以确认其应有的汉学地位，最终凸显作为汉学思想家的传主形象，继而为全面深入探讨海外汉学史提供知识谱系与思考路径。同时，我们通过以海外著名汉学家为中心的比较文学跨文化、跨学科（跨界）研究，深入研究、阐释中华优秀传统文化蕴含的思想观念、人文精神、道德规范，力争在中外文明的双向交流中阐发中华文明的内在精髓与独特魅力，努力提高推动中华文明走进域外世界的社会意识，借此回应与推进国家文化发展与国际传播战略，实现中华优秀传统文化的创造性转化与创新性发展，彰显中外人文交流与文明互鉴的价值与意义。

葛桂录

2023 年 10 月 6 日定稿于福建师范大学外语楼

目录

绪　言　英国汉学史上的霍克思

第一节　英国汉学史分期

　　"汉学"的概念正式形成是在 19 世纪。1838 年"Sinology"一词刚出现时是用以说明"汉学家"这一概念，用以指代"汉学"则要到 1882年。[1] 英国"汉学"（Sinology）一词来源于法语"Sinologie"，其中的"Sino-"原为古印度梵文对中国的称谓。汉学最早在法国兴盛，后发展到德国、英国，二战后在美国迅速崛起。法语"Sinologie"意指由法国学者开创的研究中国古代哲学、历史、语言、文学、宗教、艺术、风俗等方面的学问。二战后的美国偏重对于现代中国的研究，采用统计学等社会科学方法关注中国的政治和经济，故而其研究被称为"中国学"（Chinese Studies），以示与法国传统汉学不同的研究侧重点与兴趣点，大体与"现代汉学"相当。本书沿用"汉学"一词，代指以上两种范式。

　　英国汉学自《约翰·曼德维尔游记》（*The Travels of Sir John Mandeville*，1357）所代表的游记汉学时代始，迄今已有近七个世纪的历史。关于英国汉学史的阶段划分，学界目前尚无统一说法，多因论述者侧重点不同而稍有不同。[2] 回顾这近七百年的汉学历史，据呈现出显著差异的几个时间段，

---

[1] 参看刘正：《图说汉学史》，桂林：广西师范大学出版社，2005 年，第 4 页。
[2] 参看何寅与许光华《国外汉学史》、张西平《西方汉学的奠基人罗明坚》、黄长著等编《欧洲中国学》、何培忠《当代国外中国学研究》、熊文华《英国汉学史》、陈友冰《英国汉学的阶段性特征及成因探析——以中国古典文学研究为中心》等著作。

并参照前辈学者的相关讨论，可将其细分为四个特征鲜明的时代：游记汉学时代（14 至 17 世纪）、传教士与外交官汉学时代（17 世纪末至 19 世纪初）、学院式汉学时代（19 世纪上半叶至 20 世纪中叶）和专业汉学时代（二战后至今）。

地理大发现前后，英国主要通过他者的视角来远眺东方大国，辗转从欧陆的东方游记中获取有关中国的传奇故事。《约翰・曼德维尔游记》、《英吉利民族的重大航海、航行、交通和发现》（*The Principal Navigations, Voyages, Traffiques, and Discoveries of the English Nation*，1599）和《游记》（*Pergrinacão*，1614）等是此时段的代表作。借游记探究他民族，故以"游记汉学时代"命名 14 至 17 世纪英国汉学的肇始阶段。

17 世纪末，欧洲传教士陆续来华。从早期欧洲耶稣会传教士利玛窦（Matteo Ricci，1552—1610）等人汉学研究著作的英译本出版，到 19 世纪初英国本土新教传教士马礼逊（Robert Marrison，1782—1834）、米怜（William Milne，1785—1822）、麦都思（Walter Medhurst，1796—1857）、艾约瑟（Joseph Edkins，1823—1905）等的中国语言研究、语言字典编撰及中国文学作品介绍，都属于此时期的汉学研究成果。此外，随着英国海外殖民与贸易的需要，一批英国外交官先后派驻中国，这其中也有一部分人成长为汉学家，如斯当东爵士（Sir George Staunton，1737—1801）、小斯当东（Thomas Staunton，1781—1859）、德庇时（John Davis，1795—1890）、威妥玛（Thomas Francis Wade，1818—1895）、梅辉立（William Mayers，1831—1878）和翟理斯（Herbert Giles，1845—1935）等。故而，17 世纪末至 19 世纪初的英国汉学可以用"传教士与外交官汉学时代"来命名。

19 世纪上半叶，英国汉学迎来了发展史上非常重要的一个阶段，即"学院式汉学时代"。这一时代最早可追溯到 1823 年由英王乔治四世赞助成立的学术研究机构——大不列颠及爱尔兰皇家亚细亚研究会（The Royal

Asiatic Society of Great Britain and Ireland），简称英国皇家亚洲文会。
1858 年，该会吸收在华英国传教士艾约瑟等 18 人所创办的上海文理学会
（Shanghai Literary and Scientific Society）为皇家亚洲文会北华分会，联合
在华人士更好地开展对中国的研究。虽然该会的最初主要研究对象为印度，
但 1824 年发表的该会宪章声明中明确表示，其研究目的为 "调查科学、
文学、艺术与亚洲的关系"[1]。1834 年该会创办会刊《英国皇家亚洲文会会
刊》（The Journal of the Royal Asiatic Society of Great Britain and Ireland），首
刊即发表了 P. P. 索姆斯研究中国商代花瓶的论文。1900 年，会刊明确提出
"对人类知识无明显贡献的文章一概不予刊登"[2]的办刊方针。

　　除了学术机构外，更为重要的事件是英国各大学在 19 世纪相继设立
了汉学讲座教授教席，促进了英国学院式汉学的进一步发展：1876 年，传
教士理雅各（James Legge，1815—1897）在牛津大学就任首任汉学讲座教
授；1877 年，传教士毕尔（Samuel Beal，1825—1889）就任伦敦大学汉学
讲座教授；1888 年，前外交官威妥玛出任剑桥大学首任汉学讲座教授。英
国汉学研究逐步进入学院教学状态，在学院学术传统的影响下，汉学研究
所得出的结论变得更为严谨、客观与理性。但此时期担任汉学教职者均为
曾经的传教士或外交官，多有在华工作或生活的经历，学院办学方向也还
局限于培养宗教、外交或贸易方面的来华后继之人，真正对中国文化感兴
趣并主动研究中国文字的学生并不多见。1908 年，翟理斯（威妥玛的继
任者）在他汉学教学满十年之际，这样回答英国财政委员会关于是否应在
伦敦组建另一所东方研究院的调查问题："我在剑桥十年，仅有一个学文
字的学生，我教过许多学口语的学生，有商人、传教士等，但学文字的仅

---

[1] Stuart Simmonds & Simon Digby, *The Royal Asiatic Society: Its History and Treasures*, London: E. J. Brill, 1979, p. 3.
[2] Ibid. p. 34. 按：Ibid 为 "同上" 之意，本书在连续引用出处相同的英文文献时，以 Ibid 简化文献出处格式。

此一人，我怀疑牛津是否会有这么一个。"[1]历任伦敦大学、剑桥大学和普林斯顿大学汉学教授的杜希德（又名崔瑞德，D. Twitchett，1925—2006）在 1961 年就职伦敦大学汉学讲座教授的演说辞中也批评了此现象，他认为，在 19 世纪占据英国汉学讲座教授教席的都是一些退休的传教士或外交官。他们不曾接受过严格的学术训练，也不曾拥有充分的时间来从事研究与教育工作。杜希德举了伦敦大学前汉学教授毕尔和道格拉斯（R. K. Donglus，1838—1913）为例：毕尔教授作为中国佛教研究专家，其成就与同时期的欧洲学者相比毫不逊色，但他同时是繁忙的教区祭司；道格拉斯教授，1903 至 1908 年任伦敦大学汉学教授，是一位前驻华领事官，他从事的工作繁多，暂不论其水平，但他的活动重心可以肯定是其兼职的大英博物馆。[2]

另外，要注意此阶段除了学院开展的汉学活动外，还有一批业余从事汉学研究的汉学爱好者研究成绩斐然。这一点德国汉学家傅海博（G. Herbert Franke，1914—2011）在《欧洲汉学史简评》一文中谈得很清楚，提到了一类非专业人士对汉学领域的冲击。他定义道："非专业人士中的绅士 - 汉学家，即'不必为一份工资而工作，或仅在业余时间做汉学研究'的人员。"[3]傅海博认可并归于此列的"业余汉学爱好者"有获得女王诗歌奖的阿瑟·韦利（Arthur Waley，1889—1966）、第一个把《周礼》译为西方语言的毕欧（Edouard Biot，1803—1850）及译注"两唐书"的法国学者戴何都（Robert des Rotours，1891—1980）。此外，还有很多主要专

---

〔1〕财政委员会论在伦敦东方研究院的组建，财政委员会委派的研究在伦敦组建东方研究委员会证词会议记录本，伦敦：皇家文书局，1909 年，第 142 页，转引自丁守和、方行主编：《中国文化研究集刊》（第三辑），上海：复旦大学出版社，1986 年，第 473 页。

〔2〕C. f. Denis Twitchett, *Land Tenure and the Social Order in T'ang and Sung China*, An Inaugural Lecture in School of Oriental and African Studies, University of London in 1961. London: Oxford University Press, 1962.

〔3〕〔德〕傅海波：《欧洲汉学史简评》，胡志宏译，见张西平编：《欧美汉学研究的历史与现状》，郑州：大象出版社，2006 年，第 112 页。按：傅海波实际汉名应为傅海博，本书正文统一使用"傅海博"。

业不是汉学，但为汉学做出不小贡献的学者，如清政府钦定的物理学家布雷特奈德（Emil Bretschneider, MD，1833—1901）、德国驻东京大使冯·居里克（Robert H. van Gulik，1910—1967）、英国生化学家李约瑟（Joseph Needham，1900—1995）等。傅海博的这一"绅士-汉学家"提法也为我们接下来的分期增强了合理性。韦利曾在他发表于1940年的《我们对中国的情义》（*Our Debt to China*）一文中用"有闲人士"（men of leisure）来概括这一群体的特征，他说："我们与中国的关系迎来了一个大转折：之前所有去中国的英国人都抱有政治目的，他们或是传教士或是士兵，或是海员或是商人及官员；但大约就在这个时候，去中国访问的人群中出现了另一个阶层——有闲人，像诗人、教授或思想家，他们只是急于多了解一些这个世界。……他们到中国的目的并非传教、贸易、做官或打仗，而只是单纯的交友与学习……"[1]当然，需要指出的是，此处讨论的"业余汉学爱好者"界定，只是汉学学术发展史上的划分，并不代表对其汉学贡献与地位的评价。

英国专业汉学时代在二战后来临，它的出现得益于此前一个多世纪学院式汉学时代的积累。从概念界定来看，"专业汉学"至少包含以下两层含义：一、以青年时期经过正规专业汉学训练的汉学家为代表；二、这批被称为专业汉学代表的汉学家终身从事的是同中国文学与文化相关的研究、传播、教育和翻译等工作，除此之外不从事其他职业，即不像其前辈学者那样或具传教士身份，或是商人，或为外交官。他们学习汉学源于对东方

---

[1] Arthur Waley, "Our Debt to China, " *The Asiatic Review*, Vol. 36, No. 127, July 1940, p. 554. 原文如下："A great turning-point in our relations with China had come. Hitherto all the English who visited that country had done so for political reasons, either as missionaries, soldiers, sailors, merchants or officials. About this time quite another class of visitor began to arrive-men of leisure merely anxious to know more of the world; poets, professors, thinkers... who had come not to convert, trade, rule or fight, but simply to make friends and learn,..." 按：本书视英文引文的重要程度区别对待，一般引文通常只提供笔者的汉译文；较重要的引文除汉译文外，还在行文中提供一些关键词的英文原文；而重点引文除提供汉译文外，还在页下注中提供此引文的全部英文原文。下同，特此说明。

的兴趣，研究汉学旨在了解东方文明，从事汉学教学为的是开启求学者对中国文化的兴趣之门，而不是简单培训求学者的语言能力，使其顺利在华出任外交官、成为传教士或从事商业活动。这批汉学家被我们称为专业汉学家，他们有着专业汉学背景且毕生从事与汉学相关的研究与著译工作。古斯塔夫·哈隆（汉名霍古达，Gustav Haloun，1898—1951）出生于捷克，早年在德国，1938 年后来到英国从事汉学研究，1939 年受聘于剑桥大学担任第四任汉学讲座教授，是英国汉学史上第一位学者出身的汉学讲座教授。[1]他采用正规的汉学研究方法，致力于中国古代典籍（如散佚的诸子著作）的复原工作，以及中国哲学中具有个人特性的问题的研究。西门华德（Ernst Julius Walter Simon，1893—1981）是英国另一位外来的专业汉学家，他 1936 年开始在伦敦大学亚非学院任教，十多年后获得汉学讲座教授教席。他在汉语语言学、汉藏语比较研究及汉语学习工具书和教科书编写等方面为英国的汉学研究开辟了方向。

继这两位外来的专业汉学家之后，英国学院式汉学培养出来的青年学者葛瑞汉（Angus Graham，1919—1991）、雷蒙·道森（Raymond Dawson，1923—2002）、杜希德、霍克思（David Hawkes，1923—2009）及后来的伊恩·麦克莫兰（汉名麦穆伦，Ian McMorran，1936— ）、杜德桥（Glen Dudbridge，1938—2017）、伊懋可（Mark Elvin，1938—2023）等也逐步成长起来，再加上来自荷兰莱顿但在英国从事汉学研究的龙彼得（Pier van der Loon，1920—2002）[2]，形成了英国专业汉学家学术队伍。他们从理雅各、

〔1〕David Hawkes, "Chinese: Classical, Modern and Humane, An Inaugural Lecture delivered before the University of Oxford on 25 May 1961, " David Hawkes, *Classical, Modern and Humane Essays in Chinese Literature*, John Minford & Siu-kit Wong ed., Hong Kong: The Chinese University Press, 1989, p. 7.
〔2〕按：龙彼得虽然受业于莱顿大学中文系，不能算是英国学院式汉学自己培养出来的人才，但他毕业后大多数时间在英国从事汉学研究，1972 至 1987 年担任牛津第七任汉学讲座教授，故而称他是英国的专业汉学家应该没有大的出入。与龙彼得情况相反的是青年时代受教于伦敦大学亚非学院的西里尔·白之（Cyril Birch，1925—2018），因其长年在美国加州从教，故此处不予列入。

韦利等前辈手中接过汉学薪火并将其引入专业汉学殿堂，"力求科学地重新认识中国的倾向日益增强"[1]。

欧阳桢在其论著《透明的眼：关于翻译、中国文学和比较诗学方面的思考》（*The Transparent Eye: Reflections on Translation, Chinese Literature and Comparative Poetics*）中把霍克思列为二战后新出现的一批"学者 - 翻译家"（a new group of scholar-translators）[2]的代表，这样的概括从另一个方面佐证了我们对霍克思专业汉学家身份的认定。

第二节　英国专业汉学时代的四阶段

英国汉学向来有与政治、经济、宗教纠葛过密的弊病，这已被多位学者批评。忻剑飞在评述 19 世纪英国汉学特色时说："英国既有法国式的学院研究，又有德国式的单兵作战，但英国还是有其显著的特点，这就是与 19 世纪英国的政治、经济、文化地位和目标的密切联系。"[3]德国汉学家马汉茂（Helmut Martin，1940—1999）在梳理德国汉学研究时也提到英国的汉学研究，认为它"向来是经济利益的考量超过文化的兴趣"[4]。1971 年发布的美国汉学研究福特基金会报告谈到英国汉学研究现状时说："不能发

〔1〕黄鸣奋：《近四世纪英语世界中国古典文学之流传》，载《学术交流》1995 年第 3 期。
〔2〕Eugene Chen Eoyang, *The Transparent Eye: Reflections on Translation, Chinese Literature and Comparative Poetics.* Honolulu: University of Hawaii Press, 1993, p. 149.
〔3〕忻剑飞：《世界的中国观——近两千年来世界对中国的认识史纲》，上海：学林出版社，1991 年，第 291 页。
〔4〕〔德〕马汉茂：《德国的中国研究历史、问题与展望》，廖天琪译，见张西平编：《欧美汉学研究的历史与现状》，郑州：大象出版社，2006 年，第 266 页。按：马汉茂是一位毕生研究汉学、在翻译中国作品与研究中国文化中孜孜以求的德国汉学家。20 世纪 90 年代中国文学作品在德国出版界极不叫座，可他与中国台湾妻子不顾现实生计问题，坚持启动中国文学作品的译介与研究工作，完成了中国作家李锐、冯骥才、多多、张大春、阿城、舒婷、残雪等人小说作品的德译，研究小组出版了汉学研究专著 23 种，其中马汉茂就有 6 本专著撰成。带着这些书籍，马汉茂与妻子亲赴法兰克福图书交易会场加以推介。1999 年，马汉茂先生在为汉学的忧劳中辞世。

展，也不能发动社会学家研究中国。"[1]英国学者巴瑞特指出："英国的汉学研究几乎清一色是依靠美国的财团资助，否则将无以为继。对当代中国及中国的转型感兴趣的英国学生，多半从牛津、剑桥或伦敦得到介绍和推荐，鼓励他们到美国去继续研究。在牛津和剑桥两地，只有屈指可数的几位教授埋首于英伦传统的汉学研究。"[2]即使在专业汉学时代，英国汉学发展仍然无法挣脱高度依赖英国政府的命运。自20世纪中叶到21世纪初的半个多世纪，英国汉学的发展变化均离不开英国政府各职能部门组织公布的一系列汉学调查报告。据此，英国专业汉学时代大致可以再细分为四个阶段。

一、专业汉学预备期（二战后至20世纪50年代末）

1947年发布的"斯卡伯勒报告"（*Report of the Inter-Departmental Commission of Enquiry on Oriental, Slavonic, East European and African Studies*, Chaired by the Earl of Scarborough）为英国汉学做了师资储备。

二战后，英国政府基于战时的深切体会，认识到了解中国和其他亚洲国家文化与历史的必要，对汉学的态度开始有所转变。一个明显的积极表现是成立了东方、斯拉夫、东欧和非洲研究的部际委员会，该委员会由斯卡伯勒伯爵负责，主要是调查英国大学及其他教育机构为东方、斯拉夫、东欧及非洲地区的语言、文化研究所提供的设施情况，以向政府提出利用与改善此类设施的建议。1947年"斯卡伯勒报告"发布，主张英国政府为这四个区域的研究建立相当的学术基础，以匹配其他主要人文学科的传统

---

〔1〕T. H. Barret, *Singular Listlessness*, London: Wellsweep, 1989. 转引自熊文华：《英国汉学史》，北京：学苑出版社，2007年，第177-189页。
〔2〕转引自〔德〕马汉茂：《德国的中国研究历史、问题与展望》，廖天琪译，见张西平编：《欧美汉学研究的历史与现状》，郑州：大象出版社，2006年，第266页。

和质量，"报告意图在大学里建设起强有力的系来替代过去那种设置少数几个分散的教授职务的做法"[1]。

随后，英国政府自 1947 至 1952 年连续六年给东方学和斯拉夫研究提供专项资助。这笔专项资助为从事中国问题研究的学者赢得了到东亚进行学术访问的机会，霍克思就是受益人之一。他填写申请表格后未等结果出来即动身前往中国，抵达中国一两个月后他就得到了英国政府颁发的奖学金及补发的路费。在"斯卡伯勒报告"的支持下，英国大学开始聘用母语为汉语的教师进行中文和其他课程的教学，吴世昌（1908—1986）也因此得以于 1947 年受邀来到牛津任高级讲师。而 1947 年 12 月刚从牛津毕业的雷蒙·道森也幸有此报告，得以回到牛津继续学习汉语，后于 1952 年起在大学从教，先后任杜伦大学（Durham University）中国宗教与哲学讲师和牛津中文讲师。麦穆伦 1959 年牛津汉学科毕业，1962 年在导师、时任汉学科主任霍克思的帮助下，作为"斯卡伯勒报告"资助对象申请到了六年的奖学金，动身前往中国香港、中国台湾和日本从事研究访问。[2] 1965 年麦穆伦提前回国，担任牛津古代汉语讲师，直至 1990 年转赴巴黎。

可以说，1947 年"斯卡伯勒报告"公布后，英国的汉学研究凭借这一政府专项资助进入了最佳发展期。一大批有志于汉学研究的青年得以接受正规的汉学训练，不少人还获得了大学教职并得以坚守他们对汉学的志趣。汉学研究已不再只是一种业余爱好与不能谋生的奢侈行为。正如牛津第八任汉学讲座教授杜德桥所说："资助了战后这批学生的'斯卡伯勒计划'

---

〔1〕〔加拿大〕许美德：《英国的中国学》，见丁守和、方行主编：《中国文学研究集刊》（第三辑），上海：复旦大学出版社，1986 年，第 466 页。

〔2〕Ian McMorran, "Notes on contributors: Ian McMorran," Rachel May & John Minford ed., *A Birthday Book for Brother Stone: For David Hawkes, at Eighty*, Hong Kong: The Chinese University Press, 2003, p. 362.

旨在为战后英国打造一批充满潜力的亚洲语言研究的师资力量。"〔1〕旧式教学大纲在 1960 年年初也得到了修订，有效促进了牛津汉学科学生人数的增加。同时，牛津大学还开始了有计划地购进中文图书。〔2〕"斯卡伯勒报告"的成就甚至引起了法国汉学家的欣羡之情，"对于英国国家经费符合本国汉学研究需要的羡慕之情，力争扩大重组并发展以同等经费实现适合法国课程的开设"〔3〕。

二、专业汉学黄金期（20 世纪 60 年代）

1961 年的"海特报告"（*Report of the Sub-Committee on Oriental, Slavonic, East European and African Studies,* Chaired by Sir William Hayter）促成了英国汉学区域研究中心的成立。1950 年，英国方面主动提出了与新中国建交的愿望；1954 年，中英在日内瓦会议后建立起了代办级外交关系，中英双方互派代办，实现了半建交；至 1972 年，中英正式建交。在中英逐步建交的大背景下，60 年代海特爵士领导的大学奖学金委员会（The University Grants Committee）分会所进行的调查没有排除汉学。该分会旨在对"斯卡伯勒报告"十多年来的执行情况进行调查，着重检讨"后斯卡伯勒发展"（post-Scarbrough development）问题。1961 年调查报告发布，主张针对东方、斯拉夫、东欧和非洲这四个区域组建多学科的区域研究中心（multidisciplinary area studies centers）。海特爵士提出了有名的"三角剖分"原则（triangulation），即对中国或任何其他国家的研究应该包括三

〔1〕Glen Dubridge, "Raymond Dawson: Crossword Setter and Interpreter of Confucius," http://www. independent. co. uk/news/obituaries/raymond-dawson-604890. html. 原文为 "The Scarbrough scheme that funded this post-war cohort of students was designed to create a group of potential teachers of Asian languages in post-war Britain"。
〔2〕黄长著等编：《欧洲中国学》，北京：社会科学文献出版社，2005 年，第 400 页。
〔3〕T. H. Barrett, *Singular Listlessness*, Longon: Wellsweep, 1989. 转引自熊文华：《英国汉学史》，北京：学苑出版社，2007 年，第 182 页。

方面内容：对象国的语言、对象国的历史文化和政治体制，以及解决手头问题所需的诸如经济、发展研究等学科知识。[1] 报告体现出了英国汉学在如火如荼发展的美国汉学研究影响下的一种调适，既有对美国同行新开辟的区域研究模式的肯定，又保有关于对象国历史文化研究的传统汉学领地。在此报告的催生下，1961 年牛津大学成立东方研究所（The Oriental Institute），汉学科归属其中。此研究所后更名为东方学系（The Faculty of Oriental Studies），直到 21 世纪的今天仍是英国汉学研究的重要基地（the core of provision for Chinese studies in the UK）。

英国汉学家卜立德（David E. Pollard，1937—2024）曾这样描述这一时期，他说："这是英国大学发展的一段最佳时期。教授们可以一面做学者，一面保持绅士风度。特别是在牛津，教授们可以定下一些研究目标，然后基本不受干扰地去追求。"[2] 实际上，以卜立德的这段话来描述英国尤其是牛津的汉学发展状况更加贴切。

三、专业汉学停滞期（20 世纪 70 年代至 80 年代末）

1986 年的"帕克报告"（*Speaking for the Future—A Review of the Requirements of Diplomacy and Commerce for Asian and African Languages and Area Studies, Submitted by Sir Peter Parker*）进一步打压了英国传统汉学研究。

在 1961 年"海特报告"的支持下，英国汉学获得了稳步发展。但此

---

[1] HEFCE, "Review of Chinese Studies: Report of HEFCE Review Group on Chinese Studies, " 1999, http://www. hefce. ac. uk.（该网站已于 2018 年 4 月停止运营）原文为 "... the principle of 'triangulation' proposed by Hayter... That is to say, there are three aspects of the study of China（or any other country）: the language of the country; its history, culture and political systems; and the discipline（for example, economics or development studies）required to address the question in hand"。

[2] D. E. Pollard, "（Untitled Review）Classical, Modern and Humane: Essays in Chinese Literature, by David Hawkes, John Minford, Siu-kit Wong, "Book Review. Chinese Literature: Essays, Articles, Reviews（CLEAR）, Vol. 13, Dec. 1991, p. 191.

后二十年间英国汉学却遭遇了停滞的命运，中国遭受的国际封锁和英国强调实用主义的撒切尔政权（1979—1990）是阻碍英国汉学发展的关键因素。

　　从中国方面来说，20 世纪 60 至 70 年代，中国遭受了美苏两大阵营的全面封锁，由此，中国几乎断绝了与海外的一切联系。海外汉学研究在资料、人员、信息的交流等方面都因失去了研究对象国的依托而变得举步维艰。中国再度在海外蒙上了神秘的面纱。1974 年，哥伦比亚大学华裔汉学家夏志清（1921—2013）教授为当时仍健在的中国学者钱钟书（1910—1998）撰写讣告类的纪念文章，即为汉学界一轶事。"中英两国长期的阻隔使得没有任何钱钟书消息的西方汉学界甚至相信他已离开人世。"[1]

　　从英国方面来看，1970 至 1973 年撒切尔夫人任教育大臣，她逆潮流行事，不顾民众废除文法学校建设综合性大学的呼声，一意孤行加强初等教育。1979 年她出任英国首相后，更是大力主张实用主义学问。她大幅度削减教育经费之举引起英国教育界的强烈不满，1985 年年初，牛津大学的学者们提出了投票否决授予首相撒切尔夫人荣誉博士学位的议案。1990 年撒切尔夫人卸任之时，英国市场与舆情研究机构 MORI（Market & Opinion Research International）进行过一次民意调查，结果显示：52% 的受访者认为，"总体上，她对英国的发展功不可没"；但也有 44% 的受访者认为，她对英国"弊多于利"。不管怎么说，撒切尔政权对于英国汉学这一非实用性学问来说不是福音。日本学者近藤一成曾这样评说："从 70 年代到 80 年代，在撒切尔政权下，掀起了一股强烈的排除非实用性学问的风潮。"[2]

　　撒切尔政府的相关调查报告即姗姗来迟的 1986 年"帕克报告"，由帕克爵士负责。该报告批评英国政府自 70 年代初即没有再为亚非研究制定过

〔1〕David Hawkes, "Smiling at Grief," David Hawkes, *Classical, Modern and Humane Essays in Chinese Literature*, John Minford & Siu-kit Wong ed., Hong Kong: The Chinese University Press, 1989, p. 280.
〔2〕［日］近藤一成：《英国的中国学》，王瑞来译，见张西平编：《欧美汉学研究的历史与现状》，郑州：大象出版社，2006 年，第 363 页。

统一的政策，目前该领域的研究经费和人才储备均处于捉襟见肘的境遇。报告建议加强本科生和研究生此方面素质的培养，同时在商业研究和应用科学的学位课程中增设多门亚非语言、文化和经济方面的选修课程。牛津、剑桥、达勒姆、利兹等大学在此报告发表后增设了汉语言的教职，伦敦大学亚非学院则增设了现代汉语和中国政治的教职。

　　可以说，"帕克报告"对早已举步维艰的英国汉学是有所帮助的。但要注意的是，此报告的所谓良好建议仍偏实用性，语言学习自不用说，区域研究源于美国，侧重现代中国政治、经济、文化甚至政策的研究，与传统汉学有着完全不同的关注点。这也是为什么英国各大学在此报告公布后增设的是语言教学职位和中国政治教学职位。而且，"帕克报告"振振有词的批评，建立在英国外交及商业对亚非语言及区域研究的需要的考量上，这一点在报告全名中一览无遗："*Speaking for the Future*"—*A Review of the Requirements of Diplomacy and Commerce for Asian and African Languages and Area Studies*。

　　报告继续肯定的是英国政府在外交和商业上对亚非地区诸语言及区域研究的需求，同时错误地做出英国的汉学从业人员已供大于求、政府没有必要增强对汉学研究的支持的判断，这对英国汉学研究（准确说是英国传统汉学研究）而言无异于雪上加霜。日本学者近藤一成的以下观点有待商榷，他说："在 1986 年提出的关于促进东方和非洲诸语言及相关地域研究的报告，正好给了在这股风潮之下的中国学喘息的机会。"[1] 英国汉学中的现代汉学研究或者说中国学研究得到了加强，但传统汉学研究无疑在这个报告中受到了进一步的打压。"帕克报告"形象地展露了英国汉学与英国政治、经济间纠葛不清的关系，凸显了英国汉学一贯的实用主义倾向。

---

[1]〔日〕近藤一成：《英国的中国学》，王瑞来译，见张西平编：《欧美汉学研究的历史与现状》，郑州：大象出版社，2006 年，第 363 页。

四、专业汉学重建期（20 世纪 90 年代至今）

（一）英国汉学的重建工作

撒切尔夫人卸任后不到两年，出现了一个"威廉姆斯报告"（*Area Studies in the United Kingdom*，Prepared by Professor Richard Hodder-Williams for the Area Studies Monitoring Group，1993）。威廉姆斯教授的报告延续了"帕克报告"对区域研究的关注，专门为区域研究管理小组而作，名为《英国区域研究报告》。威廉姆斯提醒区域研究管理小组在大学体制中大量增加区域研究的职位，以免未来三十年出现从事区域研究的学者人数陡降的情况。虽然这份报告关注的并不完全是东方的区域研究，但它的发布对于英国现代汉学的复兴还是颇有助益的。

1994 年，英国汉学发展史上又有一件值得纪念的大事发生。牛津汉学科在当年得到了中国影片制作人、慈善家邵逸夫先生（1907—2014）的捐资，从东方学系独立了出来，成立了汉学所（The Institute for Chinese Studies），中文书籍也独立馆藏。汉学就其本质而言，与其他区域研究一样，具有跨学科性，而大学教育正好相反，强调的是学科分类。开办一个多学科的汉学系需要大量的资金或是各高校间管理体制的改变，故而海外各国高校少有专门的汉学系而多将其纳入亚洲研究、东亚研究或是亚非研究之中。牛津大学成立独立的汉学所实属不易，汉学学生规模较 70 至 80 年代自然壮大不少，"一届学生能达到 10 到 15 名"[1]。独立后的汉学所成为牛津当代中国课程的教学枢纽，所内有完善的图书馆、先进的语言教学中心以及接收中文卫星广播的设施。[2]

1999 年，英格兰高等教育基金委员会汉学评估小组做了一个《汉学

---

[1] 见麦穆伦的访谈回忆，*PP's Foolland*（《土孩子：麦穆伦的五十年中国故事》）。
[2] 参看杨国桢：《牛津大学中国学的变迁》，载《中国史研究动态》1995 年第 8 期。

回顾报告 》(*Review of Chinese Studies—A Report of a HEFCE Review Group on Chinese Studies*)，全面开启了英国汉学的重建工作。这是第一个以汉学（ Chinese Studies ）[1] 为调查对象的报告，以往的报告不是以亚非研究为对象就是以区域研究为对象，这次对象的变化说明英国政府对中国问题的重视。报告发布的前一年正值时任英国首相托尼·布莱尔出访中国。布莱尔回到英国后，强调加强中英友好往来与交流，这对正在做调查的高等教育基金委员会汉学评估小组是一种激励。

　　虽然报告不可避免地体现着英国一贯的实用主义原则，评估小组的宗旨即为"对高等教育为汉学研究提供的援助进行评估，弄清当前是否存在影响到英国国民利益、需要立即采取行动的问题"[2]，但确实也在切实考虑高等教育系统如何援助业已落伍的英国汉学的问题，为英国汉学重建贡献了不少锦囊妙计。

　　首先，报告指出，要推进高等教育系统对汉学的援助，其中关键的问题是，在多学科背景下确保已有资助的顺利到位。报告重提了海特爵士1961年提出的"三角剖分"原则[3]，无形中为自70年代以来就被不断忽略的传统汉学争取了一点地位。其次，报告对如何实现多学科间的合作提出了具体措施。它提请政府注意，应重点建设与加强英国国内现有 6—8 个规模较大的汉学研究机构，以较好地促成学科间的良好合作。资助基金要优先考虑这些大型的研究机构，为它们配备精良的基础研究设施，尤其要重视图书馆软、硬件设施建设，使这些研究机构既能为各专业的汉学学者的学术研究与交流合作提供会议场所及文献资料检索等服务，也能吸引大批有志青年加入汉学研究。在此前提下，各高校通过开设高水平的汉语课程

---

〔1〕按：从整个报告的使用语境来看，这里的 Chinese Studies 并不单指强调现代中国研究的"中国学"，故在汉译时，使用了具有更大涵盖力的"汉学"一词。

〔2〕HEFCE, "Review of Chinese Studies: Report of HEFCE Review Group on Chinese Studies, " 1999, http://www.hefce.ac.uk.

〔3〕Ibid.

及其他与汉学相关的硕博士课程，储备汉学研究人才。对于有志于选择汉学相关课程继续深造的学生，高等教育基金委员会提请政府注意及时提供资助，为汉学学生的学习扫除经济障碍。再次，报告建议创建英国汉学研究专家信息数据库。最后，报告特别提到英国汉学 90 年代后出现的一个令人担忧的现象：汉学后继无人。随着哈隆、西门华德、葛瑞汉的相继离世，加之另有一大批知名学者如龙彼得、霍克思、杜希德、雷蒙·道森退休，又因汉学在英国历来不属于热门、紧俏学科，在待遇上从未给过年轻人希望，英国汉学将后继无人，前景着实令人担忧。报告中如此描述："各领域中顶级的研究学者数量稀少，有许多与汉学有关的学科甚至已找不出一位国际知名的学者。大批学者退休，却没有具有相当水平的人才能够承继衣钵；还有大批学者外流，而英国又没有吸引到同样多的外国人才流入国内。"[1] 报告急切建议英国政府加强对跨学科汉学学术努力的支持，这样才有可能为英国培养出一大批汉学专家。

改善研究设施、设置高层次课程、建立专家数据库还有培养汉学后继人才等方面，均说明这次报告有一定的学术考虑，对英国汉学的再度良性发展与整体性专业研究水平提升颇有裨益。

（二）英国高等教育系统汉学教学与研究的繁荣

《汉学回顾报告》发布后，英国政府很快分别向十所有着良好汉学研究基础的大学提供了每年一百万英镑到一百三十万英镑不等的援助资金，以促进这些高校汉学教学与汉学研究的繁荣。2002 年，语言、语言学与区域研究课题中心（Subject Centre for Languages, Linguistics and Area Studies）的宋丽娜博士撰写了一个《英国的汉学：2002 年回顾》（*Chinese Studies in the United Kingdom: 2002 Overview*, Conducted by Dr. Lina Song）报告，旨在调查 1999 年《汉学回顾报告》的执行情况，以及 21 世纪以来英

---

[1] Ibid.

国各高校汉学教学的开展情况。

　　汉学教学对一个国家来说，总体不外两个任务：一是尽可能让更多的学生对中国建立基本的认识，二是为国家培养汉学专家。尤其是第二项任务，是《汉学回顾报告》发布后英国政府投入资金最多的汉学项目。据宋丽娜博士调查，为了完成第一项任务，大多数高校采取了在本科生及硕士生课程中增开一些与中国相关的选修课程的方式，效果不错，较受学生欢迎。譬如，诺丁汉大学2001—2002学年就有420名学生选修这些汉学课程。"不久的将来，这种趋势极有可能会进一步向纵深发展。"[1]而为了培养汉学专家，大部分高校开展了各不相同的特色汉学教学。如剑桥大学的中国商业法课程、谢菲尔德大学的中国政治经济研究及杜伦大学的包括中国台湾、中国香港、新加坡与海外华侨团体在内的现代中华文化研究等。

　　具体而言，对于攻读汉学学位的本科生，英国大部分高校主要还是规划与语言学习相关的课题，其中只有一小部分涉及其他内容。几乎所有高校在汉学课程中都开设了汉语课，伦敦大学亚非学院、牛津大学、利兹大学和谢菲尔德大学的汉语课一直开到毕业班，甚至在研究生阶段还提供语言训练。其他如诺丁汉大学则设有汉语选修课。据宋丽娜博士调查，伦敦大学亚非学院有不少攻读其他学位的学生希望能有机会选修汉语培训课程。"汉语选修课虽然对于掌握这门语言来说是远远不够的，但对它的学习有助于提高对更为专业的课程的兴趣。"[2]而且，诺丁汉大学还在学校主流课程（mainstream disciplines）中设置了与汉学有关的学士学位以及汉学与现代语言的优等学位。而萨塞克斯大学（Sussex University）则为本科生开设了如地理发展与不公平问题、中国与20世纪的革命、中国15至18世纪的艺术与社会、中国瓷器、1949年以来的中国艺术与社会等专业性的课题讨

〔1〕Lina Song, "Chinese Studies in the United Kingdom: 2002 Overview," Subject Centre for Language, Linguistics and Area Studies Good Practice Guide, 2002.

〔2〕Ibid.

论。据调查，在牛津大学、杜伦大学、利兹大学、剑桥大学、爱丁堡大学、伦敦大学亚非学院等七所大学，最受本科生欢迎的汉学课是汉语、商学相结合的课程。

《汉学回顾报告》所带来的大批资助款更是促进了各大学汉学硕士学位课程的兴起。十所知名大学（剑桥、杜伦、牛津、利兹、爱丁堡、威斯敏斯特、萨塞克斯、谢菲尔德、伦敦大学亚非学院和伦敦政治经济学院）均开设了汉学硕士课程。同时，除牛津大学和伦敦大学亚非学院外，大多数高校采取了汉学科、商学院合开课程的方式，形成了高校培养汉学和商学综合型人才的风潮。在所有高校中，数爱丁堡大学和格拉斯哥大学合办的本、硕汉学课程配置最佳。

通过上述分析，从英国大学汉学教学角度来看，我们可以说英国汉学的重建工作是卓有成效的。当然大学资源有多少投入到汉学学科建设之中，还要取决于各校学生的汉学需求。据宋丽娜博士观察，就 21 世纪初而言，"这种需求正在稳步增长，但却没有预期那么快。因为在英国劳动市场，手中只有汉学单科优等学位（single honours degrees in Chinese studies）的学生会发现很难找到工作，而那些手中握有单科核心学科学位或是两门核心主课优等学位（single or joint honours degrees in hard-core academic disciplines）的毕业生，具有强得多的竞争力"[1]。

综上，英国汉学在二战后总体上具有明显的专业性，这是英国汉学发展的新特征。英国高校自己培养的专业汉学学生相继成才并走上汉学教学岗位，英国政府自"斯卡伯勒报告"始，陆续出台了几大调查报告，催生了不少汉学经费资助项目，各汉学研究中心与机构等一一建成，1999 年的《汉学回顾报告》更是将培养英国自己的汉学专家队伍提上了议事日程，凸显了英国汉学日益增强的专业化倾向。

---

[1] Ibid.

第三节　霍克思的汉学思想

　　霍克思自 20 世纪 40 年代选择汉语作为大学专业开始，即与汉学结下了不解之缘。作为牛津第一位学者背景的汉学讲座教授，他无疑是牛津第一代专业汉学家的典型代表。他亲历了英国专业汉学的预备期、黄金期及停滞期。牛津专业汉学的黄金期更是由其一手执掌，他在英国专业汉学史上的地位不言而喻。

　　霍克思既承认英国传统汉学的实用主义特征，也不否认现代汉学采用社会科学方法对现代中国开展研究的价值，但他始终坚持学术本位，主张汉学以文学研究为基础。他的研究自一开始关注的就是楚辞、唐诗、元杂剧和清代小说等文学作品，甚至对中国现代文学如鲁迅、钱钟书、林纾的作品也有浓厚兴趣。从英国学院式汉学时代汉学家通过古籍译著寻找在中国传教的密钥，到专业汉学时代汉学家对异域文学作品的赏译并从中瞭望大千文化，处在这一缓慢转变过程终端的霍克思，有着与前辈汉学家完全不同的治学心态。

一、认知汉学研究价值

　　霍克思作为牛津第一位学者背景出身的专业汉学研究者，他把自己看成"世界公民"（citizens of the world），"把中国文学看作人类遗产的一部分"（look on Chinese literature as part of our heritage）[1]。霍克思在《中

---

〔1〕David Hawkes, "Chinese Literature: An Introductory Note, " David Hawkes, *Classical, Modern and Humane Essays in Chinese Literature*, John Minford & Siu-kit Wong ed., Hong Kong: The Chinese University Press, 1989, p. 69.

国文学：介绍性说明》（*Chinese Literature: An Introductory Note*，1964）一
文中指出，"西方文化受到中国文化相当影响的假想"是不成立的。他认
为，在中国 1917 至 1922 年的"文学革命"之后，影响的潮流是逆向的，
中国在小说、戏剧、诗歌方面都抛弃了自己的传统形式，转而向西方学
习。[1]在同年发表的另一学术论文《中国诗歌与英国读者》（*Chinese Poetry
and the English Readers*）中，霍克思又就中国诗歌对西方的影响谈了与上
文相似的观点：在 20 世纪 20 年代前，中国诗歌对英国文学谈不上有任何
影响，任何哪怕微小的影响都不可能早于庞德和韦利的汉诗英译作品的出
版。[2]而霍克思早在 1955 年博士刚毕业之际，就在英国政论性杂志《旁观
者》（*Spectator*）上发表了《中国文化》（*Chinese Culture*）一文，表达了对
五四以来的中国文化发展的保留态度，认为五四以来的中国文学处于一个
停滞期。[3]

　　既然中国文学在很长一段发展时间内出现了停滞，况且在霍克思看
来，中国文学对西方世界的影响极其有限，那么西方汉学家们所从事的有
关中国文学的研究，其意义与价值何在？对这一问题的回答，恰是汉学活
动开展的理论依托。霍克思在接任牛津汉学讲座教授几年后，从比较文学
的视角正面回答了这一对于汉学科而言安身立命的问题："我们至少可以
指出中国研究对比较文学的重要性……对于比较文学来说，研究中国文学
的价值在于构建一个独立完整的文学世界，一个与西方完全不同的文学世
界。"[4]也就是说，中国文学的价值在于其与西方的相异性，作为世界文化
的一个组成部分，其独特性使其有了存在与被研究的必要。霍克思认为，

---

[1] C. f. Ibid. pp. 69-77.

[2] Ibid. p. 80.

[3] David Hawkes, "Work and Culture, " David Hawkes, *Classical, Modern and Humane Essays in Chinese Literature*,
John Minford & Siu-kit Wong ed., Hong Kong: The Chinese University Press, 1989, p. 237. 按：此文辑入霍克思
汉学论文集时，更名为《作品与文化》（*Work and Culture*）。

[4] David Hawkes, "Chinese Literature: An Introductory Note, " David Hawkes, *Classical, Modern and Humane
Essays in Chinese Literature*, John Minford & Siu-kit Wong ed., Hong Kong: The Chinese University Press, 1989, p. 72.

对不同文学间主题、体裁、语言表达与思想表达差异的寻找等，都是在中西文学的比较中可开展的话题。"实际上，汉学研究者所处的境遇有些类似于语言学家被要求描述迄今为止未被记录的某种语言时的处境。汉学家们一方面期望从中找出一些与自身文化相熟的东西，一方面又期望能找出一些新的、与自身过去经历无法相比的东西。"[1]

霍克思这一观点相当有道理，中国学者王晓平的相关论述也持类似观点。王晓平指出，从 20 世纪 50 年代始，比较文学美国学派崛起，盛行平行研究，在汉学界引起了反响，"西方的学术探索一旦以文学性和艺术性（而非关联性）为鹄的，中国文学在世界文苑中的地位就随即提高了"[2]。这就是汉学，归根到底属于比较文学的一个分支，它在比较文学领域下才能真正找到自己的意义所在。

二、明确汉学研究内容

在霍克思看来，汉学研究要以文学为基础。"我们必须始终坚持汉学科以文学研究为基础。"[3]这是霍克思就职演说辞中"人文"（humane）一词的含义所在。"humane"通常被理解为"人道的"，但在霍克思的定义中，"humane"是与牛津汉学教学传统中的典籍阅读相对的，可中译为"人文（的）"。"四书五经"太过古远，纵使对于很多中国读者来说都需要注释，更何况是异域读者？文学就是一个世界，它相当完好地记录下了它那个年代的一切。霍克思对文学的重视，对人文的强调，促使他一生的汉学翻译与研究活动关注的都是中国文学作品。

---

[1] Ibid. p. 74.

[2] 夏康达、王晓平：《二十世纪国外中国文学研究》，天津：天津人民出版社，2000 年，第 235 页。

[3] David Hawkes, "Chinese: Classical, Modern and Humane, An Inaugural Lecture delivered before the University of Oxford on 25 May, 1961, " David Hawkes, *Classical, Modern and Humane Essays in Chinese Literature*, John Minford & Siu-kit Wong ed., Hong Kong: The Chinese University Press, 1989, p. 23.

霍克思在其就职演说辞中，将"人文"与文学相连，与值得一读的书籍相连，赋予了"人文"一词特定含义。如是，我们就不难理解1989年闵福德（John Minford，1946— ）和黄兆杰为纪念霍克思退休合编的论文集的书名——《中国文学散论：古典、现代和人文》（*Classical, Modern and Humane Essays in Chinese Literature*）。此书收集了霍克思汉学研究二三十年间的主要汉学成果，又经过了霍克思本人校对，所起书名自然征得霍克思首肯。这一书名既是对将近三十年前的汉学观的某种呼应与肯定，也体现了霍克思对"人文"的一贯坚持。

三、判定汉学论著读者

霍克思在《中国的歌剧》（*The Singing Plays of China*，1977）一文中评荐了两位戏曲研究专家同年出版的论著——《中国戏剧的黄金时代：元杂剧》（Chung-wen Shih, *The Golden Age of Chinese Drama*，1976）和《中国戏剧史》（William Dolby, *A History of Chinese Drama*，1976）。此书评显示霍克思心目中优秀汉学论著的一个首要特征是对象性预设。在霍克思看来，好的汉学论著，要在满足汉学师生需求的前提下适当关注普及性。我们引用霍克思对这两部汉学论著的评价以窥其观点：他赞扬华裔学者时钟雯的论著"采用令所有对此感兴趣的读者都能理解的形式来传递大量信息的同时，亦顾及能阅读汉语的汉学学生的需求"[1]；他指出英国汉学家杜为廉（William Dolby，1936—2015）的论著"有很多精致的插图，我希望他能为那些不熟悉拼音系统的读者解释著作中所使用的汉语拼音的拼写规则，也希望出版商能在书末提供汉字词汇表，以供我们这些能阅读一些汉语的

---

〔1〕David Hawkes, "The Singing Plays of China, " David Hawkes, *Classical, Modern and Humane Essays in Chinese Literature*, John Minford & Siu-kit Wong ed., Hong Kong: The Chinese University Press, 1989, p. 275.

读者使用"[1]。霍克思对作品对象性的强调，不仅体现在他对汉学论著的要求上，也体现在他对汉学译著读者对象性的主张上，这一点在后文对霍克思译著的讨论中有所涉及，此处不予赘述。

四、确定汉学研究方法

霍克思没有专门论述过自己的汉学研究方法，但在他的一些书评或研究论文中兼涉对汉学研究方法的评论，从其褒贬中可窥知霍克思所支持或主张的研究方法。

（一）人文主义方法

如前所述，"人文"是霍克思汉学理念中一个很重要的组成部分，它从汉学治学内容上给予了强调。关于对人文主义方法的理解，霍克思的论著中有一处相当宝贵的论述，那就是书评《译自中文》（ *From the Chinese*，1961 ）中霍克思使用的 "humanism" 一词。"humanism" 一般理解，指的是文艺复兴运动中彰显人权、反对神权的精神，为什么要把霍克思论述中的 "humanism" 一词译为 "人文主义" 呢？在《译自中文》中，霍克思是这样阐述的，他认为韦利的艺术鉴赏力（ artistic sensibility ）与技巧综合力（ assemblage of various skills ）背后存在着某一根本的规则或者哲学（ underlying principle or philosophy ），并把韦利所遵循的这一规则或者哲学概括为 "humanism"，"称其 humanism 是对的但却是不够的。这是一种独特的 humanism，它拒绝受文学历史和社会演变中约定俗成的术语误导，坚持以一贯的认真与警觉研究任何时、地的社会形态或艺术作品。这种 humanism 方法的强化，如果可以称其为方法的话，意味着纵使偶尔进行

---

[1] Ibid. p. 277.

现代比照，比如在《中国古代三大思维方式》中，韦利将公元前 3 世纪的现实主义与 20 世纪的极权主义做比较，似乎没有像其他译者或文化普及者常做的比较那样肤浅、廉价，像是纯粹的技法，韦利的比较是恰当并具启发性的，能揭示出人类行为的真相"[1]。这段话明确告诉我们，"humanism"就是以"一贯的认真与警觉研究任何时、地的社会形态或艺术作品"，这是一种治学态度或者依霍克思所说，是方法、原则与哲学。两个月后，霍克思发表汉学讲座教授就职演说辞，其中力倡的一大核心内容就是"人文"（humane）。显然，《译自中文》中的"humanism"与就职演说辞中的"humane"是密切相关的，一个从汉学治学态度与方法的角度，一个从汉学治学内容的角度，都在言说"人文"的含义。人文主义的方法与态度是霍克思汉学研究中坚持的大原则，英国汉学家卜立德解之为"一种对待理论的警惕性礼貌态度"（never treated theories with more than wary politeness）[2]。

（二）各领域成果互借互用

霍克思主张在从事汉学研究时，要注意各领域成果、方法的相互借鉴与综合利用，并反对实用主义的研究方法。霍克思发现 20 世纪 20 年代以来，考古学家（archaeologist）、古文书学家（palaeographer）、词源学家（etymologist）和文本考据家（textual critic）等的通力合作为西方描画古代中国增添了不少色彩。霍克思曾概括韦利汉学研究中的具体方法，认为面对新出现的汉学研究领域之外的辉煌成就，韦利所做的并不仅仅是调和所有新成果并以一种令人愉快的方式展现出来而已，"事实上，韦利在研究中阅读了大量人类学资料及世界各地的文学作品（只要浏览一下他

[1] David Hawkes, "From the Chinese," David Hawkes, *Classical, Modern and Humane Essays in Chinese Literature*, John Minford & Siu-kit Wong ed., Hong Kong: The Chinese University Press, 1989, pp. 246-247.

[2] D. E. Pollard, "（Untitled Review）Classical, Modern and Humane: Essays in Chinese Literature, by David Hawkes, John Minford, Siu-kit Wong," Book Review. *Chinese Literature: Essays, Articles, Reviews（CLEAR）*, Vol. 13, Dec. 1991, pp. 192-193.

《诗经》英译本的脚注就可明白其兴趣的广泛），从而能够在更加广阔的语境中研究古代中国。中国古代文化不再遥远得像是一种已被遗忘了的月球文化，而是我们自己文化遗产的一部分，它的国民就是我们的同胞"[1]。

西方自 18 世纪末开始倡导的"历史与科学共融互进"的新史学方法与中国提前半个到一个世纪就出现的治史方法相似。"史家务期为一渊博之学者，经学、小学、天算、舆地、音韵以至金石、版本、氏族、避讳等学问，皆为研究之对象，且汲汲用之以治史。"[2]韦利孜孜实践之，霍克思不仅欣赏，而且早在年轻时就树立了这一治学理念。正因如此，我们也就不难理解为什么 1948 至 1951 年霍克思在中国北大读研究生时，上得最勤的会是唐兰先生的"金石文字学"。霍克思当时还收藏了不少金石拓片，四十多年后，他仍念念不忘当年在北大的这些收藏，并费尽周折拜托朋友求教于中国专家。

霍克思一生至少通晓拉丁语、法语、汉语、日语和威尔士语五种外语。拉丁语是他初入牛津学习西方古典文学专业时研究古希腊、古罗马文学所必须掌握的，掌握程度之好不在话下。法语是霍克思可读、可写也可说的语言，他曾于 1963 年 3 月 21 日在法国巴黎中国学院参加学术会议，并在会上做了《石头记——一部象征小说》的发言，此文后由 Anghard Pimpaneau 译成英文（ *The Story of the Stone: A Symbolist Novel* ）。霍克思的论文中常有拉丁语和法语词汇，另外论证自己观点时常多方引用中国学者和日本学者的前沿成果。1979 年 7 月，霍克思甚至用中文撰写了一篇研究论文《西人管窥〈红楼梦〉》，翌年在《红楼梦学刊》1980 年第一辑上发表。而该刊 1980 年第四辑上另有霍克思用中文创作的一首次韵诗，此诗采用和

---

[1] David Hawkes, "From the Chinese, " David Hawkes, *Classical, Modern and Human: Essays in Chinese Literature*, John Minford & Siu-kit Wong ed., Hong Kong: The Chinese University Press, 1989, p. 246.
[2] 杜维运：《清代史学与史家》，北京：中华书局，1988 年，第 6 页。

诗中最严格的步韵来表达作者拜读吴世昌先生《扑蝶》七绝后的心情。中国香港译者蔡思果曾谈论过霍克思的中文功底，他的评价较为中肯，值得参考："汉学家 David Hawkes 他的汉学很不错，我看过他写给我朋友的中文信，字写得有样子，比很多今天中国的作家写得还好，真是礼失而求诸野。中文也不错，但是总有几句不像中国人写的。"[1] 至于日语，霍克思是在战时入伍后习得的。虽然霍克思所在的英国皇家情报部门只教授简单的军事日语，但霍克思凭借强大的学习能力，很快就由学员转为日语集训课程的教员，且在随后的整个战争期间，他一直从事此项语言教学工作。霍克思 1970 年在翻译《红楼梦》的过程中，为抵御脑萎缩风险而启动了威尔士语学习。晚年，他还专门做过威尔士语的研究工作。霍克思的一生依靠这些语言广泛阅读各国的最新汉学研究成果，综合借鉴西方历史学、宗教学、语言学、人类学等领域的先进研究方法，来进行他的文学研究。尤其是在借用人类学方法研究文学上，霍克思与他的前辈韦利在英国汉学史上具有开创意义。追溯人类学的历史，人类学是一种研究人类的学问，人类学家（anthropologist）一词最早出现在亚里士多德的《道德论》一书中，不过当时指的是高尚的人。地理大发现后，人类学又一度指代人文学科。18 世纪，既有从生物角度研究人类的博物学家，如瑞典的林奈和德国的布鲁门巴赫，也有从心理哲学方面研究人类的康德和黑格尔。到了 19 世纪，资本主义走向全球扩张，带来了人类研究的繁荣，终于在 19 世纪 60 年代正式诞生了文化人类学。文化人类学运用达尔文进化理论，致力于综合各民族材料，以此探讨古代社会的生成、发展及人类社会的演化。霍克思正是借用文化人类学来解读中国古代诗歌集《楚辞》，从而为《楚辞》还原了一个远古宗教祭祀的历史语境，《楚辞》尤其是《九歌》中一些悬而未

---

[1] 思果：《译路历程——我译〈大卫·考勒菲尔〉的回忆》，见金圣华、黄国彬主编：《因难见巧——名家翻译经验谈》，北京：中国对外翻译出版公司，1998 年，第 49 页。

决的难题得到了可信的解答。他称赞韦利 1955 年出版的《九歌：中国古代巫术研究》（*The Nine Songs: A Study of Shamanism in Ancient China*）："该书因与人类学知识的关联而变得很有价值。从这个意义上说，它是一个里程碑，它使后来的研究者如欲进一步翻译《楚辞》，就必须首先对诗作的产生背景及功用进行广泛研究。"[1] 其实，以上话语也适用于评价霍克思自己的《楚辞》研究。

在他的论著中，中国学者（包括港台学者）、日本学者及法国学者的相关前沿成果都得到了很好的利用。譬如他自言，1959 年出版的汉学研究处女作《楚辞，南方之歌》在翻译与理解原作诗句上大量参看了中国学者闻一多先生的《楚辞校补》，而他的《石头记》研究则充分借重了中国学者俞平伯、周汝昌、吴世昌以及赵冈所发表的研究成果。中国学者饶宗颐的《词籍考：考证与词有关的文献——唐至元作家作品集（卷一）》（*Tz'ǔ -tsi K'ao: Examination of Documents Relating to Tz'ǔ. Part I, Collected Works of Separate Authors from T'ang to Yüan*）受到了霍克思高度评价，原因正在于饶宗颐的写作，中西研究资料互通，大量借鉴了西方出版的学术成果中的治学方法，"对于这些西方出版物，他不仅没有忽视，也不只是简单留意，而是仔细地在书中加以讨论和评价"[2]。

（三）对实用主义研究方法的批判

霍克思反对治学中的实用主义倾向，主张有价值的研究必定建立在广博而充分的准备基础之上，而不仅仅局限于研究对象本身。在汉学治学中收集、阅读、考辨尽可能多的文献资料，包括研究对象国所出版的材料，这

---

[1] David Hawkes, "English Translations of *Ch'u Tz'ǔ*," David Hawkes tr., *Ch'u Tz'ǔ, the Songs of the South: An Ancient Chinese Anthology*. London/Boston: Oxford University Press/Beacon Press, 1959/1962, p. 217.

[2] David Hawkes, "(Untitled Review)Jao Tsung-I: Tz'ǔ-tsi k'ao: Examination of Documents Relating to Tz'ǔ," Reviews. *Bulletin of the School of Oriental and African Studies, University of London*, Vol. 28, No. 3，1965, p. 657.

028

在霍克思看来是"必做的准备工作"（the necessary homework）[1]。在芮沃寿（Arthur F. Wright，1913—1976）和杜希德合编的《儒家》（*Confucian Personalities*）一书中收录有谢康伦（Conrad Schirokauer，1929—2018）教授关于朱熹的论文。此文被霍克思批为书中最令他不满的一篇，因为在这篇文章中，"任何关于朱熹个性的结论在研究过他的诗歌和他与友人的通信前都只能是推测性的……我不明白在了解研究对象是一个怎样的人之前，如何能成功描画出他的儒学特征"[2]。1966年，霍克思在评价柯润璞（J. I. Crump，1921—2002）译著《谋略：〈战国策〉研究》（*Intrigues: Studies of the Chan-kuo Ts'e*）的书评中，明确批评西方汉学继承了不少近年批评界"只讲究实际而缺乏想象力的研究方法"（literal-minded approach）[3]。譬如，硬性规定"米芾"只能读为 Mǐ Fú 而不能读作 Mǐ Fèi，这是爱管闲事的艺术专家的专断决定，也使得汉学界流通的汉语在高速个人化。再如，文学作品中作者假拟某一历史人物进行代言，这是中西惯用的文学手段，这一手段却被近来的评论家屡屡诟病，并将其作为"伪作"的根据。这些都是只讲究实际而缺乏想象力的研究方法所致，西方汉学界继承了不少批评界的此类做法。

柯润璞的译著却没有沾染以上不良风气，霍克思赞赏此书的精彩（brilliant），认为它以一种令人完全信服的方式，论证了《战国策》既不是史书，也不是通常认为的小说，而是师生练习说服术的修辞学材料，就像古罗马修辞学教师发明的"历史演讲"（suasoriae）一样。霍克思认为，这样的研究有着体裁理论上的意义："《战国策》不再被看成是糟糕的史

〔1〕David Hawkes, "（Untitled Review）Confucian Personalities by Arthur F. Wright; Denis Twitchett, " Reviews. *Harvard Journal of Asiatic Studies*, Vol. 24，1962-1963, p. 273.

〔2〕David Hawkes, "（Untitled Review）Confucian Personalities by Arthur F. Wright; Denis Twitchett, " Reviews. *Harvard Journal of Asiatic Studies*, Vol. 24，1962-1963, p. 272.

〔3〕David Hawkes, "（Untitled Review）Intrigues: Studies of the Chan-kuo Ts'e by J. I. Crump, JR., " Reviews of Books. *Journal of the American Oriental Society*, Vol. 86, No. 1，1966, pp. 62–63.

书，而是一部优秀的修辞学书籍，这对《战国策》研究的贡献很大。"他
兴奋地指出："一想到这一成果只有经文学批评的合理推演才能取得，而
那些机器人或是粒子计数器的演算却无能为力，这就令人感到欢欣鼓舞。"
霍克思希望柯润璞的译著对实用主义研究方法能起到刺激或改进的作用。
十年后，霍克思在评论美国汉学家浦安迪（Andrew H. Plaks，1945— ）的
论著《〈红楼梦〉中的原型与寓意》（*Archetype and Allegory in the Dream of
the Red Chamber*）时，仍然坚持非实用主义的研究方法。他指出，浦安迪在
《红楼梦》研究中从文本自身的结构体系进行结构主义的分析与建构，这
一方法存在不足，"一定的传记或背景研究仍是对此分析有所裨益的"[1]。
如小说中的宗教因素，在霍克思看来，了解一点经过雍正皇帝"大清洗"
政策后幸存的那些皇家贵族的情况，对于理解《红楼梦》显然很有帮助；
再如，要知晓书中"大观园"的隐喻，了解一些八旗家庭未出阁的大家闺
秀的独特处境，也是很有帮助的。[2]

（四）推崇西方语文学、清代考据学和卜派汉学

语文学，英文为"Philology"，从词源学上分析，它来自拉丁语"philologia"，
词根"philo-"即"loving"，大致是"爱好"或"亲"；"-logia"即"logos"，
大致是"语词"或"……学"，故而"philology"最初含义为"对学问和
文学的爱好"。语文学有时也可译成"文学"，但与一般意义上的"文学"
概念完全不同。在西方文学史中，语文学有着深厚传统，尤指历史和比较
语文学，后亦包含语言学或文献学。霍克思对语文学的推崇是与其汉学研
究中坚持的"人文主义原则"相一致的。

霍克思在为汉学家艾皓德（Halvor Eifring，1960— ）主编的《中
国古代文学中的思想与心态》（*Minds and Mentalities in Traditional Chinese*

---

[1] David Hawkes, "The Disillusionment of Precious Jade, " David Hawkes, *Classical, Modern and Humane Essays in Chinese Literature*, John Minford & Siu-kit Wong ed., Hong Kong: The Chinese University Press, 1989, p. 271.
[2] David Hawkes, "The Poetry of Liu Hongbin," *MCLC Resource Center Publication*, May 2007.

Literature）一书撰写序文时简单解释过语文学。在序文中，他评论书中的各篇论文时用到了不同的研究方法，其中之一就是"philological approach"，并随后对其进行了简短解释，即"通过分析所使用词汇来描述它们"（to analyse the vocabulary used to describe them）[1]。虽然简短，却已能让我们大致了解到，霍克思心中的语文学在于通过分析文本内的语词来解决问题。霍克思早年完成的博士论文《楚辞创作日期及作者考订》（*The Problem of Date and Authorship in Ch'u Tz'u*）主要采用的即是此法，他曾在研究论文《女神的求索》（*The Quest of Goddess*）中具体谈及。他这样描述博士论文的研究方法："运用语言学标准对诗歌的词汇、押韵、典型结构特征的使用情况等进行统计学式的研究。"[2]这一对语文学更为具体的阐释，明确了语文学与语言学标准（linguistic criteria）间密切的关系。以论证《离骚》和《九歌》在语言学角度存在极大相似性为例，霍克思举例说明他的研究方法是从两部诗作内部寻找证据，如在两部诗作中均出现了其他诗作中没有出现过的以宾格"予"代替常用的"余"的用法，并一一列出诗中的例子[3]：

Lisao	66[4]	申申其詈予
	71	夫何茕独而不予听
	105	倚閶阖而望予

---

［1］David Hawkes, "Preface, " Halvor Eifring, *Minds and Mentalities in the Traditional Chinese Literature*, Beijing: Culture and Art Pub. House, 1999, p. xi.

［2］David Hawkes, "The Quest of the Goddess, " David Hawkes, *Classical, Modern and Humane Essays in Chinese Literature*, John Minford & Siu-kit Wong ed., Hong Kong: The Chinese University Press, 1989, p. 115. 原文为 "Application of linguistic criteria—statistical researches into the use of vocabulary, rhyme, characteristic structural features, and so forth"。

［3］此处引用的例子为霍克思手抄本《楚辞》，为展现原始资料风貌，此处文字繁简依从手抄本原貌。本书其他地方引用霍克思《楚辞》文本，处理原则相同，不予赘述。

［4］按：此数字表示的是诗句在诗作中的行数，下同。

	177	召西皇使涉予
Jiuge, Xiangfuren	17	闻佳人兮召予
Dasiming	8	何寿夭兮在予
Shaosiming	4	芳菲菲兮袭予
Hebo	18	鱼隣隣兮媵予
Shangui	4	子慕予兮善窈窕
	16	岁既晏兮孰华予

同时，另一典型例子是两诗中都出现了一个独特的词汇——"灵修"，而《楚辞》其他早期诗作中却未见该词的使用。通过以上的文本内部分析，霍克思得出了他的结论。此例为语文学一法做了很好的脚注。

实际上，霍克思在《楚辞》和《杜诗入阶》的翻译中都是做足了语文学功课的。《楚辞》附录的文本注释（textual notes），用于原作文字考订，运用音韵相通、假借及文本内证等语文学方法，对于原作中出现的一些字词误讹、错简或一些有争议的词句进行考究与解释，并做出自己的判断，进行自己的翻译。而《杜诗入阶》的整体体例即是训诂学著作的模式。经过扎实的字词训诂，霍克思才着手进行翻译，非常有力地保证了译本传译的忠实性。就如中国台湾学者赖瑞和先生在回忆其师杜希德、龙彼得及其他同代学者如杨联陞、何丙郁、萧启庆等的中国志书翻译时说，"西方汉学的这种翻译，不但要求志书中每个中文字词都要能译成英文或其他西文，不能遗漏，而且更重要的是，还要求详细的注释，并且尽可能把原文的出典或出处找出来，详考其文本源流"[1]。赖瑞和归纳杜公的研究方法时用的也是语文学一词，他这样概括语文学："其要点是重视文字（特别是古文字或外来文字）的掌握，以及解读史料的一套严谨方法，和清代乾嘉之学

---

[1]赖瑞和:《追忆杜希德教授》(*Remembering Professor Denis Twitchett*)，载《汉学研究通讯》2007年第4期。

032

不无相通之处。"[1]

霍克思在汉学研究与翻译中身体力行语文学传统，使其对中国清代注重训诂与考据等小学功夫的考据学有自然的亲近，也促成了他 1962 年撰写批评陈受颐《中国文学史略》（*Chinese Literature: A Historical Introduction*）的书评。陈受颐（1899—1978），25 岁时赴美留学，在美国芝加哥大学比较文学专业攻读博士学位。他一生热衷西方文化，对中国传统文化持批判与保留态度。《中国文学史略》一书序文由林语堂先生撰写，其中用了一半篇幅攻击清代的考据学。也正因如此，我们才得以知晓霍克思对清代考据学的态度。霍克思指斥林语堂对清代考据学的攻击"是一知半解的攻击，是不可理喻与怪异的行为"（an unaccountable and weirdly ill-formed attack on "Ch'ing philology"）[2]。文末霍克思感慨道："此书将人们从清代学术中解放得过头了！为了所付书费，我得说我宁愿要那种纵使带点学问卖弄，但却把论点发挥得淋漓尽致的学术论文（当所论话题确实需要如此发挥时）。"[3] 从霍克思译"清代考据学"为"Ch'ing philology"可知，在霍克思心目中，清代考据学与西方语文学是同指的。

在西方的汉学研究学派中，霍克思欣赏的是卜派（Boodbergian）汉学。卜派汉学由俄裔美籍汉学家卜弼德（Peter A. Boodberg，1903—1972）所创，是美国汉学界一个知名的汉学研究学派，该学派"讲究对于中国古典（尤其是唐朝以前的文史哲典籍）的绝对把握，于字汇和辞句的质理做彻底的了解，不苟且，不放松，追索文字的源头，分析文字的发展，凡事以历代字书的证据为依归，辅之以西方文字训诂学的知识"[4]。此处"西方

---

[1] 赖瑞和：《追忆杜希德教授》，载《汉学研究通讯》2007 年第 4 期。按：关于汉学家运用语文学研究方法的讨论，可参看 David B. Honey, *Incense at the Altar: Pioneering Sinologists and the Development of Classical Chinese Philology*, New Haven: American Oriental Society, 2001.

[2] David Hawkes, "（Untitled Review）Chinese Literature: A Historical Introduction by Ch'en Shou-yi," Book Reviews. *The Journal of Asian Studies*, Vol. 21, No. 3, May 1962, p. 387.

[3] Ibid. p. 389.

[4] 杨牧：《柏克莱精神》，台北：洪范书店，1977 年，第 98-99 页。

文字训诂学"的原文为"philology"。卜派汉学是一个与清代考据学、西方传统语文学在研究路数上一脉相通的西方汉学学派，它受到霍克思的欣赏不足为怪。薛爱华（Edward H. Schafer, 1913—1991）是卜派汉学的传人，霍克思 1978 年在评其《步虚：唐代奔赴星辰之路》（*Pacing the Void: T'ang Approaches to the Stars*）一书时，肯定了卜派汉学比一般汉学学派更为扎实的功底："薛氏利用卜派那稀奇古怪的多音节词，力求使他的汉学同行们从他们那含糊不准的译文转向他的研究所揭示的清晰醒目的形象。"[1] 在霍克思看来，"通常流畅的译著都存在微妙的误导性文化转换"，因此他更加赞赏薛氏的治学方向，"他通过终身努力把译文中所暗藏的形象给解救了出来，为我们恢复了它们那原始的魔力与不灭的光辉"[2]。卜氏及薛氏的卜派汉学研究法在卜派第三代弟子韩大伟（David B. Honey）2001 年出版的《神坛焚香：汉学家先驱与中国古典文学的语文学发展》（*Incense at the Altar: Pioneering Sinologists and the Development of Classical Chinese Philology*）一书中有很好的研讨与归总。从西方语文学到清代考据学再到卜派汉学，霍克思始终坚持的是语文学的治学之法。

五、汉学文献阐释的视域

前述，霍克思在比较文学学科下为汉学研究指出了独特的价值所在。霍克思在汉学研究中，时刻不忘比较视域，其学术路径在传统语文学研究方法的基础上，增加了比较思想视野下审视学术文献意义的步骤。对于霍克思而言，研究汉学既是为了了解中国，了解一个不同于西方的文学世界，也是为了中英互比、互识与互证。此中贯穿着比较，贯穿着两种文化的互

---

〔1〕David Hawkes, "（Untitled Review）Pacing the void. T'ang Approaches to the Stars. By Edward H. Schafer, " *Book Reviews. Pacific Affairs*, Vol. 51, No. 4, Winter1978—1979, p. 652.

〔2〕Ibid.

034

识与交流。霍克思漫长的汉学研究之路自始至终都非常注重中西比较与会通。在他看来，"学习汉语不是仅仅学习一门外语，而是学习另一种文化、另一个世界，就如米歇莱所说的，'亚洲尽头的另一个欧洲'"[1]。霍克思在《楚辞》译研中深深被伟大的楚国艺术感染，他感到，"《楚辞》中的早期诗作并不是孤立不可解的文学现象，而是对一种杰出、迷人文化的精彩展现"[2]。在汉诗研究中，他有着类似的感悟："透彻理解其中的'同与异'（用中国话来说）甚至有可能引导我们重新评估对我们自己的诗歌所持有的一些看法。"[3]即使是在西方汉学较为滞后的中国古代文论研究领域，霍克思认为比较文学的加盟也能起到大大的刺激作用。西方学者需要了解大量的中国文学作品，方可进行中国文论的研究，"在学术景观上比较文学的出现早已刺激了中国古代文论的研究，某种有利的发展条件可以说业已存在"[4]。正是秉执上述观念，霍克思才会认为，刘勰《文心雕龙》对文学概念的定义"虽然有些神秘，但与西方文学中的创造论也并没有截然之别，从某种意义上说，它类似于西方把作者比作上帝的说法"[5]。同样，从比较文学的视域出发，霍克思也觉悟到西方文学是宗教性的，而中国文学则主要是世俗文学（secular literature）；中国的社会也主要是世俗社会，封建帝制下的中国社会犹如没有基督教的中世纪欧洲社会，其中的整个统治阶级都是社会的官员。[6]在《楚辞》英译本初版《招隐士》卷的导读文字中，霍克思在关于此卷作者、创作时间及史料价值的考辨中不忘提醒读者

---

〔1〕David Hawkes, "General Introduction, " David Hawkes tr., *Ch'u Tz'ǔ, the Songs of the South: An Ancient Chinese Anthology*, London/Boston: Oxford University Press/Beacon Press, 1959/1962, p. 19.

〔2〕Ibid.

〔3〕David Hawkes, "Chinese Poetry and the English Reader, " David Hawkes, *Classical, Modern and Humane Essays in Chinese Literature*, John Minford & Siu-kit Wong ed., Hong Kong: The Chinese University Press, 1989, p. 99.

〔4〕David Hawkes, "（Untitled Review）The Literary Mind and the Carving of Dragons. By Liu Hsien. Tr. with an Introduction and Notes by Vincent Yu-chung Shih, " *The Journal of Asian Studies*, Vol. 19, No. 3, May 1960, p. 331.

〔5〕David Hawkes, "Chinese Poetry and the English Reader, " David Hawkes, *Classical, Modern and Humane Essays in Chinese Literature*, John Minford & Siu-kit Wong ed., Hong Kong: The Chinese University Press, 1989, p. 77.

〔6〕Ibid. p. 75.

注意《招隐士》作者对大自然的态度与英国 18 世纪新古典主义者惊人相似。"值得注意的有趣现象是，《招隐士》的作者远远在中国山水画创始之前，就对大自然表现出与英国奥古斯都文学如出一辙的态度：都极不喜欢未被驯化的严酷自然。"[1]霍氏书评《雄浑的时代》(*The Age of Exuberance*，1983)在讨论闺情诗集《玉台新咏》中真正的中国女性形象时，指出诗中的形象更多是"中国男性诗人自我想象的产物"，现实中的中国女性总体而言，应被比为"普契尼《图兰朵》一剧中那傲慢无情的图兰朵而不是忠贞多情的侍女柳儿"[2]。霍克思比较视野下的文化阐释之例可谓不胜枚举，此法应是贯穿其汉学研究始终的一大重要研究方法或者说研究理念。

六、汉学翻译理念

(一)追求忠实传译与接受效果

1954 年，韦利《诗经》英译本(*The Book of Songs*)出版；1955 年，庞德《诗经》英译本《孔子审定的古典诗集》(*The Classic Anthology Defined by Confucius*)面世。韦利采用跳跃韵尽力传达原诗节奏，庞德以自己的理解对汉诗任意更改，霍克思在评介中显然偏向前者："我非常爱读庞德的这些译诗，但要把他的译诗都说成是翻译，这会让我感到踌躇；我推荐那些希望看到确切译文的读者去阅读韦利的译作。而如果对翻译的技术问题感兴趣，则可读读高本汉(Karlgren，1889—1978)的论著。"[3]在霍克思看来，评价译作更为重要的是看译作与原作之间的关系。如果一首诗在翻

〔1〕David Hawkes, "Chao Yin Shih, " *Ch'u Tz'ǔ, the Songs of the South: An Ancient Chinese Anthology*. London/Boston: Oxford University Press/Beacon Press, 1959/1962, p. 119.

〔2〕David Hawkes, "The Age of Exuberance, " David Hawkes, *Classical, Modern and Humane Essays in Chinese Literature*, John Minford & Siu-kit Wong ed., Hong Kong: The Chinese University Press, 1989, p. 310.

〔3〕David Hawkes, "Translating from the Chinese, " David Hawkes, *Classical, Modern and Humane Essays in Chinese Literature*, John Minford & Siu-kit Wong ed., Hong Kong: The Chinese University Press, 1989, p. 236.

036

译时被改得面目全非，那它就成了另一首诗，而不是译作。霍克思在书评
《汉语翻译》（*Translating from the Chinese*，1955）中指出，要译出最好的翻
译作品只有两条路："现在，最好的译作通常是诗人参考学习外语的逐字
对译本或与懂得外语的人合作所为。"[1]霍克思以庞德为反例，认为庞德正
是由于他那顽固的愚蠢之见（wilful obscurantism），没有好好利用《诗经》
逐字对译本，固执地相信费诺罗萨（Ernest Fenollosa，1835—1905）的肤
浅之论，坚持汉字各个组成部分在表意上同等重要的顽见，对于大部分汉
字是由表音部分和表意部分组成这一汉语知识缺乏洞见，才在阐释《诗经》
中的诗歌时犯了不少错误，有的甚至严重改变了原诗之义。

改动得面目全非的译诗不是一篇好的译作，但这并不意味着霍克思赞
同在翻译中完全不对诗作加以改动。在他对英语世界出现的几个寒山诗译
本的梳理与评价中，我们发现，霍克思主张译作与原作之间需要有个适度
的张力。他这样评价几个主要的寒山诗译本："说实话，在我读过的英译
本中，我偏爱斯奈德的译本，尽管偏爱得不合常理。他的译文不大确切，
还时不时会犯一些极其愚蠢的错误，例如把金镶玉译成宝石镶貂皮，但是
他的译诗像诗（his translations read like poetry）。华生的译诗在我看来，
似乎是介于斯奈德和韦利的译诗之间，它比韦利的译诗更加口语化，但比
之斯奈德的译诗，它又更加中规中矩些。"[2]

霍克思在1955年的书评《汉语翻译》中，对自己的翻译理念做了明
确的表述："我觉得，译者应该谦卑，更多地忠实翻译原作与考虑译作的
接受效果，而不是关注自身创造力的发挥或是个人更大声誉的获得。"[3]秉

---

[1] Ibid. p. 231. 按："逐字对译本"原文用的是"crib"，指为学习外语的学生所提供的逐字对译本（a literal translation used in studying a foreign language）。
[2] David Hawkes, "Cold Mountain," David Hawkes, *Classical, Modern and Humane Essays in Chinese Literature*, John Minford & Siu-kit Wong ed., Hong Kong: The Chinese University Press, 1989, p. 250.
[3] David Hawkes, "Translating from the Chinese," David Hawkes, *Classical, Modern and Humane Essays in Chinese Literature*, John Minford & Siu-kit Wong ed., Hong Kong: The Chinese University Press, 1989, p. 235.

执这一理念，他赞赏韦利的译诗为"最优秀的翻译"[1]，因为在他看来，韦利"既是语文学家也是诗人"（philologer-poet）[2]。诗人能保证诗歌神韵的传达，而语文学家能保证诗义的转换到位，两者的结合才能保证译作的成功。霍克思在《汉语翻译》中颇为赞赏的另一优秀译本是英国作家杰拉尔德·布利特（Gerald Bullett）与华裔学者崔骥在 1946 年合作翻译出版的《范成大的黄金岁月》（*The Golden Years of Fan Ch'eng-ta*）。五十多年后，霍克思依然高度评价此译本，将其列为"过去五十年来最好的中诗英译本之一"（one of the best verse translations of Chinese poems in the past half century）[3]。可见，霍克思汉学译研之路始终坚持此汉学翻译理念，即翻译作品必须做到在忠实翻译原作的同时，考虑译作的接受效果。霍克思的《楚辞》英译本就是一部准确性与可读性完美结合的成功译作。即使在作为汉学入门教材的《杜诗入阶》中，亦有不少有关接受效果的考虑。其中霍克思的译者自道是翻译研究中最为宝贵的资料。如《哀江头》"明眸皓齿今何在"中的"皓齿"，霍克思没有直译，他这样解释："西方半个世纪以来的牙膏广告已使读者欣赏女人牙齿这一行为显得滑稽可笑，而启唇微笑、显露一口雪白的牙齿，在中国人看来却是自古以来'美人'的一个重要标志。"[4]对于这样的审美差异，霍克思在翻译中进行了转换。汉诗强调"皓齿"，霍克思译为"the flashing smile"，强调"微笑"，乍一看两者似乎没有关系，但实际上"微笑"与"皓齿"有前提与结果的关系。为了沟通中西审美差异，霍克思放弃了"皓齿"这一无法在西方读者心中产生美感的事物，转而聚焦露出皓齿的前提即"微笑"，歌咏这一西方读者较易接受与理解的动作，以添加的"flashing"来暗指齿白。此译

〔1〕Ibid. p. 231.

〔2〕Ibid.

〔3〕David Hawkes, "The Poetry of Liu Hongbin," *MCLC* Resource Center Publication, May 2007.

〔4〕David Hawkes, "By the Lake," David Hawkes tr., *A Little Primer of Tu Fu*, Oxford: The Clarendon Press, 1967, p. 54.

例很好地说明了霍克思对译文接受效果的重视。再如，霍克思在《杜诗入阶》中译中文诗题"望岳"为"On a Prospect of T'ai-Shan"而不是直译为"Gazing at T'ai-Shan"，亦是考虑到中国诗歌题目多动词词组而西方诗歌多以名词性词组为题这一中西差异。[1]并且，他认为自己据英语习惯就汉诗诗题所做改动理所当然，"我一点也不用感到不安"（I should feel no compunction）[2]。他批评 1952 年华裔汉学家洪业（1893—1980）的学术译著《中国最伟大的诗人杜甫》（*Tu Fu, China's Greatest Poet*）"译文平淡无奇（flatness），由于过度关注译著的有用性（excessive desire to be helpful）而导致生动性的丧失（loss of vividness）"[3]。

而韦利的翻译巨著——六卷本《源氏物语》英译却赢得了霍克思的赞誉。细读他的评价，我们就能较好地领悟霍克思眼中优秀译作的面貌。"此英译本真可谓是天才之作，它融合了细腻与得体的译风，并且将之贯穿始终。此译风成就了译作，使得译作如同原作一样，也成了伟大和重要的艺术作品。"[4]"细腻与得体"（delicacy and tact）中蕴含着的就是对忠实传译与接受效果的强调。如果读者对此尚有疑问的话，我们可以再读读他十一年后为韦利离世撰写的讣告。1966 年，霍克思一生极为敬仰的英国汉学前辈韦利离世，霍克思在为其撰写的讣告中指出，不管人们对韦利的诗歌翻译成就作何评价，其《源氏物语》全译和《西游记》节译都是极受欢迎的，而且也将在英国文学史上如同德莱顿等人的译作一样，保有一个永

---

〔1〕David Hawkes, "On a Prospect of T'ai-Shan, " David Hawkes tr., *A Little Primer of Tu Fu*, Oxford: The Clarendon Press, 1967, p. 2.

〔2〕Ibid.

〔3〕David Hawkes, "（Untitled Review）Tu Fu, China's Greatest Poet. By William Hung, " *Journal of the Royal Asiatic Society of Great Britain and Ireland*, No. 3 /4, Oct. 1953, p. 164.

〔4〕David Hawkes, "Translation from the Chinese, " David Hawkes, *Classical, Modern and Humane Essays in Chinese Literature*, John Minford & Siu-kit Wong ed., Hong Kong: The Chinese University Press, 1989, p. 245. 原文为 "To have translated with delicacy and tact, and sustained these qualities throughout the book's whole great length, so that the novel emerged in English dress as the great and important work of art it is–this was a work of genius".

恒的位置，"不可想象，对于这两部小说的翻译，其他译本能够在受欢迎程度上超过韦利"[1]。那么，韦利之作何以有这样的接受效果呢？霍克思随即明确点出了其中的缘由："无论艺术潮流起多么大的变化，韦利译风中那令人屏息静气的艺术魅力（the astringent charm）和苦行僧般的细腻准确（ascetic delicacy），是任何一个时代的读者都不会生厌的。"[2]这段引言给本节讨论的"细腻与得体"做了最好的注解。

（二）明确预设目的与读者群

霍克思评论其他汉学家的译著时，另一重要标准是看译著预设的目的与译者心中的读者群是否明。1960 年，他在评施友忠的译著《刘勰：文心雕龙》（*The Literary Mind and the Carving of Dragons, by Liu Hsien*）一书时，批评此书为读者做得不够。他认为，阅读此类译著的读者除少部分专家外，多为对中国文学了解不多但对比较文学有着广泛兴趣的人员。译文应该为这些读者考虑，在处理原作中的各种专有名词时应予以变通，表达相同含义的不同名词应一律采用一种统一的标准译法，切不可亦步亦趋跟着原作翻译，这会使得原本已然艰涩的文论作品更加难懂。"对于文论中的一些关键词如感觉确实无法找到合适的英文对译，与其冒荒唐笔误之险，不如保留其汉语表达。"[3]1983 年评白润德（Daniel Bryant）的《南唐词人冯延巳和李煜》（*Lyric Poets of the Southern T'ang: Feng Yen-ssu, 903-960, and Li Yü, 937-978*）一书时，霍克思指出，此译著最大的问题就是目的不明、读者不明。虽然此书提供了冯延巳和李煜所有词作的完整译文，对研究中国词的学生而言，可说是一部不可或缺的有用之书，"但却较难判断此书

---

〔1〕David Hawkes, "Arthur Waley," David Hawkes, *Classical, Modern and Humane Essays in Chinese Literature*, John Minford & Siu-kit Wong ed., Hong Kong: The Chinese University Press, 1989, p. 257.

〔2〕Ibid. 原文为 "Improbable that the astringent charm and ascetic delicacy of their style could displease the taste of any age, however much literary fashions may fluctuate and change"。

〔3〕David Hawkes, "（Untitled Review）The Literary Mind and the Carving of Dragons. By Liu Hsien. Tr. with an Introduction and Notes by Vincent Yu-chung Shih," *The Journal of Asian Studies*, Vol. 19, No. 3, May 1960, p. 332.

040

是为何而作，其预设读者又是何人"[1]。霍克思批评白润德用重音计数来代替音节计数的方法对于翻译中国素有"诗余"之称的"词"来说并不是好方法，他认为，"如果学生的需要被放在最重要的位置，带有注释的扩展了的散体译法可能会更有用"[2]。而且白润德所译91首词，几乎有三分之二没有提供任何注释，这自然让人怀疑它是否是为研习汉学的学生所译。

霍克思在自己的每部译作中都会谈及此部译作的预设读者以及翻译初衷。如他在首部译著《楚辞，南方之歌》的序言中就提到自己为专业读者（specialist reader）和非专业读者（non-specialist reader）着想，在译本内容安排上做的一些小变化。[3]在《杜诗入阶》中，他不止一次直接指出自己针对的读者群是"中文水平不高或根本不懂中文的西方读者"[4]，他"热切希望有耐心的读者读完此书时，能对中国语言、中国诗歌及中国诗人杜甫有所了解"[5]。而关于译本《石头记》，霍克思更是在多种场合下一再强调自己希望实现与《楚辞》译作完全不同的翻译目的。他说："我想用一种与《楚辞》完全不同的翻译方式来翻译它。我想实现的是那种不需要掺杂学术考虑的翻译。我只想把这本书（毕竟这是为企鹅书局而译）以这样一种方式译出：如果可能的话，全译的同时保持趣味性。读者能从我的译作中获得一些我在阅读原作时所得到的乐趣。"[6]甚至连英译短剧《蟠桃会》，霍克思在译作短小的篇幅中还挤出位置说明了自己翻译的原因与目的。在另一部戏曲英译本《柳毅与龙公主》中，霍克思也提及翻译目

[1] David Hawkes, "（Untitled Review）Lyric Poets of the Southern T'ang. Feng Yen-ssu, 903-906, and Li Yü, 937-978 by Daniel Bryant，" *Pacific Affairs*, Vol. 56, No. 43, Autumn 1983, pp. 539-540.

[2] Ibid.

[3] David Hawkes, "Preface，" David Hawkes tr., *Ch'u Tz'ŭ, the Songs of the South: An Ancient Chinese Anthology*, London/Boston: Oxford University Press/Beacon Press, 1959/1962, p. vii.

[4] David Hawkes, "Author's Introduction，" David Hawkes tr., *A Little Primer of Tu Fu*, Oxford: The Clarendon Press, 1967, p. ix.

[5] Ibid.

[6] Connie Chan, "Appendix: Interview with David Hawkes，" *The Story of the Stone's Journey to the West: A Study in Chinese-English Translation History*, Conducted at 6 Addison Crescent, Oxford, Date: December 7th, 1998, p. 326.

的"娱乐英语国家的观众",以便更多的西方观众能够了解和欣赏中国杂剧,而不是为了"复原原始剧本"(a reconstruction aimed at an "authentic" production)。[1]

(三)注重对文本的学术研究

霍克思认为,好的翻译必然是建立在学术研究之上的,尤其是对文本所处的历史语境的社会化还原。霍克思 1960 年批评施友忠的译著《刘勰:文心雕龙》,指出其序言的一大缺陷即是对刘勰作为一种文学现象的阐释缺乏力度,对刘勰同时代所出现的各类文学争辩语焉不详:"如果我们对其时的文学背景有一个全面的了解,并能准确为刘勰在其中所处的位置进行定位,那显然有助于我们理解刘勰作品中的中心话题。"[2]在《译自中文》一文中,霍克思对韦利翻译异域作品时注意为西方读者提供中文诗作创作的文化、政治、经济背景的做法极为欣赏。他赞叹道:"韦利先生似乎很早就意识到了,如果没有为读者建起理解这些诗作的心理框架,而只是单纯翻译异域的文本文字,这样做是不够的。"[3]"翻译与叙述相结合,以刻画一个人物或一个时代,这是韦利娴熟掌握并巧妙运用的一种技巧。"[4]韦利笔下采用这种技巧所撰写的传记类汉学书籍,在研究中国诗人的生平时,穿插其作品作为例证。在霍克思看来,韦利开辟了一个传记新类别:"虽然它表面上与西方早已大量存在的文学传记没什么差别,实质上却有着根本的不同:韦利书中所包含的传记信息的主要来源是诗歌本身。"[5]1963 年

〔1〕David Hawkes, "Introduction," David Hawkes tr., *Liu Yi and the Dragon Princess*, Hong Kong: The Chinese University Press, 2003, p. 27.

〔2〕David Hawkes, "(Untitled Review) The Literary Mind and the Carving of Dragons. By Liu Hsien. Tr. with an Introduction and Notes by Vincent Yu-chung Shih," *The Journal of Asian Studies*, Vol. 19, No. 3, May 1960, p. 332.

〔3〕David Hawkes, "From the Chinese," David Hawkes, *Classical, Modern and Humane Essays in Chinese Literature*, John Minford & Siu-kit Wong ed., Hong Kong: The Chinese University Press, 1989, p. 244.

〔4〕Ibid. p. 245.

〔5〕David Hawkes, "Arthur Waley," David Hawkes, *Classical, Modern and Humane Essays in Chinese Literature*, John Minford & Siu-kit Wong ed., Hong Kong: The Chinese University Press, 1989, p. 257.

042

霍克思评刘象愚的《中国诗歌的艺术》（ *The Art of Chinese Poetry* ）时，对刘象愚在书后附上参考索引的做法甚为赞同。但凡书中做了引用的，刘象愚均在索引中加以列举，并提供中文原文。这多出来的仅仅 6 页文字在霍克思看来，大大增加了此书对中文学习者的价值。这一理念在霍克思自己的译作中也得到了实践，虽然霍克思没有像韦利那样撰写三大诗人的传记，但他的译著撰有长长的序言与多个附录，把原作者的情况及作品产生的环境背景加以详细介绍与分析。如他的《石头记》三卷均有序言，卷后有多个附录，并有人物表和贾家、史家、王家三家谱系图。每卷的封面之后是作者小传，先介绍曹雪芹，再介绍霍克思，体现了译者对原作者的尊敬，而封底则印有此卷的故事梗概，便于读者理解与翻阅。其《杜诗入阶》则将每一首诗作的创作背景及译者对诗作的研究心得穿插在诗篇中加以介绍。霍克思认为，对中国诗歌感兴趣的西方读者若多了解一些中国诗人的创作手法及创作素材，其理解与欣赏中国诗歌的能力将会大大提高。他希望西方读者能够重视对中国诗歌创作知识的学习。中西互相影响，中国诗歌是世界诗歌的组成部分，对中国诗歌进行深入研究自然也会加深对本国诗歌的理解，这是一种世界文化的恢宏眼光：“对中西诗歌异同的更深广的理解甚至很有可能促使我们重新评估我们自己的诗歌观。”[1]霍克思在总结韦利一生翻译活动的成功之因时说：“他作为翻译家将永垂不朽是更可预见的，因为他的学术功底足够扎实，能确保其译作具有那连时间也无法侵蚀的准确度。当然，他也会犯错——就如权威译本的译者也会犯错一样，但这些错误却不足以使他的译作被淘汰。”[2]显然，霍克思相信译作能够经受住时间考验的一个最主要的砝码，就是译作本身所含有的学术底蕴及因之

---

[1] David Hawkes, "Chinese Poetry and the English Reader," David Hawkes, *Classical, Modern and Humane Essays in Chinese Literature*, John Minford & Siu-kit Wong ed., Hong Kong: The Chinese University Press, 1989, p. 99.

[2] David Hawkes, "Arthur Waley," David Hawkes, *Classical, Modern and Humane Essays in Chinese Literature*, John Minford & Siu-kit Wong ed., Hong Kong: The Chinese University Press, 1989, p. 257.

具有的准确度。

（四）再现意象与典故

　　汉诗中包含数量繁多的典故，以往汉诗英译在处理典故问题上大多不约而同地采取回避、隐去或者简单概括的策略，翟理斯、韦利、克莱默 - 宾（Launcelot Alfred Cranmer-Byng，1872—1945）、弗莱彻、艾思柯、雷克斯罗思（Kenneth Rexroth，1905—1982）等汉诗的主要英译者概莫能外。韦利对典故多的诗歌从来不试图翻译，在他看来："传统典故一直以来都是中国诗歌的缺点，是它最终毁了中国诗歌。"[1]认为译诗应成为"青年男女在情人节这一天互相赠送的经典礼物之一"[2]的雷克斯罗思表示："我只选那些单纯、直接、文学或当代政治典故最少的诗作来译。"[3]戴乃迭是居华的一位重要的英国汉学家，与丈夫一道翻译了浩繁的中国文学作品，她也曾表示中译英时最感困难的是翻译其中的四字成语，原因在于成语中含有的典故无论用添词、加注还是舍弃典故直接营造气氛等手段，都难以再现典故在原著中的丰富内涵。[4]

　　霍克思提出了与前辈学者完全不同的观点，在他看来，"在理解中国诗歌或实际上任何一种中国文学形式时成了许多西方学生最大拦路虎的典故问题，更多的是由他们自己的文化疏离而不是中国诗的朦胧性造成的"[5]。霍克思认为，欣赏任何诗歌都需要一定程度的共鸣，而只有通过认真努力才能产生这种共鸣。在阅读本国诗人所写的诗作时，读者应该了解并熟悉诗人所用的典故，如果对其一无所知，则需要去查找那些典故。同

〔1〕Arthur Waley, *A Hundred And Seventy Chinese Poems*, New York: Alfred A Knopf Inc., 1918, p. 7.

〔2〕江岚：《唐诗西传史论——以唐诗在英美的传播为中心》，北京：学苑出版社，2009 年，第 271 页。

〔3〕Rexroth K., "Notes, " *Love and the Turning Year: One Hundred More Poems from the Chinese*, New York: New Directions, 1970, p. 130.

〔4〕参看〔澳〕肯尼思·亨德森：《土耳其挂毯的反面》，见王佐良：《翻译、思考与试笔》，北京：外语教学与研究出版社，1989 年，第 84 页。

〔5〕David Hawkes, "Chinese Poetry and the English Reader, " David Hawkes, *Classical, Modern and Humane Essays in Chinese Literature*, John Minford & Siu-kit Wong ed., Hong Kong: The Chinese University Press, 1989, p. 92.

理，在读中国诗歌时至少需要付出同样的努力。这是基本的阅读方法。文学典故很难处理，因为它含有对某一特定文本的记忆。但对于一些传统意象，译者却可大有作为，譬如柳树表示分离，大雁代表远方的来信、在外的思归或孤独，柏树代表死亡，松树表达逆境中的坚定，春风则是青春、爱情和渴望的象征，等等。实际上这些典故只要点明，是很容易为那些喜欢阅读中国诗歌的读者所学习的。霍克思因而建议，"译者应在这些传统意象一出现时就为读者指出并加以解释，以便读者更快地吸收"[1]。霍克思批评华生（Burton Watson，1925—2017）译著《寒山诗百首》的一个最大问题就是"注释太马虎"（the annotation is too capricious）。原本一个简注就能解决问题，可是华生却没有提供，这使得西方读者会错过很多知识。[2]霍克思举了两个例子，一个是寒山诗中出现了三四次的"独坐峰顶岩边三十载的和尚形象"，显然这是个典故，华生却没有解释；再如寒山诗第53首"土牛耕石田，未有得稻日"中"稻"与"道"的隐藏关系，霍克思认为华生也应当为读者指明。

霍克思不满华裔汉学家洪业的学术译著《中国最伟大的诗人杜甫》中的杜诗翻译，也是因为洪业译文中忽略了意象与典故，只专注有用性而缺乏生动性。没有了意象与典故，诗歌就显得那么平淡。以洪业译杜诗《同诸公登慈恩寺塔》中"羲和鞭白日，少昊行清秋。秦山忽破碎，泾渭不可求"译文为例："羲和鞭白日"被简化为"The sun is being driven downwards"（太阳被驱而下）；"少昊"亦作少皞，是秋季之神，被误译为"moon"；"泾渭"隐含着"泾水浊、渭水清"的中国文化背景，洪业译文直接用"Ching, Wei"，显然让西方读者不明就里。霍克思认为，"此类问题几乎在洪业译著的每一首杜诗译文中都存在。去掉了意象和典故，

〔1〕Ibid. p. 96.
〔2〕David Hawkes, "Cold Mountain, " David Hawkes, *Classical, Modern and Humane Essays in Chinese Literature*, John Minford & Siu-kit Wong ed., Hong Kong: The Chinese University Press, 1989, p. 250.

诗歌所剩就不多了"[1]。此后，霍克思在其译作中一直认真贯彻"再现意象与典故"的理念。

（五）兼顾作者、读者与文本

西方文学批评传统自文论家艾布拉姆斯（M. H. Abrams，1912—2015）于代表作《镜与灯——浪漫主义文论及批评传统》中的梳理始，大致公认不外作者中心论、文本至上论、读者接受论和社会历史批评的循环。霍克思实际上也继承了这一传统，并融化于其翻译观中。前述第三点霍克思所秉持的"注重对文本的学术研究，尤其是历史语境的社会化还原"的汉学翻译理念，就是从社会历史批评角度出发的观点。另外，霍克思在《石头记》卷二前言中明确提出了自己的另一翻译理念："译者三责：作者、读者和文本。三者并不完全一致，且通常很难协调。"[2]显然，作为一名译者，霍克思主张对作者、读者与文本三者均不忽视。作者是原作的生命给予者，正确把握作者的意图是译者准确传译原作的基本保证；而译作完成后在译入语国家的命运如何，则又促使译者不得不关注译入语读者的接受需求。正如成功译介《源氏物语》的中国台湾学者林文月女士所言，"毕竟，翻译不同于学术研究，总要有一种'自以为是'的选择而在白纸上落墨，否则如何令读者卒读"[3]。在《红楼梦》的翻译上，由于霍克思处理的是一部未完的古典文本，从而更加注意考虑读者因素。如他提到在第二十八回末改紫鹃为秋纹，恳请大家注意他为译本读者考虑之心，他说："如果大家认为这样的改动越出了一个译者的职权范围，我只请求注意我为西方读者

---

〔1〕David Hawkes, "（Untitled Review）Tu Fu, China's Greatest Poet. By William Hung, " *Journal of the Royal Asiatic Society of Great Britain and Ireland*, No. 3 /4, Oct. 1953, p. 164.

〔2〕David Hawkes tr., *The Story of the Stone*, Harmondsworth: Penguin Books, Vol. 2， 1977, p. 20. 原文为"But a translator has divided loyalties. He has a duty to his author, a duty ot his reader and a duty to the text. The three are by no means identical and are often hard to reconcile"。

〔3〕林文月：《关于古典文学作品翻译的省思》，见金圣华、黄国彬编：《因难见巧：名家翻译经验谈》，北京：中国对外翻译出版公司，1998 年，第 11 页。

考虑之心。"[1] 至于文本，它是译者处理的直接对象。霍克思虽不主张唯原文为上的迷信原作思想，但也并不主张随意改动原作。他认为，译者对原作还是有一份责任的。这一态度与前面谈到的他的第一点翻译理念"译者应谦卑，注重忠实传译与接受效果"是一致的。

（六）主张翻译无定则

最后，霍克思翻译理念中还有一条非常重要，即"翻译无定则"，翻译须针对具体问题采取不同措施。历来翻译就是一门不好教也不好学、更多意会较少言传的学科，翻译的过程总是充满译者的创造性之举，这也是英国专治汉学翻译的闵福德慨叹"人类翻译史鲜为人知"[2]现象的原因所在。霍克思对此有清醒的认识，当 1998 年香港理工大学哲学硕士陈霭心在访谈中请教霍克思翻译《红楼梦》的原则时，霍克思坦言："我不知道自己是否有什么原则，也许还是有一些模糊的原则吧。但我在翻译时，要说真有什么规则的话，那也是针对所译小说中的问题而定的规则。"[3]这段话语令人深思，道出了翻译的真谛。

---

[1] David Hawkes tr., *The Story of the Stone*, Harmondsworth: Penguin Books, Vol. 2, 1977, p. 20.

[2] John Minford, "Foreword," David Hawkes, *The Story of the Stone: A Translator's Notebooks*. Hong Kong: Centre for Literature and Translation, Ling Nan University, 2000, p. x.

[3] Connie Chan, "Appendix: Interview with David Hawkes," *The Story of the Stone's Journey to the West: A Study in Chinese-English Translation History*, Conducted at 6 Addison Crescent, Oxford, Date: December 7th, 1998, p. 333.

第一章　结缘汉学

第一节　中国兴趣的萌芽

1923 年 7 月 6 日，英国伦敦东区莱顿（Leyton）小镇的一个工人家庭迎来了他们的第一个孩子，取名大卫·霍克思（David Hawkes）。大卫的父亲艾瓦特·霍克思（Ewart Hawkes）在莱顿开着一家干洗店，母亲多萝西·梅·霍克思（Dorothy May Hawkes），原姓戴维斯（Davis），弹得一手好琴，是一名优秀的业余钢琴家，一战期间曾在查塔姆（Chatham）为士兵演奏行军曲，是一名反战的和平人士。霍克思日后遗传了母亲的音乐天赋，有一双对音乐极度敏感的耳朵，擅长拉大提琴和吹竖笛，学生时代喜欢上舞台表演。

另外，霍克思自上学始就展露了另一过人的天赋，即语言学习能力。他早年入班克罗夫特预备学校（Bancroft's School）学习了一段时间法语和德语，因成绩优异，很快被老师挑出继续学习拉丁语。13 岁学习中等教育普通证书（General Certificate of Secondary Education）课程前，他正式决定放弃理科，学习拉丁语和希腊语，"洛布古典丛书"（Loeb Classical Library）[1] 陪伴他度过了学生时代。这套古希腊、拉丁原文和英语对照出版

---

[1] 此为古希腊、拉丁原文与英语对照版丛书，是西方一套闻名遐迩的大型文献资料丛书，最早由美国的詹姆士·洛布（James Loeb）于 1911 年发起，至今已发行 520 多卷。它以袖珍型开本形式方便读者携带，集英美重要古典文学研究者之力，历时约一个世纪，将古希腊、古罗马时期重要的古希腊文和拉丁文典籍悉数英译编撰出版。

的丛书，不仅培养了霍克思良好的西方古典文学素养，而且还强化了他的西方古典语言能力。

　　也是在中学时代，霍克思接触到了林语堂的《生活的艺术》（*The Importance of Living*，1937）[1]一书，在各项兴趣中萌生了对于中国的某种兴趣。霍克思在后来的"访谈录"中明确回忆此书："甚至在战前，我对中国就产生了某种兴趣。我想我的意思是……你知道，大概在 1938 或是 1939 年，有一本林语堂写的《生活的艺术》非常流行，每个人都看。现在我记不清具体时间了，我想那是在战前，甚至是早在我还是个中学生的时候。"[2]《生活的艺术》以浪漫的笔调向西方展现了中国人"完美生活的范本，快意人生的典型"，西方书评家彼得·普雷斯科特（Peter Precott，1935—2004）的评价最为经典、最常为人引用，他说："看完此书，我真想跑到唐人街，一遇见中国人，便向他行个鞠躬礼。"[3]

　　1941 年，18 岁的霍克思完成了 A-Level（General Certificate of Education Advanced Level）课程考试，成绩优异，获含金量极高的牛津大学公开奖学金，升入该校最大、素有贵族学院称号的基督教堂学院（Christ Church College, Oxford），选择西方古典文学专业（Classics）开始正式攻读古希腊、古罗马文学。霍克思是班上唯一一名来自工人阶级家庭的学子，他刻苦学习的西方古典文学课程（Classical Mods Syllabus）为其日后的学术研究奠定了扎实的语言功底。

---

〔1〕按：《生活的艺术》是林语堂《吾国吾民》的姊妹篇，是林先生旅美后专事写作的第一部书。出版当年的 12 月即被美国"每月读书会"（Book-of-the-Month Club）选为特别推荐书籍，次年风行英国上下。它高居《纽约时报》畅销书排行榜第一名长达 52 周。

〔2〕C. f. Connie Chan, "Appendix: Interview with David Hawkes," *The Story of the Stone's Journey to the West: A Study in Chinese-English Translation History*, Conducted at 6 Addison Crescent, Oxford, Date: December 7th, 1998, p. 300.

〔3〕参看林太乙：《林语堂传》，西安：陕西师范大学出版社，2002 年，第 146 页。

第二节 中国译著的阅读

霍克思的汉学兴趣产生进一步提升是在二战期间。二战时期，英国实行全民义务兵役制，凡 18—45 岁的男性均须服兵役，但 18 岁刚入大学者可缓期一年。霍克思在牛津学习了一年，并按兵役制规定每周参加军训一天，于 1942 年年末参加了体检，但未获通过。继而他申请前往英国皇家军队情报部门任文职工作，终获批入伍。参军后，霍克思的语言习得能力再次显露。接受军事日语培训、学习解读截获的日军电讯后，他只短暂从事了一段时间的情报解读工作（intelligence work），就被擢升为日语急训课程的初级教员，负责为驻扎在英格兰东南部贝德福德郡的各军种联合情报中心（Bedford Inter-Services Intelligence Centre）培训日军电讯破译员（Japanese code-breakers），直至二战结束。电讯的编辑与解读，犹如语言编码与解码的游戏，与翻译实是异曲同工。霍克思在其间游刃有余，他"甚至发明了各种秘密书写方式来记录他头脑里冒出来的最没有边的想法"[1]，这也似乎预示了未来他在孜孜以求的翻译事业上的成功。

在贝德福德，霍克思除接触到大量日电外，还阅读了被时人誉为"中国文化大全"的萧乾编著的《千弦琴》（*A Harp with a Thousand Strings*，1944）以及汉学家阿瑟·韦利撰写的东方译著。[2]尤其是韦利 1942 年节译的《西游记》译本——《猴王》（*Monkey: Folk Novel of China*），更进一步激起了他对东方事物的浓厚兴趣。霍克思在 1998 年的"访谈录"中回

---

[1] Letter from David Hawkes to John Minford on 31 Jan. 1974. C. f. *David Hawkes Papers*, CUHK Library Archival Collections, The Chinese University of Hong Kong Library.

[2] C. f. Fan Shengyu, *The Translator's Mirror for the Romantic: Cao Xueqin's "Dream" and David Hawkes' "Stone"*, London and New York: Routledge, 2022.

忆道："我对东方事物产生了某种兴趣。我想我定是看了一两部译作。如战争期间我在贝德福德时，就曾读过韦利《猴王》一类的译著。"[1]《猴王》三十章，相当于《西游记》原书的三十回，虽有不少删节，但仍基本再现了原书的面貌，出版后备受欢迎，至 1965 年已出第七版。[2]战时的阅读与语言教学，促使霍克思对中国、日本等东方国家的兴趣日增。

第三节 牛津汉学科求学

1945 年 9 月，二战终于结束。作为普通公民，霍克思随即获准退伍回校，赶上了牛津当年最后一个学期。牛津西方古典文学专业的后期课程为西方古代历史和古代哲学，两年多的东方语言教学与零星的中国文学译著阅读悄然改变了霍克思的学业兴趣，彼时的他希望能转学日语专业。牛津没有日语专业，但东方学系有个新建立的汉学科（Honours School of Chinese），多少满足了他对东方的兴趣，故而回到牛津的霍克思利用原来的奖学金最终转入了东方学系。

1945 至 1947 年，霍克思在牛津攻读汉语文学士学位，正式结缘汉学，走上了汉学译研之路。当时牛津汉学科尚只有一位教师，即曾主持此学科改革的前伦敦会传教士修中诚（Ernest Richard Hughes，1883—1956）。霍克思是牛津汉学科招收的第二名学生。他每天去修氏位于花园路璐伦园的公寓（Hughes' flat in Norham Gardens），跟随老师学习古典汉语，先是以

---

[1] C. f. Connie Chan, "Appendix: Interview with David Hawkes," *The Story of the Stone's Journey to the West: A Study in Chinese-English Translation History*, Conducted at 6 Addison Crescent, Oxford, Date: December 7th, 1998. 原文为 "I was sort of getting interested in oriental things. I think I must have read one or two translations. I read Waley's Monkey, a few things like that, while I was in Bedford during the war"。

[2] 按：1944 年伦敦读者联合会（Readers Union）另出新版，1961 年《猴王》被收入"企鹅丛书"。在此期间，美国还出过两个版本，其中之一为儿童改编版。

诵记《大学》开篇，然后《论语》、《尚书》、《诗经》(《国风》、《大雅》)、《易经》、《礼记》(《大戴礼记》、《小戴礼记》)、《道德经》及《庄子》(《天下篇》)等均涉猎了一点[1]，但"一个白话字都不懂"，也不知道"中文该怎么发音"[2]。两年的汉学科学习，修中诚按欧洲古典课程的模式训练霍克思背诵与阅读了不少中国典籍，但除此之外，他未介绍过中国文学的其他内容，故而霍克思对于唐诗、白话汉语等均一无所知。

　　幸运的是，修中诚引荐霍克思结识了他的中国朋友，戏剧家熊式一[3]一家。熊氏一家五口，妻子蔡岱梅烹饪手艺精湛，霍克思上门求教之际亦时有机会品尝中式菜肴。熊氏一家让青年霍克思意识到牛津汉学教学内容的可笑[4]，同时熊氏的戏剧造诣及对元曲的推崇，也对青年霍克思后来关注与钻研中国戏剧尤其是元曲产生了潜移默化的影响。熊氏晚年在其《八十回忆·初习英文》中称霍克思为"我一位在牛津读书的学生"[5]。另外，霍克思结识了几位拿奖学金远渡重洋于牛津求学的中国学子，如攻读英语专业的裴克安、攻读化学博士的黄丽松等，他们对于牛津汉学科死啃"四书五经"的教学方式亦颇感不可思议。兴许是这些中国朋友的态度无形中拓宽了霍克思的视野，牛津求学期间，他没有将眼光局限在汉学科所开设的中国经典"四书五经"上，而是将《离骚》作为自己的研究课题[6]，开始了他最早的汉学研究活动。当时西方学者多关注《诗经》，普遍认识到它

---

〔1〕C. f. Connie Chan, "Appendix: Interview with David Hawkes, " *The Story of the Stone's Journey to the West: A Study in Chinese-English Translation History*, Conducted at 6 Addison Crescent, Oxford, Date: December 7th, 1998.

〔2〕鄢秀：《D. Hawkes 与中国语文》，载《语言建设通讯》2003 年第 75 期。

〔3〕按：熊式一（1902—1991），戏剧家，江西南昌人，1932 年赴英国，一生从事戏剧创作与翻译，是 20 世纪中国屈指可数的双语作家、中西文化交流的先驱。他创作的英文话剧《王宝钏》1934 年在伦敦上演，轰动英美。

〔4〕C. f. Connie Chan, "Appendix: Interview with David Hawkes, " *The Story of the Stone's Journey to the West: A Study in Chinese-English Translation History*, Conducted at 6 Addison Crescent, Oxford, Date: December 7th, 1998, p. 303.

〔5〕熊式一著，陈子善编：《八十回忆》，北京：海豚出版社，2010 年，第 12 页。

〔6〕C. f. Connie Chan, "Appendix: Interview with David Hawkes, " *The Story of the Stone's Journey to the West: A Study in Chinese-English Translation History*, Conducted at 6 Addison Crescent, Oxford, Date: December 7th, 1998, p. 313.

作为中国文学源头的地位与作用，而对另一源头性文学——南方楚文化作品却没有足够的认识，霍克思选择了楚文化代表作家屈原的代表作，可谓另辟蹊径，也可谓眼界开阔，亦可见他纯粹的文学品位。1947 年年末，霍克思汉学科毕业后在牛津注册为研究生（advanced student），继续学业，在研究方向上坚持了本科阶段的选择，将目光延展到对整部《楚辞》的研究，意在了解与北方文学《诗经》完全不同的另一种文学体裁与风格。

在牛津汉学科求学，既接触不到诸如唐诗之类的中国文学作品，也学习不到白话文，与现实的中国有很大脱节。有的同学奔向了教学条件较好的莱顿和巴黎。1948 年 1 月 6 日，读研不久的霍克思和其转到荷兰莱顿、法国巴黎求学的汉学科同学联合欧洲六所大学的青年汉学学子，于英国剑桥大学国王学院召开了历时一周左右的首届"青年汉学家会议"（The Junior Sinologues Conference）。与会者 17 人，分别来自伦敦大学、牛津大学、剑桥大学、斯德哥尔摩大学、莱顿大学和巴黎大学等六所欧洲知名学府，均为有志于汉学研究的青年学子，当中有不少人日后成长为西方汉学研究领域颇有建树的学者，如霍克思、龙彼得、何四维（Anthony F. P. Hulsewé, 1910—1993）、狄庸（J. W. de Jong, 1921—2000）、谢和耐（Jacques Gernet, 1921—2018）、毕汉思（Hans Bielenstein, 1920—2015）和蒲立本（Edwin George Pulleyblank, 1922—2013）等。作为首届"青年汉学家会议"的倡议人与参加者，霍克思的汉学家身份自觉意识在这一会议上正式确立。25 岁的霍克思已视中国文学、文化为自身的专业与研究领域。

两天后，在霍克思导师修中诚的大力坚持与多方努力下，牛津汉学科高级讲师一职迎来了一位中国学者吴世昌。他为牛津学生开设了"中国文学史""中国散文史""中国诗""甲骨文"等课程，隔年轮流替换。吴氏最初入住离牛津大学不远的伊夫林路（Iffley Road）上的一家包住宿与早餐的旅馆（B & B lodgings）。霍克思随后登门求教，很快相熟，在吴氏指导下阅读唐诗，课余英译《离骚》，约耗时半年完成，为其最早的汉学翻译活动，体现出翻译为汉学研究服务的特征。吴氏的到来最终促成了霍克思前往中国求学，吴氏为这位好学的外国学生取了一个漂亮的中国名字"霍克思"，并亲笔替他撰写了多封给自己国内友人胡适、钱钟书等学者的推荐信，嘱咐霍克思出发时随身携带。正是在吴氏的鼓励下，霍克思开始一面筹足赴中旅资，一面自学白话文，尝试独立阅读一些中国白话文作品，如鲁迅的《彷徨》和中国第一部白话章回小说《水浒传》的一两章，并向北京大学发出多封求学申请信函。

第二章 中国取经

1948 年对霍克思汉学治学之路而言是极其重要的一年。他的汉学家身份意识正式确立于此年，他的汉学研读从"四书五经"的诵读真正突破到唐诗与白话文作品的鉴赏亦在此年，更为重要的是他的中国之行亦在此年梦想成真。

第一节 遇见燕卜荪

燕卜荪（William Empson，1906—1984），青年即成名的英国诗人兼文学批评家，早年获奖学金在英国知名公学温切斯特学院（Winchester College）就读，其间以论辩精神崭露头角。毕业后，燕氏获理查生数学奖（Richardson Prize for Mathematics），进入剑桥大学莫德林学院（Magdalene College, Cambridge），相继在数学和英语专业表现突出。在就读期间，燕氏即创作了大量奠定其诗人地位的诗作并撰写了奠定其文学批评家地位的《朦胧的七种类型》（*Seven Types of Ambiguity*，1930）。青年时期的燕卜荪已有较丰富的工作经历：1931 至 1934 年任日本东京大学英语文学教授；1934 至 1937 年短暂回国，埋首创作与评论，出版两部重要著作《诗集》（*Poems*）与《田园诗的几种变体》（*Some Versions of Pastoral*）；1937 至 1939 年接受西南联大聘任，在战火中的华夏大地讲授英语诗歌；二战欧洲战场开战后，他返回英国，1940 至 1946 年工作于伦敦英国广播公司，多数时间任该公司远东部中国主编；1947 年燕卜荪再赴中国，担任北京大学外文教授，是当时北大唯一的外籍教员，1952 年燕卜荪返回英国。

霍氏女婿闵福德称燕卜荪为"改变霍克思人生的人"（a man changing his life）[1]，对于助力霍克思的汉学治学之路功不可没。燕卜荪最早出现在霍克思汉学生命中，是在 1948 年上半年。当时，在伦敦的霍克思刚完成《离骚》英译，一心希望前往中国求学。他向北京大学发出了多封申请信，但这些信件被压在胡适的书桌上，不曾被拆阅。燕卜荪偶然在胡适办公桌上看到了霍克思的上述信件，于是，他赶紧沟通，及时为霍克思安排妥当北大入学事宜。可以说，没有燕氏的出手相助，就没有霍克思的北大之行，也不会成就后来的汉学家霍克思。

1948 年 6 月，霍克思不顾亲朋与校方的劝阻，开始动身前往中国。同年 7 月底，船抵大沽，又是燕卜荪夫妇通过船上事务长捎去口信，安排霍克思抵达北平后先到自己家中安顿，向初访异国的学子发出了热心、体贴的邀约。同年 8 月，抵达北平的霍克思在燕氏夫妇位于东高房胡同的北大教工宿舍暂居三周，经燕卜荪沟通协调，霍克思在北大中文系顺利注册为研究生（Beida research student）。同年 8 月底，霍克思带着两个大铁箱和一辆自行车，搬入学校安排的东厂胡同两层楼的研究生宿舍（student hostel），正式在北大安顿下来，开始专心的求学生涯。

1949 年初夏，在学校宿舍住了近一年后，霍克思为迎接女友琼的到来，在校园附近尘土飞扬的胡同另觅住处。他选了一处有各色房客的旧式大宅，沿着此院所在的小巷向前几百米，即是燕卜荪夫妇居所大院的侧门。与燕氏比邻而居，霍克思成了燕氏四口之家（燕卜荪、燕氏妻子海塔〔Hester Henrietta Crouse〕和两个儿子莫加〔William Hendrick Mogador〕、珈克

---

〔1〕闵福德：文化与翻译系列公开讲座——《霍克思与〈红楼梦〉》，2016 年 3 月 12 日。

图2.1
20世纪40年代末大卫·霍克
思与燕卜荪夫妇在北京

图片来自

香港中文大学特藏库

"霍克思文献"

〔Jacobus Arthur Calais〕）的常客。

霍克思活跃在燕卜荪夫妇的交际圈中，并得以见证燕卜荪将其成名作《朦胧的七种类型》打印出来的过程。[1]燕卜荪是才情杰出的教授与诗人，海塔是技艺高超的雕塑家与精力充沛的社会主义活动家，两人均热情好客。青年霍克思在这个甚为温暖的异域之家结识了各式各样的朋友。他次年与女友琼在新中国举行的婚礼颇能一证。

当日，霍克思邀请了他在中国相识的每一位朋友参加婚礼，结果参加婚礼的客人身份复杂。按燕卜荪的描述：英国领事去了，英国地下共产党员去了，中国警察去了，基督教徒去了，大学师生也去了，可谓各色人物的大杂烩。燕卜荪的老师瑞恰兹到场后，请求霍克思允许他早点离开，感觉自己受不了这种嘈杂的大聚会。不过有趣的是，当燕氏指点他去与某某同道聊天后，瑞恰兹竟一聊好几个小时停不下来。霍克思交友的天真与对

---

〔1〕C. f. Tao Tao Liu, "Introduction 'Style, Wit and Word-Play'-Remembering David Hawkes（1923—2009），" in Tao Tao Liu, Laurence K. P. Wong and Chan Sin-wai eds., *Style, Wit and Word-Play: Essays in Translation Studies in Memory of David Hawkes*, Newcastle: Cambridge Scholars Publishing, 2012, p. xiv.

政治的淡漠令燕卜荪觉得十分有趣，此次婚礼成了燕卜荪一生中酷爱谈论的数件乐事之一。[1]在异国他乡为青年霍克思一手操办婚礼，燕氏夫妇于霍克思在某种意义上是其在中国的家人。霍克思颇费周折办好的结婚证书上，介绍人一列用毛笔写着燕卜荪的大名。红底黑字静静地记载着燕卜荪与霍克思的中国缘。

　　燕氏夫妇的波西米亚式生活方式也大开青年霍克思的眼界，同时海塔积极的社会活动间接形塑了青年霍克思开明的政治观与对社会主义的亲近。1949 年 1 月 31 日，霍克思见证了北平的和平解放，之后他配合中国共产党对在华外国公民采取的系列措施，如接受审查、填写家庭情况表及面见等，并积极参加各种膳团，与北大的同学同甘共苦。1949 年 10 月 1日，新中国成立，燕卜荪夫妇身处开国大典的游行队伍中，霍克思也与北大同学一同参加了开国大典，在天安门前亲眼见到了毛主席。同年 10 月，霍克思和友人、新西兰社会主义者威廉·比克顿（William Max Bickerton，1901—1966）陪同海塔在北京城转，征集在华英国人士的签名，敦促英国外交部尽快承认新中国（三人共收集到 32 个签名）。海塔随后向英国外交大臣贝文（Ernest Bevin，1881—1951）致电催促。[2]英国政府于次年 1月 6 日承认中华人民共和国，英国成为首个承认新中国的西方国家。如此，就不难理解 1956 年 10 月 23 日至 11 月 4 日匈牙利"十月事件"期间，一介书生霍克思为何会公开发表言论支持匈牙利人民，反对苏联的军事干预行为。不难理解远在中国的友人杨宪益（1915—2009）、戴乃迭（Gladys Yang，1919—1999）夫妇因遭诬陷被捕入狱之时，霍克思为何会前往中国驻伦敦大使馆请求保释二人。也不难理解 1971 年在外人看来的惊人辞职之举，霍克思却轻松处之，"某日直接走入办公室宣布辞职"。即使该决定使

[1]C. f. William Empson, *Selected Letters of William Empson*, John Haffenden ed., Oxford: Oxford University Press, 2006, p. 187. & John Haffenden, William Empson, Against the Christians, Oxford: Oxford University Press, 2006, p. 192.
[2] William Empson: *Selected Letters of William Empson*, John Haffenden ed., Oxford: Oxford University Press, 2006, p. 187.

得一家六口生活一度陷入困顿，迫使他甚至尝试应聘送奶工或邮递员的工作，妻子琼一度到米勒姆福特学院（Milham Ford School）担任法语教师，以解燃眉之急，他都从未后悔，而专心致志、十年如一日地埋首于自己无比热爱的《红楼梦》译介。[1]也不奇怪为何人们能在2002年反对伊拉克战争、反对美英军队介入巴以事件的街头游行中，多次发现霍克思80岁高龄的身影。2002年3月至4月间，巴以局势恶化，以色列对巴勒斯坦展开野蛮的军事侵略行动，阿拉法特被以色列军队围困在一幢孤立的大楼中。国际社会纷纷谴责，霍克思也强烈反对美英军队介入巴以事件，反对伊拉克战争，对于以色列对待巴勒斯坦的野蛮行径感到极度愤怒，他随时关注新闻并不顾已近80岁的高龄，多次走上街头参加抗议游行。

也是在这段与燕氏夫妇共度的岁月里，霍克思真正走近了后来代表他一生翻译最高成就的 The Story of the Stone 的原著。除了同在牛津就读的中国同学裘克安，燕氏夫妇是推动霍克思《红楼梦》学习的一大功臣。[2]其时，霍克思来中国的一个迫切的需求是尽快提高汉语口语能力。1948年下半年，霍克思在北大求学期间除了听课及与宿舍的中国同学练习汉语口语外，他动了自费延请一位中国先生上门共同研读《红楼梦》的念头。燕卜荪夫妇热心相助，通过相识的一位中国女士介绍，为霍克思寻到了一位原于河北地方政府部门工作、时失业赋闲在家的中国先生，帮助霍克思如愿展开学习。此先生终年长袍，不懂英文。霍克思将其延请至宿舍，两人并排而坐，一同阅读《红楼梦》，老人大声朗读，然后逐一解释。霍克思起初听不懂老人带着地方口音的讲解，但因认识书上所印汉字，大致能猜到

---

[1] 参看尹畅：《泊客中国》，2015年10月25日 及 Fan Shengyu, *The Translator's Mirror for the Romantic: Cao Xueqin's "Dream" and David Hawkes' "Stone"*, London and New York: Routledge, 2022.

[2] C. f. Connie Chan, "Appendix: Interview with David Hawkes, " *The Story of the Stone's Journey to the West: a Study in Chinese-English Translation History*, Conducted at 6 Addison Crescent, Oxford, Date: December 7th, 1998, p. 323. & David Hawkes, "Mix them grain by grain, memories of William Empson and the sources of his 'Chinese Ballad', " *The Times Literary Supplement*, Friday, February 13, 2009, pp. 13-15.

老人在讲什么,渐渐地他就神奇般能听明白老人的话了,两人便开始一块儿朗读。如此这般,老人日日上门,坚持了至少一年光景,霍克思为之付出了不少时间与金钱。[1]但正是这样的苦读,为他未来最终透彻理解与出色翻译《红楼梦》打下了扎实的基础。

霍克思与燕氏夫妇保持了一生的友谊。1984 年 4 月 15 日燕卜荪离世。次年,燕卜荪研究者约翰·哈芬登(John Haffenden,1945—)赴威尔士登门求访霍克思,可见霍克思在理解、阐释燕卜荪中的重要性。1996 年 12 月 22 日,海塔(1915—1996)离世,霍克思写下悼文《海塔在北京》(*Hetta in Peking*),深情回忆青春时期异国求学与燕氏一家在北京度过的岁月。1997 年,燕氏之子莫加对父亲佚诗《被赞之妻》(*The Wife is Praised*)是否发表难以决断,去信请教霍克思。该诗初稿创作于 1948 年,正是燕氏与霍克思共同在京生活的岁月。[2]

霍克思生前发表的最后一篇文章也与燕卜荪有关。2009 年 2 月 13 日,霍克思在《泰晤士报文学增刊》(*Times Literary Supplement*)第 13—15 页评论栏目 Commentary 发表《你中有我,我中有你:有关威廉·燕卜荪及其〈中国歌谣〉创作源头的回忆》(*Mix Them Grain by Grain: Memories of William Empson and the Sources of His "Chinese Ballad"*)长文。该文以燕卜荪生前每每在诵诗会结束前最爱朗读的译诗《中国歌谣》[3](燕卜荪对李季创作的诗歌《王贵与李香香》的片段英译)开篇,在对细节的回忆中,娓娓谈及燕氏英译此诗的背景、燕氏有关此诗源头的陈述及燕氏《泥人儿》考

---

〔1〕按:"老人具体来了多久,霍克思说他记不太清了,但起码在他搬离研究生宿舍前的一年里,老人是天天都来的。'后来是欲罢不能了,因为老人实在太穷了!'霍克思笑着说。"参看郧秀:《D. Hawkes 与中国语文》,载《语文建设通讯》2003 年第 75 期。

〔2〕按:1997 年 1 月 25 日霍克思复信海塔之子莫加。最终莫加 3 月 25 日来信决定不发表该诗。参看香港中文大学特藏馆"霍克思文献":Correspondence,1948—2009,undated。

〔3〕按:燕卜荪《中国歌谣》中文部分如下:"看罢香香归队去,香香送到沟底里。沟湾里胶泥黄又多,挖块胶泥捏咱两个;捏一个你来捏一个我,捏的就像活人脱。摔碎了泥人再重和,再捏一个你再捏一个我;哥哥身上有妹妹,妹妹身上也有哥哥。捏完了泥人叫哥哥,再等几天你来看我。"

证等问题。在生命的晚年，霍克思念念不忘的是自己与燕卜荪共度的那段
岁月，更担忧与自责于他有可能是导致燕氏对李季《王贵与李香香》一诗
产生认识偏差的源头。

霍克思不顾年事已高，就燕氏译诗片段的真正源头及这些诗行的本初
含义深挖穷索，从金圣叹对《西厢记》的评批之语到赵孟頫妻的答夫短诗
再到现代版的信天游民歌，从 20 世纪 40 年代末的北京到 50 年代的汉普
斯敦再到 60 年代的牛津，从秦始皇兵马俑、唐代仕女像到《红楼梦》中
的泥捏人像，从蒋一葵《尧山堂外纪》、冯梦龙《挂枝儿》到李开光《词
谑》，霍克思指出诗人李季诗作中"你中有我、我中有你、团土为夫妻"
的意象讴歌，不是承自赵孟頫，也不是大多数中国学者所认为的赵妻管仲
姬，亦不是承自李季自认为的边区信天游民歌，而很可能是来自更为久远
的影响，即诗人少时家乡生活的印记。霍克思在行文中仔细追溯往事，从
他发表汉学讲座教授就职演说辞至写作本文，半个世纪以来他一直很关注
中国传统民歌《泥人儿》的历史演变，《泥人儿》困扰他良久，并真诚承
认自己很可能是当年燕氏对李季《王贵与李香香》一诗产生认识偏差的
源头（燕氏在各种场合多次提到《中国歌谣》译诗的原作是"一经典主
题的现代白话重写版"〔a redoing into modern peasant dialect of a classical
theme〕），他对此深表歉意。文中不仅有学术的论证、温馨的细节，还有
一位汉学家为自己可能的错误勇敢担当的操守。燕氏不知不觉成了霍克思
学术研究最后的挂念。

第二节　北大求学

霍克思在北大的求学岁月从目前搜集到的资料推算，大致是从 1948 年
8 月至 1951 年 3 月，其间经历了北平围城、北平和平解放及新中国成立等

图2.2
1949年夏印度同学Murti摄于北
大宿舍后空地
—
图片来自
香港中文大学特藏库"霍克思文献"

大事。在风云突变的大时局下，异国青年霍克思个人学业仍大有精进。

一、夯实汉语语言能力

　　霍克思来中国后，抓紧机会与宿舍中中国同学练习口语。东厂胡同研究生宿舍楼原为日军侵华期间修建的关押中国军官的监狱，条件极其艰苦。1948年12月，北平陷入围城境地，停水停电是家常便饭。霍克思并未嫌苦，他与同学们点上煤油灯，将桌子搬到走廊拼在一起，围坐游戏、讲故事与刻苦学习。1949年，他初识北京大学出版部的柯大诩（1921—1989）。据柯氏回忆，霍克思"论听，他可以听懂京剧的空城计"[1]。

　　除了听力和口语，霍克思的中文阅读与书写能力也在有意识地加强。1948年下半年，霍克思开始延请中国先生至宿舍共读，到1949年夏，约一

---

[1] 参看《柯大诩致红楼梦学刊编辑信札一通》，1979年7月29日。

年时间。他用这种看似乱蒙乱猜的学习方式，与老先生共同完成了"《红楼梦》多个章回的阅读，转而开始攻读《金圣叹评点西厢记》"[1]。1949 年霍克思受邀参加使馆区一个以外国人为主的小型活动时，能以《红楼梦》做简单报告，可见他的《红楼梦》习读也已小有成果。而到 1950 年，他至少已读完了《金圣叹评点西厢记》五本二折，即全剧约五分之二[2]，故当其偶然购得李季叙事长诗《王贵与李香香》（新华书店，1949）并通读后，才能惊讶于"'香香话别'一节与《金圣叹评点西厢记》中一首他非常喜爱的小诗（由金氏引录）的相似程度"[3]。另外，在中国的日子，霍克思还养成了大段抄写中文原著的习惯。[4] 其时，他一笔一画抄录过《楚辞》全集原文，分行标序排列，每页约抄写 10—11 行，页下简列别本异字、异词或异句，共抄写了 279 页，后来此抄本作为他的博士论文上卷，保存在牛津大学伯德雷恩图书馆（Bodleian Library）。

二、奠定未来研究兴趣

北大期间，霍克思主攻中国文学，旁涉语言学、金石学等领域。他陆续旁听了著名学者俞平伯、罗常培、唐兰、林庚、王利器、赵西陆、游国恩、吴晓铃等先生的课程，包括俞平伯的"杜甫诗"、罗常培的"汉语言及语法"、唐兰的"金石文字学"、林庚的"南北朝文学"、赵西陆的"古代文学"、游国恩的"楚辞学"和吴晓铃的"元杂剧"等。这些课中霍克思去得最勤的是唐兰的"金石文字学"，对于中国古文字的这份兴趣与珍

---

〔1〕David Hawkes, "Mix them grain by grain, memories of William Empson and the sources of his 'Chinese Ballad'," *The Times Literary Supplement*, Friday, February 13th, 2009, pp. 13-15.

〔2〕Ibid.

〔3〕Ibid.

〔4〕C. f. Christina Chan, *Translators in the Making: the Work of David Hawkes in the Making of the Hawkes-Minford Translation of The Story of the Stone, with special reference to Hawkes' Translator's Notebooks*, A doctoral thesis of The Australian National University, Sept. 2019, p. 95.

惜地下资料的这份苦心，使他半个世纪后仍不忘就他在北大收藏的金石拓片求教于中国学者。[1] 俞平伯先生在北大讲授杜诗，为霍克思后来在牛津的杜诗教学与翻译埋下了伏笔。虽然俞先生浓重的乡音致使霍克思难以听懂课程，但霍氏关注到杜甫及杜诗应该与此段听课经历有一定的关系。知晓霍克思上过吴晓铃的"元杂剧"课，可能就不会惊讶于其时霍克思的阅读书单怎么会突然从《红楼梦》转向《金圣叹评点西厢记》，更能很好地理解后来令霍克思兴趣盎然的中国元杂剧研究与霍克思晚年对元杂剧《柳毅传书》的译介付出的努力。

三、着迷翻译

1948 年还在牛津的日子，霍克思已在新任汉学科老师吴世昌的帮助下尝试《离骚》英译，约耗时半年完成。自 1948 年 8 月来到中国至 1951 年 3 月离开中国回英，两年间他译出了《楚辞》的大部分和一小部分《红楼梦》。

《楚辞》翻译以直译为主，目的是帮助理解，这是霍克思在中国期间最主要的中国文学作品英译成就。据中国学者邓云乡回忆，霍克思在北京大学攻读研究生期间，"不只从唐兰先生学金石学，而且还从游国恩先生学《楚辞》"[2]。但事实是，霍克思当时对《楚辞》已有着"浓厚的兴趣"[3]，而北大只有游国恩一人在讲授《楚辞》，一向随和的霍克思不知何故对游国恩为人颇有微词，并由此影响到他上"楚辞学"的兴趣。[4] 他唯一不停的是翻译，"我确实翻译了不少楚辞，不是非常文学性的翻译，只

---

〔1〕参看邓云乡：《英国汉学家霍克思教授》，见《云乡琐记》，石家庄：河北教育出版社，2004年，第449页。
〔2〕同上书，第450页。
〔3〕Connie Chan, "Appendix: Interview with David Hawkes," *The Story of the Stone's Journey to the West: a Study in Chinese-English Translation History,* Conducted at 6 Addison Crescent, Oxford, Date: December 7th, 1998, p. 313.
〔4〕Ibid.

是为自己译出那些词，努力弄清它的含义，然后把它译出来"[1]。"金石文字学"去得最勤，也是为了借之更好理解与读懂《楚辞》中的字词。到1951年年初霍克思启程返英前，他已完成了《楚辞》大部分诗篇的英译工作。回到牛津后，他一面继续翻译，一面开展《楚辞》研究。1955年霍克思提交的博士论文的一个重要组成部分就是《楚辞》译文，论文的考辨与论述都建立在《楚辞》全译的扎实基础上。1959年，论文中的《楚辞》英译部分以《楚辞，南方之歌——古代中国文学选集》(*Ch'u Tz'u, the Songs of the South: An Ancient Chinese Anthology*) 为题由牛津克拉仑顿出版社公开出版，列入"联合国教科文组织中文翻译丛书"。同年，霍克思接替德效骞 (Homer H. Dubs，1892—1969) 担任牛津大学汉学讲座教授 (Prof. of Chinese)，霍克思的受聘与其在《楚辞》研究与翻译上所做出的成绩是分不开的。1962年，波士顿灯塔出版社出版《楚辞，南方之歌——古代中国文学选集》的平装本，1968年又由中国台北敦煌书局 (Caves Book Co.) 再版。1980年，由于此前的《楚辞》译本已绝版多年，译完《红楼梦》的霍克思隐居威尔士山林，为企鹅书局潜心修改早年的《楚辞》英译本，在尽力保持原貌的基础上，对确定不妥的译文加以删改。1985年，修改后的《南方之歌：屈原与中国古代其他诗人诗歌集》(*The Songs of the South : An Ancient Chinese Anthology of Poems by Qu Yuan and Other Poets*) 由企鹅书局出版。

《楚辞》英译起于读懂文献之愿，是通过翻译以达透彻理解文献的目的，可谓西方传统汉学研究中学术型翻译的路径；在京岁月，实际上也见证了霍克思另一种翻译即文学翻译的萌芽。他陆续译出的《红楼梦》片段如"香菱学诗""宝黛悄看《西厢记》"等，更多是出于分享的冲动、阅读的喜爱而不是研究的目的。这也是为什么他爱拿着《红楼梦》英译稿请

---

[1] Ibid.

朋友指点的原因。1949 年，他在那个使馆区小型活动上推出了《红楼梦》片段英译。1950年年初他结识北大出版部的柯大诩不久，也向柯氏盛赞《红楼梦》，并拿出"香菱学诗"英译片段请他过目。

无论哪一种翻译，霍克思都为之倾心、着迷，"自那时起，翻译成了他生命中一件很重要的事情"[1]。

第三节　北京成婚

北京对于霍克思的特殊意义，还在于这不仅是他求学求知之地，亦是他举办婚礼的神圣之所。霍克思与女友西尔维亚·琼·波金丝（Sylvia Jean Perkins，1927—2017）相识于 1947 年年初一次牛津市政大厅的钢琴演奏会。二人身上有诸多共同点彼此吸引：他们都来自工人家庭，琼甚至是家里第一个大学生；琼爱好并精通音乐，有"琴音"之称[2]，而霍克思同样对音乐天生敏感，拥有灵敏的双耳。二人相识后，一直通信联系。1948 年，霍克思只身赴华，两人书信不断，最终求婚亦由鱼雁相助。

霍克思动身前往中国时，曾依劝匆匆在"斯卡伯勒奖学金"申请处留下自己的姓名，用以申请英国政府提供给东方学和斯拉夫研究的专项拨款。该拨款可资助从事中国问题研究的学者，前往东亚进行学术访问。虽未及面试，但当霍克思所乘轮渡自南安普顿抵达香港九龙之时，好消息传来，他成功申获了"斯卡伯勒报告"资助，幸运成为该报告启动阶段最早资助的两位中国语言文学研究者之一[3]。霍克思到北平休整一两个月后，约1948

〔1〕John Minford, "John Minford's Hang Seng University Lectures in Hong Kong，" April 28th, 2018.
〔2〕C. f. John Minford, "In Memoriam: Sylvia Jean Hawkes，1927—2017" & Fan Shengyu, *The Translator's Mirror for the Romantic: Cao Xueqin's "Dream" and David Hawkes' "Stone"*, London and New York: Routledge, 2022.
〔3〕注：另一位是时在中国师从罗常培与王力学习汉语的英国青年语言学者韩礼德（Michael Halliday，1925—2018），后成为英国当代知名的语言学家，世界两大主要语言学学派之一系统功能语言学的创始人。

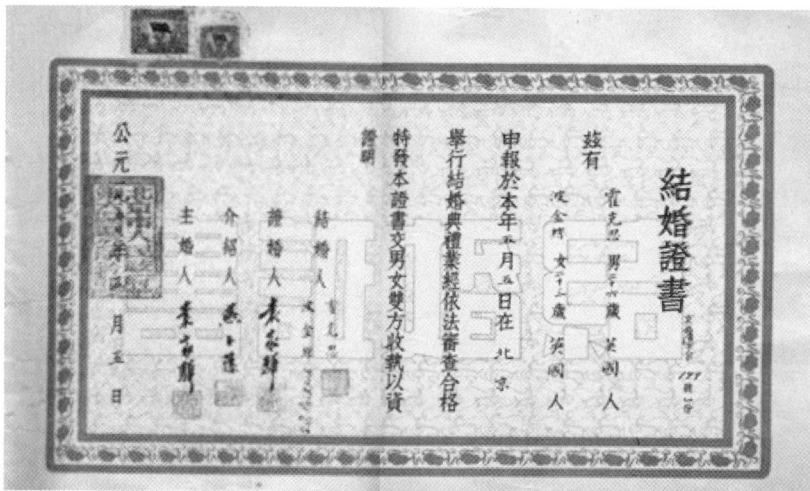

图2.3
盖有中国政府大红戳印的结婚证书
-

图片来自
香港中文大学特藏库"霍克思文献"

年9月至10月间，英国政府颁发了奖学金并补发了他自付的来华路费。两个年轻人兴奋不已，产生了一个大胆的想法，即让琼用这笔费用来华，二人在中国举办婚礼。中国文化与学习生活想来对霍克思有足够吸引力，而琼对霍克思恰有着足够的信任，对中国亦怀着足够的好奇心，如此，两个勇敢的青年人决定漂洋过海定终身。

霍克思随即着手办理琼的入境许可手续。1950年4月，等待了一年半多，入境许可证终于办下来了，琼只身勇敢地踏上了与男友异国相聚的旅程。到区政府申办结婚证也颇费周折，工作人员因没有先例甚感为难，亦可见二人中国结婚一举的勇敢。同年5月5日，霍克思与琼终于在新中国成功登记结婚，获得了一份来之不易的结婚证书。

当日，在燕卜荪夫人的操办下，霍克思与琼于东交民巷英国驻华使馆内布赖恩斯家（in the Bryans' house in the old British Embassy Compound）

图2.4
1950年5月5日大卫·霍克思与西尔维亚·琼·波金丝的北京婚宴照
—

图片来自
香港中文大学特藏库"霍克思文献"

举行婚礼，由时任华北区主教司格特（Bishop Scott of North China）主持婚礼，北京大学语言专修科主任袁家骅任主婚人和证婚人，来宾除燕氏夫妇外，还有瑞恰兹、李又安（Adele Austin Rickett，1919—1994）、彭雯丽（Pamela Fitt，1926—）、于儒伯（Robert Ruhlmann，1921—1984）等。

　　霍克思与妻子琼婚后育有三女一子：女儿梅瑞琦（Rachel May）、薇雷蒂（Verity）、卡洛琳（Caroline）和儿子乔纳森（Jonathan）。琼担任过法语老师，也做过法英文学翻译，多数时间用于照料家庭与支持霍克思的汉学事业。大女儿梅瑞琦孕育于中国，诞生在英国。1951年3月中下旬霍克思携妻返英时，妻子已临待产期。不知是否是因为这段中国经历的影响，

068

梅瑞琦长大后对中国文学天然亲近，她与父亲的高足、《红楼梦》合译者约翰·闵福德结成伉俪。她有两年在华教授英语的经历（1980—1982），是一位中国文学英译者兼出色的文学编辑，英文漂亮，语言高明。20 世纪 80 年代她随夫在港期间，与朱志瑜合作英译了中国香港女作家西西的短篇小说《像我这样的一个女子》（*A Girl Like Me*）和定居德国的北京女作家遇罗锦的长篇小说《一个冬天的童话》（*A Chinese Winter's Tale*），并于 1986 年被列入"译丛丛书"平装系列出版。1997 年，梅瑞琦将中国著名的元代杂剧《崔莺莺待月西厢记》改编翻译成英语小说，以《中国花园里的爱情》（*Love in a Chinese Garden*）为题由 Harlequin Sales Corporation 出版。典雅的书封上印着"中国最伟大的爱情故事，首次以小说的形式再现"（China's greatest love story, newly translated and available as a novel for the first time），昭示着此书的独特价值所在。新世纪，梅瑞琦又助力父亲与丈夫的金庸武侠作品《鹿鼎记》（*The Deer and the Cauldron: A Martial Arts Novel*, 2003）合译计划，并帮助丈夫闵氏一同编辑肖恩的《书剑恩仇录》（*The Book and the Sword*, 2004）的英译稿。梅瑞琦是夫婿大量译稿的审阅与编辑者，闵氏译作除了《石头记》她均读过。梅氏逝世前三个月还请丈夫将《石头记》读给她听，一共听了三十一回，在译文的字里行间，梅瑞琦感受到了父亲的语言与神态。2015 年 1 月梅氏离世，离世前她还协助丈夫编辑了李雅言翻译的《傅雷家书》初稿，主要负责修正、润色英文，使之更为雅洁流畅。梅氏过世后，其女接手了此项工作，亦可谓霍克思的汉学事业有了孙辈承继。

霍克思和琼于 1951 年 3 月中下旬经天津转香港返回英国，入住北牛津伍德斯托克路（Woodstock Road in North Oxford）一所公寓，妻子琼待产，霍克思则继续攻读牛津研究生学位，修习硕士学位专题课程。夫妇二人此后一生再未回过他们的结婚之地，北京的胡同长久萦绕在霍克思的梦乡。

第三章　牛津锤炼

　　霍克思返回牛津后，专心攻读 B. Litt. 学位，于 1952 年 6 月中下旬顺利获得牛津大学东方学系高级文学学士学位。这是比本科毕业所取得的 B. A.（文学士）学位更高一级的分学科学位，1978 年牛津大学将其改称为 M. Litt.（文学硕士）学位。[1] 在牛津，M. Litt. 和 D. Phil. 等高级学位的获得不仅要通过一些考试，而且还有主要条件：写出一定水平的论文、做出一定水平的研究成果、表现出相当的创造性。霍克思顺利拿到该学位，说明其《楚辞》研究已显成果。1952 年 10 月，霍克思作为哲学博士候选人参加资格核定考试，并获通过。1955 年 12 月 10 日，霍克思与牛津大学伯德雷恩图书馆签署博士论文读者查阅授权，正式提交有关《楚辞》翻译与考辨的博士论文《楚辞创作日期及作者考订》，顺利从牛津大学基督教堂学院毕业，获中国文学专业哲学博士学位（D. Phil. in Chinese Literature）。

第一节　撰写书评

　　从 1951 年 3 月返回英国到 1955 年底正式提交博士论文，近五年间霍克思除了埋头撰写厚实的《楚辞》研究博士论文外，多在专业汉学期刊上

---

[1] 按：有关 B. Litt. 的分量可参看陆建德：《钱钟书同时代的几位 B. Litt.》，载《文汇报》2020 年 6 月 4 日。

发表汉学书评，以熟悉与追踪汉学同行的最新成果，逐步踏入西方汉学界。他评论他人之作态度严谨，力争用简洁的语言准确道明书中的精彩与缺陷。纵使是师友，他评说起来也极其客观。

1952 年 10 月，英国汉学研究专业刊物《英国皇家亚洲文会会刊》3/4 合期上登载了霍克思撰写的两篇书评，为霍克思最早正式公开发表的书评。前文评论他的汉学老师修中诚刚出版的翻译研究论著《陆机〈文赋〉：翻译与比较研究》（ *The Art of Letters: Lu Chi's "Wen Fu", A. D. 302: A Translation and Comparative Study* ，1951 ），后文评论牛津第三任汉学讲座教授苏慧廉（ W. E. Soothill，1861—1935 ）的遗著《明堂：早期中国王权之研究》（ *The Hall of Light: A Study of Early Chinese Kingship* ，1951 ）。不熟悉陆机《文赋》、不细读老师著作均无法胜任撰写书评的工作。霍克思在简评陆机和《文赋》后，肯定了修氏译著"是一本厚重、插图精美的书籍"，形象地将该书的框架结构比喻为洋葱：译文在中间，前后是修老师充满激情的讨论。该作内容丰富无比，远涉荷马，近及艾略特；文风恰似《文赋》本身，也以陆机及其同时代作家擅长的骈体式的繁复对称结构为主。霍克思的思考尤体现在文末的反问句中："平行结构在所有语言中都很常见，但它在汉语中胜出的关键应该是语言学因素而非逻辑考虑吧？"[1] 第二篇所论是宏观的研究心得而非译研成果，霍克思首先简要概括了苏氏遗作中的主要观点，并表示认同，尤其慧眼识珠地提出了该书新颖的人类学价值，称赞"此书是富含人类学材料的矿藏"。不过，书评厉害的地方在于霍克思专业的指瑕，他指出，"书中就数字占卜术（ numerology ）、宇宙论（ cosmology ）及被合理化的、关于文学源头的神话（ rationalized mythology of the literary sources ）等方面的细节讨论，结论过于乐观草率"，他对此

〔1〕David Hawkes, "（ Untitled Review ）The Art of Letters; Lu Chi's Wen Fu, A. D. 302 by E. R. Hughes, " *The Journal of the Royal Asiatic Society of Great Britain and Ireland*, No. 3/4, Oct. 1952, pp. 160-161.

持保留意见。[1]

次年 10 月，在同一刊物同样的 3/4 合期上，霍克思又发表了两篇书评，分别评论美国两位汉学同行 1952 年新出版的论（译）著。一为美国哈佛大学出版社出版的华裔汉学家洪业的学术译著《中国最伟大的诗人杜甫》，一为海陶玮（J. R. Hightower，1915—2006）1952 年新出的翻译注释本《韩诗外传：韩婴对〈诗经〉的教化应用的诠说》（ *Han Shih Wai Chuan: Han Ying's Illustrations of the Didactic Application of the Classic of Songs* ）。

洪业译著据其 1946 至 1952 年间在美国各大学尤其是哈佛大学讲授杜甫的演讲和教学材料整编而成，分上下两册，其中下册是厚厚的注解，专为汉学家研究之用。该译著旨在向西方讲授杜甫，穿插其间的 374 首译诗起着佐证与贯穿上下文的作用。这些译诗，洪业没有在韵律和形式上下多少功夫，选择的是以释义为主的散文体翻译。霍克思就洪业译著指出两大问题：一是洪业译诗并不总能与本书标题"中国最伟大的诗人"相符；二是译诗平淡无奇，由于过度考虑译本的可用性而导致译文生动性的丧失。

此书评从批评洪业的角度可贵地保存了霍克思最早的关于意象与典故处理的思考。他借杜诗翻译讨论的是英译汉诗如何既避免平直、避免做脚注又同时保持原诗的一些美感，以及汉诗典故与意象在英译时该如何处理为好。这些主张有助于我们更好地理解他那几年主要的翻译成果——《楚辞》英译。我们读到他有关上述问题的正面回答或者说他对这一汉学翻译主张的正面详述，则要到 1964 年发表的《中国诗歌与英国读者》一文。另外，这一发表于 1953 年的书评也是霍克思就杜诗的西方翻译问题发表的第一篇评论，他所批评的洪业译著中的两大问题，实际也是他后来自己动手翻译杜诗的两个促成因素。且该书评表明，早在 20 世纪 50 年代，霍克

---

[1] David Hawkes, "（Untitled Review）The Hall of Light by W. E. Soothill, Lady Hosie, G. F. Hudson, " *The Journal of the Royal Asiatic Society of Great Britain and Ireland*, No. 3/4, Oct. 1952, pp. 161-162. 按：该文同时在 *The Hibbert Journal: A Quarterly Review of Religion, Theology and Philosophy*, Vols. 50-51 上刊出。

思既已显露出不排斥散文译诗这一在当时多少有些冒险的做法，这对于我们部分了然霍克思其后翻译杜诗所采取的形式很有启发意义。

20 世纪中叶，西方汉诗英译已在汉学家韦利等人的倡导下从理雅各、翟理斯的韵体诗翻译逐渐走向了无韵诗体再现，但像洪业这样把结构齐整的中国诗译成完全没有韵律限制的散文，此种做法在当时还很少见或者说不为汉学界所普遍认可。霍克思的师友韦利同年就洪业同一汉学译著所撰写的书评——《中国诗人》（*Chinese Poet*），对洪业译诗质量有一段批评话语，表达了他对此种"直截了当、毫无韵律的散文形式"（in straightforward, quite unrhythmical prose）的译诗所持的保留意见："译诗只译出了原作内容，在使其能够'吟诵'上，未付出丝毫努力。""意思在那里，但说不上有任何诗意。"韦利甚至从总体上否定洪业的所有译诗，认为"译诗还需更多得多的修缮才行"[1]。但霍克思在他的书评中却没有直接批评这一方面，他批评译诗平直时，也只是以"translations"这样的字眼泛指，并没有像韦利那样以"直截了当、毫无韵律的散文形式"来概括洪业所采用的译介形式。相较于此，霍克思更关注中国诗歌美感、典故与意象的传递。

第二篇书评评论的是好友、美国汉学同行海陶玮的新译作，体现出日常温文尔雅的霍克思在治学上严厉、不讲情面的一面。他虽肯定了海陶玮译注本作为学者研究的省时工具之受欢迎以及应有之赞誉，但对其英译时遵循汉学界盛行的字字对译做法极其反感。这一否定对于该译注本而言是致命的，霍克思的发声体现出其汉学研究的客观、严谨之风，也鲜明地表明了他的一大汉学翻译主张，该主张是他对于当时汉学界出现并逐渐盛行的英译风格的回应。他在书评末尾严厉警告，不顾译入语习惯的直译连准

---

〔1〕Arthur Waley, "Chinese Poet," *The Times Literary Supplement*, Friday, January 30th, 1953.

确性要求也未达到。[1]

　　1954 年，霍克思一面进行《楚辞》译研，一面阅读、评析了美国同行理查德·艾尔文（Richard Gregg Irwin，1909—1968）1953 年在哈佛大学出版社出版的新作《一部中国小说的演变：〈水浒传〉》，并于次年 4 月发表在《英国皇家亚洲文会会刊》1/2 期合集上。霍克思认为，艾尔文的研究是清晰、有用的（clear and helpful），但他对艾尔文有关《水浒传》版本优劣的判定持不同意见。文末霍克思特别赞成艾尔文关于现有《水浒传》英译本"糟透了"（deplorable）的评价，呼吁是时候有人站出来花时间、用技巧、融幽默于英译文中，以译出一个与《水浒传》原文相当的译本了。[2]可以发现，霍克思的汉学书评自起步起连续几年的核心关注点是中国文学作品的英语译介与传播。

　　1955 年 7 月，霍克思在创刊两年多的高雅文学杂志《文汇》（Encounter）第 5 卷第 1 期上发表书评《汉语翻译》，比较与品评韦利 1954 年二次印刷的《诗经》英译本与庞德当年（1955 年）新出的诗经新译本《孔子审定的古典诗集》。此书评可贵地保留了霍克思在评析中阐述的他对中国诗歌英译的主张。开篇霍克思即指出，"汉诗英译中一对难解的矛盾：优美与准确"，并比之为诗人和语言学家的特性。对于如何才能译出最佳的汉诗英译作品这一经典问题，霍克思的答案是，要么诗人参考用于外语学习的逐字对译本，要么诗人与懂得外语的人合作来完成。霍克思视前辈汉学家韦利为诗人与语文学家身份集于一身的范例，称赞韦利的译诗是"最优秀的翻译"。但这样的人物少之又少，而我们也不可能干等此类人物的降生。霍克思认为，作为文学作品，几乎同时在书店上市的韦利和庞德的译作，

---

[1] C. f. David Hawkes, "（Untitled Review）Han shih Wai Chuan: Han Ying's Illustrations of the Didactic Application of the Classic of Songs," *The Journal of the Royal Asiatic Society of Great Britain and Ireland*, No. 3/4, Oct. 1953, p. 165.

[2] David Hawkes, "（Untitled Review）The Evolution of a Chinese Novel: Shui-Hu- Chuan by Richard Gregg Irwin," *The Journal of the Royal Asiatic Society of Great Britain and Ireland*, No. 1/2, Apr. 1955, p. 78.

074

欣赏起来各有千秋，庞德作为译者，真正的一大贡献在于他感受汉诗情感并以英语惟妙惟肖再现。此类杂烩式模仿作品多融入一些彼此不相关的观点，霍克思肯定庞德在其中表现出的巨大胆量，因为多数学者型译者均规避此类做法，而此类做法在庞德笔下有时却很成功。当然，作为译评，霍克思的态度也是极其鲜明的，他提出评价译作应遵循的一个更为重要的标准是看译作与原作的关系。庞德并不是不懂汉语，实际上他早在 1919 年就使用过汉语词典，问题出在他那"顽固的愚蠢之见"上，此愚见使他没有好好利用《诗经》逐字对译本。1955 年的霍克思，在翻译完《楚辞》后已形成了自己明确的翻译理念，他在书评末尾处指出："我觉得，译者应该谦卑，更多关注原著的忠实传译与接受效果，而不是自身创造力的发挥或是个人更大声誉的获得。尽管庞德的译作没有给我留下一点儒家的印象，但我非常爱读他的译作。不过要把他的译作都称作翻译，这让我感到犹豫；我推荐希望阅读准确译文的读者去阅读韦利的译文。"[1]

至此，我们可以发现，霍克思通过专业刊物讨论汉学同行新近汉学成果时，一大关注焦点是中国经典作品的译介传播，尤其是在中国诗歌英译问题上发表了不少较为成熟的思考意见，这与其时他连续多年致力的《楚辞》译介有关，他所申说的主张是他在《楚辞》英译实践基础上的理性思考。

第二节　博士论文

《楚辞创作日期及作者考订》是霍克思近四十年《楚辞》研究生涯中（1948 年开始《离骚》英译至 1985 企鹅版《楚辞》英译修订本出版）撰

---

[1] David Hawkes, "Translating from the Chinese, " David Hawkes, *Classical, Modern and Humane Essays in Chinese Literature*, John Minford & Siu-kit Wong ed., Hong Kong: The Chinese University Press, 1989, p. 235.

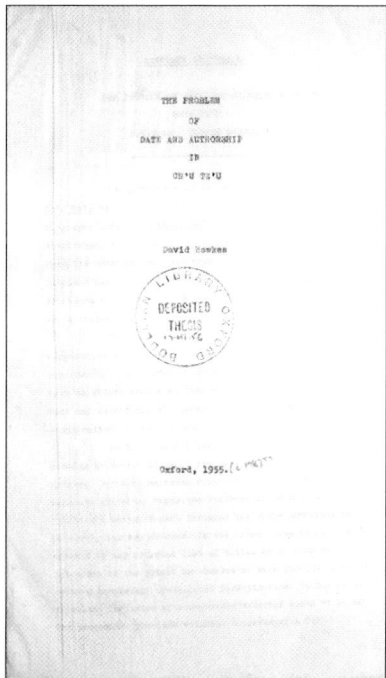

图3.1
1955年12月10日，大卫·霍克思向牛津大学
伯德雷恩图书馆提交的长达909页的博士论文
《楚辞创作日期及作者考订》原件
—
图片来自
伯德雷恩图书馆

写的唯一一部大部头《楚辞》译研论著。虽然这是他踏上汉学研究之路的处女作，但自问世以来即成为西方学者展开《楚辞》研究无法绕过的一部扛鼎之作。霍克思的《楚辞》研究成果主要集中在该博士论文里，其后三十多年，他的《楚辞》研究心得均在该博士论文基础上深掘与申发，主要体现在两版《楚辞》英译本的总论（初版总论一万多字，修订版总论两万多字）及其间发表的几篇重要的学术论文与书评中。作为霍克思第一部大部头的学术论著，该论著奠定了霍克思英国专业汉学家的地位，不仅为他赢得了英国汉学前辈阿瑟·韦利的赏识[1]，使其成为英国牛津汉学第六任

---

〔1〕闵福德："他的（博士论文）工作吸引了著名中国研究学者与翻译家阿瑟·韦利的注意，并成了他的良师益友……"参看 John Minford, "David Hawkes（1923-2009）and The Story of the Stone," Final Lecture, Hang Seng Management College, March 12th, 2016.

掌门人的不二人选，也助其 1963 年荣获汉学界诺贝尔奖——国际中国文学儒莲奖。

　　1959 年年初，博士论文的部分内容由牛津大学出版社出版，列入"联合国教科文组织中文翻译丛书"。该版包括论文中完整的《楚辞》英译文和据原注解改写的校记（Textual Notes）、补注（Additional Notes）及据论辩部分提炼的单篇诗歌导论文字。从注解到论辩，霍克思删改幅度很大，很多地方为了简洁易懂，重写的比例很高，从而使英译本做到了版面整洁、易于普及。从后续西方学者对该译本的接受情况看，它获得了西方汉学界的普遍肯定与高度赞誉，译文与其中的观点也广受汉学研究者征引。[1]截至 2017 年，在《楚辞》已有的 40 个英文译本中，霍译本仍是唯一的一个英文全译本。[2]

　　学界有关霍克思《楚辞》译研的研究较为薄弱，新见不多，而有关该博士论文的研究目前暂付阙如。众多学者多以其两版《楚辞》英译本及其间发表的《女神的求索》等研究论文为基础，讨论霍克思的《楚辞》译研，忽略了远在上述译著、论文之前就已完成的功底扎实、学养丰厚的研究成果。本章拟围绕这一博士论文展开讨论。

一、典籍诠释困境与应对

　　（一）霍克思牛津博士论文基本面貌

　　霍克思的博士论文《楚辞创作日期及作者考订》分上、下两卷，原件现存伯德雷恩图书馆。上卷《楚辞原文及附注》（*Text and Apparatus of Ch'u Tz'u*）287 页，含导论（Introduction）、"版本异文考证注释"所涉书目、

---

〔1〕参看王丽耘：《中英文学交流语境中的汉学家大卫·霍克思研究》，福建师范大学博士学位论文，2012 年。
〔2〕参看李慧君、刘韧：《二十世纪〈楚辞〉英译方向性及其影响考察》，载《河北工程大学学报》2018 年第 4 期。

简称列表（List of Abbreviations）和长达 279 页的霍克思据汲古阁后人毛表（1638—?）刊刻的《楚辞补注》十七卷亲笔抄录的《楚辞》全集原文。导论部分，霍克思简略勾勒了《楚辞》文本从东汉王逸《楚辞章句》注本、宋洪兴祖《楚辞补注》本到现代注本的演变史，指出《楚辞》宋明刊本、《文选》《史记》等所录异文及早期类书与注本中的《楚辞》引文为现代注本三大参考来源；列举刘师培、许维遹、刘永济及闻一多注本，并重点评点了闻氏《楚辞校补》辑录特色；交代了本论文《楚辞》原文所据中文底本及每页页下"版本异文考证注释"所涉注释来源，并对原文尾韵、行内韵、异文、缺文、补文、词句异文及异序的标注方式进行了说明。下

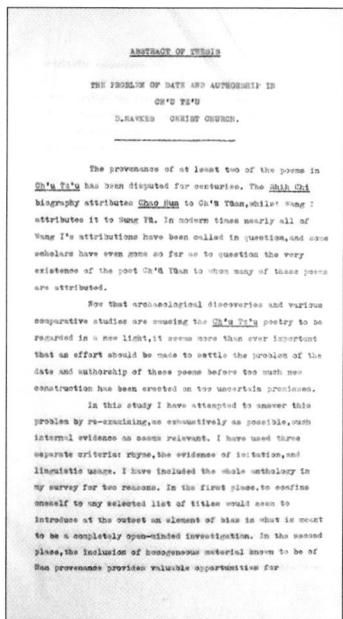

图3.2
博士论文摘要
—
图片来自
伯德雷恩图书馆

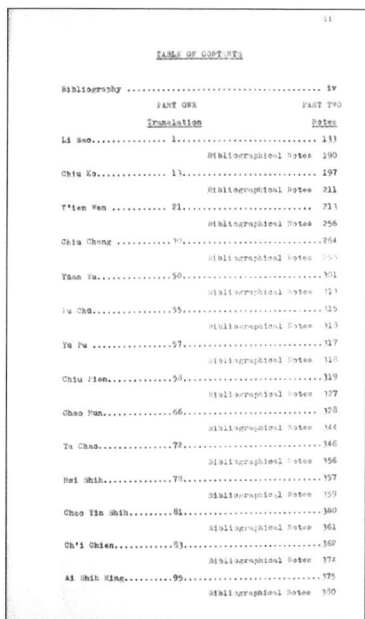

图3.3
博士论文目录
—
图片来自
伯德雷恩图书馆

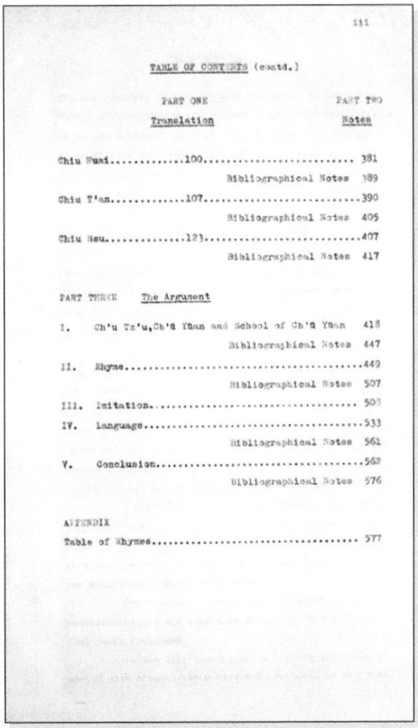
iii

TABLE OF CONTENTS (contd.)

PART ONE Translation — PART TWO Notes

图3.4
博士论文下卷目录续页
–
图片来自
伯德雷恩图书馆

卷 622 页，除论文摘要（Abstract of Thesis）、目录（Table of Contents）、参考文献（Bibliography）外，正文包括三部分，即《楚辞》英译文（Part One：Translation，第 1—133 页）、译注（Part Two：Notes，第 133—417 页）和论辩（Part Three：The Argument，第 418—576 页），其中论辩部分是博士论文的主体，又细分为 1. 楚辞、屈原与屈原派（Ch'u Tz'u, Ch'ü Yüan and School of Ch'ü Yüan）、2. 押韵（Rhyme）、3. 模仿（Imitation）、4. 语言（Language）、5. 结论（Conclusion）五部分。另附霍克思一一标注的《〈楚辞〉押韵表》（*The Rhymes of Ch'u Tz'u*，第 577—608 页）。整部博士论文提交前尚有 297 页长的《〈楚辞〉索引》（*a concordance to Ch'u Tz'u*），因印刷不便及成本考虑最终未辑。换而言之，霍克思笔下的此部博士论文实际总页数长达 1206 页，实是厚重之极。论文深入探讨楚辞的创作日期及

作者问题，考辨与论述均建立在《楚辞》全译的扎实基础上，体现出西欧东方学的严谨传统。

（二）中西学术对话：众说纷纭中的发声

在中国，自 20 世纪 20 年代"屈原否定论"、《楚辞》各篇归属等问题被学者提出后，此类问题在《楚辞》研究领域众说纷纭、难有定论，质疑与辩护持续了三十多年。即使到了 20 世纪 40 至 50 年代，学界仍争辩不休：1943 年，郭沫若在《屈原研究》中力辩屈原之存在；但 1951 年，朱东润继何天行之后在《光明日报》上连发四篇文章，质疑屈原是否真有其人；1953 年，何其芳在《人民文学》6 月号上撰文质疑《卜居》《渔父》《悲回风》为伪作。1952 年，世界和平理事会宣布屈原以诗人身份当选 1953 年纪念的世界四大文化名人之一，才逐渐平息了这场争论。

霍克思博士论文正文第一章[1]梳理了《楚辞》研究众说纷纭的状态，他指出，"有关《楚辞》诗篇作者及创作时间的问题仍是意见混乱不一"，而令人好奇的是，"对《楚辞》解读最具颠覆性的学者也往往在诗篇作者问题上最为保守，最不加质疑"。他批评中国学者凌纯声毫不质疑地根据传统看法将《九歌》归为屈原之作，批评德国学者孔好古（August Conrady，1864—1925）在其《天问》研究文章[2]中，就《天问》文本提出惊人理论，却对该篇的作者归属没有任何思考。霍克思随后提到廖平的新奇观点，"《离骚》为秦博士所作"，又提到稍后造成更为深远影响的胡适论见，"传统上的屈原从某种程度上说只是一个传说中的人物，王逸归到他名下的作品有些创作时间要更早，有些要更晚"。廖平即廖季平，在霍克思作为参考文献的《楚辞讲义》一书中最早发出"屈原否定论"的高

---

〔1〕C. f. David Hawkes, *The Problem of Date and Authorship in Ch'u Tz'u*, Doctoral Thesis of Oxford University, Vol. 2, 1955, pp. 418-448.

〔2〕按：孔氏该文于 1931 年发表，题为《中国艺术史上最古老的文献——〈天问〉》，批驳中国"质疑派"论证证据的匮乏。

见，胡适惊人的观点发表在 1922 年的《读〈楚辞〉》一文中，是霍克思参看的另一文献。随后，1923 年，陆侃如的《屈原评传》和谢无量的《楚辞新论》为屈原的历史存在进行了辩论。霍克思继续追踪了中国后续的相关讨论：1935 年，陆侃如《屈原与宋玉》一书提到，《九章》大部分诗篇应是由比屈原更晚的作者创作而成；1948 年，闻一多的《什么是九歌》一文指出，《九歌》最早被搜集编录是在汉代；1948 年，何天行出版《楚辞作于汉代考》一书，将《楚辞》所有诗篇的创作时间定在汉代，又完全否定了楚辞创作与屈原的关系。霍克思对该领域的后续研究现状进行了概括："郭沫若、游国恩、文怀沙和该领域近来的更多其他学者对于《楚辞》诗篇的作者问题回归到了更为保守的看法。甚至倾向于将屈原这个人看成民族英雄，这一倾向又强化了不乐意看到屈原作品数量有所减损的情感。"显然，霍克思对于中国学界掀起的长达三十多年的"屈原否定论"大辩论非常熟悉。

西方学者对这场源自中国学界内部的争辩也做出了回应：1928 年，德国汉学家鲍润生（Franz Xaver Biallas，1878—1936）的《屈原：他的生平和诗歌》针对胡适和陆侃如二文逐条批驳，肯定了《史记·屈原贾生列传》及其所记载人物的真实性[1]；1931 年，孔好古发表《中国艺术史上最古老的文献〈天问〉》，批驳中国"质疑派"论证证据的匮乏；海陶玮的《屈原研究》刊于 1954 年《京都大学创立廿五年纪念文集》，肯定了屈原的存在，他主张在资料缺乏的情况下，与其假以想象把握完全不存在的事实，不如权且保持模糊，多将屈原研究重心放在诗歌本身，而不要把兴趣过多停留在形象复杂的传奇式人物身上[2]。

1948 年 8 月至 1951 年年初，在中国学习的霍克思正在从事《楚辞》

---

[1] C. f. F. X. Bialias, "K'üYüan, His life and Poems," *Journal of the North China Branch of the Royal Asiatic Society*, 1928, pp. 231-253.

[2] 参看尹锡康、周发祥编：《楚辞资料海外编》，武汉：湖北人民出版社，1986 年，第 105 页。

翻译工作，中国学界围绕屈原问题展开的种种辩驳，促使他认识到考辨《楚辞》各篇创作日期及其创作者归属问题的紧迫性。"考古发现和各种比较研究的兴起，正为《楚辞》诗作的解读带来新眼光，有项工作故而变得比之前任何时候都更重要，那就是在基于不靠谱前提的种种建构尚未层出不穷前，应尽力解决《楚辞》诗作的创作日期和作者归属问题。"[1]自1948年接触《离骚》至1955年提交博士论文《楚辞创作日期及作者考订》，霍克思历时七年，在这一即使中国学者也众说纷纭的领域发出了自己的声音，真正参与了这场源自中国学界并波及西方汉学界的学术对话，"可能我论文中的结论并不是都可为人接受的，但我想它们比以下看法至少可能更合理，这种看法认为，对于楚辞作者问题，要么无保留地接受传统的作者归属意见，要么就只能将楚辞看作富有故事情节的叙述与各种伪作"[2]。

（三）诠释困境中霍克思的应对

《楚辞》是一部歧义颇多的诗集，不仅有错简、乱简、异文等问题，即使是没有问题的诗行，亦有文无达诂的诠释学难题。如前所述，不仅入选的篇目众家意见不一，而且各篇的归属亦是问题，集子内文本词语训释、语篇贯通上注家同样莫衷一是。这也是为什么自东汉王逸的《楚辞章句》始，中国文学史上楚辞诠释论著绵延不断的原因。南宋洪兴祖的《楚辞补注》和朱熹的《楚辞集注》，清代王夫之的《楚辞通释》、蒋骥的《山带阁注楚辞》、戴震的《屈原赋注》、屈复的《楚辞新注》和俞樾的《读楚辞》《楚辞人名考》，还有现代姜亮夫的《楚辞通故》、闻一多的《楚辞校补》、郭沫若的《屈原》《屈原赋今译》、游国恩的《楚辞概论》《读骚论微初集》《楚辞注疏长编》、邬霄鸣的《屈赋全释》、董楚平的《楚辞译注》和戴志均的《读骚十论》，等等，都是有名的楚辞诠释类书籍。当

---

[1] David Hawkes, "Abstract of Thesis," *The Problem of Date and Authorship in Ch'u Tz'u*, Doctoral Thesis of Oxford University, Vol. 2, 1955.

[2] Ibid. p. 446.

代学者包景诚、刘毓庆、马茂元、汤炳正、孙作云、崔富章、李大明、黄灵庚、汤漳平、潘啸龙、孙常叙、周建忠、黄文焕等仍在此领域不懈耕耘。中外每年都有新的《楚辞》研究论著问世，洪涛《从窈窕到苗条：汉学巨擘与诗经楚辞的变译》（2013）一书的多篇文章也论及楚辞诠释上的难题与中外译者面临的困境[1]。面对如此迷局，异域的霍克思到底是怀着怎样的勇气或者说底气踏入这一研究领域的？他面对典籍诠释的千古困境是如何突围并悄然确立起自身的专业汉学家身份的？

1.《楚辞》中文底本的梳理与文献比读

《楚辞》流传过程中出现了众多版本，文本自身也存在不少训诂纷争。但大致可以分为："一是东汉王逸的《楚辞章句》，二是宋朱熹的《楚辞集注》，三是明末清初毛氏汲古阁的《楚辞补注》。"[2]霍克思选取三类中最新的注本，即毛表刊刻的《楚辞补注》十七卷为底本，手抄《楚辞》全文。每页首行是篇名，次行开始抄写诗句，每页约抄 10—11 行，行前标序号，行末文字右下方以小圆圈标记韵脚，多隔行押韵。诗中异文处以右上角圆圈标记，缺文、漏字以插入符号标注，词句异序另用粗线箭头展示。每页余下空间用分隔线分隔后简列上述异字、异词、异句的各本之见，各注本以简称记录，各注释条目序号以相应诗行数统领。

如此，共手抄 279 页，参看注本 67 种。从该博士论文《楚辞》原文前所列的注本简称表来看，霍克思参看的注本既有各种《楚辞》版本，如明吉藩府翻宋本《楚辞章句》、钱昊之知不足斋本《离骚集传》、朱熹《楚辞集注》、明朱燮元重刊宋本《楚辞章句》、明黄省曾校刊宋本《楚辞章句》、洪兴祖《楚辞补注》、汲古阁后人毛表刊《楚辞补注》、清嘉庆大小雅堂刊《楚辞章句》、明正德王鏊刊《楚辞章句》、元刊本《楚辞章

〔1〕参看洪涛：《从窈窕到苗条：汉学巨擘与诗经楚辞的变译》，南京：凤凰出版社，2013 年。
〔2〕王泊宁、王维庆：《汲古阁遗珍：传说中的〈楚辞补注〉——关于汲古阁〈楚辞补注〉初刻初印本的商榷》，载《书目文献》2020 年 10 月 16 日。

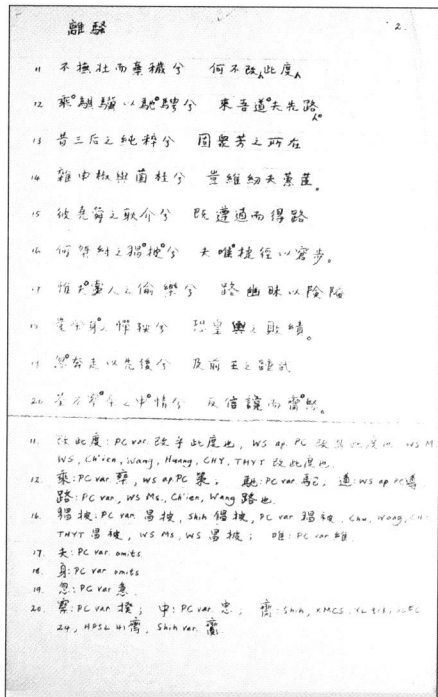

图3.5

大卫·霍克思手抄《楚辞》全集原文

—

图片来自

伯德雷恩图书馆

句》、刘师培《楚辞考异》、《文选·楚辞篇》、京都大学影印唐写本《文选·楚辞篇》、孔逭《文苑·楚辞补注》，更有 50 多种古籍文献，类书如虞世南《北堂书钞》、白居易《白氏六帖》、吴淑《事类赋注》、唐写本类书、欧阳询《艺文类聚》、明刊本《艺文类聚》、李昉《太平御览》、谢维新《古今合璧事类备要》、叶廷珪《海录碎事》，字书如顾野王原本《玉篇》、徐锴《说文系传》，韵书如张玉书《佩文韵府》、陈彭年《广韵》，音训如慧琳《一切经音义》、颜师古《匡谬正俗》，笔记体如王观国《学林》，考订如袁文《瓮牖闲评》、王应麟《困学纪闻》、吴仁杰《两汉刊误补遗》、裴骃《史记集解》、司马贞《史记索引》，史料如杜台卿《玉烛宝典》、邵博《邵氏闻见后录》、洪迈《容斋随笔》、龚颐正《芥隐笔记》、余知古《渚宫旧事》，注本如郑玄《周礼注》、郭璞《尔雅注》

084

《方言注》《山海经注》、邢昺《尔雅疏》、刘昭续《汉书志注》、颜师古《汉书注》、孙奭《孟子疏》和孔颖达《春秋左传疏》等。正是在参看与征引了如此庞大的文献基础上，霍克思对《楚辞》训释才有了自己的信心与判断。

另外，霍克思选择处理的是《楚辞》全集而不是任何选篇，这一抉择并非想随意填补空白，而是出于视野更宏观、结论更科学的考虑。"我将研究视野拓展到整部《楚辞》，因为在此类研究伊始就将自己困在任何单列的篇目似乎是讲不通的。……对于早期情况不明的这些诗作，将其置于更大的语境来考察，观察其在整个文体演变过程中的位置，是很重要的。我将后期信息确定的汉代诗篇囊入，在某种程度上，是让它们发挥参照物的作用。"[1]

2.《楚辞》全译与文献参阅

为了真正读懂《楚辞》十七篇，在全面梳理《楚辞》文字后，霍克思据此底本开始英译。"不是非常文学性的翻译，只是为自己译出那些词，努力弄清它的含义，然后把它译出来。"[2]这是霍克思对自己《楚辞》英译行为与目的非常准确、贴切的概括。故我们不难发现霍克思的翻译中认真贯穿着自己对底本梳理的见解，如《离骚》被认作乱简的第23句标注"interpolation"后直接省译；同理，《九歌·少司命》中第19、20两句被认为是《河伯》一诗的误植，霍克思标注"interpolation of two lines from *Ho Po*"后亦省译。

当然，要成功完成《楚辞》英译，只简单地对字词的乱简、错简等问题进行梳理是远远不够的。霍克思为《楚辞》十七篇撰写了285页的译注，

〔1〕David Hawkes, *The Problem of Date and Authorship in Ch'u Tz'u*, Doctoral Thesis of Oxford University, Vol. 2, 1955, p. 429.

〔2〕Connie Chan, "Appendix: Interview with David Hawkes, " *The Story of the Stone's Journey to the West: A Study in Chinese-English Translation History*, Conducted at 6 Addison Crescent, Oxford, Date: December 7th, 1998, p. 313.

探讨诗篇中一些疑难字词及文化负载词的确切含义。

　　以《离骚》首句"帝高阳之苗裔兮，朕皇考曰伯庸"为例，"帝高阳"，霍克思注释为"traditionally ancestor of both the Ch'u and Ch'in royal house"，故而确定译文为"the high lord Kao Yang"。"皇考"一词何义？霍克思首先列出学界的两种阐释，一指自己去世的父亲，一指自己的祖先；然后引饶宗颐观点：伯庸即祝融，"庸"即"祝"，《九叹·逢纷》首句"伊伯庸之末胄兮"，刘向似解"皇考"为祖先。接着，霍克思陈述自己的观点："似乎第一种解释是对的，因为第3行的'皇'应该也是'皇考'，从上下文来看，'皇考'几乎不可能是'天'的意思。周朝金文中的'皇考'也无疑表示'父亲'。且'皇考''皇祖'常出现在同一篇金文中，它们对应的女性指称为'皇母''皇妣'。事实上，'祖'和'妣'可以用以模糊指代某人自曾祖以上的几代祖先，而'考'则只能指'父亲'，无法泛指'祖先'。礼书关于这块所谈几乎没有什么有用信息。'考'确指'父亲'可参看以下几例金文……"[1]

　　显然，霍克思要训释某词，首先要了解中外学界关于该词的训读；其次，陈述自己意见时如有必要，他会征引大量文献佐证；再次，文字考订过程中他善于借鉴甲骨文、金文等出土文献进行二重证据的佐证。这让我们理解了霍克思北大求学时为何会爱上唐兰的"金石文字学"课以及他课余为何热衷于收藏金石拓片。其时他正忙于翻译《楚辞》，可以想见，"金石文字学"对其顺利推进《楚辞》训释工作的意义；而对金石拓片的运用，更助力其训诂的准确性。霍克思在中国留学期间，完成了《楚辞》译文的大部分，从其博士论文中每篇译注后所提供的参考文献来看，不得不惊叹他的阅读量，除相关数量繁多的楚辞文献外，《四部丛刊》《四部备

---

[1] David Hawkes, *The Problem of Date and Authorship in Ch'u Tz'u*, Doctoral Thesis of Oxford University, Vol. 2, 1955, p. 133.

要》《百衲本二十四史》等典籍竟是其参看的基本文献，它们最大限度地确保了其译文的准确、训诂的到位。

3. 扎实文献基础上的语文学进路

借助勘定《楚辞》原本与英译《楚辞》全篇，霍克思完成了对《楚辞》文本的透彻理解与全面梳理工作。接着是诠释困境突围的重中之重，即在众说纷纭的《楚辞》各篇创作时间与作者身份问题上做出有信服力的回答。

霍克思分两步展开。首先是文献准备：了解西方同行已有成果，通读中国早期古典文献学家、经学家、校勘学家等有关楚辞的经典考释与集注，熟悉、消化同时代中国学者的最新研究成果，关注中国学界的屈原大辩论动向。

具体而言，以霍克思博士论文所列直接参考文献为例。其时英国同行致力于《楚辞》研究的并不多。美国汉学家康达维《欧美赋学研究概观》一文梳理了欧美学者关于包括楚辞在内的中国赋体的近两百年的研究情况，其中提到的英语译研家只有三位，即理雅各、翟理斯、韦利[1]，他们的相关成果霍克思都很熟悉。博士论文提交四年后，他为《楚辞》英译初版撰写《〈楚辞〉英译》一文，还详谈了自己对上述三位学者《楚辞》译研的思考与评价。《楚辞》英译过程中，霍克思还参看了德国汉学家鲍润生的长篇论文《屈原〈远游〉导言》（1927）、孔好古的译著《中国最古老的艺术文献——〈天问〉》（1931）、日本汉学家桥川时雄的注本《楚辞》（1943）和新加坡华人学者林文庆（1869—1957）的译注《离骚：离忧之挽歌》（1935）。

论文参考文献和每节论述的参考书目显示，霍克思参看得最多的是中国《楚辞》研究的经典与前沿文献。他参看的早期注本，有宋代朱熹的

---

[1] 按：康达维称其为"卫利"。参看康达维：《欧美赋学研究概观》，载《文史哲》2014年第6期。

《楚辞集注》，明代王夫之的《楚辞通释》，清代蒋骥的山带阁注《三闾楚辞》、屈复的《楚辞新注》、朱骏声的《离骚赋补注》和戴震的《屈原赋注》；参看的现代注疏本有王泗原的《离骚语文疏解》（1954）、文怀沙的《屈原九歌今译》（1953）、郭沫若的《屈原赋今译》（1953）及闻一多的《楚辞校补》（1948）等；参看的《楚辞》校勘类著作有宋代黄伯恩的《校定楚词序》，清代丁晏的《楚辞天问笺》、俞樾的《楚辞人名考》和《读楚辞》，近代刘师培的《楚辞考异》，现代刘盼遂的《天问校笺》、闻一多的《离骚解诂》，等等；参看的《楚辞》研究文献有清代牟庭的《楚辞述芳》，现代饶宗颐的《楚辞地理考》（1946）、孙作云的《九歌解题》（1936）、林庚的《诗人屈原及其作品研究》（1953）、凌纯声的《铜鼓图文与楚辞九歌》（1954）、闻一多的《什么是九歌》《司命考》《天问释天》、游国恩的《屈原》（1946）、《楚辞概论》（1930）、《读骚论微初集》（1947），等等；参看的《楚辞》音读著作有《经籍志·隋书》、敦煌写本《楚辞音》残卷（"庚辰丛编"，1940）、明代陈第的《屈宋古音义》、清代顾炎武的《音学五书·易音》与江有诰的《楚辞韵读》、现代董同龢的《与高本汉先生商榷自由韵说兼论上古楚方言特色》（1938）、《上古音韵表稿》（1944）等；参看的屈原、《楚辞》论辩著作有现代廖平的《楚辞讲义》、何天行的《楚辞作于汉代考》（1948）、谢无量的《楚辞新论》（1933）、胡适的《读〈楚辞〉》、郭沫若的《屈原》（1935）和陆侃如的《屈原》（1930）、《屈原与宋玉》（1935）等。

其次是语文学进路：正是在掌握了上述从音韵、文字训诂、人名花草考订、作者作品研究到楚辞地理、铜鼓图文、祭祀礼仪等方方面面楚辞文献的基础上，霍克思沿着西方汉学的语文学传统进路，最终从治丝而棼的诠释困境中找到了一条出路。

面对地下出土的证据和新的对比研究，霍克思提醒学界在外部证据增多、研究视角拓宽的情况下，更要注意内部证据的重要性，注意以语文学为本、其他研究方法为补的学术立场，"新的建构需要基于扎实的基础，目前关于《楚辞》诗篇的作者与创作日期仍然意见混乱不一，如果解决问题没有首先穷尽内部证据，而是无论愿意不愿意，就将语言学、考古学、古文书学、人类学等发现硬凑成关于归属与日期问题的种种中意的答案，那么很难确保真有进展"[1]。

欧洲的东方学（Oriental Studies）或者说东方语文学（Oriental Philology），侧重于"东方"地区发现的古代语言与文献研究。欧美汉学界其时通行的撰写论文或历史专题的方法是"在中国正史的志书部分，挑选他感兴趣的某一'志'，然后开始翻译、注释并撰写长篇的导论"[2]。1942 至 1946 年在哈佛大学攻读博士学位的杨联陞的博士论文《〈晋书·食货志〉译注》即可佐证。杨氏在思考博士论文选题时曾与胡适相谈："有时候想起自己的论文，系里的规定是以翻译为主。"[3]康达维在谈欧洲学者的赋体研究时，也说，"他们早在 19 世纪中期便开始研究了。他们的研究工作都是从翻译着手"[4]。

显然，霍克思遵循的正是语文学路径，他在博士论文的论文摘要中陈述道，"我试图穷尽所有看似相关的文本内部证据，通过再审查这些证据回答这一问题。具体来说，我主要运用了押韵、仿句和语言三个分类标准"，并将自己的研究概括为"主要是语文学上的考证"（this largely

〔1〕David Hawkes, *The Problem of Date and Authorship in Ch'u Tz'u*, Doctoral Thesis of Oxford University, Vol. 2, 1955, p. 427. 按：霍克思此处观点如与其论文摘要中一段对看，可能更为清晰，其论文摘要中相关言论如下："考古发现和各种比较研究兴起正为《楚辞》诗作解读带来新眼光，有项工作故而变得比之前任何时候都更重要，那就是在基于不靠谱前提的种种建构尚未层出不穷前，应尽力解决《楚辞》诗作的创作日期和作者归属问题。"
〔2〕赖瑞和：《追忆杜希德教授》（*Remembering Professor Denis Twitchett*），载《汉学研究通讯》2007 年第 4 期。
〔3〕杨联陞：《杨联陞致胡适 1943 年 10 月 26 日》，胡适、杨联陞：《论学谈诗二十年：胡适杨联陞往来书札》，合肥：安徽教育出版社，2001 年，第 2 页。
〔4〕康达维：《欧美赋学研究概观》，载《文史哲》2014 年第 6 期，第 110–118 页。

philological investigation）。[1]他指出，据文本内部证据分析来探讨问题答案并不是什么创新，但学界的问题"似乎就我看来是，运用这些标准展开讨论时，运用得不够彻底与系统"[2]。

霍克思的博士论文就是在系统彻底贯彻上述标准上立论。以《楚辞》押韵讨论为例，他不仅在中文文本中以右下角小圆圈的方式标记出《楚辞》大部分诗句[3]的韵脚词，而且在附录中一一列出了十七篇诗作每句句末词的具体发音，这32页的《〈楚辞〉押韵表》记录了霍克思在《楚辞》韵读上所下的功夫。讨论押韵是为了确定它们相应的创作日期。具体操作中，霍克思首先检视、思索前人相关研究成果，总结、推导其中应注意的事项，然后列出《诗经》中出现的所有异常押韵并细析《楚辞》十七篇的押韵格式及梳理各篇异常押韵，并引入荀子《赋篇》《成相篇》、宋玉《高唐赋》《神女赋》《登徒子好色赋》《风赋》《大言赋》《小言赋》《钓赋》《笛赋》《舞赋》、贾谊《吊屈原赋》、枚乘《七发》、司马相如《子虚赋》《上林赋》《大人赋》《长门赋》《哀二世赋》、董仲舒《士不遇赋》、东方朔《诫子诗》、王褒《洞箫赋》《僮约》、班固《幽通赋》、扬雄《甘泉赋》《反离骚》、张衡《思玄赋》《归田赋》，甚至囊括王逸《楚辞章句》的韵语注，俨然建起了一个考察韵脚演变的小型语料库。霍克思通过检视《楚辞》内部各篇用韵的差异及上述各篇间的用韵比照，借助已确定为汉代作品的诗作，在细辨种种用韵差异中对学界就作者存疑作品的创作年代所得结论做出自己的判断，有些则更进一步给出了自己的答案。

如此得出的结论虽然不一定为唯一正解，但至少提供了一种可信的解释。博士论文卷二第三大部分"论辩"即论文的正文部分，霍克思在这一

---

[1] David Hawkes, "Abstract of Thesis," *The Problem of Date and Authorship in Ch'u Tz'u*, Doctoral Thesis of Oxford University, Vol. 2, 1955.

[2] Ibid. p. 429.

[3] 按：准确而言，霍克思具体标注的是《楚辞》中除《九歌》《招魂》《哀时命》《九怀》《九思》外其他十二篇诗作的韵脚词。

部分秉持语文学路径，以地毯式排查的方式罗列出所有篇目中的相关要点，然后条分缕析这些文本内证据，找出它们所透露出的作品创作日期与可能的归属者信息。

二、范式转型、典籍训释与霍克思专业汉学家身份的确立

（一）学术性阐释与范式转型

霍克思秉持与前辈汉学家不同的治学理念与治学模式。在英国专业汉学家出现前，英国大学已有一批汉学家在汉学讲座教席上任教。以牛津汉学讲座教授为例，霍克思此前几任，从理雅各、布勒克、苏慧廉到修中诚、德效骞，都有传教士或外交官背景：理雅各来牛津前在中国传教三十年；布勒克则是驻华外交官；苏慧廉在中国温州传教多年；修中诚是英国伦敦会传教士，在华传教二十二年；至于德效骞，早年也有在华传教经历。他们研究中国古籍伊始，并不是因为纯粹对东方感兴趣，他们的汉学行为受缚于英国汉学研究三重动机怪圈，或为寻找在华传教的密钥，或为便利在华生活，均未将中国文化视为世界文化遗产的一部分。

理雅各是上述五任汉学讲座教授中汉学成就最高者，以其为例，他晚年正好译过《楚辞》。他译的《离骚》，霍克思的评价是"由于译者对于原作显而易见的蔑视，译作变味严重，译者放弃了帮助译作成为英语读者眼中充满吸引力的作品的义务"，"理雅各对诗没什么感觉，他译《离骚》似乎是因为中国学者认为它是一部重要的文学作品"。[1]理氏的研究心态与治学模式同专业汉学时代的汉学家完全不同。

霍克思在西方语文学传统研究方法的基础上，注重从比较思想视野阐

---

〔1〕David Hawkes, "English Translations of Ch'u Tz'u," David Hawkes, *Ch'u Tz'u: The Songs of the South*, Boston: Beacon Press, 1962, p. 215.

释学术文献的意义，实现了从前辈学者的史迹考察向文献意义阐释的研究范式转向。霍克思汉学研究的一大特点即为在深厚的汉学修养基础上对中国文学作品进行深入浅出的文化阐释。正如程钢在勾勒 20 世纪英美汉学家在中西文化交流史研究领域体现的变化趋向时所指出的，50 至 60 年代崭露头角的汉学家已经逐步"呈现出由史迹的考察向思想意义与生活意义阐发的转变趋向"[1]。文学研究领域亦然。

霍克思汉学研究处女作《楚辞创作日期与作者考》就是翻译与文献意义阐释相结合的典范，代表了英国新一代汉学家在研究范式上的转型，霍克思也因之确立了专业汉学家的身份。他为《楚辞》英译文做的 285 页的译注，是他阐释与研究中国文献意义的最好例证。以《离骚》篇为例，霍克思共做注 67 项，其中"摄提""孟陬""正则""灵均""江离""辟芷""兰""荃""灵修""彭咸""謇朝谇而夕替""女嬃""羿、浞、浇""苍梧、悬圃""羲和""望舒、飞廉""白水、阆风""高丘""丰隆""宓妃、蹇修、穷石""瑶台、有娀佚女、高辛""少康、二姚""灵氛""九疑缤其并迎""兰、椒""兹、沬""西皇""不周、西海""奏九歌而舞韶""乱"，霍克思均做了详细的长注与讨论。[2]1959 年博士论文的英译文部分单独出版时，为"对中国古代诗歌与选集有所兴趣的非专业读者"[3]考虑，霍克思以补注的形式只保留了"摄提""荃""灵修""女嬃"和"兰、椒"五注，且以更为通俗而非论证式的语言，不惮其烦地基本重写了这五个注解，念念不忘助力读者参透文化词背后的意蕴。

（二）专业汉学家身份的确立

学术性阐释是新一代汉学家在研究范式上的自觉更新，当然，这种进

---

〔1〕程钢：《二十世纪英美汉学界中国思想史研究的变化趋向》，见李学勤：《国际汉学著作提要》，南昌：江西教育出版社，1996 年，第 393 页。

〔2〕C. f. David Hawkes, *The Problem of Date and Authorship in Ch'u Tz'u*, Doctoral Thesis of Oxford University, Vol. 2, 1955, pp. 133-189.

〔3〕David Hawkes, "Preface," David Hawkes, *Ch'u Tz'u: The Songs of the South*, Boston: Beacon Press, 1962, p. vii.

步并不是一蹴而就的。在英国汉学发展史上，经院式汉学发展晚期出现了
一批以韦利为代表的"业余汉学家"，德国汉学家傅海博将其定义为"非
专业人士中的绅士-汉学家"，韦利用"有闲人士"来概括这一群体，他
们与二战后新出现的"学者-翻译家"[1]即专业汉学家的区别在哪？同样只
因兴趣而了解中国、学习研究中国文化，同样没有外交官、传教士背景，
二者除了外在的如前者受教于大学汉学专业、后者自学成才这样的差异外，
其译研活动有没有什么本质差别？霍克思是如何实现从前辈汉学家韦利的
"业余"到新一代汉学家的"专业"这一身份转换的？

　　对遗存文本中所蕴含的文化及思想予以学术性阐释是专业汉学家汉学
研究之重。韦利是先行的倡导者，他汉学研究中最感兴趣的就是历史文本
中的文化人类学信息。

　　以他为《山鬼》篇撰写的译注为例，此译注四段，首段谈及山鬼在古
代中国的地位，指出公元前 2 世纪中国山神祭拜的兴盛，并据《汉书》记
载的楚地范围，推测《山鬼》篇中的山神很可能指安徽最高峰潜山市天
柱山的山神，因为它是当时人们祭拜的山神中唯一属于楚地的。接着，韦
利又引《后汉书》，为读者讲述了山鬼与河伯同样的逼娶人间配偶的故
事。据《后汉书》，韦利讲述了公元 56 年安徽仍有巫士祭献童男童女为
山神婚配的陋习；后来当地县令规定，只有巫家子女才可以祭献，该陋习
才逐渐被废止。译注第二段则处理《山鬼》篇中说话人的性别问题，韦利
向读者交代，他认为第 5 句中乘赤豹的是巫，其性别，如果山鬼是男性的
话，此巫就很可能是女性；"处幽篁"的也应该是该女巫。韦利还进一步
描述了"幽篁"的基本结构。第三段，韦利就性别问题续谈，他指出，若
反过来将山鬼看成女性，将巫的性别定为男性，也不是完全不可能，诗

[1] Eugene Chen Eoyang, *The Transparent Eye: Reflections on Translation, Chinese Literature and Comparative Poetics*, Honolulu: University of Hawaii Press, 1993, p. 149.

歌开篇似乎也的确暗示了此类想法。他认为，尽管"人"没有性别指向，但将"山中人"看成女性似乎有点怪（the phrase shan chung jên 'man among the mountains' ... would, it seems to me, be an odd way of referring to a female）。随后，韦利承认自己的判断可能错误，并说英译若是不必考虑性别，他也愿意在译文中对此不予理睬。译注最后一段涉及《国殇》，此处不予赘述。

　　韦利另在《九歌》英译文后撰有"补注"，对每篇另加补充说明。《山鬼》篇他补充谈的仍然是文化问题，就"鬼"的所指及演变略加铺陈。他指出，从王逸到公元 8 世纪注《文选》的"五臣"，在他们笔下，山鬼和山神还是同指的。鬼是低等的灵，与神不在一个级别，这是很晚才出现的区别。韦利介绍了《墨子》关于鬼的三分法，又引用了《史记》与《水经注》中相同的"返璧秦始皇"的故事，前者对返璧者称"山鬼"，后者称"山神"。当然，就如英语中"ghost"也有类似的从"圣灵"降格为"幽灵"的词义变化，韦利从而指出，"鬼"到了朱熹生活的 12 世纪变得卑贱，亦难怪朱熹认为《山鬼》祭祀之神与另 8 首所祭之神不是同一级别。[1]

　　无论《山鬼》篇的"译注"还是文末"补注"中的《山鬼》篇条目，都指向韦利译研的一个显著特征：熟悉中国典籍中有关中国文化的记载，论证信手拈来，在各遗存文本间穿梭自如，构筑起一个多彩斑斓的异域文化世界，传达着译者对中国文化强烈的好奇与融通之愿。

　　但不得不说，韦利的汉学译研更多具有汲古拾遗的个人趣味成分，多凭依个人广泛的兴趣与自身敏锐的问题意识，广泛涉猎，甫出新见，从而屹立在学术的前沿，但其汉学译著常因其中的细节讹误而为人诟病。

---

〔1〕C. f. Arthur Waley, *The Nine Songs, A Study of Shamanism in Ancient China*, London: George Allen & Unwin Ltd., 1955, p. 58.

就《九歌》而言，洪涛指出，"Waley 在异文和训诂方面引来评论者的非议"[1]。美国汉学家康达维评价韦利的赋体英译时，提出了更为具体的批评："他翻译的赋虽然可读性很强，但从训诂学的观点来看，有时候并不十分准确。此外，他的翻译也缺乏详细的注释。"[2]

霍克思对韦利《九歌》翻译中的人类学价值评价甚高，他指出，"韦译文因其中提供的相关人类学知识而价值无穷，也正是在这个意义上，它是一座里程碑，它使得后来的任何学者如想要进一步翻译《楚辞》，非先就诗作的背景和功能做一番深入的研究不可"[3]。霍克思在后续研究中也确实是沿着韦利开辟的新领域、新方法前行的，以人类学研究方法关照整部《楚辞》，获取更为科学、严谨的结论。韦利英译《九歌》参看了《汉书》《后汉书》《史记》《山海经》《水经注》《太平广记》《搜神记》《昭明文选》等中国古籍文献。查看霍克思博士论文中《九歌》译文后所列文献，发现他不仅翻看了《四部丛刊》中的相关文献如《尔雅·释地》《尔雅·释宫》《山海经·西山经》《山海经·北山经》《山海经·大荒经》《淮南子》《吕氏春秋》《春秋经传集解》《乐府诗集》《荀子·儒效》及《百衲本二十四史》中的《史记·封禅书》《史记·赵世家》《汉书·郊祀志》，还有《说文解字诂林》、司马贞《史记索隐·三辅故事》和中国学者最新的研究成果，如闻一多《楚辞校补》《司命考》《什么是九歌》、何天行《楚辞作于汉代考》、姜亮夫《九歌解题》和游国恩《读骚论微》。

表面看起来，师徒二人都很重视中国学术传统，二人的差别实际体现在典籍训释这一基础步骤上。韦利在对遗存文本进行研究时，一个致命的疏漏是他很少在意对古籍文本进行考订与训释。《山鬼》篇中，他的译文

---

[1] 洪涛:《〈楚辞·九歌〉在英语世界的诠释和传播——以英国汉学巨擘的两部著作为中心》，见洪涛:《从窈窕到苗条：汉学巨擘与诗经楚辞的变译》，南京：凤凰出版社，2013 年，第 189 页。

[2] 康达维:《欧美赋学研究概观》，载《文史哲》2014 年第 6 期。

[3] David Hawkes, "English Translations of Ch'u Tz'u," David Hawkes, Ch'u Tz'u, The Songs of the South, Boston: Beacon Press, 1962, p. 217.

比原作多一句，其中原作第 22 句被他拆译成两句，却未在任何副文本中进行说明。也因为不在意文本考订，《山鬼》篇第 20 句"君思我兮不得閒"，韦利将"閒"误译为"間"，英译为"nothing can come between us"却不自知；第 25 句"猿啾啾兮又夜鸣"，各本注"又"为"狖"，韦利不知，直接照字面译为"again"。[1]

反观霍克思，他的译文虽然与韦利译文有高度的互文性，但在相关文本考订与训释上却要扎实得多。换而言之，正是对于遗存文本的扎实考订与细致训释，助推霍克思实现了从"业余"到"专业"的转型。《山鬼》篇第 20 句霍克思手抄本显示为"君思我兮不得間"，繁体字"門"字底下一个"月"被抄成了"日"。看来，霍克思同韦利一样未察觉二字差异。[2]不过因为霍克思熟悉中国注本的相关训释方法，他将"間"解为"时间"，就与"閒"所表示的"闲暇"不远了，故而其英译文"she has no time to come"就没有什么问题。第 22 句霍克思许是借鉴了他常参看的闻一多《楚辞校补》的意见，他在译文第 22 句下增加了一排省略号，表示此处少一句，在相应的译注中，他写道："第 22 和 23 句间似乎脱落了一行，《九歌》里没有三行押韵的诗节，《九歌·东皇太一》第 9—10 行也是类似的情况。"[3]韦利拆译第 22 句可能也是感觉到此处诗节的不合拍，不过他的处理较之霍克思则随意得多，没有考证，也没有交代文字，而是直接在译文上做改动，是极不严谨的行为。第 25 句"猿啾啾兮又夜鸣"，查霍克思博士论文卷一，第 33 页第 25 句页下注清晰标明"洪兴祖《楚辞补注》注：'又'一作'狖'"，故而霍克思将其译为"apes"。

---

[1] 按：韦利《山鬼》篇英译文参看"Arthur Waley, *The Nine Songs, A study of Shamanism in Ancient China*, pp. 53-54"。

[2] 按：也许这也可看作一个互文的例子。"門"字底下"日""月"的差异实在不太明显，韦利未注意到，霍克思可能也未意识到。

[3] David Hawkes, *The Problem of Date and Authorship in Ch'u Tz'u*, Doctoral Thesis of Oxford University, Vol. 2, 1955, p. 209.

096

综上，霍克思较之韦利，是严谨的专业派，多以地毯式排查的方式穷尽与讨论史料，遵循传统语文学进路，借助金石学、古文字学、训诂学、校勘学和文学批评等手段来分析与阐释遗存文本，得出其时最为可靠的学术结论，也因之最终确立了他专业汉学家的身份，在 20 世纪下半叶引领英国汉学逐渐走向更为严谨的专业汉学时代。

三、《楚辞创作日期及作者考订》中的《楚辞》研究

有关霍克思《楚辞》译研，面世的成果除《楚辞》全译 1959 年牛津初版和 1985 年企鹅修订版（包括其中的序言与导读）外，主要体现在他 1989 年出版的论文集《中国文学散论：古典、现代和人文》中的几篇论文上。实际上，霍克思有关《楚辞》的研究要早得多，相关观点最为集中、全面地体现在他早年撰写的功底扎实的博士毕业论文中。但由于该论文不易获取，相关介绍与研究暂付阙如。

（一）楚辞、屈原和屈原派

1. "楚辞"的名义与最早编者

从《汉书》中的《朱买臣传》《王褒传》和刘歆《七略》中有关"楚辞"和其诵吟者"九江被公"的片段摘译，霍克思指出典籍中最早出现的"楚辞"，当指由专门人士以特别方式吟诵的诗歌文体。王逸《楚辞章句》中的"楚辞"则是它作为专门诗歌集名称使用的开始，至隋朝，官修史书书目中始列此类书名。各类"楚辞"诗集，自王逸始，所辑诗作不一，如朱熹《楚辞集注》较之王逸《楚辞章句》，既有删除也有新增，而王夫之《楚辞通释》则含有朱、王均未收录的诗篇。此类诗集的一大共同点是，均包含编者认为的由该文体首创者屈原创作的作品，虽然归入的具体篇目有所差异，但大部分屈原作品得到公认。故此，霍克思总结，"楚辞"根据语境应有以下四层指代：一是一个类别的诗作，二是屈原的作品，三是

王逸的《楚辞章句》，四是后出的各类《楚辞》集。

参看《汉书·艺文志》和《隋书·经籍志》这两篇古老的史志目录，摘译其中与"楚辞"相关的片段，辨识文献的讹误与可信性，霍克思偏向日本学者桥川时雄的观点，认为王逸将《楚辞》最早编者归为刘向是个错误。从集中收录作品不含枚乘、司马相如、扬雄等楚辞大家的作品，而是汇集了王褒、刘向这些不太知名诗人的诗作，霍克思进一步猜测，提出《楚辞》最早编者可能是汉宣帝时期的某个无名氏。

2. 楚辞的诗作特征

这部分研究最能体现霍克思作为异域学者具有的独特的比较视野、文学感悟与他者眼光。霍克思定楚辞为骚体诗，肯定它的特殊性，指出它是西方文体中没有的一种特殊的文学形式。他较为准确地捕捉到这一文体的特征："将病态的自怜、王室政治、幻想的巡游与神灵的世界、爱情与花草的象征融为一体，语词极尽雕琢与做作。"[1]对于骚体诗人，他同情性地理解道："诗人们沉浸在分析性的内省中，不断检视自己的情感、思想、决心，检视自己的内心与灵魂，他哭泣叹息，时而鼓励自我，时而克制自己，以几令人难以忍受的毅力反复申说被冤枉、被误解的遭遇，强调自身的纯洁无辜。"[2]

骚体诗原型作品《离骚》"以其丰沛的想象力释放诗人的情绪，免于读者对诗人的自怜产生厌恶之感。但后期仿作，有些则相比较而言，自怜情绪既没有得到释放，政治格言又出现过多。加之，骚体诗最喜用的诗学话题——上天遨游，在此仅成了敷衍性的慢跑动作"。如此区分基本抓住了原创作品与仿作的本质差异。另外，霍克思从西学擅长的个人视角发掘出骚体诗的一个共同特质，即强烈的个人性："诗人故事中唯一的人

[1] David Hawkes, *The Problem of Date and Authorship in Ch'u Tz'u*, Doctoral Thesis of Oxford University, Vol. 2, 1955, p. 425.

[2] Ibid. p. 426.

物是他自己，是他和宇宙，人世间是藏污纳垢的所在，是诗人所要逃离之地。"[1]更具洞见的是他揭示的逃离、旅行与水三者间的关系，"逃离以旅行的方式实现：《离骚》里是逃至神灵的世界，晚期诗作有时则只在日常事物间穿梭，特别是水边。《楚辞》大部分诗作都萦绕着水声"[2]。

3. 楚辞与巫文化

霍克思很熟悉文化人类学视角，他沿用韦利有关《九歌》萨满教的研究，进一步探究《楚辞》诗篇的巫元素。他指出，文体上《楚辞》有几篇与其他篇差异很大，明显与萨满教行为有关。《招魂》《大招》中，萨满在召唤的像是一位生病或离世的国王，《九歌》则是萨满为各类神灵起舞吟唱，殷勤邀约众神降临人间。《天问》虽然内容上没有明显的萨满元素，但其作者无论如何是一位拥有非常专业的神话学、天文学和宇宙论知识的人。霍克思欢迎新的考古发现和文化对比研究，肯定它们是语文学家长期工作的有益补充。霍克思对于该领域的国外前沿成果非常熟悉，如他在此引介的饶宗颐《长沙楚墓时占神物图卷考释》（1954）和凌纯声《铜鼓图文与楚辞九歌》（1954）即是其论文提交前刚问世的相关成果。

4. "屈原否定论"与《史记·屈原列传》的正宗及历史真实问题

这部分霍克思以立靶子批驳的方式展开。关于屈原历史上是否真实存在，霍克思认为"屈原否定论"和"屈原是生卒确切、细节可考的真实历史人物"两种观点都较极端。

"屈原否定论"认为先秦文学作品中没有提到屈原，霍克思举《渔父》《卜居》为例，它们含有不少屈原的内容，且没有证据证明这两篇一定不是先秦作品；"屈原否定论"认为《史记》的正宗性和历史真实性有问题。霍克思则英译了《史记·屈原列传》中除《渔父》《怀沙》（作为《楚辞》

---

[1] Ibid.
[2] Ibid.

篇目已译过）外的所有文字，并从三方面予以反驳。

首先，霍克思承认，《史记·屈原列传》的百分之九十是由《战国策》《怀沙》《渔父》和刘安《离骚传》拼凑而成的，但这一事实并不影响《屈原列传》的正宗，因为整部《史记》本身就是拼凑物。《史记》中的文学传记不同于一般政治人物的传记，文学传记展示的是作者多种多样的作品，传记细节多起作品脚注的作用。《屈原列传》的混乱不清可能是试图在不同说法间折中而导致的结果。《屈原列传》前半部分使用"屈平"，后半部分使用"屈原"，这一问题有几种解释：如前半部分来自司马迁，后半部分是插补文字；如司马迁前后采用了不同来源的材料，其中正好称谓不同，而且如果是此说，那还存在屈原、屈平是不同人，司马迁误为一人的问题。但无论以上哪种解释，霍克思强调，均不能因之得出司马迁整篇《屈原列传》是伪作的结论。《渔父》中的诗人被称为"屈原"，司马迁很可能受它影响，也跟着在后文中使用了"屈原"一称。

其次，关于传记用了原与屈原无关的材料，屈原只是被置换进去构成故事的说法，霍克思认为，"这是关于传记历史真实性而不是正宗性的毁谤"。真正的屈原可能不是司马迁笔下那样伟大的政治家，司马迁关于屈原的各种叙述可能都有历史依据，但传记中展示的他作为领袖人物的政治活动却可能更代表的是写作者想赋予心理情境一个具体戏剧形式的愿望。

再次，关于《屈原列传》最重要的反对证据来自合传的后半部分即《贾谊列传》的结尾段，"及孝文崩，孝武皇帝立，举贾生之孙二人至郡守，而贾嘉最好学，世其家，与余通书，至孝昭时，列为九卿"。《史记·屈原贾生列传》因以下两点而不可信：一是孝文帝后是孝景帝而不是孝武帝；二是刘弗陵于公元前74年病逝，谥号孝昭帝，司马迁（前145/前135—？）不可能活到该谥号被起用的时候。霍克思的解答是，首先这种情况在《史记·司马相如列传》中也存在。《司马相如列传》"太史公曰"提到扬雄观点，《史记》由司马迁外孙杨恽在宣帝时公之于世，其时司马迁早已过世，而扬雄要晚到宣帝统治后期才出生，那么司马迁怎么有可能参引扬雄的观点呢？学界通常认为司马迁《司马相如列传》末尾的问题来自后人据《汉书·司马相如列传》插补的文字。霍克思同意此种解释，但强调这类后人附加的问题并不能成为整篇传记不可信的有力理由。且他进一步推论，即使要视为理由，那更可假定的是《贾谊列传》部分有问题而不是《屈原列传》，因为《史记》这部分收录的都是战国时期名人，贾谊出现得很突兀，除了作为屈原后学聊备一说外。另外，上述《贾谊列传》结尾段"与余通书……列为九卿"的文字几乎也可以肯定是插补部分，因为此传中关于贾谊后人情况的其他信息与《汉书》中保存的《贾谊列传》一字不差。《汉书》中没有"与余通书……列为九卿"这些文字，要是《史记》文本原有这些文字，班固整理时没有理由其他都抄录了，只单单不抄"与余通书……列为九卿"。霍克思甚至指出还有一种可能性：这些插补的文字也可能是某位愉快的读者留下的评论。至于"文帝、武帝"的问题，《汉书》中已修订，霍克思认为这不是司马迁的无知，应该是他不小心造成的笔误，人都不可避免偶尔犯错。至于《屈原列传》是刘歆或班固伪托司马迁而作的观点，霍克思认为此论不堪一击。刘歆非常熟悉汉代历史，也不可能把汉代各帝王统治时期弄混。

综上，霍克思认为，"无论《屈原列传》作为历史有多不可信，我认为几无疑问，该传是由司马迁亲自撰写的作品"[1]。司马迁在《史记·太史公自序》中举屈原为其文学理论与实践做依托，在《张仪列传》中再次提到屈原，《太史公自序》中所举其他人司马迁在《史记》正文中都有所论述，如果他不给屈原也立一传反倒奇怪，何况《史记·屈原贾生列传》末"太史公曰"中有关屈原的文字也与《太史公自序》相关文字遥相呼应，种种情况都指向《屈原列传》是由司马迁创作这一点。

---

〔1〕David Hawkes, *The Problem of Date and Authorship in Ch'u Tz'u*, Doctoral Thesis of Oxford University, Vol. 2, 1955, p. 441.

这部分论述，霍克思尽力区分了史料正宗与历史真实两个概念的差异。对于《屈原列传》，他一面肯定这是司马迁的正宗作品，一面强调肯定传记的正宗并不等于可以完全相信其中内容的历史真实性。他提醒学人注意，对于后来如刘向《新序》、沈亚之《屈原外传》等有关屈原的描述，更应谨慎对待，取更为保守的态度。

5. 屈原崇拜

霍克思首先梳理了文学史上两个著名的与纪念屈原有关的例子：贾谊作《吊屈原赋》，扬雄赋《反离骚》，二人均将其作投江以悼屈原。霍克思分析此类纪念行为属于骚体诗习艺者向公认的骚体诗之父致敬的范畴。

文献记载中屈原成为民间端午节活动的纪念对象，始于公元 6 世纪。整个汉代尚未出现屈原崇拜。在汉代文人和政客眼里，屈原代表"诚实的政治家"一类，他为说真话而殉道。汉代文人对屈原充满感情，不仅因为他是一位文笔优美的诗人，也因为他的诚实。而且历史发展证明，屈原的主张是正确的，这更强化了他的美好意义，但这不等于说屈原是爱国政治家。

屈原形象的经典化准确说应该是在 5 至 6 世纪完成的，其时中国大致处于南北朝时期，南方和北方处于分裂状态。霍克思认为，在南朝为生存而反抗北朝势力的抗争过程中，屈原作为政治殉道者、传说中的英雄日益被崇拜，有关他的种种如住所、祖庙等细节被不断加工。

6. 屈原派

屈原传统观点中最一致的一点是屈原遭楚怀王流放而创作了《离骚》这一细节。无数的书籍将他的名字和《离骚》相关联，但《楚辞》中其他诗篇哪些应归于屈原名下，至今也没有权威的说法。屈原从某种程度上说，是一个"影子人物"（a shadowy figure）[1]，但这个"影子"却并不比庄周、

---

[1] David Hawkes, *The Problem of Date and Authorship in Ch'u Tz'u*, Doctoral Thesis of Oxford University, Vol. 2, 1955, p. 445.

102

公孙龙或是那些无人质疑其历史真实性的文人朝臣给我们留下的印象更模糊。

传统观点认为，屈原一人演变、完美化了一个诗歌文体，此后是一个世纪的漫长沉寂，直到汉赋横空出世。霍克思不赞成这种看法，他主张揭示骚体诗与汉赋之间缓慢演变的历史文脉，显影其中曾经鲜活存在的一众诗人与诗作。"很有可能，公元前 3 世纪楚诗的辉煌并不局限于一个人，……有些归于屈原的诗篇几乎可以肯定不是由他创作的，而很有可能是由公元前 3 世纪时其他文学史上身影模糊的诗人们留下的。"[1]

（二）文本内语文学考证：押韵、仿句、语言

霍克思《楚辞》研究最大的贡献在其遵循西方治学传统中严谨的语文学路径，引入《诗经》、汉赋及其他相关中国典籍文献，在一个较庞大的文本语料库中细察《楚辞》押韵（rhyme）、仿句（imitation）和语言（language）三方面的文本内证据，就《楚辞》各篇创作日期与作者归属做出有据可依、令人信服的判断，在解答这一莫衷一是的问题上，做出海外汉学家的贡献。

1. 押韵

楚音口头诵读方式失传后，陈第《屈宋古音义》、江有诰《楚辞韵读》是该研究领域的学术成果。检讨瑞典汉学家高本汉就老子《道德经》文本所做押韵研究的得失，霍克思谨慎总结了此类研究应注意的事项。

霍克思采取了建立语料对比库与进行排查式梳理的方式。首先从列举对比项《诗经》里所有异常押韵入手，然后排查式一一列出《楚辞》十七篇每篇的押韵格式及各篇的异常押韵。为增加分析的科学性，他又考察了从战国到汉代的荀子、宋玉及各汉赋作家作品的非常规韵，不惮其烦地梳理了荀子《成相篇》《赋篇》、宋玉《高唐赋》《神女赋》《登徒子好色赋》

---

[1] Ibid. p. 446.

《风赋》《大言赋》《小言赋》《钓赋》《笛赋》《舞赋》、贾谊《吊屈原赋》、枚乘《七发》、司马相如《子虚赋》《上林赋》《大人赋》《长门赋》《哀二世赋》、董仲舒《士不遇赋》、东方朔《诫子诗》、王褒《洞箫赋》《僮约》、班固《幽通赋》、扬雄《甘泉赋》《反离骚》、张衡《思玄赋》《归田赋》和王逸《楚辞章句》韵语注中的所有的异常押韵，俨然是一个韵脚语料库。接着，霍克思检视《楚辞》内各篇用韵的差异并比照上述各篇的异常用韵，借助已确定为汉代作品的诗作，在细辨种种用韵差异后，否定了学界就作者存疑作品的创作年代所做的某些结论，并对某些问题进一步给出了自己的回答。

根据押韵格式，霍克思认为《九章》与《离骚》作者不同。《文选》和其他文献中归至宋玉名下的赋都不可能创作于秦朝之前，即目前学界惯常归于宋玉的赋都不是他的作品；《九辩》应比《离骚》创作得晚，应该是战国时期和荀子同时代的作家的作品，学界通常将其归于宋玉倒也没冲突。同样，据押韵，《大招》与《离骚》作者不同，《招魂》很可能也不是《离骚》的作者创作的。《九歌》可能晚于《离骚》，《天问》风格迥异，其创作日期的传统结论暂可凭依。《离骚》是现存最早的骚体诗典范。它用韵独特，无论后期仿作的作者如何竭力模仿《离骚》的语言和风格，无意识使用的现代韵都可以暴露它的创作年代。

2. 模仿

霍克思考察《楚辞》诗作间存在的或某行诗句的完全重复，或基本相似的复现等模仿现象，以此探讨具体诗作的作者或创作日期。

学界一般认为《九章》和《离骚》是《楚辞》集中最早的两首骚体诗。霍克思首先比对这两首，发现了 24 例仿句。这些诗句在《离骚》中是长篇叙事不可或缺的组成部分，而在《九章》中却出现得有些随意。尤其是"芳与泽其杂糅兮"这句便是明证，在《离骚》第 61 句中"芳"与"泽"均为好物，而在《九章·惜往日》第 26 句中"芳"与"泽"一好

104

一坏。霍克思的结论是，《九章》模仿《离骚》，创作日期要晚，且两作作者应不同。

《九辩》与《九章》《离骚》仿句排查：《九辩》与《离骚》共同句共检得 7 例，《九辩》与《九章·哀郢》相同的共 4 例，另《九辩》《离骚》和《九章·悲回风》中均有 1 例相似句。由《哀郢》无一句借自《离骚》这一事实，霍克思推知是《九辩》模仿《哀郢》而不可能反过来，因为像《哀郢》这样的篇幅，如果它引了几次《九辩》却一次也不引《离骚》，那是够奇怪的。这也意味着《哀郢》的创作日期早于《九辩》。进一步分析，《离骚》和《九章》中部分篇目（至少《哀郢》）早于《九辩》，《九章》中剩余篇目大致与《九辩》同时期创作，因为它们模仿《离骚》，却没有模仿《九辩》，也没有被《九辩》模仿。

《远游》情况较复杂，霍克思为了"抛弃主观判断"（leave subjective judgement behind）[1]，分列四个表格，首先梳理了《远游》与《离骚》《大人赋》《九歌》《九章》《哀时命》《七谏》《道德经》《庄子》中相同或相似的诗行，共检得 50 句；其次罗列了贾谊《吊屈原赋》与《七谏》《九怀》《惜誓》中相同的诗行，亦有少则 5 句多则 10 句的数量；再梳理《七谏》与《离骚》《九章》《九辩》《远游》《惜誓》《七谏》《哀时命》中的仿句，共检得 41 例；最后检视《哀时命》与《离骚》《九章》《九辩》《远游》《七谏》，共有仿句 18 例。据上述四个表格，霍克思推论如下：《惜誓》创作日期比贾谊《吊屈原赋》晚，其作者可能是严忌同时代人，不会更早。《七谏》与《惜誓》有共同之处，那么应该是《七谏》模仿严忌《哀时命》，其创作时间最早在公元前 140 年。至于《远游》和《七谏》《哀时命》的关系，霍克思的讨论有点混乱。他以仿句"往者……来者"

---

[1] David Hawkes, *The Problem of Date and Authorship in Ch'u Tz'u*, Doctoral Thesis of Oxford University, Vol. 2, 1955, p. 515.

为关键突破口：《哀时命》第 2 句为"往者不可扳援兮，来者不可与期"，《远游》第 6 句为"往者余弗及兮，来者吾不闻"，《七谏》第 20 句为"往者不可及兮，来者不可待"。霍克思分析道，显然，《七谏》第 20 句与《哀时命》第 2 句在句式上更相似，《七谏》有很多诗行借自严忌《哀时命》，而《远游》绝无。霍克思"《远游》绝无"这句过于绝对，查第一个表格，《远游》与《哀时命》彼此有 3 句仿句。[1] 后续有关《远游》与《七谏》、司马相如《大人赋》的关系推论因之存疑，而最后推出的《远游》创作日期亦须重新考虑。

关于《离骚》和《九歌》《天问》的关系，霍克思认为，《离骚》第 74 行诗句"启九辩与九歌兮"是回忆《天问》第 65 行"启棘宾商九辩九歌"；而《离骚》第 76 行"又好射夫封狐"与《天问》第 69 行"冯珧利决封豨是射"也有呼应，尽管不尽相同。霍克思据"封狐""封豨"之别，认为《离骚》《天问》就同一故事提供了不同版本，两诗自不可能是同一作者所作。而据上引前例，霍克思认为《离骚》作者似是由《天问》第 65 行获得的灵感，另有《离骚》第 63 行"芳菲菲其弥章"也似是呼应《天问》第 187 行"忠名弥彰"，故而他认为《天问》创作日期比《离骚》更早。显然，此处的判断，霍克思也没多少可凭依的客观证据，他所有推论都建立在"似乎"之上，如遇反驳则难以回击，有点跌回《楚辞》惯常的诠释泥塘。

《九歌》与《离骚》，霍克思全文耙梳后发现 9 例仿句，谁模仿谁，霍克思没有论证，许是据前章"押韵"部分讨论的结果，他直接写道，"《九歌》呼应《离骚》似有 9 例，兹列下表"[2]。《招魂》和《大招》，二者自有一个在模仿另一个，具体谁模仿谁，霍克思认为只据"模仿"这个

---

〔1〕Ibid. pp. 515–519.
〔2〕Ibid. p. 530.

评判标准则无解。

最后，霍克思将所有讨论的作品分为八时段，粗略区分了彼此的创作先后顺序：《天问》最早，《离骚》属第二个时期，第三个时期包括《九章》《九辩》《九歌》《招魂》《大招》五篇，第四个时期是贾谊《吊屈原赋》，第五个时期是《惜誓》《哀时命》，第六个时期是《七谏》《大人赋》和《招隐士》，第七个时期是《远游》，最晚的是《九怀》和《九叹》。

3. 语言

此部分霍克思拟分析《楚辞》各篇小品词、代词、描写性的联绵词及三字叠韵词的使用规律，以继续推定各篇的创作日期。

关于小品词、代词的使用，霍克思首先考察了《离骚》《九歌》《九章》《九辩》中第一人称代词"吾""余""予""我""朕"的各种用法及具体次数；接着讨论了《离骚》《九歌》《九章》《招魂》中第二人称代词"女（汝）""尔"作主格、宾格的用法与次数；第三步讨论的是《离骚》《九歌》《九章》《九辩》中指示代词"兹""此""夫""彼""是""斯"的使用情况与具体次数；第四步分析上述四篇第三人称物主代词"厥""其"的使用情况与次数；第五步关注分别在《离骚》和《九章》句末出现的宾格代词"之"的差异与入韵问题；第六步讨论疑问代词"孰""谁"在四篇中的使用情况与次数；第七步检视四篇中小品词"如""苟""若"的使用情况与次数；第八步检视"然"的使用；第九步是关于其他小品词的讨论，如《离骚》中独有的小品词"用夫或用而"和"夫唯或夫维"，《离骚》中常用、《九章》中只出现一次而《九辩》中未出现的"犹未"，《九章》中出现一次、《九辩》出现三次而《离骚》中未用过的"尚"，《九章》中出现而《离骚》中未用过的"因""曾""则""弗"（《九辩》中用"尝""何曾"），《离骚》中有而《九章》《九辩》中没有的"乃""焉"；最后是对小品词"于""夫""乎""於"在四篇中使用情况的讨论。

　　词汇上，霍克思首先列表讨论了"思""及""志""弭节"等 58 个字词在《离骚》《九歌》《九章》《九辩》中出现的频率。接着，讨论了主题词的差异：《九章》中"愁""忧""君""臣""忠"使用频繁而《离骚》中一个也没有；"志"在《九章》中出现了 22 次而在《离骚》中只有 2 次。最后，霍克思考察了"愿""将""欲""见""览""相""去""见去""违"在《离骚》《九歌》《九章》《九辩》中的使用情况。他的结论是："在《离骚》和其他早期诗作如《九章》《九辩》间存在一个根本的语言学差异：《离骚》作者全篇使用同一方言而《九章》在某种程度上已受到共通语影响，《九辩》受到的影响则更大。"[1]

　　对于联绵词的考察，霍克思将其分为叠韵、双声、非双声叠韵三类，分拣出《楚辞》十七篇里出现的所有联绵词，可见骚体诗的一些特征词，也可见某些表达方式出现的时间早晚。以《离骚》《九章》《九辩》为范围，细考其中的常用表达方式，通过列表梳理进一步肯定了三篇诗作来自不同作者的判断。

　　关于《天问》《招魂》《大招》的讨论。霍克思将《天问》与《离骚》对比，梳了《天问》中物主代词"厥""其""时""是"、指示代词"斯""兹""夫""彼""乎""于"、方位助词"爰""焉"、小品词"然""若""如""乃"和疑问词"胡""孰""谁""安""焉"的使用情况与频率。霍克思指出，《天问》在用词和语法上古风最明显。它所含的大量的地道古风因素也使得胡适提出的《天问》系汉代古文物研究者杜撰一说应者寥寥。《天问》的这种标志性的风格在周朝末年的金文中尚存。

　　《招魂》和《大招》在代词使用上与《离骚》差别很大：《招魂》无"厥"，用"我""若""彼""此""斯""其"；另有方言词"姱""修"

---

[1] Ibid. p. 547.

108

"户""汩"。《大招》中无"其""此""兹""斯""是""夫""彼";用"厥"仅1次;"薄"表"到达"的用法有趣,在《九章》《九辩》中也有这种使用方法;最有代表性的特征是《大招》中的"以"作并列谓语形容词这一独一无二的用法。

此外,《卜居》《渔父》在代词使用上与《离骚》相差也很大,即使仅从语用角度上,也可证明《卜居》《渔父》不是出自《离骚》作者之手。至于《楚辞》中作者确定的汉代诗篇,从语用角度可以发现,它们与《离骚》的差别更是悬殊。后期仿作实是古风与现代风格的混合物,虚拟的古风,常常几行就露了馅。

（三）小结

最终,通过上述层层推导与论证,论文专辟结论一章,一一回答《楚辞》十七篇的创作时间及作者归属问题,代表了霍克思《楚辞》研究的最后结论。该部分后节录成为单独出版的《楚辞》英译本初版译文前的导读部分。

这本厚厚的《楚辞创作日期与作者考订》是霍克思结缘汉学后提交的第一部汉学研究论著,凝结了他历时七年研究《楚辞》的所有心得。其中,最扎实的部分是博士论文正文内就《楚辞》十七篇押韵、仿句和语言三方面文本内证据展开的细致分析,这是全篇中最为科学也是最具学术价值的部分。尤其是在地下证据增多、各类文化式研究频增的情况下,回归语文学传统的扎实文本校勘与考订,有着纠偏汉学界不良风气的作用。据此所得结论也更具说服力,这也是为什么自霍氏《楚辞》英译本问世后,后来学人进入该领域均须参引本作的原因所在。

另外,从文化传播的角度来看,霍克思《楚辞》研究最大的贡献是以英语的形式将《楚辞》研究介绍到了英语世界,并且以其深厚的汉学功底为读者追踪了不止西方还远及译介典籍所在国的最新前沿成果,为更多的英语读者准确了解与走近这一多姿奇妙的异域作品提供了帮助。正如霍克思自己说过的，"假装我据文本内部证据所做的分析是一种创新，那将是盲目的。所有我所运用的标准——押韵、词汇、语法、主题以及仿句，都已被频繁地用来就诗篇的作者问题做出回答"[1]。霍克思的贡献是将这些研究贯彻到底并把它们展现在对此有兴趣的西方研究者面前。

不过，也要注意，霍克思得出的具体结论也并不是都没有问题。有些结论说服力强些，有些只能是自圆其说，还有些明显存疑。这是研究者的自身问题，也是典籍诠释的困境使然。作为域外研究者，海外汉学家能够看到一些本文化内研究者习焉不察的现象，拥有独特的审视视角。但在研究中，霍克思铺开的面过大、过细，有时大量繁琐的例证罗列对比之后，难以形成有效的结论；而且论证中，如果需要几步推敲，看似严谨的推理中有时就会出现一两步较随意、武断的推断，从而大大削弱了论证自身的说服力。霍克思推定《远游》创作日期的过程就存在上述问题。另外，霍克思博士论文中有些表述很奇怪，如在论文结论一章，他就《离骚》有一段总结的话语，起首是："因此，我关于《离骚》的结论从某种程度上说有一些离经叛道。"可接续的具体结论又一点不显特立独行，用他自己的话说："我接受传统的看法，把《离骚》归于屈原，一位与公元前328至公元前298在位的楚怀王同时代的贵族；我也同意传统看法，《离骚》以寓指的方式来处理诗人和君主的关系。"[2]如此逻辑令读者困惑不已。

当然，瑕不掩瑜，霍克思的博士论文，厚重不言而喻。他评价同年出版的韦利《九歌》译本"是一座里程碑"，这也适合反过来用在评价他自己的《楚辞》研究上。韦利在《九歌》译作前言中称霍克思为"朋友"，感谢霍克思审阅文稿及提出了不少有用的建议，并在导论部分坦言自己不拟费神探讨《九歌》的作者问题及它与《楚辞》其他篇章的关系，均可见

〔1〕David Hawkes, *The Problem of Date and Authorship in Ch'u Tz'u*, Doctoral Thesis of Oxford University, Vol. 2, 1955, p. 429.

〔2〕Ibid. p. 565.

他对霍克思研究的认可。[1]32 岁的霍克思凭依他的这部汉学处女作在西方
汉学界正式登台亮相，牢固确立了自己专业汉学家的地位。

第三节　《楚辞》全译

　　如上节所述，从文化传播角度而论，霍克思《楚辞》研究最大的贡献
是以英语的形式将《楚辞》研究推介到英语世界。其中，133 页的《楚辞》
全译文后出版单行本，成为《楚辞》西方传播的主力军，也是汉学典籍翻
译的范本。

一、霍克思《楚辞》英译的预设目标

　　在霍克思之前尝试英译《楚辞》部分诗作的汉学家有庄延龄（E.
H. Parker，1849—1926）、翟理斯、理雅各、克莱默 - 宾、韦利、叶乃
度（Eduard Erkes，1891—1958）、鲍润生、林文庆、罗伯特·佩恩（R.
Payne，1911—1983）及杨宪益、戴乃迭夫妇。霍克思在自己动手翻译前
曾对之前的大部分节译文本进行过比较分析，我们从他对这些译本的评论
中可见他为自己的《楚辞》翻译所预设的基本目标——准确性与可读性。
　　庄延龄 1879 年在《中国评论》（China Review）第 7 期发表了长达 6 页
的译文《离别的忧伤，离骚》（The Sadness of Separation, or Li Sao）。此译
文既没有导言也没有注释和评论文字，作为最早的《楚辞》译作，霍克思
评价此文，"它与其说是翻译不如说是英语释义，像译文中这些跳跃式的

---

〔1〕Arthur Waley, "Preface," The Nine Songs, a Study of Shamanism in Ancient China. London: George Allen & Unwin Ltd., 1955, p. 5.

维多利亚诗行，一个优秀的在校生就能写出"[1]。

　　1883 年，翟理斯自费出版其重要的中国文学译著《古文选珍》（ Gems of Chinese Literature ），书中翻译了《楚辞》的《卜居》《渔父》和《山鬼》。1923 年伦敦扩展版的《古文选珍》又收录了《国殇》与《礼魂》。1915 年他在《儒家学派及其反对派》（ Confucianism and its Rivals ）中又译出了《东皇太一》《云中君》《国殇》《天问》和《卜居》。1928 年，他又在《新中国评论》（ New China Review ）第 2 期上发表了《大招》的英译文。霍克思对翟理斯译文的评价是"译文优美、可读性强，缺点在于过于随意，有时带有令人讨厌的欧化特征"[2]。

　　后来英国诗人克莱默 - 宾对翟理斯的《山鬼》篇进行了再诠释，并收录在他 1909 年出版的《玉琵琶》（ The Lute of Jade: Selections from the Classical Poets of China ）一书中。[3]虽然作为诗人，克莱默 - 宾译诗有得天独厚的条件，但他做的是二次翻译。他不懂中文，只能从翟理斯的英文再转译，译文准确度自然受很大影响。加之克莱默 - 宾的《楚辞》译诗只有一首，霍克思讨论时就略过了这位在欧美素有"中国古诗专家"之称的诗人。

　　牛津首位汉学讲座教授理雅各晚年也接触过《楚辞》，1895 年他在《英国皇家亚洲文会会刊》发表了长达 25 页的研究论文《〈离骚〉及其作者》（ The Li Sao Poem and its Author ），文中有中英对照的《离骚》和《怀沙》。1897 年理雅各过世，从目前牛津大学伯德雷恩图书馆所收藏的理雅各未译完的手稿来看，理雅各在生命的最后两年时间中，至少还翻译过《楚辞》

―――――――――――

〔1〕David Hawkes, "English Translations of *Ch'u Tz'u,*" *Ch'u Tz'u, the Songs of the South: An Ancient Chinese anthology*, London: Oxford University, 1959, p. 215.

〔2〕Ibid.

〔3〕Launcelot Cranmer-Byng, "The Land of Exile," *A Lute of Jade: Being Selections from the Classical Poets of China*, New York: E. P. Dutton, 1909, pp. 32-34.

112

中的《九歌》[1]，这些字迹潦草的《九歌》译文显示了译者英译《楚辞》的努力。霍克思对理雅各译文的评价是，"译文较之庄延龄的要准确得多，但由于译者对原作显而易见的偏见，他没有觉得有责任为英语读者提供优美的译文"[2]。

英国另一位汉学前辈韦利 1918 年出版《汉诗一百七十首》(*A Hundred and Seventy Chinese Poems*) 时试译了《国殇》；韦利在 1919 年发表的《译自中文续编》(*More Translations from the Chinese*) 中翻译了《大招》；1946 年韦利《中国诗歌》(*Chinese Poems*) 一书中收录了这两首译诗，并对第一首《国殇》进行了不少修改。《大招》的英译文得到了霍克思的高度评价，"译文精彩(brilliant)，大大超过(greatly superior) 我的译文"[3]。1923 年韦利出版的《郊庙歌辞及其他》(*The Temple and Other Poems*) 中有《离骚》两页、《九歌》两页及《九辩第一首》一页的英译文。1955 年，韦利把《九歌》的研究成果收集成册，出版了《〈九歌〉：中国古代巫术研究》一书。该书在评论和借鉴日本著名汉学家青木正儿及中国现代《楚辞》研究学者闻一多、姜亮夫、文怀沙、郭沫若、游国恩等的研究成果的基础上，从人类学视角契入解读《九歌》，并译出了《九歌》剩余九篇诗章。这样集研究与翻译于一体的译本，霍克思极为欣赏："该书因与相关人类学知识的关联而变得很有价值。从这个意义上说，它是一个里程碑，它使得后来的研究者如若进一步翻译《楚辞》，就必须首先对这些诗作的产生背景及功能进行广泛研究。"[4]

德国汉学家叶乃度是莱比锡大学著名汉学家孔好古的学生，他在老师的指导下也节译过《楚辞》。1923 年，叶乃度在《大亚细亚学报》(*Asia*

---

[1] 岳峰：《架设东西方的桥梁——英国汉学家理雅各研究》，福州：福建人民出版社，2004 年，第 314 页。

[2] David Hawkes, "English Translations of *Ch'u Tz'u*, " *Ch'u Tz'u, the Songs of the South: An Ancient Chinese anthology*, London: Oxford University, 1959, p. 215.

[3] Ibid. p. 216.

[4] Ibid. p. 217.

Major）上发表了《大招》的英译文，并附译注家序；次年，同一刊物又登载了他的《招隐士》英译文。《通报》（*T'oung Pao*）1935年第31期刊登了他长达45页的学术论文《宋玉的〈九辩〉》，除《九辩》的译文外，文末还附了王逸注序、朱熹序、编后记及《九辩》原文。1939年第35期《通报》又刊登了叶乃度《中国古代的死神》中《大司命》和《少司命》的英译文。1941年，他在《华裔学志》第6卷发表了《屈原的〈天问〉》，并附注了《天问》的英译文。叶乃度的翻译总体以逐字直译为主，常带有大量的注释与评论，霍克思认为其"译文难以卒读（painful reading），但对学习中国文学原典的初学者会有帮助"[1]。

　　德国汉学家鲍润生是孔好古的另一位学生，他以德语研究论文《屈原的〈远游〉》获得莱比锡大学博士学位。鲍润生是一位来华传教士，曾在北京辅仁大学任教。他在老师的指导下从事《楚辞》中还未有译者涉及的《远游》及《九章》的德语翻译工作。在《楚辞》英译方面，鲍润生的贡献集中在他1928年于《皇家亚洲文会北华分会学报》（*China Branch of the Royal Asiatic Society*）发表的长达23页的研究文章《屈原：他的生平和诗歌》（*K'ǔ Yüan, His life and Poems*），其中包含了《东皇太一》、《山鬼》、《天问》（前12行）、《惜诵》、《卜居》和《渔父》的英译文。霍克思评价该译文是"匠气十足的直译（workmanlike literal translations），说不上具有文学色彩（literary merit）"[2]。

　　新加坡华人学者林文庆译有《离骚：离忧之挽歌》（*The Li Sao: An Elegy on Encountering Sorrows*），这是第一部由华人学者完成的《离骚》英译本。该本1929年由上海商务印书馆出版，内有陈培锟的题签和英国汉学家翟理斯、印度著名诗人泰戈尔各自撰写的两篇序文。林文庆，英国爱

---

〔1〕Ibid. p. 216.
〔2〕Ibid.

丁堡大学医学博士，厦门大学的第二任校长。他的《离骚》英译文配有详尽有用的注释，霍克思认为这是"学生学习时不错的逐字对译本（a good student's crib），但译文本身不但没有理雅各译文所具有的准确性，而且存在理雅各译文同样的问题——缺乏文学美（literary merit）。理雅各的平直散文（flat prose）较之林文庆的无韵诗文（essays in blank verse），反而具有更多的可取之处"[1]。

1947 年佩恩出版的《白驹集：中国古今诗选》（*An Anthology of Chinese Poetry from the Earliest Times to the Present Day*）中收有佩恩和西南联大的虞明铨、沈裕庭合译的《离骚》《九歌》和《九章·涉江》。霍克思认为，"此译本虽然有时脚注存在误导性，但整个译文清新可读，是除韦利英译文外唯一绝对不会让读者望而却步的长篇译文。同时，此译本的重要性还在于其译者竭力不再拘泥于王逸的注释"[2]。

我国著名翻译家杨宪益、戴乃迭 1953 年出版的《〈离骚〉与屈原其他诗作》（*Li Sao and Other Poems of Ch'ü Yüan*）英译本，收录有《离骚》《九歌》《九章》《卜居》《渔父》和《招魂》的英译文，2001 年以《楚辞选》（*Selected Elegies of the State of Chu*）为名再版。由于《楚辞》诗篇中的大部分诗作由句末押韵的对句构成，与英国诗歌中常见的"英雄双行诗体"似有相似之处，杨氏夫妇遂模仿英国诗人密尔顿、德莱顿、蒲伯的"英雄双行诗体"来翻译，全部译文基本做到押韵。译文效果如何？霍克思的评价是："这样译出的译文是匠心独运的一座丰碑，但译文与原诗，给我的印象犹如是一颗巧克力复活节彩蛋变成了一个煎蛋卷。"[3]

---

〔1〕Ibid. 按：与霍克思意见不谋而合的还有《楚辞》的另一位英译者——中国学者孙大雨，他曾批评林文庆的译文："我发现最新的《楚辞》英译本——林译，不仅有很多语言错误，而且译文相当令人失望。其情形正如目前唯一一本《楚辞》的白话翻译，中国现代诗人和学者郭沫若所著《屈原赋今译》一样，质量很差，并充满了一些不可原谅的错误。"见孙大雨：《屈原诗选英译》，上海：上海外语教育出版社，1996 年，第 199 页。（孙先生原文为英文，此处由笔者译出）

〔2〕Ibid. p. 217.

〔3〕Ibid.

　　从霍克思对上述《楚辞》节译本的评议可知，霍克思特别注重译文的准确度与文学色彩。准确度也叫准确性，指的是译文必须能够尽量正确无误地传达原作的含义，而且这里的含义指的是对原作正确理解下产生的含义。《楚辞》虽然是一部歧义较多的本子，但给它做校订、注疏的专业书籍不少，翻译时切不可固守王逸注释。因王逸多以儒家经典附会，故有不少荒唐之解，如若译者不察，则其译本必然在达意上出问题。准确性是霍克思最为看重的要求，因为有了准确性，译本至少可以作为学习汉语或中国文学的学生的逐字对译本。文学色彩或者说文学性、文学美，指的是译文不可干巴巴，在准确传达原作语意的同时，不可把译文变成匠气十足的直译。换句话说，霍克思此处强调的文学性更多是指译文的可读性。

　　1951 年年初霍克思从中国回到牛津后，立刻感受到了西方汉学界在翻译中国典籍时流行的一种风气，即倾向于直译而不顾所译出的内容在新的语言环境下是否是有意义的文字。对此类做法霍克思颇不以为然。他在1953 年评海陶玮的注释译本《韩诗外传：韩婴对〈诗经〉的教化应用的诠说》时，以书中译句"夫形体也色心也"为例进行了批评。"夫形体也色心也"出自《韩诗外传》卷四孔子对颜渊所说的话，大致表达的是"人的身体虽是外在的东西，其上的表情却透露出了人内心的真实想法"[1]。在海陶玮的译文中，此句被译为"Form is the body and appearance is the mind"，很简洁，看似每个字都译到了，但却好像是蒙童学文，只是依原文说了一遍而已，到底理解了与否，实在令人生疑。因此，霍克思批评道："从形式上看，这是极佳的译文，字字对译，但要命的是译出的是一个个晦涩难懂的句子。……那种以为直译比可读译本更佳的假设是错误的。正如上例所示，这样的译文甚至连准确性要求也未达到。它也不可能达到，

---

〔1〕按：除了这一通常理解外，中国学者赵善诒、赖炎元等认为此句应校作"夫体之包心也"，与后句"闵闵乎其薄也"合在一起，意为"一个人的身体包藏着心，似乎深远但却浅薄"。参看赖炎元注译：《〈韩诗外传〉今注今译》，台北：台湾商务印书馆，1972 年，第 187 页。这一理解并不影响本文的讨论。

因为，要做到准确，语言首先必须符合译入语语言习惯。"[1]从中可见，霍克思反对那种字字对译、译文在新语境下无法达意的翻译，此类翻译看似万无一失，实则在表达原作意蕴时含糊不清。他希望译文在做到准确的同时，也能注意到可读性。前文提到的霍克思同年在同一刊物同一期上发表的另一篇书评《评洪业〈中国最伟大的诗人杜甫〉》，文末也有类似的思考。他提出了"在汉诗英译中，如何能既避免平淡或脚注，又保有一些原诗的美"[2]的问题。两文呼应，可以确定霍克思所说的译文的可读性即是译文所保有的美，显然它不是一种纯粹的文学性。这也就是为什么霍克思一面以"是否有文学色彩"为标准来衡量之前的各种《楚辞》节译文本，一面又称自己着手翻译的《楚辞》译文"不是非常文学性的翻译"[3]。此言既是霍克思的谦逊，也说明霍克思心目中的文学性是与可读性相关联的。为讨论方便，本书统一以更为恰切的"可读性"来代称。实际上，霍克思也是通过可读性把自己对译文的文学性与准确性的两个要求结合起来的。同样翻译《楚辞》的中国译者许渊冲90年代评价霍克思译文时也肯定了该译文"从微观的角度来看，比前人更准确"[4]。汉学家白之1965年编辑出版的《从先秦至14世纪中国文学选集》选用的是霍克思的《楚辞》译文，白之曾为他这部选集入选何类文章制定过一个标准："在我们的《选集》中，我们尽力避免那些译笔无趣或没有真正学术含量的译文，不管之前它们是否已发表过。我们很遗憾地放弃了那些多年前译笔优美但如今风格已过时的译文，也放弃了那些只有借助大量脚注才能彰显其优势的学术译文。

〔1〕David Hawkes, "（Untitled Review）Han Shin Wai Chuan. Han Ying's Illustrations of the Didactic Application of the Classic of Songs: An Annotated Translation by James Robert Hightower, " *Journal of the Royal Asiatic Society of Great Britain and Ireland*, No. 3/4, Oct. 1953, p. 165.

〔2〕David Hawkes, "（Untitled Review）Tu Fu, China's Greatest Poet. By William Hung, " *Journal of the Royal Asiatic Society of Great Britain and Ireland*, Oct. No. 3/4，1953, p. 164.

〔3〕Connie Chan, "Appendix: Interview with David Hawkes, " *The Story of the Stone's Journey to the West: A Study in Chinese-English Translation History*, Conducted at 6 Addison Crescent, Oxford, Date: December 7th, 1998, p. 313.

〔4〕许渊冲译：《楚辞：汉英对照》，北京：中国对外翻译出版公司，2008 年，第 13 页。

自然我们很希望《选集》能有代表性，但我们却不愿冒把一流的作家以枯燥或不合适的形式加以展现的风险。"[1] 这个明确的标准正好可佐证本书的观点——霍译《楚辞》对准确性与可读性的强调。

二、霍克思《楚辞》译本的准确性诉求

（一）选择可信的翻译底本

霍克思的翻译底本选用的是《四部备要》中汉代王逸章句、宋代洪兴祖补注的《楚辞》十七卷。[2]《四部备要》由中华书局历十六年时间（1920—1936）编印而成，书中专录古代文献中较有代表性的校本和注本，是学习和研究古代文献的常用书目。同时霍克思借助瑞典著名汉学家、文字学家高本汉的中国古文化研究成果——《汉文典》（*Grammata Serica Recensa*）这一查阅中国古字与上古中文注音的首选字典。这些为高质量译文的产生奠定了最初的基础。

（二）倚重中外学者的前沿成果

霍克思注意吸收中外《楚辞》研究的前沿成果，英国有韦利的汉学著作、李约瑟的《剑桥中国科学技术史》相关章节及弗雷泽的《金枝》，日本有青木正儿、竹治贞夫、小南一郎等学者的相关著作，中国有闻一多、姜亮夫、郭沫若、陆侃如等学者的相关著作。其中闻一多与韦利是霍克思《楚辞》翻译中倚重最多的一中一西两位学者。以下将从霍克思译文对上述两位学者的参考借鉴来求证霍克思在追求《楚辞》译文的准确性时是如何倚重中外学者的前沿成果的。

---

〔1〕Cyril Birch, "Introduction, " Cyril Birch ed., *Anthology of Chinese Literature*, Harmondsworth: Penguin Books, 1967, p. 23.

〔2〕C. f. David Hawkes, "Textual Notes, " *Ch'u Tz'u, the Songs of the South: An Ancient Chinese Anthology*, London: Oxford University，1959, p. 183.

该译本对闻一多的意见采纳最多。如《怨思》中"讒諛進而相朋"，霍克思译为"The flatterer goes in and makes himself seen"（p. 128, 1959; p. 252, 1985[1]）。闻一多认为"朋"当为"明"字之误，"朋"犹宣扬也。霍克思赞同此考虑，认为无论在文义和音韵上此论都更佳，故译文从之，用"seen"来译"明"。《大司命》中关于"九坑"与"灵衣"的翻译均参考了闻一多的《楚辞校补》：霍译初版将"九坑"译为"Chiu Kang"（页下脚注"Mountain in Ch'u"），再版将其译为"the height of heaven"，均指一座山，而不是如王逸注为"九州之山"；霍译两版均将"灵衣"译为"cloud-coat"，是从闻一多"灵当为云，字之误也"[2]一说。《九思·悯上》"蹢䠱兮寒局數，獨處兮志不申，年齒盡兮命迫促"的霍译文为"Dwelling alone, my thoughts unspoken, Cowering and shrinking with the cold, My years are numbered; death presses near"（p. 175, 1959; p. 312, 1985）。霍克思据闻一多校补，认为原句顺序有误，"獨處兮志不申"应在前，紧接句为"蹢䠱兮寒局數"，这样既符合偶句押韵的体律，也能解释为什么有本会认为此句应作"蹢䠱兮数年"（原是"蹢䠱兮寒局數"与"年齒盡兮命迫促"句间句读未清所致）。故而此3句的顺序应如闻一多之推论。另，闻一多认为《九思》各节均是以偶数句作结，疑"年齒盡兮命迫促"后脱漏一句，致使全篇只有37句。霍克思也赞同此看法，在初版译文中用虚线表示出来；在修订版中，霍克思保持了初版时的看法，只是未再在译文中画出虚线。《九思·悼乱》"菅蒯兮樏莽"的霍译文为"Wild wheat and marsh grass make a jungle"（p. 177, 1959; p. 314, 1985），"垂屣兮將起，跓俟兮碩明"的霍译文为"I slip my shoes on to begin the journey, /But stand a while first, waiting for the coming dawn"（p. 177, 1959; p. 314,

---

〔1〕按：表示此句译文来自霍克思《楚辞》英译本1959年版第128页，1985年版第252页。以下同。
〔2〕闻一多著，李定凯编校：《楚辞校补》，成都：巴蜀书社，2002年，第30页。

1985）。这两处霍译文均据闻一多校补有所改动。"菅蒯兮樷莽"中的"樷"为"枞"，"枞莽"表示草木茂盛，故霍克思用"make a jungle"；"垂屣兮将起"中的"垂"为"舌"之误，"舌屣"表示"屣无跟，但以足插入，曳之而行"，故霍译文为"slip my shoes on"；"跓俟兮硕明"中的"硕"为"须"之误，待也，故霍译文为"waiting for"。[1]再如《九思·守志》"目瞥瞥兮西没，道邅迴兮阻欸"一句，霍译文为"But the sun is sinking in the west, half-veiled by the horizon: the way back is so very far and so beset with dangers"（p. 181, 1959; p. 318, 1985）。闻一多认为，"目"为"日"之误，"欸"为"艰"之误，整句表意与《九叹·远逝》"日杳杳以西颓兮，路长远而窘迫"一句相同。故而霍克思据之译出，尤其是在下半句中的"way"后面特地添了一个"back"。《天问》"伯强何处？惠气安在？"霍译文为"Where is Lord Bluster, the Wind Star, and where does the warm wind live?"（p. 48, 1959; p. 127, 1985）洪兴祖、朱熹诸家均赞同王逸注解，"伯强，大厉疫鬼也，所至伤人。惠气，和气也。阴阳调和，则惠气行，不和调则厉鬼兴，二者当何所在乎？"姜亮夫认为，"伯强一词，不能明"[2]。闻一多却提出了另一种见解："伯强，北方主司寒风之神，惠气即寒风也。"[3]细读霍译文，显然霍克思接受了闻一多的注解。不过，有意思的是，可能是他认为惠气难与寒风相关联，故在翻译时把寒风替换成了"暖风"。

以上译例已足够说明霍克思翻译时所依赖的注本。难怪他在《楚辞，南方之歌》前言中向闻一多表达了最高的敬意，他遗憾自己从未有幸认识闻一多，他提到自己受益于闻一多的诸多研究，"任何看过本书'文本附

---

〔1〕Ibid. pp. 152-153.

〔2〕闻一多著，李定凯编校：《楚辞校补》，成都：巴蜀书社，2002年，第41页。

〔3〕参看姜亮夫：《姜亮夫全集（六）——重订屈原赋校注，二招校注》，昆明：云南人民出版社，2002年，第277页。

注'的读者都能立刻明白他（闻一多）所给予我的恩惠"[1]。

韦利《九歌》译本早于霍克思，霍克思曾在《楚辞，南方之歌》初版中感激地谈到自己与韦利的师承渊源："阿瑟·韦利——翻译界的老前辈，是他最先激发起我对中国文学的兴趣。对他在我的这些研究中所给予过的慷慨帮助与鼓励，我深为感激！"[2]

以《九歌·湘夫人》为例，"九疑缤兮并迎"的翻译如下：

The hosts of the Chiu I come to meet her.（p. 39, 1959）

In hosts from their home on Doubting Mountain.（p. 109, 1985）

霍译文两版语意变动不大。参看韦译文与杨戴译文[3]：

韦译文[4]：But from the Nine Doubts in a troupe to fetch her.（p. 34）

---

〔1〕David Hawkes, "Preface, " *Ch'u Tz'u, the Songs of the South: An Ancient Chinese anthology,* London: Oxford University, 1959, p. viii.

〔2〕David Hawkes, "Preface, " David Hawkes, *Ch'u Tzǔ: The Songs of the South, An Ancient Chinese Anthology,* Boston: Beacon Press, 1962, p. viii.

〔3〕按：除霍克思译本外，《楚辞》的英译都是节译本。在这些节译本中，英国汉学家韦利1955年结集出版的《九歌》英译本（*The Nine Songs, a Study of Shamanism in Ancient China*）是一个翻译质量不错的本子，译文也得到了霍克思的肯定，本书在讨论中如有需要常引此本为参照。另外从翻译篇数及翻译质量出发，本书讨论中视需要还选取了以下两个译本作为参照。一是我国著名翻译家杨宪益、戴乃迭1953年出版的英译本《〈离骚〉与屈原其他诗作》，收录了除《天问》《九辩》外所有《楚辞》篇目的诗体英译，是出版时间最早的一个较全本。杨宪益深厚的国学功底保证了此译本在对原作的准确把握上有得天独厚的优势。一是1996年中国学者孙大雨的《屈原诗选英译》（*Selected Poems of Chü Yuan*），包括《离骚》、《九歌》、《九章》六篇、《远游》、《卜居》、《渔父》的诗体英译。孙氏一生译过八部莎剧，此部《楚辞》译本建立在扎实的考证与研究基础之上，全书前半部分集中了译者对屈原及其诗作的研究成果，后半部分才是译文。美籍华裔学者柳无忌认为，"孙大雨一生投入了大量的时间和精力来进行屈原诗歌的研究和翻译，这使得他与远古的诗人建起了一种不仅在智力上而且在情感上的亲密交流关系"。90年代出版的许渊冲译本，由于译者主要关注意美、音美、形美的再现，译文本身存在不少略译、简译，脚注又过简，所提供的中国文化信息及有关《楚辞》诗歌特色的评说也十分有限，在学术研究上与霍译本的参照价值不大，故此略去。

〔4〕出自Arthur Waley, *The Nine Songs, a Study of Shamanism in Ancient China.* London: George Allen & Unwin Ltd., 1955. 下同。

杨戴译文[1]: The Gods will welcome from the Mountain high. (p. 45)

杨戴译文直接照字面译出，完成了传达原作语意的任务。韦译文和霍译文显然做了添译。韦利在此篇译文下加有一段注语，他认为，如接受湘夫人为舜帝之妻的说法，则所来之灵应为舜帝派来迎接湘夫人归去的使者；而如相信湘夫人为舜帝之女，则九疑山之灵为泛泛所指之神。霍克思显然接受了韦利的看法。

更明显的例子是"捐余袂兮江中，遗余褋兮醴浦"的翻译：

I'll throw my thumb-ring into the river, /Leave my thimble in the bay of the Li. (p. 39, 1959)

I'll throw my thumb-ring into the river, /Leave my girdle-gem in the bay of the Li. (p. 109, 1985)

两版中霍克思对"袂"和"褋"的翻译较引人注意，对比韦译文及杨戴译文：

韦译文: I drop my sleeve into the River, /I cast down my thin dress on the shores of the Li. (p. 34)

杨戴译文: Within the Stream I dedicate my Sleeve, / My Garment's Lapel to the River leave. (p. 45)

两家译文均较准确地译出了此两字所指。不过，韦利在其译文后的注中指

---

[1] 出自 Yang Hsienyi & GladysYang. *The Li Sao and Other Poems of Ch'ü Yüan*. Peking: Foreign Languages Press, 1953. 下同。

122

出，他认为此两行文字与《湘君》中"捐余玦兮江中，遗余佩兮醴浦"是同指，湘夫人和湘君是同一人，《湘夫人》和《湘君》两诗是同一神、同一祭歌在不同地方的变体。"袂"应为"玦"的误笔，"褋"应与"宫中佩饰"有关。[1]霍克思基本接受了韦利的观点，修订版中《湘君》和《湘夫人》共用一篇导言，霍克思认为两首诗是同一祭歌的不同版本，交替在不同季节的祭祀活动中使用。在初版的文后注释中，霍克思告诉读者"袂"为"玦"的误写，"褋"为玉佩类，并让读者参看上一首《湘君》的第33—34行"捐余玦兮江中，遗余佩兮醴浦"。综合以上两版信息可见，霍克思是接受韦利对此2句的看法的，故而，霍克思此2句译文很是接近《湘君》中的那2句，尤其是修订版更为接近。《湘君》中2句译文如下，可资参看：

> I'll throw my thumb-ring into the river, /Leave my girdle-gem in the bay of the Li. (p. 38, 1959)
>
> I throw my thumb-ring into the river, /Leave my girdle-gem in the bay of the Li. (p. 107, 1985)

持这种观点的似乎只有这两位汉学家。中国现代学者及王逸、洪兴祖的注中均未有相似联想。洪兴祖的补注中甚至指出两者间的差异与联系："《方言》曰：禅衣，江、淮、南楚之间谓之褋。捐袂遗褋与捐玦遗佩同意。玦珮，贵之也。袂褋，亲之也。"[2]

再如《少司命》中"夫人兮自有美子，荪何以兮愁苦？"韦利在译出此2句时，在页下脚注中表明了自己的疑惑："这两行（第5、6行）诗句

〔1〕Arthur Waley, *The Nine Songs, a Study of Shamanism in Ancient China*, London: George Allen & Unwin Ltd., 1955, p. 35.

〔2〕〔宋〕洪兴祖撰：《楚辞补注》，北京：中华书局，1983 年，第 68 页。

意思很不确定。"[1] 霍译初版有此 2 句的英译，但列于附注中，霍克思认为此 2 句与全诗三韵四句的篇章结构不符，在 1985 年的修订版中，霍克思便直接略去了此 2 句的译文。《东君》一诗原作有 4 句，"举长矢兮射天狼。操余弧兮反沦降，援北斗兮酌桂浆。撰余辔兮高驼翔"，韦利变动了句序，成了"撰余辔兮高驼翔。举长矢兮射天狼，援北斗兮酌桂浆。操余弧兮反沦降"。霍译此诗的 1959 年版和 1985 年版译文完全相同。霍克思在初版中就对原作倒数第 2、3、4、5 行诗句顺序进行了调整，并且改动了句中"反沦降"与"高驼翔"的搭配，故其整个译文可回译为"操余弧兮高驼翔。举长矢兮射天狼，援北斗兮酌桂浆。撰余辔兮反沦降"。具体译文如下：

霍译文：Grasping my bow I soar high up in the sky. /I aim my long arrow and shoot the Wolf of Heaven.（ p. 42, 1959 ）

I seize the Dipper to ladle cinnamon wine. /Then holding my reins, I plunge down to my setting.（ p. 113, 1985 ）

韦译文：I gather my reins and my chariot sweeps aloft. /I take up my long arrow and shoot at the Heavenly Wolf, /Then draw toward me the Dipper and pour out for myself a drink of cassia. / And bow in hand plunge into the abyss.（ p. 45 ）

杨戴译文：To piece the Dog Star my long Shaft I raise;/Then grasp my Bow and home return apace. /From the North Star sweet Cassia Wine I pour/Under my Reins aloft my Chargers soar.（ pp. 55-57 ）

以杨戴译文为参照，杨宪益的译文没有任何变动，忠实于原作译出；查王

---

[1] Arthur Waley, *The Nine Songs, a Study of Shamanism in Ancient China*, London: George Allen & Unwin Ltd., 1955, p. 41.

124

逸、洪兴祖注及闻一多校补，均无关于此 4 句存在错序的讨论，显然霍译文依从的是汉学前辈韦利的意见。

更重要的是，霍克思在参照中西方同行研究成果的同时，做好了收集与阅读大量从中国清代名儒到民国初期学者再到新中国学者研究资料的工作。首先是参阅早期《楚辞》研究各家的扎实考证之作。《楚辞》译文本身及其大量的注释文字显示出译者对中国古代历史与神话的了如指掌，霍克思旁征博引了不少中国古代典籍如《山海经》《淮南子》《汉书》《后汉书》《诗经》《乐府诗集》《史记》和《尚书》等作为佐证，而且对《楚辞》研究各家了然于心。霍克思在翻译中明言参阅了的集子有蒋骥注《三闾楚辞》(又名《山带阁注楚辞》)、朱熹《楚辞集注》、屈复《楚辞新集注》、王逸《楚辞章句》、洪兴祖《楚辞补注》、江有诰《楚辞韵读》、朱骏声《离骚赋补注》、刘盼遂《天问校笺》、牟廷相《楚辞疏方》、戴震《屈原赋注》、俞樾《读楚辞》、郭沫若《屈原》《屈原赋今译》及闻一多《楚辞校补》。[1]此外，"霍克思文库"显示他还收藏有不少其他清代及民国学者的《楚辞》研究资料，其中有些很有可能是他在撰写《楚辞》研究论文与翻译《楚辞》过程中参阅过的。如清代黎庶昌校刊的《覆元本楚辞集注》、清代龚景瀚撰《离骚三种》(含《离骚笺》《离骚集传》和《离骚草木疏合刻》)、姜亮夫《诗骚联绵字考单本》、日本学者竹治贞夫编《楚辞索引》、王夫之《楚辞通释》、清代陈本礼编《陈本礼离骚精义原稿留真》(陶秋英、姜亮夫校译)、马其旭《屈赋微二卷》、谢无量《楚辞新论》、支伟成编《楚辞之研究》、何天行《楚辞作于汉代考》、陆侃如《屈原》及《屈原与宋玉》、饶宗颐《楚辞地理考》和游国恩的四部《楚辞》研究著作《楚辞概论》《屈原》《读骚论微初集》和《楚辞

〔1〕David Hawkes, "Textual Notes, " *Ch'u Tz'u, the Songs of the South: An Ancient Chinese Anthology*, London: Oxford University, 1959, p. 183.

论文集》。另外"霍克思文库"中还收藏有一批出版于 20 世纪 50 年代后的研究资料，它们很可能是霍克思 50 年代后的《楚辞》研究及 1985 年的《楚辞》英译修订版所参阅的重要书目。如林庚《诗人屈原及其作品研究》（1953）、文怀沙《屈原九章今译》（1953）、《屈原九歌今译》（1955）和《屈原离骚今译》（1955）、王泗原《离骚语文疏解》（1954）、作家出版社编辑部编《楚辞研究论文集》（1957）、饶宗颐《楚辞与词曲音乐》（1958）及《楚辞书录》（1956）、开贞《离骚译注》（1959）、刘永济《屈赋通笺》（1961）、姜亮夫编《楚辞书目五种》（1961）、林云铭《楚辞灯》（1963）、滕野岩友《巫系文学论》（1969）及《楚辞》（1967）、谭介甫《屈赋新编》（1978）、日本学者竹治贞夫《楚辞研究》（1978）及《爱国诗人屈原》（1983）、小南一郎《楚辞》（1973）、金开诚《楚辞选注》（1980）、王力《楚辞韵读》（1980）、朱季涵《楚辞解故》（1980）、詹安泰《离骚笺疏》（1981）、王涛《屈原赋选》（1981）、姜亮夫《楚辞今译讲录》（1981）和张家英《屈原赋译释》（1982）等。

（三）全译展现原貌

为了能够更加保真地向西方读者展现荆楚文化，霍克思采用了全译的方式。他改变以往译者的通常做法，不只译出《楚辞》前半部分那些被认为是屈原及同时代诗人所作之作，而且把后半部分历来被认为艺术价值要小得多的诗作也一并译出。译文包括《楚辞》完整十七卷《离骚》《九歌》《天问》《九章》《远游》《卜居》《渔夫》《九辩》《招魂》《大招》《惜誓》《招隐士》《七谏》《哀时命》《九怀》《九叹》和《九思》的英译。他认为只有这样才能深刻理解与全面把握《楚辞》文学本身以及此文学背后所反映的楚地文化，这对于准确传译《楚辞》无疑是大有裨益的。

霍克思曾这样解释自己全译的原因："一来想看看这样一种文体后来的发展演变情况，二是因为这些诗作中存有一些妙语和美感的闪现，最后是因为对于这样一种陌生和新异的诗体，要形成公允的评判，不阅读和比较

126

大量的诗作是几乎不可能的。"[1]要真正了解一种文化，对相关文学作品最好进行全译，这是避免窥树不见林、以偏概全现象的基本方法。而这也是霍克思为什么会从最初的《离骚》翻译走向《楚辞》十七卷全译的原因所在。

（四）做足辅助工作

1959 年的《楚辞，南方之歌——古代中国文学选集》除书前总导论外，《楚辞》十七卷每卷均分别配有导读文字，译文中以页下注形式列出诗行所牵涉的中国古代地名、人名并对有关历史故事或神话传说进行勾勒。书后附有四个附录：第一个附录是文本注释，主要指出原作中出现的一些误讹字词或错简、乱简或一些有争议性的词句的翻译。第二个附录是补注，把《离骚》中的几个不好理解的关键专有名词单列说明，分别解释了"摄提""荃""灵修""女婆"及"兰椒"等五个专有名词。第三个附录是霍克思撰写的《〈楚辞〉的英译》（*English Translations of Ch'u Tz'ǔ*），详细梳理了自庄延龄 1879 年发表的《离别的忧伤，离骚》译文至韦利 1955年《九歌：中国古代巫术研究》译本共九种《楚辞》英语节译本的特点与不足。此文是一篇研究《楚辞》英译的重要论文，后人多有征引或参考，有力地说明了霍克思的《楚辞》英译不是随意之举，而是长期酝酿、知己知彼之作。另外此文还具有文献价值，是了解霍克思作为《楚辞》第一个英语全译本译者在动手翻译《楚辞》之际，有关《楚辞》英译话题观点的重要资料。第四个附录是索引（index），凡译文中出现的人名、地名、国名或一些译者认为不易理解的词汇，如"白水"（white water）等，霍克思均作索引，指出其在译文中出现的位置，便于读者回查。

新版《南方之歌》由英国著名的企鹅书局出版，没有了《楚辞》译本初版时"是否能引起非专业读者兴趣"的顾虑，霍克思在 1985 年修订版

---

[1] David Hawkes, "General Introduction," David Hawkes tr., *Ch'u Tz'ǔ, the Songs of the South: An Ancient Chinese Anthology*, London/Boston: Oxford University Press/Beacon Press, 1959/1962, p. 9.

出版时甩掉了刻意注意注释与导论简洁易懂的包袱。他重写了书前导论，内容增加近一半，导论前又增加了汉语拼音注解，正文中单篇译文前的导读文字也重新润色与增补，尤其是注意到对各篇的艺术特色尽量给出评价，增强了文学视角。特别是对《楚辞》早期作品，霍克思倾注了大量心血，每篇导读文字均重新落笔，把译者对《楚辞》研究的新体会、新感悟融入其中，很有学术含量。初版原文页下脚注多较为简单，通常占1至2行，修订版中霍克思把注释放在了单篇译文结束后，且改为详注，采用解释诗行的方式，点出诗句中所牵涉的中国文化，有时还加上一些自己的评论与研究心得。扩写的注释内容，既把诗作隐含的典故、神话娓娓道来，又对陌生的地名、人名、历史事件一一加以细细说明，还包含了原版中附在文后的文本注释内容，即说明译者选择此种译法的缘由，对文中疑是讹误或漏句、错排的现象也都予以考订并提出自己的处理意见。当然，这些注释最核心的目标是阐释诗句中所涉及的中国文化，这也是补充得最多的版块内容，颇能反映出一位汉学家经过近三十年的沉淀后所积累的深厚汉学修养，有些精彩的尾注本身就是一篇有理有据的考订文章，彰显了文章作者几十年如一日志在传播中国文化的苦心与努力。

　　以《七谏》诗篇英译的注解为例。如《怨世》"路室女之方桑兮，孔子过之以自侍"，由于涉及有关孔子的历史故事，需要译者加注，帮助西方读者理解。初版时霍克思在页下注中简单解释了孔子行为的缘由："他敬慕女子的谨慎与端庄，因为该女子在有男子出现时甚至没有停下来抬头看一眼。"修订版中，霍克思更是大大增加了注释所传播的文化信息，从中国传统的养蚕与丝织业、中国民歌与传统故事中的女子采桑情节以及孔子与采桑女的故事三个方面展开介绍。"养蚕、丝织、纺纱是中国古代妇女的传统劳动，而采摘桑叶喂养蚕虫则是少数中国女子能走出家门的场合之一。中国的民歌和故事中故而多有好色的或不怀好意的男子接近搭讪采桑女的情节。在这个如今已找不到出处的有关孔子的故事中，采桑女受到

128

了孔子的敬重，原因是孔子认为她端庄、稳重，对于他的出现甚至没有任
何抬头的表示。"[1]再如《谬谏》"故叩宫而宫應兮，弹角而角動。虎嘯而谷
風至兮，龍舉而景雲往"，"宫""角"是中国传统五音，不加解释难以理
解，而"虎嘯"与"谷風"、"龍舉"与"景雲"的关系背后也有着中国
民俗信仰。在初版脚注中霍克思解释道："宫、角是五音中的两个。""虎、
龙具有神力，虎能生风龙能云雨。"[2]修订版注释中则补充了传统五音的名
字并由"宫"顺带介绍"宫调"。而对"虎能生风"一说，霍克思以《水
浒传》中的例子说明此说在中国流传之久长："在《水浒传》第二十三
回武松赤手空拳打死的那只老虎出现之前就刮起了一阵大风。"[3]这显然是
霍克思早年阅读《水浒传》带来的联想。他把个人普通阅读体验融入阐
释，使得《楚辞》译本更易在西方读者中产生共鸣，最终便于译本的接
受。《七谏·乱》对"裹""周鼎"的注释也很能体现霍克思在注释上所
下的功夫。"要裹奔亡兮"一句中的"裹"，霍克思初版所做页下注为"传
说中的千里马，日行五千里"[4]。再看修订版中霍克思在篇后对此句做的注
解："要裹，《吕氏春秋》中所提到的两匹古良马之一，以速度和忍耐力
著称。《吕氏春秋》是由秦始皇传说中的父亲吕不韦主持编撰的一部百科
全书。"[5]《七谏·乱》"周鼎潜乎深渊"中的"周鼎"也是深具中国文化内
涵的词汇，霍克思在初版的页下注中这样解释："九鼎，据说由大禹所制，
是周王室权力的象征。实际上，它们后来被沉入江中，秦始皇时期据说曾

〔1〕David Hawkes, "Qi jian," *The Songs of the South: An Ancient Chinese Anthology of Poems by Qu Yuan and Other Poets*, Harmondsworth: Penguin, 1985, p. 260. 按：杨戴译文和孙译文都未处理《七谏》，无可用作对比的参照。
〔2〕David Hawkes, "Ch'i Chien," *Ch'u Tz'ŭ, the Songs of the South: An Ancient Chinese Anthology*, London/ Boston: Oxford University Press/Beacon Press, 1959/1962, p. 133.
〔3〕David Hawkes, "Qi jian Notes," *The Songs of the South: An Ancient Chinese Anthology of Poems by Qu Yuan and Other Poets*, Harmondsworth: Penguin, 1985, p. 261.
〔4〕David Hawkes, "Ch'i Chien," *Ch'u Tz'ŭ, the Songs of the South: An Ancient Chinese Anthology*, London/ Boston: Oxford University Press/Beacon Press, 1959/1962, p. 134.
〔5〕David Hawkes, "Qi jian Notes," *The Songs of the South: An Ancient Chinese Anthology of Poems by Qu Yuan and Other Poets*, Harmondsworth: Penguin, 1985, p. 262.

做过徒劳的努力想再找到它们。"[1]在修订版中，霍克思不但继续对"周鼎"
进行注释，而且还扩充了其中的内容，在"九鼎象征周朝权势"下补充了
"诸侯如若问鼎则被看成挑衅帝王个人的神圣权力"。至于九鼎的下落，霍
克思补充了时间，"在公元前256年周王室最后一任帝王离世后"；补充了
文献来源，据"司马迁《史记》中几段相互矛盾的记载"；补充了具体的
下落之处，"根据其中一种说法，九鼎被搬到了秦国，而根据另一种说法，
九鼎被沉于江底"。最后，霍克思以考古实例所见有力地证明了以上的传
说，他介绍道，"有一座有名的汉代浅浮雕，表现的就是秦始皇时期的奴
仆们在徒劳地从水中举起一座鼎"[2]。

　　修订版译文后有三个附录，与初版内容多有不同。附录一为名字汇编
（glossary of names），旨在全面系统地把译文中出现的人名、地名等各种
汉语拼音直译名称加以注解，相当于一个小小的注解字典，比初版索引要
大为丰富。如《左传》，文中是这样解释的："公元前722至公元前481
年间的编年史，相传（也许是错误的）由孔子编成，是针对鲁国史官记载
所做的详细评注与阐释。"[3]附录二是年表（chronological table），自公元前
2000年的夏朝始，至公元2世纪的王逸时代止，一目了然地列出了与《楚
辞》集有关的人、事及朝代变迁，为西方读者勾勒起楚辞产生的那个辽远
时代的时间经纬。附录三是三张地图，含现代中国各省地图（map of the
provinces of Modern China）、屈原生活年代的楚国地图（map of Qu Yuan
Country）和汉初各诸侯国地图（map of Kingdoms Governed by Imperial
Princes at the Beginning of the Han Dynasty），从战国楚国疆域到汉代各

〔1〕David Hawkes, "Ch'i Chien, " *Ch'u Tz'ŭ, the Songs of the South: An Ancient Chinese Anthology*, London/ Boston:
Oxford University Press/Beacon Press, 1959/1962, p. 134.

〔2〕David Hawkes, "Qi jian Notes, " *The Songs of the South: An Ancient Chinese Anthology of Poems by Qu Yuan and
Other Poets*, Harmondsworth: Penguin, 1985, p. 262.

〔3〕David Hawkes, "Glossary of Names, " *The Songs of the South: An Ancient Chinese Anthology of Poems by Qu Yuan
and Other Poets*, Harmondsworth: Penguin, 1985, p. 345.

130

诸侯国领土再到现代中国的版图，霍克思通过地图为西方读者构建起楚辞那个辽远时代的直观空间。

（五）选择恰当的翻译策略

1. 介于直译和意译之间

霍克思的《楚辞》译文原是其为研究《楚辞》而译，故而准确传意最为重要。译文多以直译的方式对译，不主张省略。而当碰上直译很难准确翻译的句子时，就采用意译的方式加以转化。这样关注意义传达的翻译重心，有效地保证了译文的准确性。

以《天问》中的典故翻译为例：

典故	霍译本	杨戴译本
石林	the stone forest	Stony Forest
虺龙	hornless dragons	savage cobras
雄虺	the great serpent with nine heads	giants
长人	giants	未翻译
黑水	Black water	A land with murky streams
三危	Three perils	未翻译
羿	Yi	未翻译

霍译文基本直译，一目了然，只有较难理解的"雄虺"一词采用了意译。并且每个典故都有页下注加以解释。杨戴译文所列七个典故中就有三个没有翻译，另"雄虺"译为"giants"是否妥当也有待商榷。且杨戴译文不带注释，非常不便于西方读者理解。孙大雨没有翻译《天问》，故无法进行对比。

再看《橘颂》"精色内白，类可任兮"的译文：

Orange on the outside, but pure white within, /the fruits yield a parable for human conduct! (p. 77, 1959)

Pure white beneath the rich-hued surface: /a parable of virtuous living. (p. 178, 1985)

初版时，霍克思即赞同闻一多意见，改"類可任兮"为"类任道兮"。修订版译文采用更为简洁、醒目的语言突出了原作的含义，是"介于直译和意译之间"的最好诠释。参看孙译文和杨戴译文：

孙译文[1]:Of triple snow like interior, /Like unto those virtuous, pure. (p. 301)

杨戴译文：While all within is pure and clear, /Like Heart of a Philosopher. (p. 121)

对比杨戴译文和孙译文，杨戴译文采用了意译，但"類可任兮"一句使用哲学家的意象，似乎意译过度，此处没有提供任何注解，读者读来易生费解。孙译文较遵守原作，采用直译，准确度较高。

《悲回风》"眇遠志之所及兮，憐浮雲之相羊。介眇志之所惑兮，竊賦詩之所明"，霍译文如下：

Far and away my thoughts aspire, /Envying the freedom of the floating clouds.

Lest my aspiring thoughts might lead to misunderstanding, /I have written my songs to make my meaning plain. (p. 78, 1959)

---

〔1〕出自孙大雨《屈原诗选英译》，上海：上海外语教育出版社，1996年。下同。

Remote is the ideal that my thoughts aspire to: /I would be as the clouds that wander above in freedom.

But because there was that by which my high thoughts were shaken, /I have written these songs to make my meaning clear. (p. 180, 1985)

霍译两版文字前 3 句都有区别，尤其是对"怜""介"及"惑"的阐释。众注家意见也不一致，兹列出孙译文与杨戴译文作为参考。

孙译文：Eyeing my distant aim of following his suit, /I pity mine own thoughts which are like fleeing clouds.

For fear of mine intents going astray the while, /I have set forth my purpose in several poems. (p. 305)

杨戴译文：My thoughts have wandered far astray. /Like Clouds that drift along.

My Mind is reeling and bemused, /But I must make my Song. （pp. 125-127）

仔细比较，虽然由于各注家解释不尽相同，译者们也多有自己的意见，但译文风格上，霍译文和孙译文大体都是直译。而直译的这两个本子相比，又会发现孙译文的直译程度更高，他的译文基本能找到每个词的对应原文，是研究时较好的参阅文本。霍译文则在直译的基础上加入了意译的成分，如以第 1 句"眇遠志之所及兮"为例，孙译文"Eyeing my distant aim of following his suit"，"Eyeing"对"眇"，"my distant aim"译为"遠志"，"following his suit"译为"所及"，非常清楚；相比较霍译文"Far and away my thoughts aspire, /Remote is the ideal that my thoughts aspire to"，则多少带些解释的意味。这就是介于直译与意译之间的翻译，既保证了语意传达的准确，同时又注意到了译文的可读性。再看杨戴译文，其风格多意译，较为随意，以自己的理解大体表达原作意蕴即可，体现出了译者自言初试翻译时所抱的"游戏"态度。

以上分析可见，霍克思在《楚辞》初版序言中提到的翻译方法"我认为我的译文介于直译和意译之间"[1]是陈述事实，选择此种翻译方法是译文准确性的重要保证。

2. 意义优先于音韵

《楚辞》诗篇均有押韵，有的是偶数句句尾相叶，如《离骚》《天问》《九章》《远游》等；有的是一个诗节保持同一韵脚，如《九歌》中的十一篇；还有的是混韵，杂合偶数句句尾韵与诗节韵，如《卜居》《渔父》《九辩》《招魂》《大招》等。面对这一表意上歧义重重而又韵律多变的上古异域作品，霍克思权衡再三，最终采用自由诗体，放弃了句末押韵，为的是首先保证对意义的正确解读。霍克思对稍早于他的杨戴本《〈离骚〉与屈原其他诗作》的评价，也表露了他对汉诗英译采用韵体的态度。杨宪益、戴乃迭模仿英国诗人密尔顿、德莱顿、蒲伯的"英雄双行诗体"，希图以韵体再现原作韵律。以《离骚》开篇 4 句为例：

原文	霍译本	杨戴译本
帝高阳之苗裔兮，	Scion of the High Lord Kao Yang,	A Prince am I of Ancestry renowned,
朕皇考曰伯庸。	Po Yung was my father's name.	Illustrious Name my royal Sire hath found.

---

[1] David Hawkes, "Preface, " *Ch'u Tz'u, the Songs of the South: An Ancient Chinese Anthology*, London: Oxford University, 1959, p. vii, 原文为 "I consider my translation to be somewhere midway between a literal and a 'free' one; but I have allowed myself an extra measure of freedom in translating the titles of poems, which, in the case of the later ones, are sometimes obscure"。

134

续表

原文	霍译本	杨戴译本
摄提贞于孟陬兮，	When She Ti pointed to the first month of the year,	When Sirius did in Spring its Light display,
惟庚寅吾以降。	On the day keng yin, I passed from the womb.	A Child was born, and Tiger marked the Day.

霍译本用词简单，采用自由体，重在为西方读者译出原作的含义。作为一部上古作品，《楚辞》中有很多即使对现代中国读者来说都不易理解的词句，霍克思首部全译本将重心放在传意上无可厚非。译文在形式上虽未再现韵脚，但注意保证上下对句大致长短相当，体现了一定的诗体特征，且句中带有一定的节奏。相比较而言，杨戴译本用词较为典雅，甚至用上了"hath"这样的古英语词汇来增添译文的古朴，非常适合原作的语境。形式上，译诗不仅押韵而且遵循抑扬格五音步的节奏。原诗 4 句，但只有偶数句句尾押韵，古音"庸（jiong）"和"降（heung）"相叶。在杨戴译本中此 4 句变成了上下对句押韵，分别有 /ound/ 和 /ei/ 两韵。杨、戴每一首译诗均采用了此种"英雄双行体"，先不论原作偶数句尾韵、诗节韵及混韵等多种押韵方式的再现问题，就是所引的此类押偶数句尾韵的几卷诗篇，按杨戴译本的处理，实际也改变了原本的押韵方式，并不是真正的原作面貌。难怪霍克思对此本的评价虽高，但亦有"译文与原诗，给我的印象犹如是颗巧克力复活节彩蛋变成了一个煎蛋卷"[1]的感慨。杨宪益对霍氏此评并未生气，他在 20 世纪 90 年代的一篇谈论翻译工作体会的文章中回应道："这当然是笑话。可是后来我也就不再用英国格律诗体来作翻译，而改用

---

[1] David Hawkes, "English Translations of *Ch'u Tz'u*," *Ch'u Tz'u, the Songs of the South: An Ancient Chinese anthology*, London: Oxford University，1959, p. 217.

自由体了。用外国的格律诗体译中国诗歌是件吃力不讨好的事。"[1]

　　正因为霍克思坚持"意义优先于音韵"这一翻译理念,其汉学翻译处女作历经半个多世纪,至今仍为文学领域和汉学领域凡研究《楚辞》必加征引的作品,具有蓬勃的生命力和永恒的经典性。

三、霍克思《楚辞》译本的可读性努力

　　原属于霍克思博士论文《楚辞创作日期及作者考订》英译部分的译作,得以在 1959 年单独出版,这一事实就是汉学界肯定其译本可读性的有力证据,这与 20 世纪欧美汉学界博士论文的通常价值所在正好相反。当时汉学界通行的撰写论文或历史专题的方法是,"在中国正史的志书部分,挑选他感兴趣的某一'志',然后开始翻译、注释并撰写长篇的导论"[2]。就这一点来说,霍克思与之不无相似之处。他的论文共两卷近千页,也包含了翻译和讨论两部分,体现了明显的汉学译研两结合的特征。但通常此类博士论文中的翻译只是为了保障汉学研究顺利展开,论文的真正价值往往体现在基于翻译所做的讨论上。以杨联陞的博士论文为例,他以《晋书·食货志》作为翻译、研究对象,1946 年公开发表的就是其论文中的导论部分,即分析研究《晋书·食货志》的部分。霍克思翻译之初也是本着"弄清它(指《楚辞》)的含义"[3]的目的,但也许因为霍克思用以瞭望中国文化的不是史志等类型的古籍而是文学作品,再加之霍克思本人卓越的文学感悟力,其译作自诞生起即成为文学作品。《楚辞》译本的可读性是明显的。而且,霍克思在出版《楚辞,南方之歌》时明确指出,希望它的

---

〔1〕杨宪益:《略谈我从事翻译工作的经历与体会》,见金圣华、黄国彬:《因难见巧:名家翻译经验谈》,北京:中国对外翻译出版公司,2001 年,第 80 页。

〔2〕赖瑞和:《追忆杜希德教授》,载《汉学研究通讯》2007 年第 4 期。

〔3〕Connie Chan, "Appendix: Interview with David Hawkes," *The Story of the Stone's Journey to the West: A Study in Chinese-English Translation History,* Conducted at 6 Addison Crescent, Oxford, Date: December 7th, 1998, p. 313.

136

读者既能包括专业读者也能包括非专业读者。[1]因之，分析霍克思在可读性上做出了哪些努力是极有意义与借鉴价值的工作。

（一）注释和导论简单明了

《楚辞，南方之歌》原本属于霍克思博士论文的一部分，包括大量的关于楚辞创作日期与作者考辨的研究内容。在准备出版时，霍克思做了大幅删减。导论和注释尽量简单明了，"希望那些想要了解中国早期诗歌与神话的非专业读者也能对此译本有兴趣"[2]。但主张诗歌翻译需要保留其中意象与典故的霍克思，在面对《楚辞》这样充满典故及意象的作品时，不得不做注加以解释。为了避免出现洪业译著《中国最伟大的诗人杜甫》中那样庞杂得最终喧宾夺主的注解，霍克思在初版中以较为简洁的语言进行页下注，旨在简单解释诗句中所涉及的专有名词的典故，帮助读者及时扫清阅读与理解的障碍。至于在翻译原作时碰到的一些误讹字词、错简、乱简或一些有争议性的词句，霍克思则以附录的形式将其放在书后的文本注释中，便于对翻译问题感兴趣或有疑问的专业读者查询。不过，即使是附录的文本注释部分，霍克思也强调自己"只列出了非注不可的一批注释，旨在向西方读者展示译者所理解的译本，而不重在论证过程"[3]。修订版中霍克思又把原页下注移到了相应诗篇全部结束之后，以最大限度保证译文阅读的整体性。所有这些精简，为的都是尽量排除可能对读者阅读造成阻碍的因素，帮助这一中国古代早期的诗歌集能够顺利走近西方读者。

（二）花草译名趋于通俗易懂

《楚辞》中有许多花草名，尤其是《离骚》篇，霍克思在初版前言中

---

〔1〕C. f. David Hawkes, "Preface, " *Ch'u Tz'ǔ, the Songs of the South: An Ancient Chinese Anthology,* London/ Boston: Oxford University Press/Beacon Press, 1959/1962, p. vii.

〔2〕Ibid.

〔3〕C. f. David Hawkes, "Textual Notes, " *Ch'u Tz'ǔ, the Songs of the South: An Ancient Chinese Anthology,* London/ Boston: Oxford University Press/Beacon Press, 1959/1962, p. 183.

向读者交代了处理花名英译的方法。由于很多古代中国的花草名如今已难以确定其确切所指，且即使能找出，多数也是佶屈聱牙的植物学名称，没有哪个有点文学修养的译者会如此套用。出于上述考虑，霍克思概括了自己采取的四种措施：第一种，照字面直译，创造一个名字；第二种，借用拉丁语词汇，使其英语化[1]；第三种，沿用一些虽然翻译有问题但已广为接受的传统译名；第四种，运用限定词加属类名词来翻译花名。[2]实际上，霍克思还运用了第五种措施，即直接以属类名词翻译。以下列出《离骚》中花草名在霍译本、杨戴译本及孙译本中的具体英译处理，以资对照。

花草名	霍译本	杨戴译本	孙译本
江离	Selinea[2]	sweet Selineas[4]/Selinea[2]	selineas[2]
辟芷	shady angelica[4]	Angelic Herbs[4]	angelicas[2]
秋兰	autumn orchids[3]	Orchids late[3]	eupatories autumnal[4]
木兰	angelica/magnolia[2]	Magnolias of the Glade/ Magnolia Leaves[4]	magnolia[2]
宿莽	Sedges[5]	Winter-thorn[4]	herb evergreen[4]
申椒	Pepper[5]/spicy pepper-plant[4]	Pepper[5]	the pepper of Suen[4]
菌桂	cinnamon/cassia[2]	Cassia[2]	Cinnamon[2]
蕙茝		Melilotus[2]	coumarous[5] and angelicas[2]
兰	Orchid[3]	Orchid[3]	eupatories sweet[4]
蕙	Melilotus[2]	Melilot/Melilotus[2]	fragrant coumarous[4]
留夷	sweet lichens[4]	Azalea[5]	liou-yih[1]

〔1〕按：这其实也是英语中植物名的一个主要构成方式。

〔2〕David Hawkes, "Preface," *Ch'u Tz'ŭ, the Songs of the South: An Ancient Chinese Anthology*, London/ Boston: Oxford University Press/Beacon Press, 1959/1962, p. viii.

138

续表

花草名	霍译本	杨戴译本	孙译本
揭车	cart-halting flower/cart-halt[1]	Rumex[2]	chi-chu[1]
杜衡	asarums[2]	Lichen[2]	asarums[2]
芳芷	fragrant angelica[4]	Rumex fragrant[4]	angelica[2]
秋菊	chrysanthemums[2]	Aster Petals[4]	asters[2]
木根	Roots[5]	Vines[5]	root filaments[4]
茝	the valerian[2]	Valeria white[4]	angelicas[2]
薜荔	castor plant[4]	blue Wistaria[4]	pumelo fig's vine[4]
胡绳	Ivy[5]	Ivy[5] and Tendrils[5]	sweet ivies[4]
芰荷	lotus and water-chestnut[1]	Cress Leaves[4]	nelumbo and trapa leaves[4]
芙蓉	lotus pedals[4]	Lilies[5]	lotus flowers[4]
蒉	Thorns[5]		
菉	king-grass[1]	Lentiles[5]	weeds[5]
葹	curly-ear[1]	Weeds[5]	xanthiums[2]
茹蕙	soft lotus petals[4]	Melilotus Leaves[4]	soft coumarous[4]
幽兰	orchids/lovely valley orchid[3]	Orchids[3]	eupatories[5]
琼枝	jasper branch[4]	Jasper Boughs[4]	furcate gem-tree twig[4]
薲茅	holy plant[4]	Mistletoe[5]	holy inula[4]
筳	twigs of bamboo[4]	Herbs of magic Worth[4]	bamboo splints[4]
艾	mugwort[5]	stinking Mugwort[4]	white artemisias[4]
兰芷	Orchid[3] and iris[2]	Orchids[3]	eupatory[5] and angelica[2]
荃蕙	Flag[5] and melilotus[2]	Angelicas[2]	acorus[2] and coumarou[5]
茅	straw[5]	Weeds[5]	reeds[5]

续表

花草名	霍译本	杨戴译本	孙译本
萧艾	worthless mugwort[4]	Mugworts grey[4]	artemesias[2]
楸	sticking dogwood[4]	Dogwood[5]	Cornus[2]
小结	1(4)2(9)3(4)4(12) 5(8)	1(0)2(7)3(4)4(12) 5(11)	1(2)2(14)3(0)4(15) 5(7)

注：小结中出现的数字与前面提到的霍克思花草名英译处理措施的顺序相对应，代表了相应的翻译方法；括号内数字则表示此种译法译者所使用的次数。

相比较可见，孙译本的花草名翻译主要用到了拉丁语学名、限定词加属类名词和以属类名词直接翻译这三种方式，其中前两种方式使用比例最高，且二者使用次数相当。该译本总体偏向学名，较严谨，且每种植物名译文的附注中均有详细注释，参阅了明代李时珍《本草纲目》、清代吴其浚《植物名实图考》等资料，从花形、花名及花期等方面予以介绍，故译名较可靠。如霍克思在序言中专门指出的"兰"的不恰当译名"orchid"，杨戴译本与霍译本都对此沿用，而孙译本给予了订正。但孙译本有个缺点即英译名不易被读者记住，这会影响到《楚辞》的有效西传。杨戴译本使用了霍克思五种方法中的四种，其中限定词加属类名词或直接使用属类名词这两种翻译方法比例最高，且占比相当，符合其较随意、旨在译出原作大意的翻译初衷。霍译本采用最多的也是拉丁语学名、限定词加属类名词和直接使用属类名词这三种方式，其中也是限定词加属类名词使用比例最高；不过，三者间比例大体是2∶3∶2，更为均衡一些，体现出霍克思既重视可读性又不放弃准确性的翻译理想。另外，同样是采用属类名词，比较可见，霍译本多选择比杨戴译本、孙译本更为通俗简单的花草俗名，其用意在力图使得这些陌生的名称能够易于被接受。

（三）度量衡西化及独特排版

度量衡单位的翻译也能看出霍克思的可读性考虑。如《招魂》"蝮蛇蓁蓁，封狐千里些"的翻译：

There are coiling snakes there, / and the great fox that can run a hundred leagues. (p. 104, 1959)

There the venomous cobra abounds, / and the great fox that can run a hundred leagues. (p. 224, 1985)

杨戴译文：There Foxes huge a thousand Miles hold Sway. (p. 147)

霍克思英译时对"里"进行了西方计量单位的换算：1里=500米，1000里=500千米，1千米≈0.6英里，500千米≈300英里，1里格≈3英里，故而中国的长度1000里换算成西方的里格后就成了100里格。而杨戴译本则是简单以英里（mile）对译汉语的"里"。

又如排版上的匠心：《远游》中有一段王子乔讲道的文字，以"曰"开场，后为"道可受兮而不可传，其小无内兮，其大无垠；无滑而魂兮，彼将自然；一气孔神兮，于中夜存；虚以待之兮，无为之先；庶类以成兮，此德之门"。以上一大段译文霍克思稍微改变了一下排版格式，也颇能增加译文的可读性：

He said: 'The Way can only be received, it cannot be given.

'Small, it has no content; great, it has no bounds.

'Keep your soul from confusion, and it will come naturally.

'Unify the essence and control the spirit; preserve them inside you in the midnight hour.

'Await it in emptiness, before even Inaction.

'All other things proceed from this: this is the Door of
Power.' (p. 83, 1959; p. 195, 1985 [1])

霍克思在排版时没有遵从一般的格式，从左排到右，而是以"he said"译
"曰"后，其他内容全部缩进。虽然排版格式好像只做了微小变动，但在
上下一律左对齐的文字中夹着这段文字，起到了很好的强调效果，既醒目
地突出了这一段的道家思想，也减轻了充满思辨的道家思想混在文中带来
的阅读困难。孙大雨的译文格式便没有突出此段讲道文字，而是与其他内
容一视同仁，没有霍译文的阅读效果。且较之霍译文，孙译文明显艰涩得
多，刻意采用了一些中古英语词汇，虽然符合了道家思想玄妙的特性，但
却忽视了道家"爱用具有深刻哲学内涵的常用词"这一特点。幸好译文后
孙先生对此段文字做注，注文翻译了蒋骥先生关于此段话的注解文字，稍
有助于理解。[2] 此段孙译文如下：

"The way could be had," quoth he, "but not shown;

Minute, 'tis without an in, grand sans bound;

Confuse thy soul naught, it mayeth grow natural;

Fill it with 'airs', some night their union would come round;

Keep vacant, wait for it, inertness would ensue;

All lives proper because of this primal spring." (p. 323)

（四）尽力保留原作的意象与典故
在《楚辞》翻译上，霍克思不折不扣地实现了诗歌翻译应尽力保留原

---

〔1〕按：此处为 1959 年版译文，1985 年版译文略有修订，排版两版相同。
〔2〕按：《远游》篇杨戴译本未译，故此处未提供对照。

142

作意象与典故的翻译理念。这也是我们阅读霍克思 1959 年的《楚辞，南方之歌——古代中国文学选集》译著时能发现译诗有诸多页下注的原因所在。如《天问》中的"何肆犬豕，而厥身不危败？"一句，霍克思参看闻一多校补后认为，此处关涉的是舜的故事，即在此页脚注中注解"舜浴犬屎以防酒醉"的故事[1]，这样西方读者不仅在理解此句含义上不再费力，同时也多了解了一点中国古代民俗。再如《九章》中，"五帝""六神""咎繇""接舆""桑扈""巧倕""离娄""伯乐""百里奚""介子推""申徒狄"，历史人物一大片，霍克思均一一设置脚注，扫除读者理解障碍的同时，为西方读者介绍了许多有关这些中国历史人物的有趣或动人的故事。还有，在《九章·悲回风》中，霍克思给"申徒之抗迹"一句做注："据某种说法，申徒狄是商纣王同时代的人，曾就纣王的恶行进行劝谏，纣不听，终恶之而投河。"[2]中国古代早期的一位直性忠谏之臣的形象跃然纸上。

最后，试举《九章·惜往日》中霍克思对"西施"典故的处理方式为具体实例：

霍译文（p. 76, 1959; p. 177, 1985）	《惜往日》原文
But if you have Hsi Shih's[1] lovely face,	虽有西施之美容兮，
The slanderer will get in and supplant you.	谗妒入以自代。

[1] Legendary beauty sent by Kou Chien, king of Yüeh, to his hated rival King Fu Ch's of Wu, so that his infatuation and her extravagance might hasten Wu's destruction.

"西施"作为一个中国古代越国的美女，如果直接译出人名，西方读者实

〔1〕David Hawkes, "Tien Wen," *Ch'u Tz'ŭ, the Songs of the South: An Ancient Chinese Anthology.* London/ Boston: Oxford University Press/Beacon Press, 1959/1962, p. 52.

〔2〕Ibid. p. 80.

在不知所云，霍克思直译后在译文下设置页下注："传说中的美女，被越王勾践送于其对手吴王夫差，希图吴王对美女的迷恋和西施的奢侈生活会加速吴国的灭亡。"[1]这为西方读者提供了一个了解美女西施凄婉故事的机会，西方读者不仅对西施的美丽有了感性的认识，而且西施平生的不幸遭际也让读者很快就能记住她。如此翻译显然比杨戴译本中的省略人名、采取意译的方式为好。而页下注由于列于正文之下，故而霍克思力图简洁。再看 1985 年的《楚辞》修订版，霍克思保留典故、意欲传播中国文化之心更为明显。修订版中霍克思为西施所配注释为："西施是一位具有绝色之美的乡村女孩，于公元前 5 世纪初被收为越王勾践的宫妃。后勾践将其送于敌国首领吴王夫差，希望夫差的迷恋和西施的奢侈能加速吴国的灭亡。西施的名字就像特洛伊的海伦，成了'美女荡妇'的同义词，此类女人的美貌会导致男人们失去理智，从而使得他们的城池或国家被毁。"[2]以西方文化中的人物类比中国的西施，非常有效地缩短了西施与西方读者的距离。试比较孙译文及杨戴译文：

孙译文：Spiteful of See-sze's beauty superexcellent, /Scandal and jealousy are sure selves to commend.（p. 297）

杨戴译文：They envy those who true Distinction show, /And, ugly, still pretend that they are fair.（p. 117）

杨戴译文意译西施，使西方读者失去了一次了解美女西施凄婉故事的机会，且用抽象名词代译，读者易于淡忘，不如一个具体故事来得生动。孙译文和霍译文均直译西施之名，孙译文在文后附注中用一句话介绍了西施，

---

[1] Ibid. p. 76.
[2] David Hawkes, "Jiu zhang 'Nine *Pieces*' Notes", *The Songs of the South: An Ancient Chinese Anthology of Poems by Qu Yuan and Other Poets*, Harmondsworth: Penguin, 1985, p. 190.

144

"古代越国一位著名的美女"[1]；霍译文直接在正文页下注中介绍西施，且霍译文的信息量远大于孙译文，大体概括出了历史上西施传说的主要故事，将西施的文化意蕴传递给西方读者，而孙译文却只能让读者知道她是一位美女，仅此而已，当然这也好于不加任何介绍只以表性质的抽象词替换的杨戴译文。总之，在《楚辞》的翻译中，霍克思实际上通过直译加简注的方式，成功地保留了原作那丰富的意象和典故。

（五）利用节奏与谐音稍现原作音韵

《楚辞》译文诗行长短不一，最短的有 7 个音节，最长的有 16 个音节。译文采用自由诗体，放弃了韵脚，却力图传达出原诗内在的音韵。以《离骚》第三节"日月忽其不淹兮，春与秋其代序。惟草木之零落兮，恐美人之迟暮。不抚壮而弃秽兮，何不改此度？乘骐骥以驰骋兮，来吾道夫先路"的翻译为例：

1. The dáys and mónths húrried on, néver deláying;

2. Spríngs and aútumns spéd by in éndless alternátion:

3. And I thóught how the trées and flówers were fáding and fálling,

4. And féared that my Fáirest's béauty would fáde too.

5. 'Gáther the flówer of yóuth and cást out the impúre!

6. 'Whý will you nót chánge the érror of your wáys?

7. 'I have hárnessed bráve cóursers for you to gállop fórth with:

8. 'Cóme, let me gó befóre and shów you the wáy!

（p. 22, 1959; p. 68, 1985. 重音符号由笔者所加）

此诗节共 8 句，第 1、4、6、8 句为 11 个音节，第 2 句 13 个音节，第 3

---

[1] 孙大雨：《屈原诗选英译》，上海：上海外语教育出版社，1996 年，第 475 页。

和第 7 句 14 个音节，第 5 句 12 个音节。音节数不尽相同，霍克思如何体现出内在的节奏呢？英国精通韵律学的诗人布里奇斯（Robert Bridges，1844—1930）及英国语言学家布拉德利（Henry Bradley，1845—1923）都曾指出：盎格鲁撒克逊（古英语）诗歌的特色是以重音定节奏，格律由头韵和音节重读形成。同样翻译了《楚辞》的中国学者孙大雨先生在 20 世纪 50 年代发表了韵律学研究的里程碑之作《诗歌的格律》，文中他这样分析印欧语诗歌的格律原则与诗体学规律："近代的英国和德国诗歌都有以重音定节奏的特点，格律是以重读的音节作为关键的一环而形成的；这样在诗行中各个音步之间造成了极为清晰的节奏感。"[1]他概括指出了英诗格律发展的脉络：首先，诗歌之父乔叟的诗基本上以音节形成格律，如他最擅长的是 10 音节诗行；莎士比亚早期作品以音节形成格律，后期的成熟之作多以重音形成格律；17 世纪著名诗人弥尔顿的名作《失乐园》每行 10 音节，是音节格律和重音格律的完美结合。

霍克思《楚辞》英译采用的是重音格律，以《离骚》第三节译文为例，虽然每句音节数不同，但各句重音均为 5 个。在抑扬格、扬抑格、抑抑扬格、扬抑抑格等错落不齐的音步中，却有重读音节定时出现，从而形成了特有的句内节奏（具体重读音节笔者已标注在所引译文中）。译文句间也通过结构、语法与语义相粘连，形成一个有机的诗句。如此节译文第 1、2 句结构对称，均用的是"名词 + 动副词组 + 状语"的结构，以达齐整。两句间形成并列，故用分号相连。第 2 句末尾的冒号把第 3、4 句作为前两句的解释内容给连接了起来，即为什么说"日月不淹，春秋代序"呢？因为"草木零落，美人迟暮"。第 3、4 两句严格说来是一句，并列的只是谓语动词部分，故而句间用逗号相连。结构上上下两句大致都是"动词 + 连词 + 宾语从句"的类型，在上下音节的不等中又保持了某种齐整。且第 3、

---

[1]孙大雨：《屈原诗选英译》，上海：上海外语教育出版社，1996 年，第 632 页。

146

4 两句含有谐音词，"fading"和"falling"押头韵，两句连用了"flowers"
"fading""falling""feared""fairest""fade"6 个以"f"开头的单词，"f"音上
齿咬下唇，发音不清晰，再加之重复出现的"fade"一词，从而营造出一
种零落的悲伤之情。自第 5 句始，霍克思将其处理成了诗人向上句"恐迟
暮"的"美人"的直言，故用单引号引出，从而使这 4 句形成了一个整体。
结构上第 5 句和第 8 句为祈使句，第 6 句、第 7 句则为完整结构，一问句
一陈述句，规律中带变化。也许这就是霍克思在《楚辞》英译初版序言中
所言的，"无论是否达到效果，我都尽力运用节奏和谐音手段再现一些原
文的音韵效果"[1]。这也是为什么看起来是自由体的译诗读来却不给人以杂
乱、松散之感，一种内在的节奏感在阅读中油然而起的原因吧。

　　尤其是头韵，是霍克思《楚辞》英译中运用得较多的一种保持诗体
节奏的方式。如紧接着《离骚》第三节出现的"昔三后之纯粹兮，固众
芳之所在；杂申椒与菌桂兮，岂维纫夫蕙茝？彼尧舜之耿介兮，既遵道而
得路；何桀纣之猖披兮，夫唯捷径以窘步"一节，就用了不少头韵词，以
增强表达的生动性。"纯粹"，霍克思选用的是"pure and perfect"的头韵
词，以加强纯粹的度，"众芳"用"fragrant flowers"，"所在"用"proper
place"，都有很好的语音效果与强调作用。再有"耿介"用"glorious and
great"，两个响亮的头韵词较好地传达出不同于流俗的耿直性。

---

[1] David Hawkes, "Preface," *Ch'u Tz'u, the Songs of the South: An Ancient Chinese Anthology*, London: Oxford
University, 1959, p. vii.

第四章　执掌牛津汉学

　　霍克思 1953 年受聘任牛津中文讲师（University Lecturer in Chinese），与曾经的老师吴世昌一道开设了相对现代的汉学课程，将自己的汉学研究心得向英国学子播撒。1955 年，霍克思牛津博士毕业，拟申请澳大利亚悉尼大学东方学教授一职（the Chair of Oriental Studies at the University of Sydney），后听说同为"韦利培养的后进"、剑桥大学东方语言讲师戴伟士（Albert Richard Davis，1924—1983）亦在申请该职，便主动放弃。此后他躬耕于牛津教坛，1959 年年末正式接替德效骞，成为牛津第六任汉学讲座教授，1962 年正式接任牛津汉学科主任，成为牛津汉学第六代掌门人。在此后长达十二年的任职期间（1959—1971），他以其汉学讲座教授就职演说辞为纲，兢兢业业推动牛津专业汉学的确立与完善，引领牛津汉学研究从延续了近百年的学院式汉学时代成功迈向了专业汉学时代。汉学家们也由二战前的个人涉猎、汲古拾奇式的研究转向系统的、各有所专的教学与译评。牛津汉学迎来了发展高峰期，仅 1962 年一年，牛津大学汉学科学生招生人数就达到了 20 人，而霍克思刚任汉学教授的 1960 年，在牛津学中文的学生一共只有 6 名，此前整个 50 年代至 60 年代初，汉学科学生总人数仅有 20 余人。

第一节　牛津汉学教学的滥觞与发展

霍克思出生于 1923 年，正是一战结束、欧美意象派掀起新诗运动之时。第一次世界大战带给西方学者很大的触动。英国著名思想家伯特兰·罗素（Bertrand Russell，1872—1970）提出了文化互补说，在其《中国问题》一书中他指出，"西方文明若无法学会向被我们轻视的东方借鉴一些智慧，它就没有指望了"[1]。"向东方文化学习"，罗素的这一观念在一战后的西方代表着一批西方知识分子面对人类所制造的世界性毁灭力量所做的反思性思考。文学上，中国诗歌的简约、规整与自然意象的鲜明令西方人大开眼界，庞德等意象派大师声称在中国诗歌中找到了他们苦苦求索的灵感。霍克思正是在这一有利于汉学发展的背景下降生于世的。当他迈入大学，第二次世界大战激战正酣。不过，这次中国没有再任列强宰割，二战结束后不久，中国就迎来了新中国的成立。西方不再是简单地需要东方文化自疗，世界问题的解决显然缺少了中国也不行。这催动了西方汉学的快速发展，以美国为例，1958 年美国通过"国防教育法案"，拨款扶持东亚（以中国为主）语言文学的教育与研究。在 1958 至 1973 这段美国汉学史上的"黄金时代"，汉学获得了突飞猛进的发展，"设有东亚语言课程的大学由二战时的几所增加到五六十所，专业人员（包括博士生）由一二百人增至四五千人"[2]。英国也在 20 世纪 60 年代经历了英国汉学史上的"黄金时代"，而这正是霍克思成长为一名优秀的专业汉学家并执牛津汉学教学与研究牛耳之时。

---

[1] Bertrand Russell, *The Problem of China*, London: George Allen & Unwin Ltd., 1922, p. 18.

[2] 夏康达、王晓平：《二十世纪国外中国文学研究》，天津：天津人民出版社，2000 年，第 234 页。

为了更好地理解霍克思执掌牛津汉学教学及其就任牛津汉学讲座教授时面临的处境与挑战，有必要先回顾一下牛津汉学教学的滥觞与发展历程。

一、牛津学院式汉学的建立

（一）理雅各时代

牛津大学作为英国第一座设置汉学讲座教授教席的一流学府，其在中英文学交流史上起着举足轻重的作用。牛津大学首位汉学教授传教士理雅各 1876 年的就任，标志着牛津学院式汉学的开始。早年的学院式汉学教师以授课为辅，以研究为主，汉学并不被视为完整的学科与专业，学校也没有设立汉学专业的文学士学位，无论是学生的听课抑或研究，都带有显而易见的非正规性与随意性。

理雅各早年毕业于阿伯丁皇家学院，成绩自幼甚为优异，语言天赋更是异于常人。任牛津汉学讲座教授前曾在中国传教三十多年，深谙中国语言和典籍，已译有"中国经典系列"译著，包括《论语》《大学》《中庸》《孟子》《尚书》《诗经》《春秋》《左传》《竹书纪年》等，并因此荣获首届国际中国文学儒莲奖（The first International Stanislas Julien Prize for Chinese Literature）。

1. 理雅各牛津首任汉学讲座教授就职演说辞

1875 年，理雅各来到牛津基督圣体学院（Corpus Christi College），1876 年，该学院设立东方学系（The Orientalist School），同年 10 月 27 日，理雅各在牛津有名的庆典大礼堂谢尔登剧院（The Sheldonian Theatre）发表汉学讲座教席就职演说辞《论牛津大学开设汉学讲座事》（*On the Constituting of a Chinese Chair in the University of Oxford*）。该演说辞从英国同中国的政治、宗教和商务新关系，以及中国的历史、文学和汉语的特性等内外两方面阐述了在牛津开设汉学讲座的必要性。理雅各认为，英

150

国同中国的政治、宗教和商务关系已与四十年前大不相同了，"从政治上
说，英国在中国的利益不亚于俄国。……从宗教上说，在同一时期，我国
对中国的兴趣也大为增加了。……因为中国是异教世界中开展活动的最大
天地。……我还要提到英国在中国的商业利益，……我们的对华贸易额比
欧洲所有其他国家加起来还要多，比世界所有其他地方还要多"[1]。理雅各
认为，学习中国历史，了解人类中人数不少的这一部分人的行为与思想，
不仅会获得"最宝贵的教益"，而且也能获得"关于人类所应该获得的知
识"。[2] 英国政府后来关于汉学研究的调查报告或是后学者撰写的梳理英
国汉学研究情况及表述汉学研究必要的文字，大多沿用了理雅各的论述模
式，从英国政府与中国的政治、经济、商业、文化等关系的新发展所带来
的新情况展开；同时也多会提到汉学研究自身存在的一些意义。另外，理
雅各在演讲末描画了汉学讲座的开设及其英国方面所表示出来的对中国和
汉语的兴趣在维护两国和平与促进两国间的互相了解等方面有可能带来的
乐观前景。后世的研究者大多不会忘记汉学研究在促进中英交流上的作用。

在演说辞中，理雅各为牛津汉学讲座规划了未来的培养目标：一为
"有可能在牛津学会中文，来理解用中文写的或印的书，正像有可能在这
里学希腊文、拉丁文、希伯来文、阿拉伯文或梵文，来理解这些文字的文
献一样"；二为"有可能在牛津学会中文，通过书面文字表达自己的思想，
而使中国任何地方的人能够看懂"。[3] 通过这两个目标，我们不难明白，
为什么接下来的几任汉学讲座教授都竭力希望汉学科变得像牛津传统的西
方古典学一样正统，因为这是汉学科的理想，也是新生学科对自身存在合
法性的焦虑反映。目标二中的"通过书面文字表达自己的思想"已明确显

---

〔1〕〔英〕理雅各：《论牛津大学开设汉学讲座事》，裘克安译，见裘克安编著：《牛津大学》，长沙：湖南教
育出版社，1986年，第121-123页。
〔2〕同上书，第127页。
〔3〕同上书，第124页。

露理雅各心目中所要教授的汉语是书面语，而不是口语。在理雅各看来，无论是儿童还是成年人，只要能克服难为情的心理，自由地同当地人经常交谈，掌握好声调，会说汉语就不是一件难事。[1]理雅各还发现，中国有各种互不相通的方言，但写成汉字却是一样的[2]，这无疑促使理雅各重视汉语书面语的教习。而在口语的学习上，理雅各如后来的传教士汉学家一样，思想上重视官话，实践上趋向方言。

　　从远自19世纪70年代的这份演说辞中，我们能感受到汉学在英国兴起之初，英国汉学家们对中国研究的未来充满的盲目乐观之情。如认为"现在要解释最古老的中国文献很少有困难或捉摸不定之处"[3]，"我们已经掌握汉语……懂得这部机器的机制，而且能够用它来服务于我们自己的目的"[4]，现在要做的是研究汉语的构造原理，并认为"象形部分同它所代表的外界事物的关系已够清楚"，要调查的只剩"声符的形成和意义"。[5]而此类语言学的研究，就能把研究者带到"很接近人类语言的源头，至少是接近人类最大语种汉语的源头"[6]的境界。以上观点不无盲目乐观之处。当然，要注意这份演说辞是由理雅各所作，他少年时即显露出语言天赋，一生通晓英语、法语、拉丁语、希腊语、意大利、汉语等多种语言。两相比较，牛津第七任（1972—1987）汉学讲座教授龙彼得针对西方汉学家学习中文的问题，在1991年对友人德国汉学家傅海博所说的一段话，则多了一份慎重与无奈："不缺少好的字典和参考书，对语言理解的困难可以归之于这些失败因素：它太深奥了，而且，对我而言，对这种使用并营造

---

〔1〕〔英〕理雅各：《论牛津大学开设汉学讲座事》，裴克安译，见裴克安编著：《牛津大学》，长沙：湖南教育出版社，1986年，第125页。

〔2〕同上。

〔3〕同上书，第129页。

〔4〕同上书，第130页。

〔5〕同上。

〔6〕同上书，第131页。

了三千年的中文的难度估计不足。我们的学生（当然也包括我们自己）对书面的古文没接受到足够的警告，听任学生只做灵活掌握的基础训练。无数的参考书可以替代一位中国学者必须在年轻时用十五至二十年时间进行的集中的阅读和背诵。这是不同的：我们都被教唆（或被迫地）在能阅读以前去解决学术问题，在能爬行前就去飞。"[1]

2. 理雅各的汉学教学

理雅各任教二十二年，所教学生不多，其中 1920 至 1935 年任牛津第三任汉学讲座教授的苏慧廉，据记载就是理雅各的学生之一。学生对理雅各的教学多为认可，曾有一位已毕业的学生满怀感激地给理雅各写信："我非常感激三年以来您的指导，相信我会继续学习，学到在某种意义上能够回报您的程度，成为无愧为您的教导之学者。"[2]在牛津执教期间，理雅各为了鼓励学生学习汉语，促成了牛津设立德庇时汉学奖学金（Davis Chinese Scholarship）[3]，共举办了九次奖学金的资格考试。考题数量从 6 题到 22 题不等，题型则涉及语言和文化两方面。语言方面的考题主要考查汉语语言知识、汉语运用能力和翻译能力。现各举一例，如"阐述汉字发音音素与规则""区分兴、为、好的不同发音及其意义"，以及"用汉语回答何谓'Three Powers''The Four Quarters Cardinal Points''The Four Seasons''The Elements''The Six Animals that are eaten''The Nine Degree of King''The Five Relationships or Constituents of Society''The Four Books''The Six Ching'"。而文化方面的考题则主要涉及中国的哲学、历史与地理。分别举一例，如"说说孔夫子"，"中国的封建王朝有哪些？说出起始时间与建立者"，"画出中国地图，并用汉语标注出其十八

[1]〔德〕傅海波：《欧洲汉学史简评》，胡志宏译，见张西平编：《欧美汉学研究的历史与现状》，郑州：大象出版社，2006 年，第 114 页。
[2] 岳峰：《架设东西方的桥梁——英国汉学家理雅各研究》，福州：福建人民出版社，2004 年，第 323 页。
[3] 按：该奖学金由 J. F. Davis 提供，每年 50 英镑，用于奖励在汉学学习方面成绩突出的学生。该奖学金自 1879 持续到 1892 年，共颁发了九次。

个省份"。[1]理雅各注重语言与文化并重的教学方针，并时时不忘翻译（中译英和英译中）训练。理雅各的译作常配以详细的注释，树立了牛津早期学院式汉学纯学术研究的传统。

（二）布勒克时代

理雅各过世两年后，布勒克（Thomas Bullock，1845—1915）接任牛津汉学讲座教席，于 1899 至 1915 年在任。布勒克来牛津前是一位驻华外交官，他的汉学译研比之理雅各，成果甚少。目前所知，除发表过几篇研究论文外，主要是 1902 年出版的《汉语书面语渐进练习》（*Progressive Exercises in the Chinese Written Language*）一书。此书是素有"中国通"之称的西方汉学家费正清自学汉语的第一本书，得之于他牛津汉学科的导师苏慧廉。苏慧廉把它作为汉语入门教材送给了自己的得意门生，可见此书的语言教习功能是得到汉学界首肯的。

（三）苏慧廉时代

第三任牛津汉学讲座教授苏慧廉为传教士，1920 至 1935 年任牛津汉学教授，在用温州方言翻译《圣经》、英译中国佛教经典《妙法莲华经》、英译《论语》及编撰《中西交通史大纲》《中国佛教用语词典》等方面做出了贡献。但与其前任布勒克一样，苏慧廉的汉学译研也难望牛津首任汉学讲座教授理雅各的项背。

理雅各、布勒克和苏慧廉相继推动了牛津汉学讲座自 19 世纪 70 年代至 20 世纪 30 年代的初步发展。这一学院式汉学发展呈现出与欧洲汉学发展初期相似的特征："直至 20 世纪初期，汉学教授的位置由毕业于其他领域、仅有一些中国知识的人占据着的现象并非鲜见，有些人仅仅作为外交官、传教士在中国逗留了很长时间，或曾在中国内地供职。"[2]理雅各、苏

---

〔1〕岳峰：《架设东西方的桥梁——英国汉学家理雅各研究》，福州：福建人民出版社，2004 年，第 323-328 页。
〔2〕〔德〕傅海波：《欧洲汉学史简评》，胡志宏译，见张西平编：《欧美汉学研究的历史与现状》，郑州：大象出版社，2006 年，第 111 页。

慧廉为传教士，布勒克为外交官，均是在中国工作多年后再受聘于牛津，他们都没有接受过专业的汉学训练，从事汉学译研多是凭个人兴趣使然。另外，学院式汉学下的牛津汉学课程属于东方学系的边缘课程，还没有独立的汉学科，因而也没有颁发文学士学位的权利。学生可以学到一些汉语，但却拿不到学位。汉学被认为是一门古怪的异域学科，严肃的学者不会去从事汉学研究，它更像是一项业余时间从事的冷门工作。再加之考试制度严格，学费也较为昂贵，汉学学生人数一直极少。有很长一段时间，牛津汉学教授以做研究为主，只有当有人需要学习汉语，以辅助其他学科的学习或是为去中国从事外交及传教工作提供便利时，汉学教授才进行一些汉字与汉语的教学工作。当时，汉学教授没有退休年限，被允许在牛津工作到逝世。[1]

二、牛津汉学科地位的确立

（一）修中诚时代

1934 年 1 月受聘牛津大学中国哲学和宗教教授（Reader in Chinese Philosophy and Religion）[2] 的修中诚是一位英国伦敦会传教士，曾来华传教并撰译有《中国的骨与魂》（*Chinese Body and Soul*，1938）及《陆机〈文赋〉：翻译与比较研究》等著作，后者还附有著名文论家瑞恰兹撰写的序文。修中诚可谓牛津汉学教学改革的无冕功臣。1935 年，我国学者向达（1900—1966）作为北平图书馆与英国博物馆的交流研究员到牛津大学伯德雷恩图书馆抄录、整理《指南正法》《顺风相送》等中文古籍时，修中诚热情接

---

[1] Connie Chan, "Appendix: Interview with David Hawkes," *The Story of the Stone's Journey to the West: A Study in Chinese-English Translation History*, Conducted at 6 Addison Crescent, Oxford, Date: December 7th, 1998, p. 302.

[2] Reader 是英国大学教职体系中独有的职位，比副教授高，比讲座教授低。在英国，讲座教授特别少，一个系只有一两个。英国大学相关教职为：Junior Lecturer（初级讲师）、Lecturer（讲师）、Senior Lecturer（高级讲师或副教授）、Reader（教授）、Professor（讲座教授）。

待，安排向达在自己家中居住，并邀请他协助伯德雷恩图书馆中文部进行编目工作。1937 年，修中诚又促成牛津大学聘任中国学者陈寅恪[1]任汉学讲座教授，任期从 1938 年至 1946 年。[2]但陈寅恪由于种种原因一直无法就任。1942 至 1943 年，修中诚还曾远赴中国广西，与时在广西大学任教的陈寅恪就牛津汉学发展深谈一个多月，并向牛津校方寄出了正面描述访问情况及对牛津汉学充满热情展望的信函。[3]

　　1939 年，在修中诚的努力下，牛津大学东方学系成功增设了汉学科（The Honours School of Chinese），一改汉学教学与研究的非正规局面，并制定了课程内容与考试方法，学习汉学的本科生终于也能像学习西方古典学等其他学科的同学一样取得文学士荣誉学位（Honours Degree in Chinese）了。学位对于学生的重要性自不待言，牛津大学的学位自颁发之始就是合格教师的凭证。据裴克安先生介绍，拥有学士学位的牛津毕业生可以担任英国文法学校校长；而取得硕士、博士学位者，则可以到欧洲任何一所大学去讲课。[4]以前，纵使对汉学感兴趣，很多学生顾及学位问题，也是不敢轻易选学的。我国著名翻译家杨宪益的夫人戴乃迭女士即是在此阶段在牛津改学中国文学的，她的导师就是修中诚，而 1940 年毕业的她幸运地"成为获得中国文学学士荣誉学位的第一人"[5]。1947 年修中诚退休前，

---

〔1〕陈寅恪（1890—1969），江西修水人，中国现代著名的历史、语言和古典文学研究者。1938 年受聘牛津汉学讲座教授，但因战争及外交、行政等诸方面因素的影响，迟至 1946 年才真正到任。到任时，双目几近失明，经过数次手术无大改善，于 1947 年无奈请辞，其高级中国研究计划也只好无疾而终。这是牛津汉学发展的一大憾事！参看程美宝：《陈寅恪与牛津大学》，载《历史研究》2000 年第 3 期。

〔2〕C. f. Connie Chan, "Appendix: Interview with David Hawkes, " *The Story of the Stone's Journey to the West: A Study in Chinese-English Translation History*, Conducted at 6 Addison Crescent, Oxford, Date: December 7th, 1998, p. 304. 另参见大卫·霍克思牛津汉学讲座教授就职演说辞（David Hawkes, Classical, Modern and Humane Essays in Chinese Literature, John Minford & Siu-kit Wong ed., Hong Kong: The Chinese University Press, 1989, p. 7.）

〔3〕参看程美宝：《陈寅恪与牛津大学》，载《历史研究》2000 第 3 期。

〔4〕参看裴克安编著：《牛津大学》，长沙：湖南教育出版社，1986 年，第 25 页。

〔5〕Yang Xianyi, *White Tiger: An Autobiography of Yang Xianyi*, Hong Kong: The Chinese University of Hong Kong, 2002, p. 77.

又促成了牛津电聘中国学者吴世昌来校任教。[1]

综上所述，修中诚对牛津汉学的主要贡献在增设汉学科、为汉学科赢得学位授予权和为牛津联络中国学者等方面。其他方面则以沿袭牛津学院式汉学传统为主，尤其是上文提到的制定课程内容这一方面。修中诚为了打消牛津老学究对新生的汉学科的疑虑，决定让中文教学朝西方传统古典学科希腊文与拉丁文的教学靠近，把教学大纲局限在中国"四书五经"等古籍上。杨宪益当时与女友戴乃迭同在牛津，据他回忆戴乃迭的导师及戴氏在牛津学习中文的情况："修中诚是位和蔼、开明的老绅士，不过，他的兴趣更多是在人文和中国儒学而不是文学，他的汉语也说得不大好。他教戴乃迭读儒家的'四书五经'，其他则几乎没有。戴乃迭对于中国古典诗歌和散文的阅读是在我的建议下完成的，而她有关白话文和现代中国文学的了解，更多的是在与我来到中国后获得的。"[2]戴乃迭在她的《未写完的自传——我觉得我有两个祖国》一书中也曾谈到过牛津学习期间的中文教学内容"包括'四书五经'及一些唐传奇和佛教经典"[3]。1945 至 1947年在牛津汉学专业学习的霍克思也曾在 1998 年的访谈中回忆过当时的学习内容，他提到了《大学》《论语》《尚书》《诗经》《易经》《礼记》《道德经》及《庄子》。[4]除《道德经》及《庄子》属于道家文化外，其他霍克思所列书目均属儒家"四书五经"之列。这样的教学内容致使牛津汉学科的学生接触不到中国唐诗等作品，他们对中国文学可以说是几乎一

---

[1] C. f. Connie Chan, "Appendix: Interview with David Hawkes, " *The Story of the Stone's Journey to the West: A Study in Chinese-English Translation History*, Conducted at 6 Addison Crescent, Oxford, Date: December 7th, 1998, p. 305.

[2] Yang Xianyi, *White Tiger: An Autobiography of Yang Xianyi*, Hong Kong: The Chinese University of Hong Kong, 2002, p. 77.

[3] Gladys Yang, "An Unfinished Autobiography: I Feel I Have Two Motherlands, " *Women of China English Monthly*, Mar 2002, p. 25.

[4] Connie Chan, "Appendix: Interview with David Hawkes, " *The Story of the Stone's Journey to the West: A Study in Chinese-English Translation History*, Conducted at 6 Addison Crescent, Oxford, Date: December 7th, 1998, p. 303.

无所知。

此为修中诚的最大局限，内在的原因一方面是前面已陈述过的西方传统古典学科教学方式的影响，另一方面源于修中诚对中国现代文化所抱有的成见，他在指导戴乃迭时不让她读晚于梁启超的作品，他"认为中国现代文化没有值得学习之处"[1]。中国历史教学的终止线被他人为地划到1911年即中国最后一个封建王朝土崩瓦解之时，局限性很明显。

最后，需要指出的是汉学科学习年限问题。修中诚并没有像一些中国学者所认为的那样，完成三年制改四年制的壮举。[2]戴乃迭1937年入牛津，1940年毕业，学习时间为三年；霍克思1941年入牛津，学习一年后入英国皇家军队服役，1945年二战结束回到牛津，继续学业，1947年毕业，实际学习时间也是三年。修中诚的改革并未触动汉学科学习年限问题，正因此，才有了霍克思1961年汉学讲座教授就职辞中对延长学制问题的极力呼吁。

（二）德效骞时代

牛津第五任汉学讲座教授是德效骞，美国人，1918年曾以传教士身份来华，1925年回国，1947至1959年在牛津主持汉学科工作。其主要汉学成就在《荀子》及《汉书》的译介上，也像理雅各一样，荣获过国际中国文学儒莲奖。1948年2月23日，他在牛津发表了汉学讲座教授就职演说《中国——人文学术之邦》（China the Land of Humanistic Scholarship）。由于是在二战之后，在西方百业待兴、重心由战争转向家园重建与民生安居之时，故而他的演讲强调的是"治学"的中国，把中国几千年来勤于治学、尊重学问的一面加以彰显。"中国治人文学术之勤很少旁的国家能够

---

〔1〕Gladys Yang, "An Unfinished Autobiography: I Feel I Have Two Motherlands," *Women of China English Monthly,* Mar 2002, p. 25.

〔2〕按：裘克安在其《牛津大学》一书第102页中提到修中诚的贡献时，认为修中诚时期已规定"完成4年学业并通过考试者可得文学士学位"。此种说法错误，当时汉学科学习年限仍为三年。熊文华《英国汉学史》中的相关段落及杨国桢《牛津大学中国学的变迁》中的相关叙述均须更正。

158

企及"，"中国人在他们选择的领域里，特别是史学方面，达到世界最高水
平"，"对于学者来说，中国是一个不敢忽视的国家，任何对人类学术活
动的公正总结都必须提到它"。[1]他号召西方学者重视中国这个人文学术
之邦，"现在就训练一大批懂得中国文化的学者"[2]以迎接中国文化的再
次强大。

　　德效骞对中国文化的尊敬及对中国人文学术传统的褒扬有其历史贡
献，他及时提醒西方再次关注迥异于西欧文化的东方文化。他非常欣赏中
国治学的一个优良传统，即后人对前人作品的评注。德效骞以《史记》为
例，"随着时间的消逝，《史记》里面的有些词已不易理解，一卷一卷的注
释出现了。从第二世纪到现在，这种注释、地理辨认、版本考证和说明的
工作一直在继续。对这书的重要注释现在已比原书要长好几倍。中国的学
术就是这样地倍增了它的价值"[3]。德效骞自身的治学就自觉吸收了中国学
术传统的优点，他在翻译《汉书》时，在多年考证与研究的基础上为译文
配以详尽的注释与多个附录，并为每个章节撰写英文简介。熊文华评介道：
"他的译文是建立在个人多年研究基础上的成果，因此相当准确流畅，典
雅而不失厚重。汉学界许多学者认为，该译本不仅是欧美汉学家们的重要
参考书之一，而且还可以作为汉学专业的学生学习中国历史散文的助读作
品。"[4]

　　但德效骞拔高了文言文作为中国人文学术传统的文字负载工具的重
要性，而把中国学问的兴起完全归于难学的汉字书面语的奇特功效，更有
简单化之嫌。也许是西方人学习汉语的不易，使得德效骞把语言学习与道
德修养相提并论："在中国达到高度文化水平不仅是一种智力测验，而且

〔1〕〔美〕德效骞：《中国——人文学术之邦》，裴克安译，见裴克安编著：《牛津大学》，长沙：湖南教育出
版社，1986年，第134-135页。
〔2〕同上书，第155页。
〔3〕同上书，第143页。
〔4〕熊文华：《英国汉学史》，北京：学苑出版社，2007年，第155页。

在某种程度上也是道德测验。学会常用的四五千汉字，并以与口语不同的文体做文章，需要极大的耐性和自制力。这种困难把即使稍为懒惰的人也排除在文人行列之外。只有勤勉的人才能学会有效地读和写。"[1]他认为的"中国文言的很大难度使政权落入有学问人之手"[2]则更是颠倒了因果关系，只看到了中国历史发展的表象。是先习了文言文、有了学问再拥有政权，还是先拥有政权再垄断了学问？这对中国人来说，是无须质疑的事实：掌握政权者垄断知识，不让普通老百姓有习说文言文的机会，以达愚民之效。此外，此处德效骞的推理有以己度人之逻辑错乱问题，对于西方人来说难度颇大的文言文，对中国老百姓并不构成极大困难，他们更缺少的是平等受教育的机会。

德效骞强调文言文，轻视白话文。他甚至把文言文提升为学术活动，而将白话文贬低为纯粹技巧。他认为："一旦掌握文言，白话是不难学习的。所需要的只是了解它略为不同的语法，以及有些字的现代含义而不是古代含义。只是为了实用目的而学说汉话，我认为不是一项学术活动。它需要多练，才能说得流利。这种练习最好到中国去进行，那里有很多机会说话。那是一种技巧，而不是真正的学术研究。"[3]在德效骞眼里，"一个西方人除非也学会能读他们的文献，否则不论汉话讲得多好，他仍然是个文盲"[4]。无论是去传教、经商或是任公职，派"文盲"到中国，那都是一种错误的与中国打交道的方式。"要赢得在中国真正起作用的人，即有教养的人的心，那就非熟悉他们的哲学和文学不可。这就需要懂困难的文言文，而这是一项学者的工作。"[5]显然，德效骞对文言文的过分强调与对白话文

〔1〕〔美〕德效骞：《中国——人文学术之邦》，裘克安译，见裘克安编著：《牛津大学》，长沙：湖南教育出版社，1986年，第138页。

〔2〕同上书，第139页。

〔3〕同上书，第152页。

〔4〕同上书，第153页。

〔5〕同上书，第154页。

160

的过低评价比前几任汉学教授有过之而无不及，能说一口流利现代汉语的他因而从未在任教期间教过学生白话文。[1]伦敦大学的巴雷特在 1987 年他那篇有名的长文《出奇的冷漠》(*Singular Listlessness*) 中给予德效骞的评价只有一句："为了维持厚古薄今的体制而不惜牺牲口语。"[2]除了德效骞本人的偏好外，1947 年出台的"斯卡伯勒报告"也与此不无关系。这个旨在推动东方、斯拉夫、东欧和非洲研究的部际委员会报告，主要关注以上研究的语言和文学方面。报告力主为上述四领域研究建立相当的学术基础，目标是帮助它们成为能与英国一些主要人文学科在传统和质量上相接近的学科。

概而言之，修中诚的教学体制改革、德效骞的学术文化意识以及 1947 年"斯卡伯勒报告"所带来的一大笔专用款项的资助，促使牛津的汉学教学在师生队伍上有了不同程度的壮大。首先，汉学科设立后汉学终于有了自己的专业学生，毕业学生开始统计在册，较之以前的零星学习与非正规听课有了天壤之别。1939 至 1949 年间，牛津汉学科先后培养了 5 名毕业生，50 年代至 60 年代初数量稳步增长，共有 22 名汉学本科生在牛津获得文学士学位。其次，师资方面与先前的汉学教授孤军奋战大不相同，教师队伍由"一个人的班底"(a sort of one-man band) 发展到具有"一个系的规模"(the appearance and proportions of a department)。[3]牛津汉学科的师资首先是 1948 年在修中诚促成下来到牛津的中国学者吴世昌。1953 年，霍克思文学硕士毕业后也加入了汉学讲师行列，他与吴世昌一道努力开设

〔1〕参见 *PP's Foolland*（《土孩子：麦穆伦的五十年中国故事》）。按：麦穆伦的访谈回忆中所提到的 "Homer H. Dought" 实为德效骞，但姓名拼写上有错，应为 "Homer Hasenplug Dubs"。

〔2〕T. H. Barret, *Singular Listlessness*, Longon: Wellsweep, 1989. 转引自熊文华：《英国汉学史》，北京：学苑出版社，2007，第 182 页。

〔3〕David Hawkes, "Chinese: Classical, Modern and Humane, An Inaugural Lecture delivered before the University of Oxford on 25 May, 1961," David Hawkes, *Classical, Modern and Humane Essays in Chinese Literature*, John Minford & Siu-kit Wong ed., Hong Kong: The Chinese University Press, 1989, p. 3.

了一些相对现代的汉学课程，如对明清小说和鲁迅短篇小说的研读。1956
至 1959 年间，牛津汉学科专任教师至少有 4 人，除霍克思和吴世昌外，还
有汉学科主任德效骞及教员沃特金斯（Watkins）。此外，加拿大汉学家杜
百胜（W. A. C. H. Dobson，1913—1982）和华裔学者齐思贻早年也曾先后
任教牛津。中国学者刘程荫（原名程荫，英文名 Dorothy Liu，现牛津大
学教授刘陶陶博士的母亲，时为伦敦大学亚非学院中文教师）也曾短暂
在牛津教授中国书法。

（三）霍克思时代

牛津专业汉学的正式确立始自霍克思，霍氏是牛津大学第一位具有专
业汉学学者背景的汉学讲座教授。他 1959 年年末受聘任牛津汉学讲座教授
一职，1961 年 5 月发表就职演说辞，1962 年接替德效骞成为牛津汉学科主
任[1]，直至 1971 年。在长达十二年的任职期间内，霍克思以其汉学讲座就
职辞为纲，兢兢业业推动牛津专业汉学的确立与完善。

第二节　汉学讲座教授就职演说辞

牛津汉学讲座教授就职演说辞犹如新晋汉学教授的汉学宣言，是其汉
学理念一次公开、正式的阐释。霍克思 1961 年 5 月 5 日发表的就职辞《古
典、现代和人文的汉学》（*Chinese: Classical，Modern and Humane*）被认为
"不仅展示了他的博学（erudition），而且展露了他对扩展与激活中国文学
研究的关切之心（his concern for the broadening and enlivening of Chinese
literary studies）"[2]。他在继承前任德效骞人文思想的基础上对牛津汉学教

---

〔1〕参见 *PP's Foolland*（《土孩子：麦穆伦的五十年中国故事》）。
〔2〕David Hawkes, Classical, *Modern and Humane Essays in Chinese Literature*, John Minford & Siu-kit Wong ed.,
Hong Kong: The Chinese University Press, 1989, the back cover.

学与研究提出了新的规划，为牛津汉学学科地位的进一步稳固与发展做出了贡献。

一、延长汉学学制

霍克思在就职演说辞中认为，用两年半或至多三年的时间来教习汉语，这一制度是愚蠢的；至于研究生，将更不可能有足够的时间来进行语言学习。霍克思的言论并不是危言耸听。牛津汉学科新生头两个学期除了学习汉语外，还要学习其他很多门课程，如此，真正学习汉语的时间实际不到三年。再加上英国全民义务兵役制于 1960 年废止，来汉学科学习的新生也就失去了在入学前的服兵役期间接受语言培训的机会，汉学科的教学需要从零开始。这从某种程度上说，是牛津汉学的倒退。现状让霍克思忧心如焚！他分析牛津当前所开设的除东方语言之外的其他外语专业，发现它们的两种教授方式即教现代语言的方式和教古典语言的方式，都无法用于汉语教学。因为这些外语，通常大学新生都已在中学阶段学习过四至五年，而汉语却没有在中学普及。针对上述现状，霍克思一方面提出殷切希望，希望英国中学在他有生之年能最终开展汉语教学；另一方面，他认为更为重要的是尽快促成汉学优等学位课程能同西方古典学或化学学科一样开设四年，以满足基本汉语教学的有效开展。

二、确保学科独立性

20 世纪 50 至 60 年代，英国的汉学研究领域发生了一场激烈争论：究竟是维持独立的中国研究（在独立的系或科中进行）？还是将中国研究的各个主题整合入其他经济、地理或现代历史等院系？对此，霍克思明确提出了自己的意见："汉学科学生应该是在语言和文学方面接受了完备的基础训练的本科毕业生，由他们去进修成为其他学科中未来的中国问题专家，而不应该把次序倒过来。"中国文化的爱好者或汉学家，都热切盼望能有越来越多的能够使用汉语原始文献的中国历史专家、中国哲学专家和中国社会科学专家出现，但霍克思认为，这并非汉学科培养责任所在。不过基于汉学科自身的特色，霍克思主张汉学科应做到"乐于充当其他学科的助手"（a handmaid-subject to other disciplines），如，始终乐意为历史研究生开设中文课，并因之尽快改进语言教学方法。

三、拓展教学内容

　　中国文学遗产博大精深，美不胜收，汉学教学所选择的却只是其中微乎其微的一小部分。霍克思在比较他所生活的时代与八十五年前牛津第一任汉学教授理雅各生活的时代的变迁后，从汉学教学的任务出发，为牛津汉学确立了新的教学内容。霍克思认为，在理雅各的时代，汉学教什么基本不用考虑，非儒家经典莫属；可如今时代变了，中国由奉行儒学的清王朝走向了拥立马克思主义的共和国，中国人在五四运动大潮下更是一举推翻了儒学的经典地位。如今的汉学该教什么？在霍克思看来，儒家的哲学著作不必摆得比同时代其他学派的相关论著更为重要，先秦的作品也未必就比晚近的论著来得优秀。汉朝司马迁、班固的史书，六朝及唐代的诗歌，宋元明清时期的话本、戏剧及小说，等等，与公元前 3、4 世纪的哲学著作在重要性与价值上不相上下。在此情况下，霍克思从汉学的培养任务出发，干脆利落地指出："汉学科的任务既不是训练口译人员，也不是为了沉湎于异国趣味或是揭示某个东方掌握而西方一无所知的神秘真理，或是钻研呆板的亚洲经院哲学，汉学科的任务就是文学。"如前所述，霍克思主张汉学研究要以文学研究为基础，而在汉学教学内容上，我们发现霍克思仍然坚持以文学为任务。"如果大学里不用文学——那些本身值得一读的书籍来教授语言，"霍克思在演讲末郑重宣布，"那么至少我是不愿意当大学老师的。"

值得注意的是，霍克思所用的"文学"概念是广义的文学，不仅包括英国传统汉学所看重的历史、哲学等方面的文献典籍，更包括诗歌、小说、戏剧等鲜活的文学文本。这从以上霍克思比较中国古今典籍的价值与重要性及英文原文"文学"后以破折号引导的解释语"那些本身值得一读的书籍"均可看出。文学的范围既包括英国传统汉学研究中的儒家典籍如"四书五经"等，也包括与儒学同时代的其他如道家、法家等学派的典籍，同时也包括此后中国漫长的历史如汉、唐、宋、元、明、清甚至民国等时代留下的文学遗产。比较牛津第一代汉学教授理雅各的文学观念——"中国有历史的文献"或"古代文献"一说，显然牛津汉学的教学内容在霍克思手上变得更为生动与有趣，更加接近真正的中国。无论在实际操作中有了多大程度改观，至少在教学理念上已不再局限于传统的"四书五经"，而是提倡汉学教学内容的多元化。"汉语的学习不仅仅是学习一种语言。它是学习另一种文化、另一个世界，正如米歇莱所说的，'亚洲尽头的另一个欧洲'。走进这样一个令人眼花缭乱的文学宝藏，如果从辉煌的器物中只挑选上一只伯明翰出产的小铜烟灰缸，那就表明此人不仅缺乏想象力和情趣，也不配在大学从事任何一种教育。"的确，面对美不胜收的中国文学宝藏，西方汉学可大展拳脚之地绝不会少。

在此后的汉学研究中，霍克思都一直坚持文学的根本地位，在 1978 年的一篇评薛爱华《步虚：唐代奔赴星辰之路》的书评中，霍克思赞扬薛爱华的博学特性时，其中有一条就是薛氏拒绝把学术与文学相分离（the refusal to separate learning from literature）。显然，霍克思认为这是薛氏的一大优点，也是其论著保有学术性的一大因素。

四、本位在汉学研究

　　持续开展的贸易、外交和传教活动是英国汉学研究几乎与生俱来的三重动机怪圈，长期制约着英国汉学的进一步发展。德国汉学家马茂汉、魏思齐（Zbigniew Wesolowski，1957—）都曾对此予以评判。马茂汉曾说："英国对于中国的研究，向来是经济利益的考量超过文化的兴趣，……在牛津和剑桥两地，只有屈指可数的几位教授埋首于英伦传统汉学研究。"[1]而魏思齐在总结英国汉学研究的特征时有一条是"不列颠有一个非常强调功利与现实价值的汉学传统／中国研究，过于强调现实政治与经济价值，在所谓'古典'汉学学术研究方面可能大打折扣"[2]。直到 1987 年，巴雷特在伦敦大学亚非学院学术研讨会上的发言仍然批评英国汉学的三重动机怪圈，"在中国学领域，实用主义同中国学与生俱来，一直占据着主导地位。实际上把政治、外交、贸易的需要作为前提，而中国学自身发展所要求的学科和领域，却未能无条件地加以推进……即使在今天，压抑学院派的风气仍然没有改变"[3]。三重动机怪圈影响之广泛，从英国书店有关中国的书籍通常被放置在地理志或旅游类书架上也可窥一斑。霍克思的前任德效骞已为摆脱三重动机怪圈做出了尝试性努力，他提议关注"治学的中国"的存在。仔细分析德效骞的主张，我们发现他在用大量篇幅强调中国文言文的重要性及中国人文学术传统后却最终得出了这样的结论：不懂中国文言文的西方人因无法阅读中国的文献而被称为文盲。"对于这样具有高度文明的人民，西方派文盲去做政治官员、商界高级代表或者传教士，那是错误的打交道方法。……他将不能对最低阶层以外的人施加任何文化影

〔1〕〔德〕马茂汉：《德国的中国研究历史、问题与现状》，见张西平编：《欧美汉学研究的历史与现状》，郑州：大象出版社，2006 年，第 266 页。
〔2〕〔德〕魏思齐：《不列颠（英国）汉学研究的概况》，载《汉学研究通讯》2008 年第 2 期。
〔3〕T. H. Barret, *Singular Listlessness*, London: Wellsweep, 1989. 转引自陈友冰：《英国汉学的阶段性特征及成因探析——以中国古典文学研究为中心》，载《汉学研究通讯》2008 年第 3 期。

响。……要赢得在中国真正起作用的人，即有教养的人的心，那非得熟悉他们的哲学和文学不可。"[1]可见德效骞虽然强调从中国的哲学与文学中去了解中国，但终归其目的，还是囿于英国汉学研究的三重动机怪圈之中。

挣脱这种怪圈的重任只有作为专业汉学家的霍克思才能完成。作为专业学者他能抛开政治、经济、宗教等外部因素的干扰，真正把汉学当作一个学科来建设，真正把汉学视为一项学术来开展。霍克思以专业学者的身份第一次明确表达出英国汉学研究的目标是了解另一种文化与另一个世界，难能可贵地挣脱了三重动机怪圈的束缚。霍克思在 1961 年的汉学讲座教授就职演说辞中清楚地对三重动机怪圈做出了批评，指出"牛津大学、剑桥大学、伦敦大学的汉学讲座教席均为新教传教努力、商业进取和殖民扩张结合下的产物"[2]。作为二战后成长起来的一代专业汉学家，他与前辈汉学家有着不同的治学理念与治学模式。如前所述，他推翻了汉学前辈旨在培养口译人员或外交领事的汉学目标，斩钉截铁地指出，"汉学所需要的倒是一大批这样的青年男女，他们把中文当作工具之一，用以研究历史、文学、经济、政治、地理、科学或艺术；他们使中国文学成为自己整个文化经历的一部分"[3]。

五、文言与白话并重

霍克思在 1961 年的就职演说辞中花了较大篇幅强调文言文和白话文在学术研究中所具有的同等重要性，也就是其演说辞标题中"古典"与"现

---

[1]〔美〕德效骞：《中国——人文学术之邦》，裘克安译，见裘克安编著：《牛津大学》，长沙：湖南教育出版社，1986 年，第 153-154 页。

[2] David Hawkes, "Chinese: Classical, Modern and Humane, An Inaugural Lecture delivered before the University of Oxford on 25 May, 1961，" David Hawkes, *Classical, Modern and Humane Essays in Chinese Literature*, John Minford & Siu-kit Wong ed., Hong Kong: The Chinese University Press, 1989, p. 7.

[3] Ibid. p. 22.

代"的含义所在。"我们必须掌握他们用于写作的不论哪一种语言。如果他们改革汉字——正如他们最近所做的那样——我们就必须掌握简化汉字。如果他们实行拼音化——正如他们所声称的那样——我们就必须学会新的拼写方式。……研究汉学一超过基础水平，就要求既懂白话文也懂文言文，不论我们的兴趣在于古文字学、音韵学、哲学、佛教、古代史、诗歌、小说、戏剧还是现代史。"[1]当时，英国汉学界流行着一种把文言文和白话文对立起来的观点，认为英国需要现代研究（Modern Studies），而白话文是现代的，因此，牺牲文言文以加强白话文教学最有利于现代研究的推进。霍克思针锋相对地提出了白话文与文言文须并重的主张：两种语言都需要学习。汉学研究中需要阅读大量由中国出版的教科书与其他文献，这是毋庸置疑的。不能同时掌握文、白两种语言，在霍克思看来，不仅是堵死了某些门径，而且也束缚了研究者的手脚，甚至使得他的研究徒劳无功。因为现代很多中国学者以白话文写作，"不读他们的著作，我们就会因偏狭而可笑"[2]，"人们常常会忘记西方汉学研究对中国本国著作的依赖程度"[3]。事实上，中国文学就是用两种不同的语言撰写而成的，白话文与文言文哪个能放弃呢？霍克思指出，现代研究有助于了解新中国的方方面面，自然有其存在的合理性。任何一个关心汉学的英国人都不会否认，有必要对现代中国的历史和政治制度加以了解和进行科学研究。但选择现代研究并不意味着只需要掌握白话文，研究深入时就会遭遇大量的古代文献资料，更何况还有古代中国的研究。霍克思"古典与现代并重"的主张无疑是正确的，这既是对当时出现的一味重视现代白话文的风气的反拨，也是对德效骞单方面强调文言文的纠偏。

　　霍克思对此观点身体力行。《中国诗歌中的超自然现象》（*The*

---

〔1〕Ibid. p. 19.

〔2〕Ibid.

〔3〕Ibid. pp. 18–19.

Supernatural in Chinese Poetry, 1961）是霍克思稍早于此演说辞发表的一篇研究论文，在此文中我们发现，霍克思在引证自己 1959 年出版的《楚辞》译本时，已将其中的威氏注音符号改成了中华人民共和国 1958 年 2 月 11 日正式批准并公布的汉语拼音。[1] 1985 年出版的《楚辞》英译修订本对汉语拼音的重视则无疑说明了此观点是霍克思多年来一直坚持的主张。而威氏注音符号至今仍有一些外国学者在沿用，"连中国的正式刊物也是直到 1979 年才正式废止此注音方式"[2]。霍克思治学的前沿与严谨可见一斑。

综上所述，霍克思的汉学讲座教授就职辞演说在汉学发展的新形势下就学习年限、教师配置、教学内容、教学目标及语言掌握等问题一一给出了与前辈汉学教授完全不同的回答。在霍克思的带领下，牛津的汉学研究终于从延续了近百年的学院式汉学时代迈向了专业汉学时代，汉学家们各自涉猎、汲古拾奇式的研究也被系统的、各有所专的教学与译评所代替。牛津汉学由此迎来了一个发展高峰。

第三节　牛津汉学教学实践

霍克思自 1953 年开始在牛津执教，至 1971 年辞去牛津教职，前后近二十年教学生涯。牛津汉学讲座教授一席的受聘是霍克思汉学活动生涯的重要里程碑，不仅标志着霍克思汉学研究斐然，已成长为牛津专业汉学的代表，也预示着他的汉学研究成果、理念与心得将影响牛津同行，并培养出下一代的汉学青年。也正因如此，20 世纪 60 年代成为英国汉

〔1〕David Hawkes, "The Supernatural in Chinese Poetry," David Hawkes, *Classical, Modern and Humane Essays in Chinese Literature*, John Minford & Siu-kit Wong ed., Hong Kong: The Chinese University Press, 1989, pp. 47-48.
〔2〕忻剑飞：《世界的中国观——近两千年来世界对中国的认识史纲》，上海：学林出版社，1991年，第294页。

图4.1
20世纪50年代，大
卫·霍克思与德效
骞、吴世昌在牛津
—
图片来自
香港中文大学特藏库
"霍克思文献"

学发展史上的黄金期，霍克思在这十年间为英国专业汉学建设做出了巨大贡献。

一、成功延长汉学科学制

牛津大学由各学科组成各自的教师团（Faculty）负责课程设置、考试和授予学位与文凭。霍克思汉学讲座教授就职演说辞中延长学制的提议是否在当年获得了东方学系的支持？牛津大学东方研究院图书馆馆长托尼·海德（Tony Hyder，1942—）60年代曾在霍克思门下求学，恰可查核。托尼1942年出生，曾英译李健吾剧本《这不过是春天》（1934）和《十三年》（1937），2000年后成为一名自由翻译家和编辑。据《石兄颂寿集》附录《撰稿人信息》，托尼确实"于1961至1965年在霍克思指导下在牛津攻读汉学学位"[1]。而1961年正好在牛津完成汉学学习的约翰·基廷斯（John

---

[1] C. f. Rachel May & John Minford, "Notes on Contributors: Tony Hyder, " Rachel May & John Minford ed., *A Birthday Book for Brother Stone: For David Hawkes*, at Eighty, Hong Kong: The Chinese University Press, 2003, p. 359.

Gittings，1938—）则恰可证明牛津汉学学制的改换就发生在霍克思发表汉学讲座教授就职演说辞之后。据《石兄颂寿集》附录《撰稿人信息》，基廷斯于 1958 至 1961 年正好前后三年的时间在牛津大学汉学科受教于霍克思[1]。据 20 世纪 40 年代曾与霍克思一同在牛津求学的中国学者裘克安编著的《牛津大学》，我们发现牛津的汉学科自 1961 年霍克思提出延长学制后，一直保持了四年的学习年限。书中明确指出攻读汉学的牛津学生所需年限为四年，其中包括在东方学习三个月。[2]

二、改革汉学教学大纲

相较于延长学制，霍克思另一大举措即改革牛津可笑的汉学教学大纲，起步更早，不过成效更受限于师资个人旨趣与能力。当年霍克思在牛津就读期间，就有一两位同学因不满牛津汉学教学内容而离开，他们最终前往汉学教学开展较好的荷兰莱顿与法国巴黎求学；而霍克思也是在当时下定决心寻找机会亲历中国，感受与学习真正的中国文化。[3]霍克思在 2002 年接受香港城市大学鄢秀女士访谈时，仍然不忘批评牛津最初的汉学教学大纲，他认为只有"四书五经"的教学内容"古古古，都是这个，very……古代古代！"[4]这导致霍克思牛津汉学专业毕业后"一个白话字都不懂"[5]，也不知道"中文该怎么发音"[6]，以至于 1948 年 8 月他顺利抵达北平，在燕氏夫妇帮助下注册为北大研究生时，认为"这简直就是一个笑话，

---

〔1〕C. f. Rachel May & John Minford, "Notes on Contributors: John Gittings, " Rachel May & John Minford ed., *A Birthday Book for Brother Stone: For David Hawkes*, at Eighty, Hong Kong: The Chinese University Press, 2003, p. 357.

〔2〕参看裘克安编著：《牛津大学》，长沙：湖南教育出版社，1986 年，第 57 页。

〔3〕C. f. Connie Chan, "Appendix: Interview with David Hawkes, " *The Story of the Stone's Journey to West: A Study in Chinese-English Translation History*, Conducted at 6 Addison Crescent, Oxford, Date: December 7th, 1998, p. 303.

〔4〕鄢秀：《D. Hawkes 与中国语文》，载《语文建设通讯》2003 年第 75 期。

〔5〕同上。

〔6〕同上。

因为我什么'研究'也做不了——我连话都不会说。我只能旁听"[1]。霍克思 1953 年担任牛津汉学科中文讲师后，为避免学生重蹈覆辙，即贯彻"古典与现代并重"的原则，逐步对汉学教学大纲进行大幅度的修订。

就目前掌握的文献史料来看，霍克思、麦穆伦、基廷斯和闵福德四位先后在牛津汉学就读的学子，曾就他们就读期间的教学内容进行过较为具体的回忆，恰可兹对比，以便直观感受霍克思逐步推进牛津汉学教学大纲改革的艰辛与成效。霍克思学生时代（1945—1948）是牛津汉学科地位刚确立之时，其时的教学大纲代表了初有自己专业学生的汉学科的学生培养情况，作为参照系的起点非常合适；麦穆伦学生时代（1956—1959）[2]是霍克思作为中文讲师开启教学大纲改革初见成效之时，与随后的基廷斯学生时代（1958—1961）形成了很好的互补，可以见证霍克思 1959 年担任汉学讲座教授、1961 年成为汉学科主任前后牛津汉学教学大纲的巨大变化；闵福德学生时代（1966—1968）则是牛津汉学教学大纲改革尘埃落定之时，他的回忆可以帮助我们直观看到改革的最终成效。

霍克思学生时代的汉学教学大纲为教习"《诗经》、《大学》、《尚书》、《易经》、《礼记》（包括《大戴礼记》与《小戴礼记》）、《道德经》、《论语》、《庄子》等中国典籍"[3]。麦穆伦学生时期的汉学教学内容有"《论语》《庄子》《老子》《春秋》《左传》《史记》《诗经》和《唐诗三百首》等"[4]。基廷斯的回忆："在霍克思与新聘牛津汉学同事、颇具天赋的吴世昌先生的共同努力下，牛津的汉学教学大纲有了相对现代的阅读文

---

〔1〕同上。

〔2〕C. f. Rachel May & John Minford, "Notes on Contributors:Ian Mcmorran, " Rachel May & John Minford ed., *A Birthday Book for Brother Stone: For David Hawkes, at Eighty*, Hong Kong: The Chinese University Press, 2003, p. 362.

〔3〕Connie Chan, "Appendix: Interview with David Hawkes, " *The Story of the Stone's Journey to the West: a Study in Chinese-English Translation History*, Conducted at 6 Addison Crescent, Oxford, Date: December 7th, 1998, p. 303.

〔4〕见 *PP's Foolland*（《土孩子：麦穆伦的五十年中国故事》）。另可参看麦穆伦：《中文是多么美丽的语言》，2007 年 3 月 8 日。

本。到 50 年代末，本科生的指定读本已包括明代的通俗小说、20 世纪作家
鲁迅的短篇故事……通过霍克思的生动展现，我们这些英国学生逐步触摸
到了一个充满活力的中国和一群充满人性的中国人，这是以往古代典籍的
学习不易体悟到的。"[1]闵福德回忆他 1966 年 4 月转入牛津汉学科时的教学
大纲为教习"《孟子》、Great Classical Chinese by Inductive Method、《春秋
左传》、《道德经》、《庄子》、《今古奇观》、元杂剧、鲁迅小说、《红楼
梦》"[2]。

　　从教学大纲内容的变化可见，麦穆伦学生时期相比霍克思学生时期，
教学内容多了两部著作，即引入了更具故事性的《史记》和给学生深刻印
象的诗歌启蒙读物《唐诗三百首》。不过，整个汉学科教学还是遵循西方
古典学科的建制。麦穆伦曾具体回忆过他当时上汉学课的情景，为后人了
解当年的汉学教学留下了宝贵资料。他说："课基本上是翻译课，把英文
翻译成古文，然后比对已有的译文，尽量地逼近再逼近。最迂阔也是最疯
狂的作业是把《泰晤士报》的新闻和社论翻译成汉语，当然，还是古文的。
接触过的仅有的几篇白话文章是鲁迅的《狂人日记》《孔乙己》和胡适的
一篇文章。"[3]汉学教学在德效骞的带领下围绕古文，以枯燥的翻译练习为
主。而霍克思作为德效骞的接班人，经由他的大声呼吁与大力推行，牛津
汉学教学大纲日益文学化与现代化。据《中国欧洲学》，1962 年牛津汉学
系中国文学专业教学大纲为"《诗经》、《楚辞》、唐诗、小说（包括《今

---

〔1〕C. f. John Gittings, "Obituary," The Guardians, 25/8, 2009. 原文为 "The syllabus edged forward with relatively
more modern texts taught by Hawkes and by a new Chinese colleague, the talented Wu Shichang. By the end of
the 1950s, the set texts for undergraduates included popular fiction from the Ming dynasty and short stories by
the famous 20th-century writer Lu Xun. … Through Hawkes's lively exposition we began to grasp the vitality
and humanity of China and the Chinese, which were harder to discern in the classical canon"。另可参看 Wu
Shihchang, On the Red Chamber Dream, Oxford: The Clarendon Press, 1961, p. 472.
〔2〕John Minford's Hang Seng University Lectures in Hong Kong, April 21th, 2018.
〔3〕见 PP's Foolland（《士孩子：麦穆伦的五十年中国故事》）。

古奇观 》《 红楼梦 》《 老残游记 》《 呐喊 》)"[1]。霍克思在接受鄢秀访谈时还就教学内容补充过 "《 史记 》、陶渊明的作品和《 阿 Q 正传 》"[2]。它们大大改变了牛津汉学只注重 "四书五经" 等儒家典籍研习的传统，有了较多中国历代文学佳作的鉴赏。

　　从霍克思学生时代到麦穆伦、基廷斯学生时代再到 60 年代教学大纲改革后的课程内容，我们能看到牛津汉学科逐步出现的现代气息，更能感触到霍克思任汉学教授后改革教学大纲的力度。比较前两个时段的教学内容，相隔十多年的时间，变化是多么微小，而 1959 年这一年的教学内容却有了质的变化，可以说，除《 诗经 》《 史记 》和唐诗外，其他的教学内容都是全新的。

　　当然，要注意的是，霍克思在教学大纲中并没有摒弃中国典籍的研习。因为霍克思据切身的汉学经历知晓，本科阶段典籍的学习是汉学科学生一项必经的磨炼。他反对的是抬高儒家经典的思想、文学价值，但对于它们的语言学习作用并未否认。他的中国古代文化积淀深厚，整个中国古代历史发展在他心中形成相当清晰的脉络。他擅长在学术论文中旁征博引《 山海经 》《 尚书 》《 国语 》《 左传 》及《 史记 》等中国典籍中的文字来佐证自己的论证，行文游刃有余，牛津中国典籍的学习功效展露无遗。面对鄢秀女士 "当年 '四书五经' 的安排对您真是一点用也没有吗？" 的提问，霍克思深思后认真承认，不该老拿 "四书五经" 开玩笑，"他认为 '四书五经' 的学习为他日后的语言学习打下了扎实的基础"[3]。霍克思牛津学习期间购买的第一本汉语书就是一本文言文著作——清光绪二年浙江书局据明世德堂本校订出版的晋代郭象注《 庄子 》。[4]

---

[1] 黄长著等编：《 欧洲中国学 》，北京：社会科学出版社，2005 年，第 398 页。

[2] 鄢秀：《 D. Hawkes 与中国语文 》，载《 语文建设通讯 》2003 年第 75 期。

[3] 同上。

[4] C. f. Wu Jianzhong, "The David Hawkes Collection," *Llyfrgell Genedlaethol Cymru The National Library of Wales Casgliad David Hawkes Collection* 霍克思文库, Aberystwyth: The National Library of Wales, 1990, p. iv.

三、教师配置专业化

"教学内容足够广泛和人文化,以满足兴趣不限于语言学的同学的需要。"[1]摒弃不假思索的对比和误导性的归类,注重将中国文学"作为整个人类文化遗产的一部分来呈现"(presenting Chinese literature as a part of our total human heritage)。"对于学生中产生的古代史、现代史、哲学、宗教、古文字学、考古学或艺术的专门兴趣多加鼓励,并聘请相关专家施教。"[2]

上文曾提到 1959 年时,牛津汉学科有教师 4 人,除高级讲师中国学者吴世昌和中文讲师霍克思师徒俩外,还有懂得七八种亚洲语言的沃特金斯及美国人德效骞。沃特金斯酗酒,经常不能正常授课;德效骞脾气暴躁且责任心不强,曾把学生麦穆伦申请"斯卡伯勒报告"资助的申请书遗失,以致麦氏只好延缓一年前往东方学习。[3]霍克思在 1998 年的"访谈录"中亦对其态度有所保留。

1959 年霍克思就任牛津汉学讲座教授后,逐步增设了中国历史、中国哲学和中国文学三门课程供学生选择。牛津除汉学讲座教授之外,还设置了中国文学、历史、宗教等讲师职位,并力聘国内外的著名学者担任。牛津汉学的教学编制从而由 1959 年汉学教授加讲师总共 4 人的队伍扩展为由汉学教授 1 名、专职讲师 4 名、兼职讲师 1 名及 1 名指导老师(instructor)组成的 7 人队伍[4],较为完善。查考文献[5],60 年代,除霍克思作为汉学教

[1] David Hawkes, "Chinese: Classical, Modern and Humane, An Inaugural Lecture Delivered before the University of Oxford on 25 May 1961," David Hawkes, *Classical, Modern and Humane Essays in Chinese Literature*, John Minford & Siu-kit Wong ed., Hong Kong: The Chinese University Press, 1989, p. 23.

[2] Ibid.

[3] 见 *PP's Foolland*(《土孩子:麦穆伦的五十年中国故事》)。

[4] 黄长著等编:《欧洲中国学》,北京:社会科学出版社,2005 年,第 398 页。

[5] 按:参看裴克安编著:《牛津大学》,长沙:湖南教育出版社,1986 年,第 103-104 页。

授主讲中国诗歌外，牛津大学的汉学教员还有：杰弗里·鲍纳斯（Geoffrey Bownas，1923—2011），时为牛津兼职讲师，讲授中国官话；杜德桥，讲师，讲授现代汉语；麦穆伦，讲师，讲授中国古代汉语及南宋理学；中国学者吴世昌，高级讲师，讲授中国文学史、中国散文史、中国诗、甲骨文等课程，其中《红楼梦》教学给学生留下深刻印象；华裔学者齐思贻（1918—1986）1964年赴美任印第安纳大学东方语言系及文化系教授前，于此讲授中国佛教；雷蒙·道森讲授中国古文和先秦哲学。70年代初又有伊懋可[1]加入教师队伍，主要讲授中国历史及经济史课程。霍克思邀请到雷蒙·道森加盟牛津汉学尤其值得一提：雷蒙与霍克思同年，亦同属牛津首批专业汉学家，有着十分相似的经历，两人都为牛津汉学建设尽心尽力。雷蒙与霍克思一样，学业被战争打断，他1941年伊曼尔学校毕业，入牛津大学瓦德汉学院学习，参加完学校组织的人文学科学士学位第一次考试（Honour Moderations in Literae Humaniores）后，雷蒙参加了英国皇家空军部队。二战结束后他回到牛津，1947年12月以优异的成绩毕业。在伦敦待了一段时间后，如同霍克思一样，他也得到"斯卡伯勒报告"的资助，得以回到牛津学习汉语，1950年以优等学位毕业。1952年雷蒙开始在大学从教，先是担任杜伦大学中国宗教与哲学讲师，为该校的汉学教学打下了坚实的基础。1958年，他在杜伦大学开设了汉学荣誉课程（An Honours Course in Chinese）。1961年，霍克思邀其回到母校担任牛津大学中文讲师，讲授中国古文和先秦哲学，直至1990年退休。雷蒙1963至1990年间同时兼任牛津大学瓦德汉学院研究员（fellow in Wadham College, Oxford），为该院的东亚语言研究确立了重要的传统。[2]

---

〔1〕按：伊懋可1973至1989年是牛津大学圣安东尼学院研究员（Fellow of St. Antony's College, Oxford）。
〔2〕黄长著等编：《欧洲中国学》，北京：社会科学文献出版社，2005年，第398页。其他有关道森的信息见杜德桥发表在2002年11月21日《独立报》（The Independent）上的讣文 Crossword Setter and Interpreter of Confucius。

176

四、采购图书与创编丛书

为了配合新的教学大纲，霍克思继之着手改变牛津东方研究所汉学馆藏均为古籍的现状。德效骞任汉学教授时，曾成功鼓动教师捐赠私人藏书，建成了汉学图书馆。但问题在于那些一直教授和研究中国"四书五经"等儒家经典的学者们捐出的都是古籍，汉学科学生课堂内外只有古籍可看，这对于主张人文化教学的霍克思来说是个亟须改变的现状。霍克思的解决办法是有计划地组织牛津购进中文图书，这样就能解决汉学学生只有文言本可看的无奈，同时汉学科的健康发展也得到了资料保证。

1961 至 1971 年，霍克思受美国学者启发，与同事创办"牛津东亚文学丛书"（*Oxford Library of East Asian Literatures*），自任主编，致力于东亚文学作品的全译。此丛书的宗旨是：为想要了解东亚文化但又不识其语言的学者们服务，为他们提供相关论著的全貌，而不仅仅是印象或节译。显然，这是一套像霍克思《楚辞》译本一样，由能为汉学研究服务的英译典籍作品组成的丛书。

在霍克思任主编期间，这套丛书先后诞生了《中国汉魏晋南北朝诗集》（*An Anthology of Chinese Verse: Han, Wei, Chin and the Northern and Southern Dynasties*，1967）、《李贺诗集》（*Poems*，1970）、《战国策》（*Chan-Kuo T'se*，1970）、《陶潜诗集》（*Poetry of Tao Chien*，1970）、《刘志远诸宫调》（*Ballad of the Hidden Dragon*，1971）等一系列中国文学译作，丰富了汉学科中国文学专业学生选修课程和课外阅读的书目。

五、践履重兴趣、平等、谦逊的教学理念

霍克思的教学，看重学习真本领与培养真兴趣，而不是在考试中拿高分。无论是开设诗歌方面的汉学讲座，还是每周一次对学生的个别指导

（tutorials），霍克思都不希望学生担心考试问题。他甚至每每因要以几张试卷来判定学生的成绩，心中感到不自在。霍克思主张向学生传输一定的知识，然后给予学生足够的自由去消化它。学生的学习完全由学生自己负责，主张学生以自己的速度稳步推进，逐步开发出属于学生个人的兴趣。对于牛津苛严的博士学位授予条件，他颇有微词："我们嘲笑那些部落的加入仪式过于苛刻，但我们在博士学位授予上做的是同样的事情：过了，你就是我们中的一员。"[1]言语中无不透露出他对执行得过死的条条框框将埋没青年学子的担忧。

霍克思主张为师谦逊。学生班巴诺（Jacques Pimpaneau，1934—2021）回忆到，汉学家彼此习以为常的相互指摘在霍克思这里完全没有，嫉妒被体贴与关心所替代，"每次他要教你时，那语气却几乎像是在道歉"[2]。他拿着新书《杜诗入阶》去看班巴诺时说的是，"它也许对学生有用"[3]。面对学生，一句"它也许……"，尽显霍克思的谦逊为人与惯常作风，他并没有因面对的是学生而有丝毫的架子。学生与老师之间是一种平等的关系，在霍克思看来，师生间唯一的不同是老师掌握了一些学生所不知道的信息和观点，而他很乐意跟学生分享。霍克思视生如友、平等相待、坦诚互砺的为师之道，帮助他的学生能尽可能开发自己的潜能并最终找到一生最想去呵护的兴趣。

回顾他与学生闵福德相处的几个片段，亦能很好地说明他的教学理念。闵福德 1964 年入牛津大学贝利奥尔学院（Balliol College, Oxford），学了两年政治、哲学、经济学和林学，均未找到兴趣点，1966 年夏随机选择的一门中文课程使他转入汉学科学习。毕业前考察交流，闵福德夫了香

---

〔1〕Jacques Pimpaneau: "A Walk in Blenheim Park, and Afterwards" , May, Rachel & Minford, John ed., *A Birthday Book for Brother Stone: For David Hawkes, at Eighty*, Hong Kong: The Chinese University Press, 2003, p. 69.

〔2〕Ibid.

〔3〕Ibid.

港，也因之知道了《红楼梦》，1967 年 4、5 月间他回到牛津，拿着从香港寄宿的中国家庭学来的"红楼梦"3 个字请求老师为其讲授《红楼梦》。时在东方学系担任讲师的是刚获牛津大学博士学位的年轻学者杜德桥，他拒绝了闵氏的要求，并告诉闵氏，"《红楼梦》是一本危险的书，它挑战了基督教伦理，它会改变你的人生"。闵福德抗议，"教学大纲上不是明明列有《红楼梦》嘛！"老师们说，"得，那你就等霍克思教授度完学术假从美国回来后问问他，他痴迷《红楼梦》"。[1] 1967 年 9 月，霍克思度完学术年假回到牛津，闵福德找上门。听到有学生要学《红楼梦》，他顿时两眼放光，欣然允诺。这是第一个要修《红楼梦》的学生，也是当年汉学科 4 个学生中的唯一一个，霍克思为他一人开起了《红楼梦》读书课。他带领闵福德研读《红楼梦》，两人每周定期见面，轮流朗诵一些段落，然后翻译讨论，共同习读了前十回。[2] 牛津执教的霍克思多么看重与呵护学生的兴趣可见一斑。

次年，闵福德汉学科学士毕业，获一级荣誉学位。他受 60 年代盛行的嬉皮士运动影响，毕业后完全放弃了学术追求，过着"敞开意识、融入生活、脱离我轨"（turn on, tune in and drop out）的嬉皮士生活。故当 1969 年圣诞节前，闵福德突然来牛津看望老师时，霍克思的感觉是"不知从哪儿冒出来的"[3]。可是当闵氏向他提出自己想继续求学攻读博士学位，选题是翻译《红楼梦》，并说自己找到了一生想做的事时，霍克思虽然颇感意外与吃惊，但静默片刻，他即开口慷慨邀请闵氏一同参与他与企鹅书局正在敲定的《红楼梦》英译事业："哦，真是有趣，企鹅书局刚找我谈《红

〔1〕C. f. John Minford's Hang Seng University Lectures in Hong Kong, April 14th & 7th, 2018.

〔2〕参看何敏智：《今之古人：专访汉学家、翻译家闵福德教授》；John Minford, "Truth and Fiction in the translating of *The Story of the Stone*"；尹畅：《泊客中国》，2015 年 10 月 25 日；John Minford's Hang Seng University Lecture in Hong Kong, April 14th, 2018.

〔3〕Connie Chan, "Appendix: Interview with David Hawkes, " *The Story of the Stone's Journey to the West: A Study in Chinese-English Translation History*, Conducted at 6 Addison Crescent, Oxford, Date: December 7th, 1998, p. 323.

楼梦》翻译。那我们为什么不一起干呢？"[1]圣诞节后霍克思与企鹅书局"经典丛书"编委雷迪斯见面时，即向她提出合译计划。获得同意后，他立马给闵氏去信，分享这一好消息，特别告知自己向雷氏说明，还只是向学生初步建议过，并未获得学生的明确同意。信中还不忘闵氏上次见面提到的继续求学一事，敦促其尽快决定。[2]他对学生的尊重，对待学生的平等意识，视生如友、信任爱护、坦诚相待的人性化教学理念毕现。

　　相隔10多天，1970年2月6日，霍克思再写一信给闵福德，随信附上他译就的《红楼梦》第一回英文稿，满心期待闵福德加入，并贴心地提出如果闵福德愿意加入，他会将自己对书中一些人名的处理建议寄去。闵福德收到信后激动不已，最终在恩师带领下承担起企鹅书局《红楼梦》后四十回的英译工作，逐步走上了汉学译研之路。作为霍克思的得意门生与乘龙快婿，闵福德非常感激霍克思在他人生之路上的指引。多年后，他曾动情地回忆："霍克思是我在牛津大学的老师、我的岳父，也是改变我生命的人。我的翻译知识几乎全是由他传授的。"并深情地"向这位伟大的学者、老师、译者，这位启发并引领我一生的人致敬"。他至今珍藏霍克思亲笔信函75封以及霍克思陆续寄去的《石头记》卷二（第二十七至五十三回）和卷三（第五十四至八十回）打印稿。打印稿上仍留存了大量霍克思用铅笔标注的改动，极其珍贵。[3]

---

[1]C. f. Connie Chan, "Appendix: Interview with David Hawkes"; Andrew Schonebaum & Tina Lu eds, *Approaches to Teaching The Story of the Stone*（*Dream of the Red Chamber*）; John Minford's Hang Seng University Lecture in Hong Kong, April 14th, 2018.

[2]John Minford's Hang Seng University Lecture in Hong Kong, April 14th, 2018.

[3]按：参看香港公开大学《闵福德的中国文化情》及2008年冬闵福德撰写的《〈石头记〉翻译中的现实与虚构》（*Truth and Fiction in the Translating of The Story of the Stone*）一文。另据范圣宇 *The Translator's Mirror for the Romantic* 一书（第138页）及闵福德2018年4月14日香港恒生大学文化与翻译系列第二讲开首所透露，二人间就《红楼梦》英译的往来信函共149封，其中74封是闵福德写给霍克思的，另75封为霍克思来信。

六、泽被桃李

霍克思以其个人治学的严谨、虔诚影响着一代青年学子。在霍克思的引导与培养下先后走上热爱中国文学，终身从事汉学译介、研究或教学道路的有志青年大有人在。霍克思在牛津任教期间，先后指导过中国学生方召麐（1914—2006）、黄兆杰（1937—2007），华裔学者刘陶陶（1941—），英国学生麦穆伦、约翰·基廷斯、詹纳尔（William John Francis Jenner，1940—）、托尼·海德、约翰·闵福德、马尔尼克斯·韦尔斯（Marnix Wells，1945—）、安妮·朗斯代尔（Anne Lonsdale，1941—）、约翰·斯科特（John Scott）和法国学生雅克·班巴诺等的学习与论文。

后来成为国画大师的中国学生方召麐1956至1958年在牛津攻读博士学位，霍克思是其指导老师之一。[1] 约翰·基廷斯1958至1961年在牛津汉学科受教于霍克思，后成为《卫报》驻香港和上海的东亚部编辑。当霍克思2009年在家中离世后，基廷斯作为学生及《卫报》编辑，次月在《卫报》发表了纪念恩师的整版讣文（*David Hawkes: Scholar Who Led the Way in Chinese Studies and Translated The Story of the Stone*）。[2] 讣文笔触细腻，其中基廷斯在回忆到牛津的汉学学习生活时，尤其感谢老师在汉学教学内容上的革新。当然，在汉学科受教于霍克思的学生更多地是继承了老师的薪火，或从事汉学教学或从事汉学译研，成长为新一代的专业汉学家。

华裔汉学家刘陶陶，中国古代、近代诗歌及20世纪初中国现代文学的研究者，牛津大学现代汉语高级讲师、牛津大学沃德姆学院东方学研究院士，现为牛津大学荣休教授，曾编译《红烛：闻一多诗选》（*Red Candle: Selected Poems by Wen I-to*，1972），其博士论文《论中国乐府诗》（*The*

〔1〕C. f. Rachel May & John Minford, "Notes on Contributors: Fang Zhaoling, " Rachel May & John Minford ed., *A Birthday Book for Brother Stone: For David Hawkes, at Eighty*, Hong Kong: The Chinese University Press, 2003, p. 357.

〔2〕John Gittings, "Obituary, " *The Guardians*, 25/8, 2009.

Balladic Tradition in Yueh-fu）由霍克思指导完成。麦穆伦 1956 至 1959 年在牛津汉学科学习中文，霍克思是其本科阶段的第一位导师，并促成了他 1962 年作为"斯卡伯勒报告"资助人员前往中国香港、中国台湾及日本等地进行访问研究。麦穆伦牛津攻读博士学位期间，霍克思又是其博士论文《王夫之和他的政治思想》的指导老师。学成后的麦穆伦继承了老师的衣钵，一生从事汉学教学与研究工作：他 1965 至 1990 年间在牛津大学任古代汉语讲师（University Lecturer in Classical Chinese），讲授中国古代汉语及南宋理学，并兼任牛津大学圣安娜（St. Anne's）和圣克罗斯（St. Cross）学院研究员；1990 年后赴巴黎，任巴黎第七大学中国文明讲席教授；1992 年出版《充满激情的现实主义者：王夫之生平与政治思想导读》（*The Passionate Realist: An Introduction to the Life and Political Thought of Wang Fuzhi, 1619—1692*）一书；退休后他成为巴黎第七大学荣休教授；2005 年更不顾 70 岁高龄，欣然前往中国复旦大学外国语学院贡献余热，此后一直生活在中国。托尼·海德曾任牛津大学东方研究院图书馆馆长，是中国文学的一位英译者，他 1989 年英译出版了李健吾的剧本《这不过是春天》（1934）和《十三年》（1937），书名为《〈这不过是春天〉及〈十三年〉：李健吾两部早期剧本》（*It's Only Spring and Thirteen Years: Two Early Plays by Li Jianwu*）。他于 1961 至 1965 年在霍克思门下攻读汉学学位，深受霍克思对诗歌的那股热爱之情以及霍克思那龙飞凤舞的中国书法的激励。[1] 约翰·闵福德，如前所述，在恩师的指引下，最终亦走上了汉学译研之路，他先后将曹雪芹《红楼梦》后四十回、金庸《鹿鼎记》、蒲松龄《聊斋志异》选本、孙武《孙子兵法》、老子《道德经》和中国"五经"之首《易经》成功带到西方英语世界。晚年的他在不紧不慢地修改与全译蒲氏的

---

〔1〕C. f. Rachel May & John Minford, "Notes on Contributors: Tony Hyder," Rachel May & John Minford ed., *A Birthday Book for Brother Stone: For David Hawkes, at Eighty*, Hong Kong: The Chinese University Press, 2003, p. 359.

《聊斋志异》，"这项工作没有截止日期，我做翻译不喜欢截止日期，如果一定要说有的话，那就是我生命的尽头"[1]。班巴诺1963至1965年在牛津接受霍克思的培养与教育。自牛津毕业后，班巴诺回到母校法国巴黎东方语言学院（Institut National des Langes et Civilisations Orientales）从事汉学教学，直至1999年退休。他是巴黎郭安东方艺术博物馆（The Kwok On Musem）的创办人兼馆长。他一生热爱中国民间艺术，1985年，他曾与中国学者、著名油画家靳之林合作组织中国"药发傀儡戏"赴法演出，受到时任法国总统密特朗接见。班巴诺曾在牛津进修两年，霍克思是他的指导老师，每周一次对班巴诺进行个别指导。班巴诺在教育理念与教学方法上深受霍克思的影响，他对霍克思的施教充满感激，"我遇到了一位以自己的行为而绝不是说教为学生打开一条大道的老师"[2]。他公开承认："当我回到法国教书时，在这方面，我总是以霍克思为楷模。"[3]他学着霍克思，也邀请学生来家中做客；他为了像霍克思那样在考试时能对学生宽宏大量，故而在法国体制内尽量抓好学生的平时学习，严厉要求学生。他甚至像霍克思一样，也得了期末评分焦虑症，也因仅凭几页答卷就评定学生考试及格与否，让他心中常感不自在，退休最终帮助他免除了这一责任与义务。而当他倾注一生心血的郭安东方艺术博物馆受到法国当地官员的冷漠与反对时，他向敬爱的老师袒露心迹，尽诉心中饱含的无奈与愤懑，那份师生间的信任与共鸣令人羡然。班巴诺写道："我选择在这篇向大卫·霍克思致敬的文章中为自己辩护是因为我知道，以老师的开阔心胸，以他的幽默与对艺术和文学绝不陷于精英主义的鉴赏力，他会赞同他曾经的学生所提出的这个小小观点的。"[4]1965至1969年，霍克思任中国香港中国古代文论

---

[1] C. f. HKBU, "Interview with Professor John Minford Part I and Part II".

[2] Jacques Pimpaneau, "A Walk in Blenheim Park, and Afterwards, " Rachel May & John Minford ed., *A Birthday Book for Brother Stone: For David Hawkes, at Eighty*, Hong Kong: The Chinese University Press, 2003, p. 69.

[3] Ibid. p. 68.

[4] Ibid. p. 76.

研究专家黄兆杰的博士导师，他非常器重与赏识这位年轻学子，认为其将来会成为一位有所影响的学者。[1]霍克思指导黄兆杰完成了博士论文《中国文学批评中的"情"》（*Ching in Chinese Literary Criticism*）的撰写。

　　当然，深受霍克思汉学教育与影响的并不仅限于牛津的学子。英国汉学家霍布恩（Brain Holton，1949— ）与霍克思、闵福德并称英国 20 世纪下半叶以来"汉英翻译最出色的前三位佼佼者"。他当年在爱丁堡大学学习中文时，就是以霍克思为精神向导与鼓励之源，他在其老师、霍克思的学生基廷斯推荐下拜读了霍克思的《杜诗入阶》及刚出版的《石头记》卷一。80 年代中期，霍布恩鼓足勇气给霍克思写信，将手头所译的苏格兰语《水浒传》部分稿件寄去审阅，没想得到了霍克思的热情支持与慷慨鼓励，双方自此通信多年。在为霍克思八十大寿所写的颂文中，霍布恩感激地承认："我的成绩绝大部分应该归功于霍克思，是霍克思的榜样作用和热情鼓励为我指明了前进的方向；霍克思的文学翻译作品则是后代文学翻译家评价自己作品的标杆。"[2]英国另一位汉学家，中国戏剧研究大家杜为廉长年在爱丁堡大学东亚学院中文系担任教授，早年在伦敦大学和剑桥大学接受汉学训练，先后受教于刘若愚、白之、韩南、程曦和龙彼得等中外汉学大家，在中国戏剧研究中做出了重大贡献。[3]他也坦承与霍克思相交几十年，"一直深受霍克思对中国文学献身精神的激励"[4]。印度裔英国诗人兼小说家维克拉姆·赛思（Vikram Seth，1952— ），20 世纪英语长篇小说的重要作家，诗体小说《金门》（*The Golden Gate: A Novel in Verse*）的作

---

[1] C. f. Rachel May & John Minford, "Notes on Contributors: Siu-kit Wong, " Rachel May & John Minford ed., *A Birthday Book for Brother Stone: For David Hawkes, at Eighty*, Hong Kong: The Chinese University Press, 2003, p. 365.

[2] Brain Holton, "*Frae the Nine Sangs*, " Rachel May & John Minford ed., *A Birthday Book for Brother Stone: For David Hawkes, at Eighty*, Hong Kong: The Chinese University Press, 2003, p. 292.

[3] 按：杜为廉研究中国戏曲，先后出版《中国古今八剧》《中国戏剧史》《钱秀才错占凤凰俦及其他故事》等译著，成就令人瞩目。他的《中国戏剧史》、《中国古今剧八种》（*Eight Chinese Plays from the Thirteenth Century to the Present*）被誉为"中国戏剧研究的里程碑"和"有创见的开路之作"。

[4] Rachel May & John Minford, "Notes on Contributors: William Dolby, " Rachel May and John Minford ed., *A Birthday Book for Brother Stone: For David Hawkes, at Eighty*, Hong Kong: The Chinese University Press, 2003, p. 356.

184

者，英联邦国家诗歌奖获得者，1990年出版译作《三大中国诗人》（*Three Chinese Poets: Wang Wei, Li Bai, Du Fu*）。赛思早在英国肯特郡汤布里奇公学（Tonbridge School, Kent, England）就读期间，因对诗歌的兴趣即开始拜读霍克思《杜诗入阶》，并借助该作走上了自修诗歌与汉语之路，他回忆道，他"有关中国古典汉语的所有知识几乎都是依靠自学霍克思的《杜诗入阶》"[1]。赛思视霍克思为自己"敬仰的领袖"（admired guru）[2]，虽只有一面之缘，但却时常写信给先生。最早的通信始自其译作《三大中国诗人》，他给霍克思寄去译稿并请教意见，信中赛思谈到霍克思《杜诗入门》及《石头记》对自己的巨大影响以及自己对它们的喜爱。他承认霍克思《石头记》译作是赋予自己创作长篇小说《如意郎君》的"灵感之作"[3]。

第四节　编撰汉学经典教材《杜诗入阶》

在全译《楚辞》之后，霍克思于1965年完成了杜诗的翻译、评注工作，并于1967年出版，题为《杜诗入阶》。此书在1987年和1990年两次作为"译丛丛书"平装版系列之一由香港中文大学出版社再版。

一、汉学入门读物的翻译定位

（一）译介诗人杜甫的确定

为什么在众多中国诗人中，霍克思最终确定为杜甫出一本译介小集子

---

〔1〕Ibid. p. 363.

〔2〕Ibid.

〔3〕参看闵福德：文化与翻译系列公开讲课——《霍克思与〈红楼梦〉》，2016年3月12日；Tao Tao Liu, "What Is the Point of Making Translations into English of Chinese Literature: Re-Examining Arthur Waley and David Hawkes."

呢？霍克思在《杜诗入阶》序言中这样解释："部分原因是杜甫在中国被认为是最伟大的诗人，但他的诗作在国外却未得到很好地译介与传播。部分原因是杜甫生活在一个动荡多事的年代，而杜诗中对此有很多体现，值得翻译。"[1] 1961 年，世界和平理事会将杜甫推选为 1962 年纪念的世界文化名人之一，这是继屈原之后中国又一位被世界和平理事会确认为进行年度纪念的世界文化名人的诗人。而巧的是这两位诗人也相继成为霍克思密切关注与深入研究的对象：1952 年屈原入选，1955 年霍克思就交出了令人满意的《楚辞》博士论文；1961 年杜甫入选，1965 年霍克思就完成了杜诗译注工作。这不由让我们再次想起霍克思在汉学讲座教授就职演说辞中所呼唤的理念："将中国文学作为整个人类文化遗产的一部分来呈现（presenting Chinese literature as a part of our total human heritage）"[2]。也就是说，霍克思走近杜甫，除了冥冥中的缘分外，还是出于他对中国文学的热爱以及不满意于杜诗在英语世界的译介现状。同时，杜诗的特色也使杜甫在众多诗人中脱颖而出。中国古人有句老话："不读万卷书，不行万里地，不可与言杜。"杜甫诗歌的中国文化容量巨大，所蕴诗义丰富。

1965 年霍克思完成了杜诗的翻译、评注工作，1967 年以《杜诗入阶》为书名由克拉仑顿出版社正式出版，题献给妻子琼。此译本以清蘅塘退士手编的《唐诗三百首》中的杜诗为底本，共翻译杜诗 35 首。这个杜诗数量有三点要说明，首先，霍译本把原作中同题下的系列诗作分开处理，故而与蘅塘退士本相比，数量上增多。这样处理的有《梦李白二首》和《咏怀古迹二首》，在霍克思译诗中分为 4 首排列。其次，《咏怀古迹》杜甫原有 5 首，现传世的《唐诗三百首》中《咏怀古迹》也是 5 首，但霍译杜诗

---

[1] David Hawkes, "Author's Introduction," David Hawkes tr., *A Little Primer of Tu Fu*, Oxford: The Clarendon Press, 1967, p. ix.

[2] David Hawkes, "Chinese: Classical, Modern and Humane," *Classical, Modern and Humane Essays in Chinese Literature*, John Minford & Siu-kit Wong ed., Hong Kong: The Chinese University Press, 1989, p. 23.

186

中却只有 2 首。这并不是因为霍克思自行删减了 3 首，而是源于蘅塘退士。蘅塘退士手编时只录《咏怀古迹》2 首，1885 年四藤吟社主人刊刻时认为，蘅塘退士只录两首"不免缺漏、今刻仍为补入、俾读者得窥全豹"[1]。其三是霍译杜诗没有收录蘅塘退士本中的《野望》一诗。这是霍译本杜诗与蘅塘退士本杜诗数量真正不同的地方。至于为何没有翻译此诗，我们从霍克思在其《杜诗入阶》序言中所交代的来看，他很可能是不小心漏译了《野望》。因为他很自信地向读者宣布："为了写作这本书，我选取了大名鼎鼎的汉诗集《唐诗三百首》中所有的杜诗（all the poems）。"[2]

（二）所译杜诗内容的选取

杜甫一生创作诗歌 1400 多首，到底选择哪些杜诗来翻译为好呢？选择标准是什么呢？针对这些问题，霍克思思考的结果是只选《唐诗三百首》中收录的全部杜诗来译。原因之一是《唐诗三百首》的地位及其选诗的明智。霍克思指出："它是一代代中国孩童进入诗歌世界的启蒙读物，就如同我们这儿帕尔格雷夫[3] 所编的《英诗金库》（Golden Treasury）。且《唐诗三百首》中杜诗的挑选都很明智。"[4] 蘅塘退士是如何挑选杜诗的呢？他在《蘅塘退士原序》中这样解释："世俗儿童就学，即授千家诗。……但其随手掇拾、工拙莫辩，且止五七律绝二体，而唐宋人又杂出其间、殊乖体制。因专就唐诗中脍炙人口之作，择其尤要者，每体得数十首……"[5]"择其尤要者"说的就是诗歌质量有保证，霍克思对此颇为认可。

〔1〕〔清〕四藤吟社主人：《唐诗三百首·序一》，见〔清〕蘅塘退士编，陈婉俊补注：《唐诗三百首》，北京：文学古籍刊行社，1956 年，第 1 页。

〔2〕David Hawkes, "Author's Introduction, " David Hawkes tr., *A Little Primer of Tu Fu*, Oxford: The Clarendon Press, 1967, p. ix.

〔3〕按：帕尔格雷夫全名 Francis Turner Palgrave，生卒 1824—1897，英国评论家兼诗人，曾于 1885—1895 年间任牛津大学诗歌教授。

〔4〕David Hawkes, "Author's Introduction, " David Hawkes tr., *A Little Primer of Tu Fu*, Oxford: The Clarendon Press, 1967, p. ix.

〔5〕〔清〕蘅塘退士：《唐诗三百首·蘅塘退士原序》，见〔清〕蘅塘退士编，陈婉俊补注：唐诗三百首，北京：文学古籍刊行社，1956 年，第 3 页。

　　另外一个重要原因是霍克思考虑到选择《唐诗三百首》中的杜诗来翻译，可能会对中国诗歌的传播起到更大的作用。英国在 1940 年和 1944 年出版了两部连续的《唐诗三百首》译本。译者是英国艺术史学家兼东亚瓷器专家詹尼斯（Roger Soame Jenyns，1904—1976），毕业于剑桥大学。1926 至 1931 年，詹尼斯曾供职于中国香港政府部门，当时他是《香港自然学家》的重要撰稿人，他的文章关注到中国华南地区动植物的文化角色，是一位关心中国事务的学者。1931 年詹尼斯回到英国，后长年在大英博物馆担任东方古董收藏助理，从事中国绘画等艺术的研究工作。1935 年詹尼斯出版了他著名的著作《中国绘画背景论》（*A Background to Chinese Painting*）。1940 年和 1944 年，他的《唐诗三百首选译》及《唐诗三百首选译续编》（*Selections from the Three Hundred Poems of the Tang Dynasty and Further Selections*）列入克莱默 - 宾主持的"东方智慧丛书系列"出版。但两部译著没有引起像《中国绘画背景论》那样的好评，詹尼斯生平主要著作名单中也不见列出此二书[1]，甚至中国学人一度把编者误认为是詹尼斯两百年前的同名祖先，英国作家兼政治家詹尼斯（Soame Jenyns，1704—1787）。

　　不过，詹尼斯的唐诗译本在 20 世纪 60 年代的英国出版量还是挺大的，再加上早年中国学者江亢虎（1883—1954）与美国诗人宾纳（Witter Bynner，1881—1968）合作英译的《唐诗三百首》，即《群玉山头》（*The Jade Mountain*，1929/1964）的助力，《唐诗三百首》在西方是不乏译本的，正如霍克思所说，"很容易就能得到一本"[2]。但问题在于《唐诗三百首》到底为西方读者接受了多少？正是基于这种现状，霍克思的选择标准是，"选择这个集子中的杜诗来翻译，当读者完成这些译诗的学习后，一

---

〔1〕参看 http://en.wikipedia.org/wiki/Soame_Jenyns_（art_historian）。
〔2〕David Hawkes, "Author's Introduction," David Hawkes tr. *A Little Primer of Tu Fu*, Oxford: The Clarendon Press, 1967, p. ix.

188

些天性好冒险的就可以极容易找到一本《唐诗三百首》英译本来继续学习，这时之前的杜诗译文就成了学习那部诗集的熟悉路标"[1]。此时，我们再重读译者在序言中所表达的朴素愿望，"热切希望有耐心的读者读完此书时，能对中国语言、中国诗歌及中国诗人杜甫有所了解"[2]，更能感悟到霍克思作为汉学家孜孜不倦地传播中国文化的苦心。他希望读完了他的杜诗选译后，西方读者不仅了解了杜甫，而且掌握了一定的中国语言及诗歌的知识，而这些收获将非常有助于他们进一步走进《唐诗三百首》的世界。

（三）注本体例

在译著体例上，霍克思学习中国典籍注本的编排方式，从注音、解题、释义、串文等方面入手，另外注意汉诗诗体分析与杜诗编年的问题。中国清代杜甫研究大家浦起龙与杨伦均有文字阐述支持杜诗研究中的编年体例。浦起龙在其《读杜心解》的"发凡"中说："编杜者，编年为上，古近分体次之，分门为类者乃最劣。盖杜诗非循年贯串，以地系年，以事系地，其解不的也。……变故、征途、庶务交关而互勘，而年月昭昭也矣。"[3]《杜诗镜铨》的笺注者杨伦在"凡例"中也说："诗以编年为善，可以考年力之老壮，交游之聚散，世道之兴衰。"[4]由于《杜诗入阶》的整个编排体例极像中国典籍的注本体例，而且在中国用白话文解释古籍亦为翻译，霍克思与它们实有异曲同工之效，只不过所用语言不是白话文而是英语而已，故笔者将霍克思的这种体例取名为"注本体例"，以便下文讨论。霍译《杜诗入阶》寓分体于编年之中，是一种较好的杜诗介绍方式，这种体例也为《杜诗入阶》对中国文化的有效传播增添了不少便捷性。华裔汉学家罗郁正（1922—2005）在其1969年的书评中就指出，"全书的编排体

---

[1] Ibid.
[2] Ibid.
[3]〔唐〕杜甫著，〔清〕浦起龙编著:《读杜心解·发凡》，北京：中华书局，1977年，第8-9页。
[4]〔唐〕杜甫著，〔清〕杨伦笺注:《杜诗镜铨·凡例》，上海：上海古籍出版社，1980年，第11页。

例是其最大的优点"[1]。

　　具体编排上，译著开篇第一部分是杜诗原文，整齐的楷体方块汉字，字下附其汉语拼音，词组的拼音用短横相连，以示提醒。在给西方读者以新奇感的同时，更是为了让读者"直接面对杜甫，通过诗歌来熟悉诗人"[2]。提供原文是注本体例向来不可缺少的基本环节。

　　第二部分是题解与诗解（Title and Subject）。以首篇《望岳》为例，霍克思写道："'望'就是'看'，通常与景色或远处之物连用。'岳'此处是山脉的一个专有名词，仅用于中国的五岳（河南的中岳嵩山、山东的东岳泰山、陕西的西岳华山、湖南的南岳衡山、山西的北岳恒山）。诗题里的'岳'指泰山，自古受到中国人的崇拜。泰山神是管辖死者的法官，以前它的石像在小街两头相对而立，可用于驱鬼。"[3]这段文字前半部分解释诗歌题目中每个汉字所代表的意义，相当于字词训诂，为的是扫除理解障碍；后半部分涉及文化介绍，让西方读者了解中国的泰山文化。如果说前半部分，霍克思所参阅的各种注释本会有现成答案，那么后半部分则是根据《山海经》《尚书》等中国古代典籍的介绍进行的添加与阐释，有些甚至就是霍克思本人汉学研究的心得与成果。另外，为了解释诗旨，霍克思抓住杜诗理解的关键点，即在诗歌创作背景中研读杜诗。正如华裔学者、中国诗歌研究专家叶嘉莹曾说："你要懂得杜甫诗的好处，没有别的办法，你一定要多读而且要结合他的生平来读。"[4]在解读整首诗时，霍克思首先介绍的就是《望岳》的创作时间与历史背景，"作于公元 736 年，时杜甫

〔1〕Irving Yucheng Lo, " A Little Primer of Tu Fu, " *The Tsing Hua Journal of Chinese Studies*, Vol. 7, No. 2, Aug. 1969, p. 239.

〔2〕David Hawkes, "Author's Introduction, " David Hawkes tr., *A Little Primer of Tu Fu*, Oxford: The Clarendon Press, 1967, p. xi.

〔3〕David Hawkes, "On a Prospect of T'ai-Shan, " David Hawkes tr., A Little Primer of Tu Fu, Oxford: The Clarendon Press, 1967, p. 2.

〔4〕叶嘉莹：《杜甫诗在写实中的象喻性》，载《华中师范大学学报》2005 年第 4 期。

190

24岁，单身。杜甫的父亲当时在泰山脚下不远的一个小城做官。杜甫长安科举落第，刚回到父亲身边"[1]。西方读者有了这些背景提示，阅读与理解诗中青年杜甫的那份青云之志会容易得多。以下的每首诗，霍克思都是按创作年代先后顺序编排，在它们相应的题解与诗解部分，霍克思都提供了该诗创作年代与背景的介绍与讨论。这样的编年体安排便于为读者勾勒出杜甫人生与诗歌创作的清晰脉络。

第三部分是关于诗歌形式（Form）的讨论，包括该诗属于何种诗体，韵脚情况如何，如果是长诗的话还包括诗行分节、断意问题。在《望岳》中霍克思首先指出此诗为古体诗，虽然它是8句，中间两联有严格对仗，但却不能算为近体诗或者说律诗，因为它没有遵循律诗的平仄。此诗从音步上看为五音步，隔行押同一韵脚。霍克思综合以上两部分，得出这是一首五言古体诗。经过霍克思的细细解释，西方读者对中国五言古体诗会有较好的体认。

第四部分是评注（Exegesis），这是杜诗英译的重心部分。以数字序号引出的原诗的汉语拼音形式通常两句一组排列，每句下译者采用字字对译的方式为每个汉字寻找英文中的最佳等译，西方读者通过那些等译的英文词，自然能领会每个汉字在杜诗中的确切含义。霍克思所下的这份功夫极其类似我国古代文学的训诂工作。同时，也正是在这块领域，译者展开手脚把诗中所牵涉的中国文化元素悉数向西方读者引介。如《望岳》中的岱宗、齐鲁、阴阳，霍克思都进行了文化补充。对于诗歌中的创新技法，霍克思也给予了及时提醒。如《望岳》中的"荡胸生曾云，决眦入归鸟"两句，霍克思就指出这是一种倒装句，"在中国诗歌中倒装结构很少，……中国的评论家认为此2句相当奇诡"[2]。汉语语法、汉诗特色及诗句中的文

---

[1] David Hawkes, "On a Prospect of T'ai-Shan," David Hawkes tr., *A Little Primer of Tu Fu*, Oxford: The Clarendon Press, 1967, p. 2.

[2] Ibid. p. 4.

学典故这些都属于广义上的中国文化知识，都包容在此部分中。此处所采取的逐字翻译（literal translation）方式非常便利于西方学习中文的读者，这也是学术型研究论文中常用的一种方式，因为它便于保留原作的基本面貌。霍克思早在《楚辞》英译本总论中就对此有大量运用[1]。翻译研究者 F. Guttinger 指出，"对任何希望研究某种外国文学作品而又没有掌握该作品所用语言的人来说，他会发现从形式和内容上都最贴近直译的译本对他来说是最好的工具"[2]。

第五部分才是译诗（Translation）。经过扎实的字词训诂，读者对全诗大意有了全面了解与把握，霍克思才着手译诗，以流畅的英文把整首诗一气呵成地译为无韵散文，非常有力地保证了译本传译时语义上的忠实性。译文给人一种水到渠成的感觉，有耐心读到最后这一部分的读者，对全诗会有很好的把握，甚至会产生"自己尝试翻译的跃跃欲试感"（engage in a translation of his own）[3]。霍克思匠心独运的编排体例产生了绝佳的接受效果，这也是为什么每位接触《杜诗入阶》的研究者总会花些笔墨介绍此译著内容编排的原因。

美籍华裔汉学家刘若愚（1926—1986）曾在其《语际批评家——中国古诗评析》（ The Interlingual Critic: Interpreting Chinese Poetry，1982）一书中用精辟的语言描述过"作为批评家的译者"（the critic-translator），此处借用来形容从事杜诗选译工作的霍克思也是相当合适的，"由于批评家译者所定位的读者群大概是那些希望在译诗中求索知识而不仅仅是乐趣的读者，故而对批评家译者而言，翻译中更重要的是教育读者而不是娱乐读

〔1〕C. f. David Hawkes, "General Introduction, " David Hawkes tr., *Ch'u Tz'ŭ, the Songs of the South: An Ancient Chinese Anthology*, London/Boston: Oxford University Press/Beacon Press, 1959/1962, p. 4.

〔2〕〔美〕赖斯：*Translation Criticism: The Potentials & Limitations*，罗得斯译，上海：上海外语教育出版社，2004，第 101 页。

〔3〕Irving Yucheng Lo, "A Little Primer of Tu Fu, " *The Tsing Hua Journal of Chinese Studies*, Vol. 7, No. 2, Aug. 1969, p. 240.

者。在这样的译者看来，译文实际上不是结束，而只是阐释过程的一个部分"[1]。这其实从另外一个方面呼应了读完霍译杜诗后读者油然产生的感觉："自己尝试翻译的跃跃欲试感。"[2]霍克思的半子闵福德曾在其 2018 年香港恒生文化与翻译系列讲座三的答疑环节谈到《杜诗入阶》，他为我们指出了另一理解视角，即霍克思以散文形式译介杜诗是"缘于译者认为杜诗几乎是不可译的，杜甫是一位很难翻译的诗人"，他明确指出"这是一种完全不同的处理方式"。[3]

二、《杜诗入阶》的交流价值界定

（一）教习中国语言的优秀教材

《杜诗入阶》译本是中英文学交流语境下的一本教习汉语的优秀教材。书中每一个汉字的对应英译都有语义解释，对一些有着特殊或丰富用法的词语还另行列出，以做进一步的解释，对于初学汉语者而言非常便利与实用。另外，译本还为汉语初学者提供了大量汉语语法知识。

书后则附有《杜诗汉语拼音词汇表》，列出诗中出现的汉字与词组的汉语拼音、词性、词义、序列（此诗在书中的排列顺序）及行数等，对于单字所构成的词组，在该字同一条目末列出。整个词汇表以汉语拼音统领，按 26 个字母的顺序排列，共 24 页，可以说这是学习汉语的一本简易小字典。试以索引首条"哀"为例，霍克思原文为"āi, v. to lament, grieve for 5. 0, 7. 0; s., sorrow 31. 24; adj., mournful 33. 1. āi-yín, āi-zāi"[4]。"āi"为读音，

〔1〕James J. Y. Liu, *The Interlingual Critic: Interpreting Chinese Poetry*, Bloomington: Indiana University Press, 1982, p. 49.

〔2〕Irving Yucheng Lo, "A Little Primer of Tu Fu, " *The Tsing Hua Journal of Chinese Studies*, Vol. 7, No. 2, Aug. 1969, p. 240.

〔3〕John Minford's Hang Seng University Lecture in Hong Kong, April 21st, 2018.

〔4〕David Hawkes, "Vocabulary, " David Hawkes tr., *A Little Primer of Tu Fu*, Oxford: The Clarendon Press, 1967, p. 214.

"v. "为词性，"to lament, grieve for"为词义，"5. 0, 7. 0"表示出现在第 5 首标题和第 7 首标题中，此后类推，最后的"āi-yín, āi-zāi"是杜诗中出现的有关"哀"的词组，在"哀"这个单字中先列出，具体解释则另列一条，格式与单字解释相同。附录二是《杜诗中人名、地名及书名索引》，是学习汉语专有名词的好帮手，它也以汉语拼音的形式出现，之后是对此名称的解释，然后是此词在书中出现的页码，多次出现的则列出所有页码。以安禄山一名为例，"An Lu-shan, foreign mercenary favoured by Li Lin-fu and Hsüan-tsung who rebelled in, 24, 29, 36, 38, 41, 74, 89, 116, 118, 131, 152, 194, 211"[1]。

难怪前文提到，维克拉姆·赛思能够借助此译作学到他有关中国古典汉语的几乎所有知识。

（二）学习中国诗歌的经典读本

《杜诗入阶》不仅翻译了杜甫 35 首诗歌，而且对中国诗歌基础知识，包括诗体形式及诗歌特征进行了详细介绍，是西方学人了解汉诗、学习汉诗的经典读本。

1. 诗体形式介绍

（1）乐府诗与古体诗

霍克思在《兵车行》的诗体部分创造了"中国歌谣体"（Chinese Ballad）一词，来翻译中国诗歌中的一类特殊形式"乐府诗"。西方人熟悉的歌谣体实际上是个比中国乐府诗范围更大的概念，霍克思概括了中国歌谣体的四点特征：首先，此类诗歌允许一定的韵律变化。其次，此类诗歌允许出现少量如"君不见""君不知""君不闻"一类的口语词，这些词通常不被计算在音步内，纵使要算入也是处理成音节。再次，此类诗歌就像世界其他地方的民歌一样，偏爱重复咏叹特别是顶针（linking iteration）

---

〔1〕David Hawkes, "Index, " David Hawkes tr., *A Little Primer of Tu Fu*, Oxford: The Clarendon Press, 1967, p. 239.

194

一类在正式诗歌中需要回避的技巧。最后，此类诗歌还有一个世上所有民谣共同的特征，即采用对话形式，或者说实际上是戏剧独白，由诗中一个读者看来是诗人自己的虚拟角色，比如科勒律治诗中"去赴婚宴的宾客"、杜甫诗中"道旁过者"首先提起问题，引出一场对话。有时诗人甚至懒得假设某种角色，而是直接向诗中的主要人物提问。[1] 在《佳人》一诗中，霍克思试图为西方读者简单区分乐府诗与古体诗两种诗体。他提醒西方读者注意，《佳人》形式上虽然与《哀王孙》《丽人行》《兵车行》《哀江头》4 首相似，但它却不能被归为歌谣体。原因在于，"它比传统的歌谣体更为简洁与富于沉思性，实际上是对《古诗十九首》中那些早期五言诗的成功模仿与创新，故应属于五言古体诗"[2]。从古体诗的精练性入手，霍克思教给了西方读者一种辨别与掌握古体诗与乐府诗差别的方法。《印第安纳中国传统文学指南》(*The Indiana Companion to Traditional Chinese Literature*) 也认为，"古体诗是汉乐府的发展"[3]。这也许就是萧涤非在《关于"乐府"》一文中所提到的"乐府通俗自然，常用方言口语，古体诗则比较典雅，后来更趋雕琢"[4]的含义吧。

（2）古体诗与律诗

借助《望岳》一诗，霍克思为读者区分了中国诗歌中的五言古体诗与五言律诗。他指出，《望岳》虽然中间两联皆有极好的对仗，但却不属于近体诗或律诗，原因在于它没有遵循格律诗繁复的平仄音律 (the elaborate rules of euphony)。[5] 到介绍《至德二载》这首五律时，霍克思正好利用

〔1〕C. f. David Hawkes, "Ballad of the Army Cart, " David Hawkes tr., *A Little Primer of Tu Fu*, Oxford: The Clarendon Press, 1967, pp. 10-11.

〔2〕David Hawkes, "A Fine Lady, " David Hawkes tr., *A Little Primer of Tu Fu*, Oxford: The Clarendon Press, 1967, p. 82.

〔3〕William H. Nienhauser, JR, *The Indiana Companion to Traditional Chinese Literature*, Tai Bei: Southern Materials Centre, INC, 1986, second revised edition, p. 59.

〔4〕萧涤非：《关于"乐府"》，见萧涤非：《萧涤非说乐府》，上海：上海古籍出版社，2002 年，第 134 页。

〔5〕C. f. David Hawkes, "On a Prospect of T'ai-Shan, " David Hawkes tr., *A Little Primer of Tu Fu*, Oxford: The Clarendon Press, 1967, p. 2.

它再次巩固律诗与古体诗的诗体知识。《至德二载》虽中间两联没有严格对仗却属于五律，而《望岳》一韵到底且中间两联对仗完美却被归为五言古体诗。霍克思用简明的语言点出："对中国诗评家来说，区分诗体最关键的因素是［格律中的］声调模式（tonal pattern）。"[1]霍克思笔下的"声调模式"以通俗的话来说，即近体诗必须严格遵循的平仄格式，显然霍克思的说法是正确的。

　　2. 汉诗特征

　　另外，霍克思也利用具体诗作所提供的例子向西方读者一一道出汉诗的一些典型特征。如通过对《佳人》"零落依草木"中"依"的分析，霍克思告诉西方读者，要注意理解汉诗细腻的笔触，不能满足于粗读时所得到的那个简单印象。"依"有"fall back on, go to live with""follow, accord with"和"rely on"等含义，其丰富的含义增添了诗歌的神秘与多解性。再如《蜀相》"映阶碧草自春色，隔叶黄鹂空好音"2句中"自"与"空"两个词用得非常活，霍克思以此2词为例，向西方读者说明杜诗中的每个字都负载着很大的信息量。他说："'自'与'空'均作副词。黄鹂空有一副好嗓子，却没有人在那儿听它歌唱；碧草独自碧绿，却没有人在那儿关注它。杜甫以巧妙的手法运用这两个普通词，起到了暗示祠堂安静与偏僻的效果。"[2]

　　在《登楼》一诗的译介中，霍克思则向西方读者介绍了中国文学中一大门类——登临诗的创作特色，他提出在他这部小小的集子中就有3首登临诗，除《登楼》外还有诗集末的《登高》和《登岳阳楼》2首。以《登楼》为例，诗中"玉垒浮云变古今，北极朝廷终不改"表达的是一种囊括自然与时空的思索，霍克思指出，这是杜甫登临诗的一大特色。杜甫常常

---

〔1〕David Hawkes, "Sad Memories," David Hawkes tr., *A Little Primer of Tu Fu*, Oxford: The Clarendon Press, 1967, p. 63.

〔2〕Ibid. p. 106.

196

会在思索大自然的神奇时获得一种神秘的体验，且他又总是能很快从景色的沉思中联想到家庭、政治或疾病缠身等其他事情。[1]杜甫的这一创作特色甚至在非登临诗中也有表现，霍克思在释译《古柏行》时指出，"云来气接巫峡长，月出寒通雪山白"就是杜甫以上创作特色的体现。"云来气接巫峡长，月出寒通雪山白"表示的是东面巫山的云雾与古柏之气相接，西面雪山之月出与古柏之寒相通。这样一种夜晚实境中难见的景象"不仅是一种夸张的写法，更是杜甫惯常在赏景或观物时常有的一种超越眼前事物的'视界'"[2]。

（三）展示中国文化的上好书籍

杜诗中有很多的典故与民俗，霍克思每每不肯放过，他在译本中带领西方读者学诗的同时也带入感悟中国那博大精深的文化。这样的例子有很多，此处限于篇幅，只略举一二。

《客至》"但见群鸥日日来"一句，霍克思把海鸥与中国传统文化中的"清""静""简""朴"相关联。他批评大多数学者的杜甫借此句抱怨被人忽略，只有海鸥来访的解读，在霍克思看来，杜甫借此句在自豪地夸耀他的村舍有多么僻静、多么与世隔绝，而他与自然有多么接近，犹如自然之子，能与海鸥为友。[3]同一首诗中"樽酒家贫只旧醅"一句中的"旧醅"，指的是旧时粗酿还没有过滤的酒。霍克思对于诗中杜甫待客时的抱歉语气非常敏感，他发现此处东西方文化的差异，为读者解说道："在欧洲，主人不会为陈酒道歉，但杜甫时代的中国人却喜欢新酒。"[4]霍克思确

---

[1] C. f. David Hawkes, "On the Tower," David Hawkes tr., *A Little Primer of Tu Fu*, Oxford: The Clarendon Press, 1967, pp. 126-127.

[2] David Hawkes, "Ballad of the Old Cypress," David Hawkes tr., *A Little Primer of Tu Fu*, Oxford: The Clarendon Press, 1967, p. 161.

[3] C. f. David Hawkes, "The Guest," David Hawkes tr., *A Little Primer of Tu Fu*, Oxford: The Clarendon Press, 1967, p. 110.

[4] Ibid. p. 111.

实说得不错，"酒越陈越好"是现代中国人的观念，最早开始于普及了制酒蒸馏技术的宋代。唐代的中国人是喜欢新酒的，原因是那时还没有蒸馏酒，家家喝的都是自酿的米酒，时间长了其中的乙醇氧化后会产生不好的味道，自然"陈酒"就与"不好"相关联了。

又如《韦讽录事宅观曹将军画马图》一诗中霍克思对"此皆战骑一敌万，缟素漠漠开风沙。其余七匹亦殊绝，迥若寒空杂霞雪"几句的解释也很精彩。此 4 句乍一看排列有些奇怪，第 1 句是写马，第 2 句却是说背景，而第 3 句写马，第 4 句又是说背景。中国学者以混合手法（interweaving）来解释，霍克思却从中国手卷（长卷）的鉴赏方式出发，提出了一种实在的可能。鉴赏中国手卷古称"行看子"，即观赏者自己动手，由左边开卷，右边收卷，边走边看。霍克思借助中国长幅卷轴画展开时的此种独特现象解释道："人们看巨幅卷轴画时，通常一面用左手展开卷轴画，一面用右手卷起已看的部分。"[1] 这样自然是先看到两匹最前边的马，即拳毛䯄和狮子花，然后是背景，因为中国画通常把主要物体用大片的空白背景隔开。接着观众又看到另外七匹马，然后是马匹所立的背景。为了证明拳毛䯄和狮子花很有可能是此幅卷轴画的最头两匹，他又引用了确曾看过此幅画的苏东坡的言语为证。苏东坡在他的诗歌集序言中提到此幅画时谈到了拳毛䯄和狮子花，霍克思觉得这提高了这幅画由这两匹马开始的可能性。[2] 就这样，霍克思在解释这 4 句的内在联系时，成功地向西方读者介绍了中国手卷的观看方式及创作特点。

（四）传递翻译思想的宝贵诗集

在《杜诗入阶》中，霍克思有几处具体谈论如何处理中英翻译中所遇到的实际问题的文字，这些实践性很强的建议对于指导汉学科的学生或汉

---

〔1〕按：霍克思这一想法显然得益于他曾亲眼见过中国卷轴画的经历，具体参看本书第三章第二节的相关论述。

〔2〕C. f. David Hawkes, "On Seeing a Horse-painting by Ts'ao Pa In the House of the Recorder Wei Feng," David Hawkes tr., *A Little Primer of Tu Fu*, Oxford: The Clarendon Press, 1967, p. 152.

诗的自学者很有意义。它们不仅能帮助他们更好地理解霍克思的译文，而且它们自身也能在读者中传播，引起深入探究中英互译话题的兴趣。

首先，汉诗标题的英译问题。霍克思指出汉诗与英诗在取题上有截然差别：汉诗的诗题通常是动词短语，正如《望岳》一题，而英语诗歌题目则是名词性短语，如《利西达斯》（*Lycidas*）、《海外乡思》（*Home Thoughts From Abroad*）、《卷发遇劫记》（*The Rape of the Lock*）。这些到了中文诗歌中通常会说成《哀利西达斯》（*Mourning Lycidas*）、《海外思乡》（*Thinking of My Homeland While in a Foreign Country*）和《劫发》（*Raping the Lock*）。正因中英语言上的差异，霍克思毫不犹豫地把中文动词诗题"望岳"译为英文名词短语"On a Prospect of Tai-Shan"；"哀王孙"不取直译"lamenting a Young Prince"，而选定"The Unfortunate Prince"。这一做法无疑是正确的，值得肯定与借鉴。

其次，中国诗歌中的反问语气的翻译问题。中国诗歌中存在大量的反问句，霍克认为它们与英语中的否定陈述句相当。他在《兵车行》的注释部分写下了这样一段话："注意：汉语在我们英语用否定陈述的地方经常使用的是修辞疑问句。英译文中出现大量的这类奇怪的反问句，就是因为译者没有考虑到这一事实。当我们想表达'我不敢告诉你'时，如果用'我敢告诉你吗？'这样的句子，就不是地道的英语。"[1]《哀江头》中，霍克思在解释"江草江花岂终极？"[2]时，又强调了地道的汉语在英语该用否定陈述的地方运用的是反问句。"岂终极"相当于英语中的"will never come to an end"（将永不终止），故而在《哀江头》英译文中，霍克思将

〔1〕David Hawkes, "Ballad of the Army Carts," David Hawkes, tr., *A Little Primer of Tu Fu*, Oxford: The Clarendon Press, 1967, p. 15.

〔2〕按：霍克思《杜诗入阶》中此句不知为何写成了"江水江花岂终极"，不过译文中又是以江草而不是江水来译，无论哪种均不影响此处的讨论。C. f. David Hawkes, tr., *A Little Primer of Tu Fu*, Oxford: The Clarendon Press, 1967, p. 50.

此短语翻译为"go on for ever, unmoved"，用否定表达原作的反问语气。[1]
《至德二载》"移官岂至尊"一句在译诗中就成了"I am sure my present
removal was not the doing of his Sacred Majesty"（我确信我现在的被贬
职不是至尊之皇的本意）。《宿府》中的"中天月色好谁看"，霍克思认
为这又是一个反问表否定的句子，故译诗中为"there is no one to watch
the lovely moon riding in the midst of the sky"[2]。总体而言，霍克思以上
分析在把握中国诗歌反问句意时没有太大问题，反问确实是某种程度的
否定，但如果在翻译中把此判断过于绝对化，则可能会出现某些语气传
达的偏失。

　　再次，中国诗歌的断句问题。中国诗歌断句较为灵活，有时一行就是
一句，有时两行合为一句，有时甚至可能几行才是一个完整的句子，这样
灵活的断句给西方译者造成了很大困惑。对于这个问题，霍克思的判断是：
"中国诗歌通常是在对句末尾而不是每行结尾标有段落符号。"[3]他分析《哀
王孙》开首两句"长安城头头白乌，夜飞延秋门上呼"，就是一个典型的
第1行为主语、谓语动词在第2行的例子。他认为"很多译者因为不理解
这一简单规则而造成翻译行为失败"[4]。同时，霍克思不忘提醒西方读者，
这一规则并不是随时都被遵守，在中国古体诗中就时有不符合这一规则的
情况，并以古体诗《哀王孙》"窃闻天子已传位，圣德北服南单于。花门
剺面请雪耻，慎勿出口他人狙"4句为例，指出"窃闻"之后，从"天子
已传位"到"花门剺面请雪耻"都是"窃闻"的宾语。正是因为中国诗

---

〔1〕C. f. David Hawkes, "By the Lake, " David Hawkes tr., *A Little Primer of Tu Fu*, Oxford: The Clarendon Press, 1967, p. 54.

〔2〕David Hawkes, "A Night at Headquarters, " David Hawkes tr., *A Little Primer of Tu Fu*, Oxford: The Clarendon Press, 1967, p. 131.

〔3〕David Hawkes, "The Unfortunate Prince, " David Hawkes tr., *A Little Primer of Tu Fu*, Oxford: The Clarendon Press, 1967, p. 38.

〔4〕Ibid.

200

歌有断句的问题，霍克思在开篇为西方读者列出杜甫诗作原文时，选择了每行行末不带任何标点符号的方式。应该说，霍克思以上对中国诗歌的判断也是基本正确的，但他在实际的翻译操作中却有把断句问题绝对化之嫌，即基本均处理成"对句末尾就是句号所在"的定式，这就有问题了。

最后，就改译问题进行说明。当霍克思译文与原作出现不同时，他进行了说明，真实呈现了他翻译中的思考原貌，对后来的译者及研究者均颇有参考价值。如《哀王孙》中的"窃闻"，霍克思简单处理成了"I've heard that"，原作的"窃"有自谦以表对听话人尊敬之用，这自然会引起质疑。故而霍克思特此加入一段说明文字，解释自己这样翻译的考虑：汉语中存在大量的谦辞与敬语，"不需要照字面直译，除非译者有意营造一种异国气氛"[1]。再如《咏怀古迹》"一去紫台连朔漠"中"紫"的翻译，霍克思在评注的对译部分为汉语"紫"选的是其直接对应词"purple"，但他在其下特意单列说明，虽然在中英对照字典中"紫"的英文是"purple"，但在翻译中国宫殿城墙的颜色时，最好还是用"red"而不是"purple"。[2]故而最后的正式译诗中霍克思就选用了"crimson terraces"（绯红的楼台）来译"紫台"。霍克思这样的处理是对的，因为中国的"紫禁城"中的"紫"其实不是颜色，而是指"紫微垣星"，如果真用"purple"去翻译，是会闹笑话的。

由上可见，《杜诗入阶》对于研究者了解霍克思翻译思想有着弥足珍贵的价值，且作为译者自道的翻译实践之谈，在资料的可信度上极高。但这一价值目前还未引起霍克思研究者的关注，故在此花费些许笔墨。

---

[1] David Hawkes, "The Unfortunate Prince, " David Hawkes tr., *A Little Primer of Tu Fu*, Oxford: The Clarendon Press, 1967, p. 42.

[2] C. f. David Hawkes, "Thoughts on an Ancient Site（1）, " David Hawkes tr., *A Little Primer of Tu Fu*, Oxford: The Clarendon Press, 1967, pp. 176-177.

三、《杜诗入阶》的西方接受与翻译启示

据"霍克思文库"显示，霍克思在着手翻译杜诗时，参看了大量与杜诗相关的，包括注本、选集、研究论著等各方面的资料，他把阅读后的心得融会在了 35 首杜诗的题解、诗解、诗体分析、诗歌评注与译文中，从而保证了译本具有较高的准确度，顺利完成了译者确定的入门读物与自学教材的目标。据世界容量最大的 World Cat 图书馆目录检索，截至 2024 年 1 月 28 日，霍克思的《杜诗入阶》共出版了 24 版，世界各地 653 家图书馆拥有此藏书，属于霍克思译著中继《石头记》《楚辞》后另一部为较多读者收藏的译作。[1]

另外，从目前能收集到的西文期刊上关于《杜诗入阶》的几篇珍贵的书评来看，作为海外的汉语入门读物与自学教材，霍克思的杜诗译著还是得到了广泛认可的。书评家们均肯定了此译著在完成译者预设翻译目的上的有效性。

旧金山州立大学华裔汉学家许芥昱（1922—1982）是霍克思杜诗译本的最早评论者之一。他在 1968 年 11 月《亚洲研究》（*The Journal of Asian Studies*）第 28 卷第 1 期的书评中推荐了霍克思的《杜诗入阶》，高度评价了霍译本为那些对中国古典诗歌多少有些熟悉的读者所带来的那种"仿佛回家般"（feel like homecoming）的感觉。试想，这也应该是汉诗英译者孜孜以求，希望译作所能达到的一种境界吧？对华裔学者所产生的触动从某方面有力地证明了霍译杜诗的价值。许芥昱评价霍译本的具体价值在于以下两方面："作为入门读物，它对于那些没有老师帮助的刚起步的学生来说既实用又有帮助。而对于教中国古典诗歌起步班的教师来说，它同样值

---

〔1〕C. f. Worldcat "A little Primer of Tu Fu," retrieved on Jan. 28. 2014.

得拥有，因为这些教师往常也得准备类似的材料分发。"[1]

同年，英国汉学家 G. W. 在《伦敦大学亚非学院学报》第 31 卷第 2 期上也有短评。在介绍了霍译杜诗的大致编排体例后，G. W. 指出它与其他文学译著相比的优点所在："比起大多数文学译本，此译本将为有耐心的读者提供关于中国诗歌本质的一个更加清晰与直观的图景。汉学科的学生无疑将受益于此书。"[2] 短评指出此译本唯一令人遗憾之处是译本只使用现代拼音标音的决定，因为它模糊了诗歌的声调平仄模式（tonal pattern）。而声调平仄模式对中国古典诗人来说非常重要，且又是异域读者最难接触与把握的方向，G. W. 建议霍译本提供一个声调平仄表也许会有裨益。

1969 年也有两篇相关书评，其一来自美籍华裔汉学家罗郁正。罗郁正为印第安纳大学荣誉教授，曾先后出版过《辛弃疾》（Hsin Ch'i-chi）、《葵晔集》（Sunflower Splendor: Three Thousand Years of Chinese Poetry）、《待麟集》（Waiting for the Unicorn: Poems and Lyrics of China's Last Dynasty，1644—1911）等介绍与研究中国文学的系统译著。他在 1969 年 8 月新第 7 卷第 2 期的台湾《清华学报》（Tsing hua journal of Chinese studies）上发表了一篇书评，开篇即指出霍译本的最大价值所在："无疑是向英语世界读者介绍唐诗的种种精微与复杂处的最好本子。"[3] 他看到了霍克思在尝试让完全不懂汉语的西方读者也能欣赏汉诗上所做的探索与开拓（pioneer an approach）。他肯定了霍克思在中国诗人中选择杜甫进行介绍的明智，也肯定了霍克思在让读者逐步熟悉、理解与掌握汉诗这一过程中与以往译本的可贵不同。"正是这一过程，之前的汉诗译本都遗憾地忽略了。之前的译作译文本身

〔1〕Kai-Yu Hsu, "（Untitled Review）A Little Primer of Tu Fu. By David Hawkes," *The Journal of Asian Studies*, Vol. 28, No. 1, Nov. 1968, pp. 154-155.

〔2〕G. W., "（Untitled Review）David Hawkes（tr.）: *A Little Primer of Tu Fu*," *Bulletin of the School of Oriental and African Studies, University of London*, Vol. 31, No. 2, 1968, p. 451.

〔3〕Irving Yucheng Lo, "A Little Primer of Du Fu," *The Tsing Hua Journal of Chinese Studies*, Vol. 7, No. 2, Aug. 1969, p. 239.

就是翻译的最终结果，它绝不可能成为正确欣赏原作的恰当媒介。"[1]"《杜诗入阶》的出版使得学习中国文学的很多学生都将欠霍克思一个人情。"[2]另外，罗郁正是唯一一位在书评中指出了霍译杜诗数量与《唐诗三百首》中杜诗数量不一的汉学家，且他在文末列出了霍译杜诗中存在的一些誊写与翻译问题，这是只有具有扎实古典汉语功底的华裔学者才能做到的。另一篇书评则是来自美国得克萨斯州立大学的罗伊（Roy Earl Teele，1919—1985），他早在 1949 年就出版过中国诗歌英译研究的专著《犹在镜中》（ *Through a Glass Darkly: A Study of English Translation of Chinese Poetry* ）。1969 年冬，罗伊在美国俄克拉荷马大学（University of Oklahoma）主办的《海外丛书》（ *Books Abroad*, Vol. 43, No. 1 ）"亚非"栏目上推荐了霍克思的杜诗译本，他高度评价霍克思的博学与谦逊，认为"此译著既有敏锐度又切合实际，值得推广，甚至可再创作类似的后继本。它对于真正对中国诗歌感兴趣但又没有时间或机会去听课或花很多年时间在汉语上的人来说，是一个理想的译本"[3]。

最后一篇书评发表在 1970 年《通报》第 56 期，由荷兰莱顿大学的汉学家琼克尔（D. R. Jonker，1925—1973）撰写，是五篇书评中篇幅最长的一篇。琼克尔长期担任汉学研究所中文图书馆馆员，汉学研究学养深厚。他首先肯定的也是《杜诗入阶》内容的有用性与体例编排的独特性。他说："这是一本很有用的书，事实上从种类上来说，它是独一无二的。无论是作为总的中国诗歌介绍还是作为杜甫的个案研究之作，肯定都会受到译者心中所预设的那些读者群的欢迎。"[4]其次，琼克尔肯定了霍克思翻译杜诗在译文可读性与原作语意传达上的成功及使用官方认定的汉语拼音系统来

〔1〕Ibid. p. 240.

〔2〕Ibid. p. 243.

〔3〕Roy E. Teele, "（Untitled Review）David Hawkes. *A Little Primer of Tu Fu,* " Books Abroad, Vol. 43, No. 1, Winter 1969, p. 151.

〔4〕D. R. Jonker, "David Hawkes, 'A little primer of Tu Fu'（Book Review）, " *T'oung Pao*, Vol. 56, 1970, p. 303.

标注汉字的恰当性。就译本的缺点，琼克尔提到了两点，一是依照《唐诗三百首》所选杜诗来定翻译对象有些遗憾，无法展现杜诗的全貌。如《自京赴奉先咏怀》《北征》《茅屋为秋风所破歌》及《石壕吏》等都是值得收录的篇章。二是指出在译文汉语拼音标注中有 40 多处标调错误之处，并举了三四处这样的错误为例。应该说这是一篇很有功底的文章，对汉语若无相当程度的认知，很难指出此类错误。

从事比较诗学研究的华裔学者刘若愚 1982 年出版的《语际批评家——中国古诗评析》一书有多处行文是在与霍克思《杜诗入阶》的对话中展开的。如他在讨论《旅夜书怀》最后一联"飘飘何所似，天地一沙鸥"所蕴含的情感时，引用并反驳的就是霍克思关于此联的观点。他说："有的批评家在这最后一联只看到绝望，但我认为最后所表达的与其说是绝望不如说是放松，而且海鸥更应看成是自由而不是孤独的象征。因为杜甫多年前作为一个充满自信的青年也曾用过同一意象：《奉赠韦左丞丈》'白鸥没浩荡，万里谁能驯'。"[1]此段话中刘若愚正好在"有些批评家"处做了注释，专门指出这是霍克思《杜诗入阶》第 202 页的内容。此外，刘若愚在讨论《咏怀古迹》怀明妃一诗首句"群山万壑赴荆门"的主语问题时赞同的是《杜诗入阶》第 177 页的处理。[2]还有《梦李白其二》最后一句"寂寞身后事"中有关"寂寞"一词的阐释问题，刘若愚又引用了霍克思《杜诗入阶》中的翻译，并提出了自己不同的观点。[3]迈克尔·亚历山大（Alexander Michael）在其 1998 年《庞德的诗歌成就》（*The Poetic Achievements of Ezra Pound*）一书中参看的也是霍克思的《杜诗入阶》。闵福德、刘绍铭 2000 年编录出版的《含英咀华集》（*Classical Chinese Literature, An Anthology of Translations*）第一卷（*Volume I: From Antiquity to the T'ang Dynasty*）第二十

---

〔1〕James J. Y. Liu, *The Interlingual Critic: Interpreting Chinese Poetry*, Bloomington: Indiana University Press, 1982, p. 94.
〔2〕C. f. Ibid. p. 101.
〔3〕C. f. Ibid. p. 112.

章《杜甫：诗圣》一章，选入霍克思《杜诗入阶》中的 7 首译诗。2010年美国明尼苏达大学亚洲语言文学系华裔学者郝稷在《杜诗入阶》出版近半个世纪后又再次提起了它。郝稷关注到的仍是《杜诗入阶》的编写特色，他在论文中主要通过列举译本的独特性所在从而从杜诗英译史的角度来回答此译著的意义问题。[1]

　　综上所述，霍克思《杜诗入阶》在西方激起了一定的反响，得到了一定的肯定，自霍克思《杜诗入阶》出版后，西方学者关于杜诗翻译就没再在入门读物上着力，因为他们认为霍克思已做得非常优秀了。有件小事也能看出海外汉学家们对霍克思《杜诗入阶》的信任，即以上撰写这些评论文章的海外汉学家们均直接利用霍克思译本中的杜甫原诗，没有人认为有必要去翻查清朝蘅塘退士所编选的《唐诗三百首》原本，从而也没有任何一位西方本土汉学家发现两者所收杜诗数量上不一致的问题。

　　霍克思为其杜诗英译著作取名《杜诗入阶》，其翻译旨归与预设读者已蕴含其中，序言中译者多次直接指出自己针对的读者群是"中文不高或根本不懂中文的西方读者"[2]，他"热切希望有耐心的读者读完此书时能对中国语言、中国诗歌及中国诗人杜甫有所了解"[3]。正是由于霍克思《杜诗入阶》译本预设的读者群过窄，它最大的服务范围是杜诗的初学者，包括汉学科的学生再加上从事汉学教学的教师，这种定位于汉学入门的简单读物注定经不起专业汉学研究领域的深入推敲，它的普及性也注定它经不起文学艺术殿堂的高雅审美的考验。岭南大学教授、华裔汉学家欧阳桢从初学者和华裔读者两方面给予了《杜诗入阶》较为中肯的评价："对学生来说，像霍克思《杜诗入阶》这样的译本给人非常亲切的感觉。他翻译《唐

---

〔1〕参看郝稷：《霍克思与他的〈杜诗初阶〉》，载《杜甫研究学刊》2010 年第 3 期。

〔2〕David Hawkes, "Author's Introduction," David Hawkes tr., *A Little Primer of Tu Fu*, Oxford: The Clarendon Press, 1967, p. ix.

〔3〕Ibid.

诗三百首》中的杜诗，并配上原文、评注、读音及各类辅助工具。然而，此书显然是旨在服务那些刚起步的门外汉，对于本族语读者来说，他们会发现这个本子有很多东西显得多余。"[1] 霍克思《杜诗入阶》在中英文化交流上的这种局限性，除了译者预设翻译目的导致的结果外，也同译本的散文体译诗、歌谣体解乐府诗及霍克思对杜诗主旨阐释的隔感、对中国诗歌认知的偏差、对中国文化阐释的错误与译本所提供的杜诗原作存在大量注音错误等等都是不无关系的。

第五节　迈入汉学学术黄金期

到 20 世纪 50 年代末，霍克思已成长为牛津汉学第六代掌门人。繁忙的汉学改革、教学与行政工作，使霍克思一度放弃写作，1955 至 1959 年间，他主要的科研成果是配合出版社完成了《楚辞》英译单行本出版的相关修改工作。他的书评和学术论文发表，自 1959 年始至整个 60 年代，进入最为活跃的学术期。《中国文学散论：古典、现代和人文》辑有霍克思汉学译研代表性成果共二十四篇。本节讨论以目前发现的所有霍克思相关文献为基础，不局限于此本纪念文集，以期更全面地把握霍克思执掌牛津时期的汉学成就。

一、发表书评参与汉学对话

霍克思的汉学研究是与其对汉学研究前沿成果的关注密不可分的，他

---

[1] Eugene Chen Eoyang, *The Transparent Eye : Reflections on Translation*, *Chinese Literature and Comparative Poetics*, Honolulu: University of Hawaii Press, 1993, pp. 129-130.

自进入汉学界以来，一直保持追踪同行前沿动态的良好作风，书评体现了霍克思关注同行并参与其间进行对话的良好学术互动状态。目前已收集到的霍克思的书评，时间跨度从 1960 到 1983 年，数量为二十五篇。霍克思撰写的书评，有相当一部分具有学术含量，书评除了评论汉学界的新作外，大多数篇幅用于表达自身对某一问题或领域的一些研究心得或成果。书评大致可粗分为两类，一类是就同行译著进行评析，一类是对同行研究论著的评点。在书评世界的纵横中，常难能可贵地保留霍克思彼时彼地有关中国文学研究与英译的思考，他的汉学翻译观、汉学研究观闪烁其间，值得关注。

　　1960 年 5 月，霍克思在《亚洲研究》第 19 卷第 3 期发表书评[1]，评论施友忠翻译、注释及作序的《刘勰：文心雕龙》(*The Literary Mind and the Carving of Dragons by Liu Hsieh*) 一书。此文是霍克思最早涉足中国古代文学批评的文章，开篇他首先指出了西方学者研究中国古代文论的难度、刘勰与陆机的巨大差异及其翻译难度。霍克思给予施氏全译很高的评价："任何一位了解《刘勰：文心雕龙》翻译难度的人都不得不承认施教授全译工作的艰巨，它本身值得我们深深敬仰；译文可读性强，流畅、措辞得体。""批评容易，改进难。必须重申，翻译《文心雕龙》本身就是一项具有开创意义的壮举。"此外，如前所述，此书评在讨论中国古代文论翻译时，体现了霍克思的某些汉学翻译观：译著需有明确的目的与读者群，翻译要注重文本的学术研究。

　　1961 年 3 月 3 日，霍克思在《泰晤士报文学增刊》发表书评《译自中文》[2]，评论韦利 1960 年出版的译作《敦煌变文故事选》(*Ballads and Stories from Tun-huang: An Anthology*)，书评日后辑录在霍克思汉学论文集中。此

〔1〕David Hawkes, "(Untitled Review) The Literary Mind and the Carving of Dragons. By Liu Hsien. Tr. With an Introdution and Notes by Vincent Yu-chung Shih, " *The Journal of Asian Studies*, Vol. 19, No. 3, May 1960, pp. 331-332.

〔2〕David Hawkes, "From the Chinese, " John Minford & Siu-kit Wong ed., *Classical, Modern and Humane Essays in Chinese Literature*, Hong Kong: The Chinese University Press, 1989, pp. 241-248.

文从介绍与评论韦利及其一生的汉学成就入手，文末最后五段才对译作进行评论，故而这是一篇韦利研究的好文章。1970 年埃文·莫瑞斯编著的《山中狂吟——阿瑟·韦利译文及评论选》（ *Madly Singing in the Mountain, An Appreciation and Anthology of Arthur Waley* ）一书将其节选收录。此文有一处细节涉及韦利与《红楼梦》翻译，值得注意，即当时已有人请求韦利翻译《红楼梦》，韦利因该书恢宏的篇章而拒绝。另外，此书评涉及霍克思的汉学研究方法、翻译观及对现有两部《红楼梦》英译本的看法，是非常珍贵的史料。首先，在研究方法上，霍克思在评价韦利的治学中，提出了人文主义（humanism）的态度与方法。其次，通过评价韦利的翻译工作，霍克思重申了自己"翻译要注重文本的学术研究"的翻译观。再次，此书评中包含着霍克思对《红楼梦》及其英译的鉴赏意见，是我们了解霍克思后来下决心翻译《红楼梦》契机的一段重要参考文字。在霍克思心目中，《红楼梦》"是一部真正伟大的中国小说，但目前已有的两部英译本仍没有为英国读者提供生动的译文"。最后，此书评中还出现了杜甫《王阆州筵奉酬十一舅惜别之作》中"万壑树声满，千崖秋气高"的英译（A myriad valleys full of the soughing of treetops, a thousand heights round which the wind of autumn whistles shrill），可谓是霍克思最早翻译的杜诗。

1962 年霍克思有三篇书评发表。5 月，霍克思在《亚洲研究》第 21 卷第 3 期发表书评[1]，严厉批评陈受颐《中国文学史略》一书。《中国文学史略》是陈受颐花几年时间撰写，于 1961 年（时年 62 岁）出版的一部英文论著，霍克思对此书持激烈的批评态度，这是迄今所见霍克思措辞最为严厉的一篇书评。从语言到排版，霍克思列举出了大量的问题，如文理不通（solecisms）、文字误用（malapropisms）、违反语法规则的表

---

[1] David Hawkes, "（Untitled Review）Chinese Literature: A Historical Introduction by Ch'en Shou-yi, " *The Journal of Asian Studies*, Vol. 21, No. 3, May 1962, pp. 387-389.

达（grammatical impossibilities）、标题印刷上的缺乏统一性、威氏拼音问题及一些低级的无知性错误等，尤其是全书材料编排上的交叠、无序与互不指涉最令霍克思失望。且书中常有这种情况：作者对某一历史事件的说明含糊不清，可其后作者又明明提供了有关此事件的一大段翻译，这至少表明作者是了解此事件的，那他所写的梗概为什么会如此不准确呢？霍克思弄不明白。他在书评中写道："此书是有关中国文学的二手资料的编译，篇幅巨大、内容详细，但却极度混乱、极其不准确。我强烈希望在它造成广泛不良影响前，能有更好的书籍取而代之。"另外，此书评中还含有另一重要信息，即霍克思对语文学的推崇。语文学在西方史学上有深厚的传统，其要点是重视文字（特别是古文字和外来文字）的掌握，以及解读史料的一套严谨方法。霍克思将清代考据学用英文 Ch'ing philology 表示，可见在霍克思心目中，清代的考据学与西方语文学传统是相通的。同年 10 至 12 月的《美国东方学会会刊》（Journal of the American Oriental Society）第 82 卷第 4 期刊有霍克思评论伯顿·华生译著《唐寒山诗百首》（Cold Mountain: 100 Poems by the T'ang Poet Han-shan）的书评[1]，此书评后收录在霍克思汉学研究论文集《中国文学散论：古典、现代和人文》中（收录时略有变动，如文中威氏拼音均改换成了汉语拼音，书评最后关于译著所附检索表的讨论及霍克思为修正该表给出的四个表格亦删除）。书评在评价华生译本时，也对英语世界出现的几个寒山诗译本进行了梳理，从中可见霍克思翻译观中一直坚持的对"忠实传译"与"接受效果"的同步追求，即他主张译作与原作之间应形成适度的张力。而在谈论华生译本存在的一个最大问题时，霍克思表达了另一翻译主张：译者应在传统意象一出现时就为读者指出并加以解释，以便使者更快地吸收。同年，霍克思在《哈佛

---

〔1〕David Hawkes, "（Untitled Review）Cold Mountain: 100 poems by the T'ang poet Han-shan. Translated and with an Introduction by BURTON WATSON, " *Journals of the American Oriental Society*, Vol. 82, No. 4, Oct. -Dec. 1962, pp. 596-599.

亚洲研究 》(*Harvard Journal of Asian Studies*) 第 24 卷（1962—1963 ）也有一篇书评[1]，评论芮沃寿、杜希德合编的《 儒家 》。此书评除包含了霍克思对孔子及儒家的一些看法外，主要有两大重要之处。一是它体现了霍克思对世界汉学的关怀：霍克思看到了《 儒家 》展现的汉学研究非常健康的发展态势。二是文中霍克思对谢康伦教授朱熹论文的批评，表明了他对治学中实用主义倾向的反对。

  1963 年霍克思的书评发表得更多，共有四篇，其中《 英国皇家亚洲文会会刊 》第 95 卷第 3—4 期刊有他的系列书评三篇[2]，分别简评华裔学者刘若愚的《 中国诗歌艺术 》(*The Art of Chinese Poetry*)、汉学家罗伯特·特维尔（ Robert H. Kotewall ）、诺曼·史密斯（ Norman Lockhart Smith ）译就、戴伟士作序与编辑的《 企鹅丛书：中国诗词选集 》(*The Penguin Book of Chinese Verse*) 和再评华裔学者陈受颐的《 中国文学史略 》。第一篇书评霍克思对刘若愚论著持肯定评价。首先，他认为此作可谓有关中国诗歌方方面面研究的首部权威论著，书中不仅广涉中国文学、英国文学和法国文学，而且还介绍了英国评论家的著作，尤其是关于新批评理论的介绍很到位。其次，霍克思赞赏刘氏在书末提供书中自译的中国诗歌汉语原文一举，他认为此做法为译文的有用性增色不少。当然，霍克思最欣赏的是书中刘若愚的诗评，"尤其是后部分对中国诗歌的具体分析，使人读来兴趣盎然，爱好中国诗歌的读者都会感激他将中国诗歌以如此有价值的方式展现在他们这些非语言学家面前"。至于缺点，书评认为刘氏一书第一部分对许多读者来说较为枯燥，撰写时应先介绍有关汉语、手稿等的基本史实为好。第二篇书评评戴伟士编辑、作序的《 中国诗词选集 》。虽然书评在开篇提到了此书的一些缺点，如篇幅过短，所选全为短诗，不具代表性，

────────────────────

[1] David Hawkes, "（ Untitled Review ）Confucian Personalities by Arthur F. Wright; Denis Twitchett, " *Harvard Journal of Asiatic Studies*, Vol. 24, 1962-1963, pp. 270-274.

[2] David Hawkes, "Reviews of Books", *Journal of the Royal Asiatic Society*, Vol. 95, No. 3-4, Oct. 1963.

译诗没有原文，等等，但霍克思也慧眼识珠地指出了该书的独特之处：它收录了大量宋、明、清时期的诗歌以及大量的词，译文读来令人愉悦且通常相当准确，戴氏所列的诗人生平条目及撰写的有趣长序均大大提高了此书在中国诗歌指南方面的有用性，全书一半的成功应归于戴氏。第三篇书评是对华裔学者陈受颐晚年编著的《中国文学史略》的再评，书评基本保持了霍氏一年前的观点，一年前所批书中存在的问题在此书评中均有重申，只是在这篇更为简短的书评中，用语相对平缓，批评的同时对陈著多了一份宽容，甚至有一两句提到陈著的优点并对陈著的修缮再版充满期待。同年，《伦敦大学亚非学院学报》(*Bulletin of the School of Oriental and African Studies, University of London*) 第26卷第3期刊出霍氏就华裔学者刘若愚《中国诗歌艺术》的细评。[1] 此书评的基本观点与《英国皇家亚洲文会会刊》上的简评一致，但增加了不少论证细节，从中能更清晰地透视霍克思对刘氏运用西方文论阐释中国诗歌这一开创之举的看法。另外，此书评清楚表明霍克思当时对以韵体译汉诗仍心存顾虑：他对刘氏英译时运用韵脚竭力再现汉诗押韵的做法表示理解，但却指出刘氏只有不受上述意图局限时才是一名准确、敏锐的译者。

　　1965年霍克思仅发表了一篇书评[2]，发表在《伦敦大学亚非学院学报》第28卷第3期，评的是中国学者饶宗颐的《词籍考：考证与词有关的文献（卷一）——唐五代宋金元编》。饶氏《词籍考》受到霍克思高度评价，"此书是第一部对整个'词'类及其文学展开全面研究的书籍"，"全书绝妙地简洁、明晰"，"整套书出齐，有望成为我们时代中国文学领域所出版的最为重要的参考书"。霍克思非常赞同饶宗颐中西研究资料互通的治学

〔1〕David Hawkes, "（Untitled Review）James J. Y. Liu: The art of Chinese Poetry, " *Bulletin of the School of Oriental and African Studies, University of London*, Vol. 26, No. 3, 1963, pp. 672-673.

〔2〕David Hawkes, "（Untitled Review）Jao Tsung-I: Tz'ǔ-tsi k'ao: examination of documents relating to tz'ǔ, " *Bulletin of the School of Oriental and African Studies, University of London*, Vol. 28, No. 3, 1965, pp. 656-657.

方法，这与他自己所主张的汉学研究方法之一"各领域成果互借互用"不谋而合。两人后成为好友。

1966年霍克思在《美国东方学会会刊》第86卷第1期发表书评[1]，评柯润璞的《谋略：〈战国策〉研究》。此书评表达了霍克思在汉学研究方法上的非实用主义主张。

1966年10月至1967年9月，霍克思休学术年假，原本拟再次前往中国，后因"文革"爆发，遂改赴美国、日本。在此期间，霍克思以学术论文撰写与会议论文宣读交流为主，书评暂停。1969年1月，霍氏在《通报》第55卷第1—3期发表书评，评论法国汉学家桀溺（Jean-Pierre Diény）的《中国古诗探源：汉代抒情诗研究》（*Aux origines de la poésie classique en Chine, Etude sur la poésie lyrique à l'époque dés Han*, 1968）一书，此文后以《中国古典诗歌的起源》（*The Origins of Chinese Classical Poetry*）为题[2]收录于霍克思汉学研究论文集。书评中霍克思边评边议，提出了一些他个人关于汉乐府的思考：汉代朝廷汇集的是歌者而不是诗歌本身；民谣进入朝廷后，曲目保留的情况并不像通常认为的那样频繁与连续；《诗经》与汉乐府诗两者间可能存在更密切的相似性；《宋书》中辑入的汉乐府诗是我们目前拥有的关于15首乐府诗最早的版本，但就此得出它们即为汉乐府诗源头的真实面目则是十分错误的；早期乐府诗中那些表面的"不连贯"，也许起于其原为汉代舞宴吟诗娱情之物。

60年代末，霍克思对元杂剧显露出浓厚的兴趣，他不仅在牛津东方研究所开办研讨班，邀请牛津的研究生和同仁一同阅读与讨论元杂剧，还指导自己的博士生以元杂剧为研究对象，而且自己也陆续发表了几篇与元杂

---

[1] David Hawkes, "（Untitled Review）Intrigues: Studies of the Chan-kuo Ts'e by J. I. Crump, JR.," *Journal of the American Oriental Society*, Vol. 86, No. 1, 1966, pp. 62-63.

[2] David Hawkes, "The Origins of Chinese Classical Poetry," John Minford & Siu-kit Wong ed., *Classical, Modern and Humane Essays in Chinese Literature*, Hong Kong: The Chinese University Press, 1989, pp. 259-266.

剧有关的学术论文。加之专注《红楼梦》英译及牛津辞职后离开学术生活，霍克思的书评撰写逐渐减少。

　　整个 70 年代霍克思共发表了六篇书评，第一篇是 1973 年 10 月《美国东方学会会刊 》第 93 卷第 4 期的书评[1]，评艾兰·埃林改编、邓肯·麦金托什翻译的《 中国词及其他诗续编 》(*A Further Collection of Chinese Lyrics and Other Poems*)。此书评的重要之处在于其很好地体现了霍克思诗歌翻译思想的变化。从埃林和麦金托什的诗歌译集中，霍克思感慨英译中国诗歌更重要的是享受翻译的过程，成品译诗读来通常是没有多少趣味的。他认为最好的译文是由那些找到了自己风格或文体的译者译出的。霍克思很赞赏埃林采用不完全韵（ off-rhyme ）来翻译中国词，同时，霍克思从埃林的译诗失败之处也得到了教训。他总结道："诗歌是一种依赖和运用听觉期待的艺术，译者可采用任何一种自己喜欢的惯用手法，但一定要记得在译文中一以贯之。如果你在你的大部分译诗中都运用了韵脚，而有一小部分却突然不用韵脚，譬如埃林所为，那么读者在阅读这一小部分译诗时就会因为韵脚的缺失产生希望落空的感觉。更糟糕的是，如果在同一首诗中，用了韵脚后又弃而不用，正如埃林有时所为的那样，就会产生从庄严崇高陡然转向平庸可笑的后果——如果读者已被译者训练得接受了不完全韵，那么后果将更为严重，因为他 / 她常会在实际上已没有押韵的地方停留比其他地方更长一些的时间。"文末，霍克思总体评价道："总的来说，此卷和它的上一卷让英国读者很好地了解了'词'，而且其试图突破汉学束缚、再现诗体的认真努力，实在值得嘉许。"从这段话里，我们既能看到霍克思对埃林译作的欣赏，也能感觉到霍克思在翻译思想上的变化，他已隐约表达了自己不再愿局限于汉学领域内来做翻译的愿望。步步扣韵，这是霍克

〔1〕David Hawkes, "(Untitled Review) A Further Collection of Chinese Lyrics and Other Poems. Rendered into verse by Alan Ayling from the translations of the Chinese by Duncan Mackintosh in collaboration with Ch'eng His and T'ung Pingcheng," *Journal of the American Oriental Society*, Vol. 93, No. 4, Oct. -Dec. 1973, pp. 635-636.

思英译汉诗的巨大突破，这体现在了他同年出版的《石头记》卷一里。

　　第二篇是霍克思于 1976 年 12 月 17 日 在《泰晤士报文学增刊》上发表的书评《宝玉的幻灭》(*The Disillusionment of Precious Jade*)[1]，因评论对象与他当时沉浸其中的《红楼梦》密切相关而引起霍克思的评论兴趣。书评在简单分析《红楼梦》后，主要评论美国新一代汉学家浦安迪的《〈红楼梦〉中的原型与寓意》一书。书评有三点值得注意：一是此文明言《红楼梦》的伟大及其全译的必要；二是此文体现了霍克思对非实用主义研究方法的坚持，他指出，浦安迪此书在《红楼梦》研究中从文本自身的结构体系进行结构主义的分析与建构可能存在的不足，他认为，"一定的传记或背景研究仍是对此分析有裨益的"；三是霍克思从超自然现象契入宝、钗、黛的关系，有了一番与浦安迪完全不同的阐释。

　　1977 年 6 月 3 日 霍克思在《泰晤士报文学增刊》发表书评《中国的歌剧》[2]，为西方读者客观评论、及时引荐华裔汉学家时钟雯的新论著《中国戏剧的黄金时代：元杂剧》和英国戏曲史研究专家杜为廉的戏剧新著《中国戏剧史》。此文所评是霍克思自 20 世纪 60 年代末以来颇感兴趣的中国戏剧，书评在清醒认识元杂剧令西方学者敬而远之的原因后，竭力为西方读者输入一些中国戏曲常识，如中国戏曲与西方歌剧的异同、曲文（唱词）的重要地位、中国戏曲的强烈感染力，以及元代与元杂剧的研究价值等。同时，霍克思在书评中表达了他的一大汉学研究观，他认为优秀汉学论著应具备的一个首要特征即"对象性预设"。在霍克思看来，好的汉学论著，要在满足汉学师生需求的前提下适当关注普及性。

　　1978 年，霍克思连续有三篇书评刊出。第一篇是在 9 月《中国季刊》

---

[1] David Hawkes, "The Disillusionment of Precious Jade, " John Minford & Siu-kit Wong ed., *Classical, Modern and Humane Essays in Chinese Literature*, Hong Kong: The Chinese University Press, 1989, pp. 267–272.

[2] David Hawkes, "The Singing Plays of China, Review of The Golden Age of Chinese Drama, by Chung-wen Shih; A History of Chinese Drama, by William Dolby, " *Times Literary Supplement*, 3 June 1977, p. 673.

（ *The China Quarterly* ）第 75 期上评论雅罗斯拉夫·普实克等编写的《东方文学词典》（ *Dictionary of Oriental Literatures* ）。[1] 书评特别关注该书第一卷东亚篇中自己熟悉的中国部分。霍克思在总体肯定《词典》的前提下，为其尽可能发挥最大功效提出了一些修缮意见，尽显真诚。值得注意的是，全文讨论所用范例均以霍克思本人研究的《红楼梦》等为中心，可见他 70 年代致力于《红楼梦》翻译的同时，仍在时刻关注汉学研究领域的前沿。同年 10 月 20 日，霍克思在《泰晤士报文学增刊》发表书评《消失在山东》（ *Submerged in Shantung* ）[2]，论史景迁《王氏之死》（ *The Death of Woman Wang* ）一书。书评简单梳理了郯城的历史、人文与灾荒、王氏的悲剧故事、作者史景迁的主要论著及《王氏之死》面临的史料匮乏难题。书评总体肯定了史氏小书叙述栩栩如生、充满想象、构思巧妙、读来愉悦，可与新史学家勒华拉杜里的"叙事性"名作《蒙塔尤》一比。霍克思对史氏"历史叙事"写作实践背后所折射出的史学发展脉络有所暗示，但他个人仍然坚持历史学家的想象和小说家的想象不同，他对他人仿作不太期待。此书评的一大亮点是霍克思因史氏倚重蒲松龄《聊斋志异》，将其作为重构王氏故事的一大材料来源而注意到蒲氏及其作品。霍克思的关注与闵福德 2006 年选译《聊斋志异》及晚年致力于聊斋研究当有一定关系。1978 年冬，霍克思在《太平洋事务》（ *The Pacific Affairs* ）第 51 卷第 4 期发表书评[3]，评论薛爱华《步虚：唐代奔赴星辰之路》一书。此书评在肯定薛爱华治学之法时有两点值得注意：一、他肯定薛氏的博学，欣赏其拒绝将学术与文学分离的治学理念，体现了霍克思始终主张的"文学在汉学研究中处

---

〔1〕David Hawkes, "（ Untitled Review ）Dictionary of Oriental Literatures, " *The China Quarterly*, No. 75, Sep. 1978, pp. 674-676.

〔2〕David Hawkes, "Submerged in Shantung, *Review of The Death of Woman Wang* by Jonathan D. Spence, " *The Times Literary Supplement*, 20 Oct. 1978, p. 1191.

〔3〕David Hawkes, "（ Untitled Review ）Pacing the void. T'ang Approaches to the Stars. By Edward H. Schafer, " *Pacific Affairs*, Vol. 51, No. 4, Winter 1978-1979, pp. 651-652.

于根本地位"的汉学研究观；二、此文谈到了卜派汉学，霍克思赞赏卜派
汉学传人薛氏的治学方向，实际上体现了他自身对卜派汉学的欣赏与推崇。

1979 年 3 月，霍克思译完《红楼梦》前八十回，许是时间余裕了，
接下来的两三年里，他撰写了五篇关于他较熟悉研究领域里新成果的书
评。1980 年 6 月 27 日，他在《泰晤士报文学增刊》发表书评《笑对苦
难》(*Smiling at Grief*) [1]，借评论珍妮·凯利（Jeanne Kelly）和美籍华人茅
国权合译的《围城》英译本（*Fortress Besieged*），向西方读者推介钱钟书
（1910—1998）。尽管资料奇缺，但霍克思却尽力介绍并梳理出钱先生的整
个学术活动过程，同时对西方汉学长期以来对中国学者钱钟书缺乏学术关
注与研究感到深深的遗憾。全文充满一位西方学者，更确切地说是一位西
方汉学家对中国大学者的敬仰之情及对于中英文学交流的深深关怀。

1981 年 5 月 15 日，霍克思在《泰晤士报文学增刊》发表书评《一
个朝代的没落》(*The Decline of a Dynasty*) [2]，评介阿克顿（Harold Acton，
1904—1994）和陈世骧（1912—1971）合译、1976 年出版的清代孔尚任传
奇剧《桃花扇》英译本（*The Peach Blossom Fan*）。不过此书评中真正关于
译著的评论文字并不长，霍克思借此文更多地谈及他自己阅读和研究清代
传奇剧《桃花扇》的心得。书评向西方读者介绍了原作者孔尚任的生平情
况、《桃花扇》的历史地位、《桃花扇》的艺术成就及缺点、《桃花扇》与
《红楼梦》的关系，并联系他一直关注的元杂剧及现代京剧等，对中国戏
曲创作做出了总体评价。作为霍克思唯一一篇总体谈论与评价中国戏曲的
文章，此书评有其珍贵的文献参考价值。

1982 年 7 月，霍克思在《中国文学》(*Chinese Literature: Essays, Articles,*

---

[1] David Hawkes, "Smiling at Grief, Review of *Fortress Besieged, by Ch'ien Chung-shu,*" *Times Literary Supplement*, 27 June 1980, p. 725.

[2] David Hawkes, "The Decline of Dynasty, Review of *K'ung Shang-jen: The Peach Bloosom Fan, trans. Ch'en Shih-hsiang and Harold Acton,*" *Times Literary Supplement*, May 15th, 1981, pp. 531-532.

Reviews）第 4 卷第 2 期撰有书评[1]，评论友人、美国史学家劳伦斯·施耐德（Laurence A. Schneider）《楚国狂人与中国政治神话》（*A Madman of Ch'u: The Chinese Myth of Royalty and Dissent*）一书，此文后以《屈原的神话》（*Myths of Qu Yuan*）为题，辑录在霍克思汉学论文集中。文中霍克思对施耐德结构主义式的文化人类学方法（structuralist anthropology）不以为然，霍克思也不赞同以"狂人"一词来概括屈原，他认为，"任何将文学形象完全抽离它所产生的文学的企图，都是一种具体化抽象概念的行为，具有误导性"。对于施耐德关于中国民间伍子胥祭祀何以最终为屈原崇拜所取代问题上的结论，霍克思也不赞成，他强调其实并不是前者不受欢迎，而是后者文学地位特殊："答案很简单，即屈原是中国的第一位诗人而伍子胥不是。""如今屈原的重要性就如曹雪芹的重要性，他们都代表了一种真正伟大的艺术作品，从中后人均能发现一些新东西。"

　　1983 年 6 月 24 日，《泰晤士报文学增刊》刊出霍克思书评《雄浑的时代》。该书评评价并推荐的两本译著是新一代汉学家康达维（David R. Knechtges，1942— ）译注的《文选》（*Wenxuan or Selections of Refined Literature vol. 1 Rhapsodies on Metropolies and Capitals*）和白安尼（Ann M. Birell，1950— ）译注的《玉台新咏》（*New Songs from a Jade Terrace*）。书评除评荐外，更多的篇幅为西方读者介绍了汉赋的演变、前身与后续。1983 年 8 月《太平洋事务》第 56 卷第 3 期亦有霍氏一篇书评，评论丹尼尔·伯莱恩《南唐词人冯延巳和李煜》一书。此书评在肯定伯莱恩译著对研究词作的学生而言不可或缺外，主要指出了译著的问题所在。从霍克思的批评中可以清晰透视其评论汉学译著的一个重要标准为"译著预设目标与译者心中读者群的明确"。

---

[1] David Hawkes, "（Untitled Review）A Madman of Ch'u: The Chinese Myth of Royalty and Dissent, by Laurence A. Schneider," *Chinese Literature: Essays, Articles, Reviews（CLEAR）*, Vol. 4, No. 2, July 1982, pp. 245-247.

1983 年，60 岁的霍克思自牛津大学万灵学院以荣休研究员（emeritus fellow）身份退休。此后，他用两年时间陆续将自己珍藏多年的约 4400 册研究书籍悉数捐赠给位于阿伯里斯特威斯（Aberystwyth）的威尔士国家图书馆（The National Library of Wales），希冀东方文化有朝一日能移植到大不列颠岛的西端——这块风景奇幽、远离现代文明侵蚀的山林。这批重要的东方语文藏书约五分之一为日文书籍，其余均为中文图书，内容囊括汉语、哲学与宗教、典籍研究、历史、艺术、考古、中国古代与现代文学（楚辞、诗歌、韵文、词曲、小说等）、中国音乐等，另有大量期刊、会议论文及参考资料。随着藏书的捐赠，霍克思也搁下了撰写书评的笔。

二、撰写研究论文、参加汉学会议

据目前所搜集到的文献，霍克思在撰写大量书评的同时，共发表了十五篇学术论文，按初稿撰写或发表的时间顺序梳理，分别为 *The Wan Shou T'u: an Early Eighteenth Century Scroll-painting*（1959）、*HSI P'EI-LAN*（1959）、*The Supernatural in Chinese Poetry*（1961）、*Chinese: Classical, Modern and Humane*（1961）、*The Story of the Stone: A Symbolist Novel*（1963）、*Chinese Literature: An Introductory Note*（1964）、*Chinese Poetry and the English Reader*（1964）、*Chinese Influence in European Drama*（1966）、*Obituary of Dr. Arthur David Waley* 1889—1966（1966）、*The Quest of the Goddess*（1967）、*Reflections on Some Yuan Zaju*（1969）、《西人管窥〈红楼梦〉》（1979）、*The Translator, the Mirror and the Dream-Some Observations on a New Theory*（1979）、*Quzhen Plays and Quzhen Masters*（1981） 和 *The Heirs of Gaoyang*（1981）。从上可知，霍克思论文撰写与发表集中在 1959 至 1971 年他执掌牛津汉学期间；1971 至 1979 年年初是他辞去牛津教职专心英译《红楼梦》的时段，其间自是没有学术论文正式发表；1979 年

3月他完成《红楼梦》前八十回英译后稍有余力，到他1983年牛津荣休前，他有少量论文陆续发表。所有论文中有几篇霍克思参会交流的论文，影响较大的如 *The Story of the Stone: A Symbolist Novel*、*Chinese Poetry and the English Reader*、*Chinese Influence in European Drama*、*The Quest of the Goddess* 和 *Reflections on Some Yuan Zaju* 等，宣读后反响强烈。尤其是霍克思1967年1月与好友海陶玮、白之一同参加的百慕大（Bermuda）"中国文学体裁类型研究"国际学术会议（An International Conference on Chinese Literary Genres），是20世纪下半叶欧洲汉学界的一大盛事。此会几乎汇集了其时所有重量级的汉学家：霍克思、海陶玮、白之、陈世骧、傅汉思、刘若愚、韩南、叶嘉莹、柯润璞、普实克和夏志清等。霍克思在会上宣读了他的论文《女神的求索》，获得与会学者一致好评。从某种程度上讲，霍克思在此次汉学大会上的精彩表现展现了英国第一代专业汉学家的学术风采。

　　仔细研读这十五篇论文，其中既有《万寿图：18世纪早期的一幅卷轴画》这样中国文学、文化引介的学术普及性文章，也有与师友密切相关的研究，如《席佩兰》《阿瑟·韦利》，也有关于汉学科自身、汉学科与中国文学关系等方面的学科思考，如其就职演说辞《古典、现代和人文的汉学》、会议论文《中国文学：介绍性说明》，更有据自己的研究兴趣展开的较为集中的《红楼梦》、中国诗歌（含楚辞）和元杂剧等三大版块的研究心得。以下粗略根据上述分类加以分述：

　　（一）《万寿图》引介

　　霍克思继1955年《中国文化》后最早公开发表的论文是1959年秋法国《东方艺术》杂志新辑第5卷第3期（*Oriental Art*, Vol. 5, No. 3, pp. 110—113）上刊出的《万寿图：18世纪早期的一幅卷轴画》（*The Wan Shou T'u: An Early Eighteenth Century Scroll-painting*）一文。该文写作缘起于1956年他促成的《万寿图》"完璧归赵"一举，霍克思希望在《万寿图》归还中国图书馆后，作为曾经的收藏国——英国也能对之有所了解，故而撰文

220

向西方读者引荐，向英国民众介绍中国连环版画巨作《万寿盛典图》及其独特的艺术形式——卷轴画，并拍图若干为存。该文中，霍克思娓娓道来友人当达斯（R. H. Dundas）当年的捐赠、中国《万寿盛典图》的基本情况、当达斯所收二卷的内容及其价值，并以两幅相连木刻画为例高度评价了《万寿盛典图》的艺术特色。最有意思的是，霍克思在文末将《万寿盛典图》与《马国贤神父回忆录》[1]一书相比，发现《马国贤神父回忆录》的叙述文字中有一明显与图中描画相抵牾之处。霍克思引用了《清史稿》相关段落与《万寿盛典图》相佐证，足证《万寿盛典图》的史料价值。后来杂志社还专门发行了此文的大版硬装单册本（25cm × 16. 7cm），深蓝硬质封面与封底，内中衬页、扉页各一，加正文 2 页，木刻绘画 2 页，全册虽只有薄薄的 6 页，没有太多高深的研究，却是鲜活的文学艺术传播案例，很好地体现了霍克思汉学研究为文学、文化交流服务的理念。

（二）与韦利相关的研究

1959 年年末，《大亚细亚学报》新辑第 7 卷《韦利纪念专号》（*Arthur Waley Anniversary Volume*）登载了霍克思为庆贺恩师七十寿诞而撰写的《席佩兰》（*HSI P'EI-LAN*）一文，生动刻画了袁枚最欣赏的女弟子席佩兰。文章融叙事、考证、翻译于一体，展示了写作者扎实的语文学功底。该文聚焦中国 18 至 19 世纪的女诗人席佩兰（1760—1829），其生存年代和女性性别决定了要勾勒出她的生平与创作轨迹实非易事。霍克思参用席佩兰及身边相关人物存世的诗作（佩兰诗集、佩兰丈夫诗集、佩兰老师袁枚诗集）、当地的地方志（《常昭合志稿》）和汉学同行大卫·法夸尔（David M. Farquhar，1927—1985）的已有研究，并参阅《四库全书总目提要》重

---

[1] 按：《马国贤神父回忆录》（*Memoirs of Father Ripa*）是意大利在华传教士 Matteo Ripa 回国后撰写的回忆录，Fortunato Prandi 英译，1844 年由英国默里公司出版。Matteo Ripa，汉名马国贤，于 1710 至 1724 年任康熙宫廷雕刻师。康熙六十庆寿大典（1713 年）正好发生在其在华期间，故书中有几处关于这一举国盛事的详细描写。

构传记事实，以较清晰的脉络从"出生和家系"（Birth and Parentage）、"早期婚姻生活"（Early Married Life）和"友人"（Her Friends）三个层面大致勾勒出这位清代女诗人的生平、交友与创作轨迹，还原其家庭、婚姻、为人子女、为人父母及与亲朋唱和、赋诗作画的生命图景，与韦利汉学研究论文行文风格一脉相承。

1966 年 6 月 27 日，英国汉学家韦利离开人世，生前他是霍克思汉学道路上亦师亦友的引路人。霍克思深切哀悼，写下了《阿瑟·韦利讣文》（ Obituary of Dr. Arthur David Waley，1889—1966 ），次年发表于《大亚细亚学报》新辑第 12 卷（ New Series, Vol. XII ），后以《阿瑟·韦利》（ Arthur Waley ）为题收录在霍克思汉学论文集中。此文在梳理韦利生平与汉学之路的基础上高度评价韦利，是韦利研究中一篇不可忽视的论文。霍克思指出，韦利"不仅属于世界性的东方研究，而且属于全世界的文学研究。他的地位为远东研究赢得了某种声望与辉煌，改变了之前远东研究在很多领域被排斥在严肃学术关注之外的境遇"[1]。

（三）汉学科与中国文学

1961 年 5 月 25 日，霍克思在牛津大学发表汉学讲座教授就职演说辞《古典、现代和人文的汉学》，后发行单行本，亦收录在霍克思汉学论文集中，可见其影响力。该演说辞集中展示了霍克思执掌牛津汉学时所秉持的汉学翻译观、汉学研究观、汉学语言观与汉学教学观，实是一篇重要的学术论文。因前有述，此处不再赘述。

1964 年 9 月，霍克思在法国波尔多大学参加国际汉学会议，参会论文之一是《中国文学：介绍性说明》。此文延续了霍克思最早发表的汉学论文《中国文化》（1955 年 9 月 30 日发表在《旁观者》杂志）的讨论，分

[1] David Hawkes, "Arthur Waley," David Hawkes, *Classical, Modern and Humane Essays in Chinese Literature*, John Minford & Siu-kit Wong ed., Hong Kong: The Chinese University Press, 1989, p. 256.

222

析了中国传统文化遭到国人拒斥的原因，"在 20 世纪初，读书人尚能感觉
到自己所读或所写的是传统的一部分，与孔子和中国古代其他圣贤是一脉
相承的，而当五六十年后的中国人回顾自己国家那浩繁的文学典籍时，却
发现需要跨越的语言鸿沟如此巨大，犹如西方现代与古典的差距"[1]。霍克
思概括了中国自五四以来对传统文化经历的否定之否定的过程：从早期的
中体西用到全盘西化再到 20 世纪中期的整理国故、重估传统文学价值，及
至 20 世纪 60 年代中期已日益明朗化的回归传统、恢复文学遗产的趋势。
此文非常宝贵地保留了霍克思有关汉学研究的价值、汉学研究之于比较文
学的意义的思考，是霍克思论文中一篇直接谈及汉学与比较文学两大学科
关系的论文。不过，文末霍克思对比中西文学所得的比较文学结论，即
二者最显著的差异在于文学中有无宗教启发性，后来遭到在美华裔学者余
国藩（1938—2015）的质疑。余氏 1989 年撰写《宗教与中国文学——论
〈西游记〉的"玄道"》长文时，开篇即引霍克思《中国文学：介绍性说
明》中有关"中国文学无宗教启发性"的两段文字，作为批驳的靶子展
开行文。[2]另外，此文中有一段有关林纾的文字，后以《大卫·霍克思论
林纾》（*David Hawkes On Lin Shu*）为醒目标题摘刊在 1975 年秋《译丛》
（*Renditions*）第 5 期上。摘刊与原文的唯一区别是原文在两部英文小说名
后添加了中文。

（四）《红楼梦》研究

1.《红楼梦》中的超自然力与象征主义

霍克思关于《红楼梦》研究的第一篇论文《石头记——一部象征小
说》发表在 1963 年，是其在巴黎中国学院用法语发表的演讲，此文 1986

---

[1] David Hawkes, "Chinese Literature: An Introductory Note," John Minford & Siu-kit Wong ed., *Classical, Modern and Humane Essays in Chinese Literature*, Hong Kong: The Chinese University Press, 1989, p. 70.
[2] 详见余国藩：《〈红楼梦〉、〈西游记〉与其他：余国藩论学文选》，李奭学编译，北京：生活·读书·新知三联书店，2006 年，第 356-357 页。

年由 Angharad Pimpaneau 译为英文发表在香港中文大学创办的《译丛》第 25 期上。文章在肯定裕瑞、周汝昌、吴世昌、胡适及当时中国正盛行的阶级分析法各有其可取之处、有助于加深对《红楼梦》的理解的前提下，指出上述研究均存在一大缺陷，即没有一种研究对小说结构中密不可分的超自然现象多加论述。在霍克思看来，"超自然现象不是可有可无的美化、装饰之举，而是小说的基本组成部分"[1]。小说第一回的空空道人、第五回的警幻仙姑、瘸道士和疯和尚等只有从超自然现象的视角出发才能阐释他们存在的合理性。书中的主要人物始终对于自身与另一世界相关联的象征物有某种意识，人物性格的发展也伴随着不少的超自然因素，难以用正面、反面人物的划分或纯粹自传的方式加以圆满解说。从超自然的视角，霍克思检视了小说中的象征因素：小说第五回中宝玉著名的梦境、宝黛的木石姻缘、宝钗的金玉良缘、小说的九个书名、大观园与大乘止观法门等，从而论证了《红楼梦》是一部以超自然现象为背景的象征小说。"它的中心主题是一个颇具天赋、心灵敏感的年轻人的故事。书中他经历了金陵十二钗所代表的十二种感情，体验了幻灭之感，最终达到一种神秘的顿悟与思想解放。小说第一回中出现的经历了精神之旅的情僧实就是宝玉自己。"从超自然力的角度，霍克思也对曹雪芹书中矛盾的言行做出了合理的阐释："曹雪芹并不希望我们相信他的神话——他所谓的'满纸荒唐言'——他在书中其他地方也极力讽刺过通俗小说对这些俗套的使用。他在他的小说中利用这些是想借此暗示读者这样一层事实，即宝黛之盟是比尘世间宝钗之缘更为有力的一种联系，对于这一点，读过《呼啸山庄》的读者不难理解。"[2]独特的视角、细腻的体悟，让中西文学在文学性上相遇。

---

[1] David Hawkes, "The Story of the Stone: A Symbolist Novel, " David Hawkes, *Classical, Modern and Humane Essays in Chinese Literature*, John Minford & Siu-kit Wong ed., Hong Kong: The Chinese University Press, 1989, p. 59. 原文为 "The supernatural is no gratuitous embellishment but rather an essential part of the novel"。

[2] David Hawkes, "The Disillusionment of Precious Jade, " David Hawkes, *Classical, Modern and Humane Essays in Chinese Literature*, John Minford & Siu-kit Wong ed., Hong Kong: The Chinese University Press, 1989, p. 270.

1973 年《石头记》卷一出版，封底霍克思概括了全书内容，又一次提到小说中的超自然现象："但贯穿于这世俗故事始终的却是另一种存在层次上的提醒——小说主题证实了佛教关于超自然存在的信仰。"[1] 在《石头记》卷二序言中，霍克思也谈到了超自然因素，只不过这次是从反面来提的，他说："在这一卷中再也不会听到回响在整个第一卷中的超自然的弦外之音。"[2] 可以说，霍克思对超自然力的关注贯穿他汉学研究的始终，美国《东西方哲学》杂志因之将霍克思比为"名副其实的研究超自然历史的史蒂芬·杰伊·古尔德"[3]。他最早的汉学研究之作《楚辞创作日期与作者考订》探讨了"《离骚》中的超自然现象"，他 1961 年发表的中国诗歌研究论文《中国诗歌中的超自然现象》（后文会细谈）将超自然话题延伸到整个中国诗歌领域，后来研究全真剧及在《法国远东学院学报》发表倍受好评的研究论文《全真剧与全真大师》（*Quzhen Plays and Quzhen Masters*, 1981）显然也与其对超自然因素的关注关系密切。因为在霍克思看来，"全真剧中均含有强烈的超自然因素，全真道人均相信他们的真人可以远溯到全真始祖之前的仙人世系"[4]。

2.《红楼梦》的前身与开篇

1979 年，中国学者戴不凡在《北方论丛》第 1 期创刊号上发表了《揭

---

[1] David Hawkes tr., *The Story of the Stone*, Harmondsworth: Penguin Books, Vol. 1, 1973, the back. 原文为"But over and above the novel hangs the constant reminder that there is another plane of existence-a theme which affirms the Buddhist belief in a supernatural scheme of things"。

[2] David Hawkes, "Preface," David Hawkes tr., *The Story of the Stone*, Harmondsworth: Penguin Books, Vol. 2, 1977, p. 17.

[3] Book Notes of *Philosophy East and West*, "（Untitled Review）Classical, Modern and Humane: Essays in Chinese Literature. By David Hawkes," *Philosophy East and West*, Vol. 42, No. 1, Jan. 1992, p. 202. 按：史蒂芬·杰伊·古尔德（Stephen Jay Gould, 1941—2002）为美国著名的古生物学家，哈佛大学生物学教授，在博物学和进化理论上有重大贡献。他 1977 年出版的《自达尔文以来：自然史沉思录》（*Ever Since Darwin: Reflections on Natural History*）荣获美国国家图书奖。

[4] David Hawkes, "Introduction," David Hawkes tr., *Liu Yi and the Dragon Princess*, Hong Kong: The Chinese University Press, 2003, p. 9.

开〈红楼梦〉作者之谜——论曹雪芹是在石兄〈风月宝鉴〉旧稿基础上巧手新裁改写成书的》并在第 3 期上发表《石兄与曹雪芹——"揭开红楼梦作者之谜"第二篇》，此文的续篇《曹雪芹"拆迁改建"大观园》发表在《红楼梦学刊》1979 年第一辑创刊号上。戴氏连续的三篇文章就《红楼梦》与《风月宝鉴》关系提出了惊人之说，在红学界引起了巨大反响，也引起了远在英伦的霍克思的思考。此时的他正当完成《石头记》卷三之时，他立时写下了他的第三篇《红楼梦》研究论文《译者、宝鉴和梦——谈对某一新理论的看法》(The Translator, the Mirror and the Dream-Some Observations on a New Theory)，来回应戴氏的新见。

霍克思称戴氏之论为"更为激进的理论"(a more radical theory)[1]，对其高见并没有完全否定。总体而言，霍克思并不赞成戴不凡的惊人观点，即《红楼梦》是曹雪芹在南方人"石兄"所作的《风月宝鉴》旧稿基础上改写而成的，"即使我们承认有一个早期的石头本或宝鉴本存在，……也不能就此说明这个早期版本的作者就不是曹雪芹自己"[2]，但他对戴氏的某些论证颇为欣赏。霍克思认为，戴不凡对第六十一回的菜名"油盐炒枸杞芽儿"的解释、对《红楼梦》中人物年龄矛盾的举证及对曹雪芹动手修改前那个《风月宝鉴》底本面貌的重构都极具说服力。尤其对戴氏重构的《红楼梦》原稿，霍克思极为赞同。他认为第八回宝玉拜访新到不久的宝钗一回应紧跟着第十九回宝玉访黛玉一节，因为两回都谈到体香，并且第十九回还有黛玉的"冷香丸"戏讽。这之后应该是标志宝玉成年的第五回，以宝玉与警幻仙子之妹、兼具黛玉与宝钗之质的"兼美"成夫妻为高潮。接着是第五十三和五十四回的新年庆祝，第十九回中除宝玉访黛玉外的内

---

〔1〕David Hawkes, "The Translator, the Mirror and the Dream-Some Observations on a New Theory, " John Minford & Siu-kit Wong ed., *Classical, Modern and Humane Essays in Chinese Literature.* Hong Kong: The Chinese University Press, 1989, p. 171.

〔2〕Ibid. p. 177.

容均紧接在此后，如宝玉与袭人行警幻仙子所授之事、宝玉当场抓到茗烟与丫头行事、宝玉探袭人等情节。袭人在第十九回、二十一回中挑剔与易怒的反常表现只有在这样的背景下才能释然开解。他甚至为这一重构新添证据。他指出小说第二回总批中有一段话，"其演说荣府一篇者，盖因族大人多，若从作者笔下一一叙出，尽一二回不能得明，则成何文字？故借用'冷'字一人略出其大半，使阅者心中已有一荣府隐隐在心，然后用黛玉、宝钗等两三次皴染，则耀然于心中、眼中矣。此即画家三染法也"。借助这段批语，霍克思认为黛玉之眼看贾府书中已经出现，那么第五十三回写宁国府除夕祭宗祠之景更可能出于宝钗之眼。现在传世的本子突以一个次要角色宝琴之眼来写，霍克思认为实在令人不甚满意。况且，如果按照戴不凡所重构的小说底本来看，第五十三回紧接在第五回后，让宝钗作为观察者就是个绝好的安排。

从另一方面来说，霍克思论证中发现，第六十四至六十九回有关尤氏姐妹故事的叙述实际上在不同的版本中均有漏洞。一种合理的解释就是它们都是后加入的情节，并且因为这种插入造成了不少难以修改的矛盾。红学界普遍接受的曹稿第六十四、六十七回遗失之说在霍克思看来，很可能不是遗失而是作者有意收回，准备改写。目前存有的这两回文字更像是出自编者的劳动，因为它们带有尽力保留一切并加以充分利用的特征。霍克思分析，如果是曹雪芹自己来处理，作为作者，他肯定会大刀阔斧无情地删削那些因情节变动而变得多余的材料。可是目前留存的本子里文字却不是这样。另外，《红楼梦》第十二回《王熙凤毒设相思局　贾天祥正照风月鉴》也像是一个插入的章节。第十一回结束时时间为年底，而第十二回结束时时间又回到了年底，贾瑞与王熙凤之间的纠葛整整持续了一年，且这一回或有或无一点也不影响整部作品的叙述逻辑，此回的叙述似与整部小说的发展没有太大关系。最后，从以上提到的这几回文字的相同点来看，也颇能证明它们之间有着某种关系。这些片段中都有宝鉴和跛足道士，都是淫荡与超自然内容相结合的片段，且这些片段均由携带宝鉴的模样古怪的跛足道士的出场松散地联结在一起。霍克思猜测以上几回很可能是《红楼梦》前身《风月宝鉴》中写得比较成功的部分，后来被用进了《红楼梦》中，而《红楼梦》也因此在某个时候曾被命名为《风月宝鉴》。故而"《红楼梦》是一部经过无数次编辑（heavily-edited），融合多个不同版本而成的一部小说。有些地方尚整合得令人非常不满意"[1]。

此文另一值得注意之处是，霍克思对曹雪芹《红楼梦》令人众说纷纭的开篇表达了自己不同于前的见解。他利用西方叙事学中的"虚拟叙述人"（a fictive narrator）概念，修正了自己在70年代初动手《红楼梦》英译工作时对其开篇段落所持有的观点，认为《红楼梦》开篇一段并不是如吴世昌所说，由其弟棠村所写，而应是曹雪芹以脂砚斋所评点的"画家烟云模糊法"[2]来创作的开场白。霍克思照引甲戌本脂砚斋眉批中众多研究者因之推论《红楼梦》开卷为曹弟棠村序的那段文字，"雪芹旧有《风月宝鉴》之书，乃其弟棠村序也。今棠村已逝，余睹新怀旧，故仍因之"，但给予了完全不同的阐释。他认为此中的"之"也可解释为原作书名即《石头记》或《风月宝鉴》，而不一定非如吴世昌所解的"棠村序"。开篇中的"作者自云""自己又云"等几乎完全是间接引语的内容，其实是曹雪芹代表书中虚拟的人物——半生潦倒的浪荡子，在怀着恋旧与悔恨的心理追忆自己那曾经快乐但却负罪良多的青年时代。霍克思认为，这就像是欧洲虚构小说创作中常见的"虚拟叙述人"，曹雪芹在小说中有那么多创造性之举，再多一种"虚拟叙述人"的手法也不足为怪。"'绳床瓦灶''假语村言'既不属于曹雪芹也不属于曹父辈中的某位曹家人或是任何一位活着

---

〔1〕Ibid. p. 175.

〔2〕按：脂砚斋的具体评批如下，"若云雪芹披阅增删，然后开卷至此，这一篇楔子又系谁撰？足见作者之笔狡猾之甚，后文如此处者不少。这正是作者用画家烟云模糊处。观者万不可被作者瞒（蔽）[弊]了去方是巨眼。（都云作者痴，谁解其中味）"。见浦安迪编释：《红楼梦批语偏全》，北京：北京大学出版社，2003年，第1页。

的人，而是属于小说中那虚构的人物，即曹雪芹创造出来的叙述人或者说小说想象中的作者。"[1]这一虚构后来没有贯穿小说始末，原因很简单：《红楼梦》经过太多修改，此一版被彼一版所替代，而彼一版又被其他版本抛弃，如此不断，故难卒续。虽然霍克思此见有借用西方概念论说中国文学之嫌，但其所论也不失理数，聊备一说。

最后，此文中霍克思区别了译者处理译作的两种方式，并强调了自己的《石头记》旨在"讲述一个生动的故事"的初衷。这是该文颇受红学译评家关注的一个部分。

3.《红楼梦》相关背景探讨与翻译问题

在执掌牛津汉学和译完《红楼梦》之间，是霍克思辞去牛津教职埋首《红楼梦》翻译的十年。这十年，他的学术论文撰写基本停止，他所有的学术思考可以说只与《红楼梦》有关，所思所想多少保留在其译本《石头记》三卷本的长序及附录中，序言讨论广涉《红楼梦》成书与流传的过程、红学的兴起及最新的研究成果、《红楼梦》的书名、曹雪芹的生平、容貌、性格与才学、曹家家世演变、《红楼梦》的作者及脂砚斋与畸笏叟考辨、小说中大量的前后矛盾叙述的探究等话题，并谈到自己在翻译《红楼梦》中所遵循的原则及所做的一些处理。卷后附录从金陵十二钗、中国律诗、中国骨牌、宝琴灯谜到丫环"檀云""彩霞"等一系列文中的矛盾叙述考辨，内容多、涵盖广，有的俨然就是学术小论文的规模。

霍克思译完《红楼梦》前八十回后，应中国新创办刊物《红楼梦学刊》之邀，用中文完成了一篇《红楼梦》研究论文《西人管窥〈红楼梦〉》。此文大体思想来自其译本《石头记》卷二序言，作为霍克思第二篇正式发表的《红楼梦》研究论文，是对那十年学术沉默期的一个很好纪

---

[1] David Hawkes, "The Translator, the Mirror and the Dream-Some Observations on a New Theory," John Minford & Siu-kit Wong ed., *Classic, Modern and Humane Essays in Chinese Literature*, Hong Kong: The Chinese University Press, 1989, p. 179.

念。从中文行文、得体的用语、有理有据的论述与辨析，可窥见霍克思不俗的汉学功底与严谨的治学风格。他在文中指出，即使是在所谓的准曹雪芹手笔的前八十回中，也存在不少叙述矛盾，如第六十三至六十九回中有关尤氏姐妹的文字，如第二十八回末丫环的名字"紫绡"等。1982年人民文学版《红楼梦》据蒙府、戚序本将"紫绡"做了改正，也说明霍氏之见不差。

（五）中国诗歌（含楚辞）研究

1. 中国诗歌中的超自然现象

1961年4月，霍克思在《多伦多大学季刊》（*University of Toronto Quarterly*）第30卷第3期发表论文《中国诗歌中的超自然现象》[1]，这是霍克思公开发表的第四篇汉学论文，也是第一篇具有较大学术影响力的学术论文。该文实际延续探讨了霍克思博士论文触及的"《离骚》中的超自然现象"话题，文章从李白的《梦游天姥吟留别》中的超自然因素追溯到《九章》《九歌》及《离骚》中的超自然现象，指出诗歌中出现超自然因素是所有中国诗人的一种惯用手段。中国诗歌从屈原、宋玉，经曹植、阮籍，到陶潜、李白、李贺，诗作中不断出现超自然现象。无论诗人们是否真正相信他们笔下的超自然现象，这一现象都为诗作平添了几分生动和奇异，诗人的想象力也因此得以纵横驰骋。中国诗歌中有很多包含太空巡游主题的诗作，霍克思认为超自然力是理解此类诗歌的一把钥匙："至少，这是我得以理解此类诗歌的唯一路径。""中国诗人生活在一个离超自然现象只有几步之遥的神奇世界，在那里，仙境抑或就在下一个山谷，女神兴许就在某一座山峰显身。"霍克思在此文中勾勒了超自然现象与远古巫术及近代道教的关系。他指出超自然世界存在的源头是巫术。巫者祈神、娱神、

---

[1] David Hawkes, "The Supernatural in Chinese Poetry," *University of Toronto Quarterly*, Vol. 30, No. 3, April 1961, pp. 311-324.

230

招病亡者之灵均有超自然世界的存在。在楚辞中，巫士多驾龙车升天环游曼陀罗式的宇宙，命令沿途的神灵效忠，犹如后世人间的帝王通过巡游臣属的领地表明其权威与卓越一般，这样的空中巡游能给巫士犹如天帝的感觉。霍克思发现超自然的世界与中国儒教、佛教无关，却与道教有着很多相似之处，他相信道教神话传说的源头实际上应是远古的巫教。霍克思进一步追索，指出超自然世界背后的本质应是中国诗人的"逃避主义态度"（the attitude of escapism）。诗人们在成百上千首诗歌中描写自己在饱受现世烦恼之后如何在恍惚或梦境中驾鹤、乘龙或登梯巡游天宫、群星及道家仙址。诗人们借此为退避的象征，从入仕走向归隐，从行动走向深思，从充满竞争野心、诡计与贪婪交织的世俗世界步入一个精神完满的理想世界。

2. 中国诗歌翻译与西方鉴赏

《中国诗歌与英国读者》是霍克思 1964 年 9 月法国波尔多大学参加国际汉学会议时提交讨论的一篇重要的学术论文。此文主要从比较文学的角度，谈了汉诗翻译和鉴赏两方面的问题：他对汉语四声、韵律、韵脚、对偶、无人称句、文学典故等做了详尽的分析与说明，指出汉诗的独特性及其英译中的某些"不可译性"；同时从欣赏诗歌的条件、最易传播的汉诗种类、汉诗创作特色、中国诗人与西方诗人之别等方面为西方读者提供了欣赏汉诗的知识储备。霍克思认为："掌握一点中国诗人创作手法及题材方面的知识，对于西方读者理解与欣赏汉诗大有助益。且对中英诗歌同异的深刻理解还很有可能带来西方对其自身诗歌观的重新评估。"[1]

3. 楚辞、汉赋、巫术、部族融合：文化人类学的视角

1967 年 1 月百慕大会议上霍克思广受好评的参会论文《女神的求索》，是他运用人类学研究方法的代表性成果。该文一经发表即成为《楚辞》研

---

[1] David Hawkes, "Chinese poetry and the English Reader," David Hawkes, *Classical, Modern and Humane Essays in Chinese Literature*, John Minford & Siu-kit Wong ed., Hong Kong: The Chinese University Press, 1989, p. 100.

究领域学者必加征引的一篇学术论文，为汉学界用文化人类学等新方法研究中国古典文学树立了典范。1981 年霍克思参加英国汉学协会（The British Association of Chinese Studies）会议，会上宣读的研究论文《高阳的后人》（*The Heirs of Gaoyang*），是继《女神的求索》后霍克思又一篇运用文化人类学方法的研究论文。文章探讨了中国自远古到夏、商、周、春秋战国及秦时部族间祖 / 帝的融合问题，也谈到了对中国诗人屈原的一些看法，本文应与其时他手头正忙于修改的《楚辞》译本有些关系。该文中霍克思更为谨慎，对文化人类学研究方法进行了更多的批判性思考，论证中增加了政治学、史学、文献学等研究方法，下结论时也更为小心，尽量避免肤浅的文化人类学运用所带来的简单比附与随意推论。

　　《女神的求索》截取的是霍克思博士论文中有关从楚辞到汉赋中国诗歌文体的变化及其与巫术关系的讨论，从诗歌中超自然力的视角契入，霍克思深掘出中国诗歌从楚辞的歌体到汉代的赋体的内在的演变规律，指出西汉宫廷诗人司马相如在这一转变过程中的作用。楚辞后期作品多怨诗（plaint-poetry），诗作语调中多少带有推翻现世的不满情绪，完全不适合用作宫廷诗。可是，西汉司马相如却发现了《离骚》和《远游》中的"飞升"和"巡游"主题能够轻易转化为对帝王神权的礼赞。他的《上林赋》、张衡的《羽猎赋》都包含神化帝王狩猎场面的描写。"飞升"主题架起了楚辞与汉赋间的桥梁。霍克思深挖背后所牵涉到的哲学与心理学深层因素：从《离骚》中不清晰的宇宙观与不确定的巡游路线到楚辞后期作品《远游》中那对称的曼陀罗式的宇宙以及环形的游历过程（依次游历各守护神的所在后来到环形的中央即法力中心，整个游历活动进入高潮），这其中体现了人类身心健康渴望平衡的一种心理意愿。人类在假想的结构中自觉地自我定向，以有效地维持这种平衡状态。曼陀罗式或者说图案式宇宙观是所有这些假想结构的原始模式，它不以可见的地理或天文事实为转移，故而霍克思认为，这种宇宙观是心理的产物。不过，古代思想体系中的物质和心理是可相互转化的两个层面，既适用于微观世界，也可用于宏观世界，反之亦然。同理，施法巡游的神秘之士所用的惯用语同样能用于君临物质世界的帝王。这一物质与心理层面的相互转化使得楚地诗人那原本不相宜且具有过多个人色彩的主题毫不困难地改换成了与宫廷趣味洽然契合的话题。以司马相如为代表的汉赋作家大量利用此类巡游主题，只是剔除了原有的"忧郁"，从帝王的封山礼仪、巡狩活动中都能寻到巫士施法飞行的原型，只不过此时的活动主角是帝王而非巫士。帝王们相信，通过这种曼陀罗式的宇宙模式的环形活动，能向东西南北及中央各方所有神灵祈福，为自己带来人世的统治权力。

汉赋可谓应运而生，不过专事铺写宫殿苑囿奢华之景与宫廷贵族声色犬马之享的赋体，原与汉代正统的儒家思想并不相和，保守的孔夫子们深感不安，最终这种情绪也感染了赋体作家，为那个充满自信与勃勃生机的时代悄然渗入了一丝内疚与不安。赋体是如何化解这一矛盾的呢？霍克思再一次在司马相如身上找到了答案。他发现司马相如为了适应中国传统文学中对"思想性"的强调，在大量的铺排、华丽场面描写后，创造性地增加了一个特别的"收笔"情节。作为最早采用此手法的赋体诗人，司马相如《上林赋》结尾有"帝王在欢宴当中主动停止，发布命令把猎园改为农民所用，以便饥馑孤寡者都有所终"的情节安排。霍克思认为，正是这一安排巧妙地掩盖了前面的奢华之笔，诗人也成功地免于未尽说教的责难，帝王享乐后尚能得到如此美化，也对此欣然接受。

霍克思对汉赋的上述阐释不愧为深刻解读，稍感遗憾的是他没有对汉赋形式有更多的分析，汉赋与楚辞在形式上的具体区别与联系也语焉不详。实际上汉代大赋"在形式上进一步散体化，改变了楚辞中多用虚词、句末多用语气词的句式，成为一种专事铺叙的用韵散文"[1]。另外，霍克思也没

---

[1] 郭丹、陈节主编：《简明中国古代文学史》，北京：高等教育出版社，2010年，第68-69页。

有发现汉赋与中国真正的文学观念的产生之间的催生关系。经过西汉辞赋的大繁荣，东汉才开始初步区分文学作品与一般的学术作品，如用"文章"指代文学作品，而用"文学"指称儒家经学和其他纯学术著作。如果霍克思能为西方读者指出这一点，将更有助于解释他后文将谈到的三国两晋时期文学批评产生之因。

在《高阳的后人》中，霍克思指出屈原的《离骚》和《天问》构成了已知中国神话的一个最重要来源，在那里有一位博学的天文与历法家：他是神话、传奇与记忆相融合的中国古代史专家，他对人类与天神的谱系与历史了如指掌；他时时提醒读者注意他的高贵出身，他念念不忘自己的不凡血统，这赋予他能以一种令人震惊的平等口吻来谈论楚王的特权。

霍克思认为，《左传》中那个博学的郑子产与屈原有着某种契合。霍克思通过分析子产和屈原这些中国古代的贵族们对于神话的兴趣，发现其中具有一种朴素的实用本质。神话对他们来说，就是所有最重要的科学知识与血统谱系的延伸。他们总是从谱系的角度来利用神话。而通过对中国古代贵族社会中两件备受关注事件——献祭与区分神灵地位高低的考察，霍克思提出了与法国汉学家马伯乐（Henri Maspero，1883—1945）不同的意见：在中国古代贵族眼中，家族谱系比土地更重要，在其他条件均相同的情况下，祖先是高于地方神祇的。"通常会发生的不是始祖与地方神祇的认同，而是在两个民族的'帝'之间建立认同或是其他关系。"[1]霍克思认为这种关系确切地说不是人种学上的亲缘关系，而是一种拜把兄弟的关系，在这种关系中，人们怀着对彼此的责任与信任之情走到一起。霍克思相信在中国传说中，有时能发现一些文化人类学上的重要意义，但如很多学者据此试图把所有的中国神话简单处理成两个相对的人种群（东夷与西

---

[1] David Hawkes, "The Heirs of Gaoyang, " David Hawkes, *Classical, Modern and Humane Essays in Chinese Literature*, John Minford & Siu-kit Wong ed., Hong Kong: The Chinese University Press, 1989, p. 211.

234

夏）的产物，则最终只能导致困惑。神话是一种语言，就其本身而论，它可以用来言说完全不同的事物，没有普遍或者说统一的答案存在。霍克思明确指出，学者们如想通过梳理原始神话，力图找出一个统一的神话原型，则是在浪费时间。

霍克思提出，两个民族的"帝"之间所建立的应是一种政治关系。他论证道：周朝刚形成时，只是商帝国西部边陲的一个半野蛮部落，他们通过联姻、政治联盟等方式与当时较强的羌族文化相认同，自认是姜嫄的后裔。随着西周的逐渐文明化，他们的首领最终统治了商朝。此时，商神话中能令简狄吞卵受孕的"帝喾"自然就成了周传说中始祖之母姜嫄所踏足迹的主人。"这是周朝在通过神话语言宣称与商平等的地位，表明自己早已是这个实际上可以说是地球上最强大、最文明的世系中的一员。"[1]周朝之帝与商朝之帝在此融会。故而，霍克思认为，想从此种关系中寻找文化人类学本质，最终只能导致混乱。原本各个民族的真正之"祖"是不变的，这一不变的"祖"即血缘关系。从理论上说，学者可以对此进行文化人类学的探索。但问题是，在复杂的人类社会生活中，"祖"和"帝"遭遇了同样的命运："共同的祖先所形成的紧密关系，有时与其说是具有血缘的种族的结合，还不如说是一种政治联合。"[2]

霍克思进一步依据中国上古文献，指出楚国祖先祝融原忠于高阳帝，后忠于高辛帝，这一变化象征了人类种群间的彼此融合与相互脱离关系的存在。霍克思指《尧典》为运用此象征语言描述人类联合与结盟的最突出例子。霍克思告诉西方读者，《尧典》就像一部以复杂的神话语言写就的寓言，它不仅把神、次神、魔鬼与野兽都尘世化为人间的帝王与统治者，而且其中出现的人物混杂了许多不同民族的神话。"楚王与许多处于边远

---

〔1〕Ibid. p. 216.
〔2〕David Hawkes, "The Heirs of Gaoyang, " David Hawkes, *Classical, Modern and Humane Essays in Chinese Literature*, John Minford & Siu-kit Wong ed., Hong Kong: The Chinese University Press, 1989, p. 217.

之地的其他民族首领一样，习惯在处理与比自己强大的北方的关系时扮演布雷大主教[1]的角色。"[2]

为了深入浅出地说清楚国的祖先问题，霍克思做了如下譬喻。他说：楚国的始祖是一位火神，我们称之为"X"；他们的神像其他民族的神一样，也称为"帝"。当需要辨认"X"及"帝"的确切身份时，神学就成了政治权宜之计的女仆。"X"可以是你的重黎或是他的祝融，"帝"可以是高阳或是高辛或者也许就是少昊。"在史前，在如今我们称为中国的这块土地上，各诸侯国利用这样的交往手段，一定达成了上百次的同盟与联姻。"[3]

霍克思运用多种研究方法，借助一手文献，在浩繁复杂、真伪难辨的中国古史资料中，小心耙梳出了一条中国各部族发展演化的内在脉络。他角度独特，观点新颖，对中国学者很有启发意义。

（六）元杂剧研究

1. 中国杂剧的特色与对欧洲的影响

《欧洲戏剧里的中国影响》是霍克思第一篇关于中国戏曲研究的学术论文，于 1967 年 5 月日本东京"国际东方学者会议"召开时宣读，同年 9 月汇编于《国际东方学者日本会议通报》（*Transactions of the International Conference of Orientalsits in Japan, XII*），后辑入霍克思汉学论文集中。该论文以中国 13 世纪两部戏曲作品——李行道的《包待制智赚灰阑记》和纪君祥的《赵氏孤儿》在欧洲戏剧家手中不断被译介与改编的历程，来论证中国戏剧对欧洲作家的影响。此文除了关于两部作品在西方流变的学术梳

---

〔1〕按：布雷大主教（Vicar of Bray）是英国 18 世纪流行歌曲中的一个牧师，他吹嘘自己可以灵活适应从查理一世、詹姆士一世、威廉一世到安妮女王甚至是乔治一世等不同统治时期的宗教观点，"无论哪个国王当政，他总能稳坐布雷大主教之位"。现用此词比喻两面派或见风使舵之人。

〔2〕David Hawkes, "The Heirs of Gaoyang, " David Hawkes: *Classical, Modern and Humane Essays in Chinese Literature*, John Minford & Siu-kit Wong ed., Hong Kong: The Chinese University Press, 1989, p. 227.

〔3〕Ibid. p. 228.

理堪称典范外，其对中国杂剧特色所发表的见解也很深刻。首先，霍克思提醒汉学家注意，中国戏曲的精华在曲文，"所有的诗、所有的激情以及几乎全部的文学兴趣都在曲文之中"[1]。这些被演唱的曲文，其功能绝不是促进动作的发展，也很少用来传播信息，而是营造气氛，增加某一场景的情绪强度。其次，通过大量的文本分析，霍克思指出一大事实，即元杂剧是为高度商业化的、以演员为中心的剧院所创作的：譬如元杂剧有即时表演性，以演员为中心，如果台上演员表示忘词或口干，一些事先准备好的插科打诨片段就会立时插入表演；又譬如相同的紧张场面描写经常在不同剧本中出现，雷同的对话也会出现在不同剧本、不同人物角色之间。如今的人们因为只能阅读剧本、无法欣赏表演而极易忽视上述事实。霍克思的观点与美国汉学家韩南（Patrick D. Hanan，1927—2014）不谋而合，韩南也主张中国戏曲是一种商业性的文化生产与消费，并由此发现了研究中国通俗文学的一个新视角——城市形成与发展对中国说唱文学的推动。[2]

2. "吊人"情节、臧懋循《元曲选》和明刊本

霍克思于 1969 年 9 月 7 日至 13 日赴意大利塞尼加利亚（Senigallia）参加又一国际汉学会议——"第 21 届国际汉学研究会议"（21st International Congress of Chinese Studies）。会上，霍克思与同行交流了他的又一新作《对几出元杂剧的思考》（*Reflections on Some Yuan Zaju*），此文后辑入霍克思汉学论文集中。1971 年增补一新含"吊人"情节的剧目以 *Some Remarks on Yüan Tsa-chü* 为题发表在《大亚细亚学报》新辑第 16 卷第 1—2 期。此文采用独特的"看戏人所见与所赏视角"，基于中日学者对话，关注元代戏曲中"吊人"情节的上演问题。文章有破有立，同一时期重要的研究论

---

[1] David Hawkes, "Chinese Influence in European Drama," David Hawkes, *Classical, Modern and Humane Essays in Chinese Literature*, John Minford & Siu-kit Wong ed., Hong Kong: The Chinese University Press, 1989, p. 108.

[2] C. f. Patrick D. Hanan, "The Development of Fiction and Drama," Raymond Dawson, *The Legacy of China*, Oxford: Clarendon Press, 1964.

文均进入了霍克思的视域，如冯沅君《古剧说汇》（1947）、吉川幸次郎（Yoshikawa kojiro，1904—1980）《元杂剧研究》（1948）、孙楷第（1898—1985）《也是园古今杂剧考》（1953）、严敦易《元剧斟疑》（1960）、岩城秀夫（Iwaki Hideo，1923—2011）《元刊古今杂剧三十种之流传》（1961）、郑骞《校订元刊杂剧三十种》（1962）等，显示了很强的学术前沿性。此文发表后成为西方戏曲研究学者经常征引及参考的研究论文，甚至美国学者奚如谷（Stephen H. West，1944— ）与荷兰学者伊维德（Wilt L. Idema，1944— ）2010 年合作辑译出版的《僧侣、土匪、情人和神仙：十一部早期中国戏剧》（*Monks, Bandits, Lovers, and Immortals: Eleven Early Chinese Plays*）一书的参考书目与建议阅读书目中，仍然收入了霍克思的此篇研究论文[1]。英国汉学家卜立德评价此文"虽是一篇小文，但它对论题的挖掘比此前所有同类书籍都要来得深与广"[2]。

　　霍克思在此文中的主要观点是"元代极有可能已有表演'吊人'情节的能力"[3]，"吊人"应该不是始于明代宫廷演员的创新。霍克思的这一观点虽然一时找不到多少支持的证据，但同时好像也没有什么反驳证据出现。在他看来，"吊人"就如 18 至 19 世纪欧洲舞台上出现的活板门装置，代表的是元代剧院所能安排且非常热心采用的一种舞台效果。元代戏曲家不止一次卖力地重复介绍这一特别而壮观的限制剧中人自由的方式，而宾白显示，这一情节总是设计成受吊之人被吊在场中某个看不见的地方直待上台的演员后来发现。霍克思在臧懋循《元曲选》中发现了三个剧本——

〔1〕C. f. Stephen H. West, Wilt L. Idema ed. & tr., *Monks, Bandits, Lovers, and Immortals: Eleven Early Chinese Plays*. Indianapolis: Hackett Publishing Company, Inc., 2010, p. 457.

〔2〕D. E. Pollard, "（Untitled Review）Classical, Modern and Humane: Essays in Chinese Literature, by David Hawkes; John Minford; Siu-kit Wong, " *Chinese Literature: Essays, Articles, Reviews（CLEAR）*, Vol. 13, Dec. 1991, p. 192.

〔3〕David Hawkes, "Reflections on Some Yuan Zaju, " David Hawkes, *Classical, Modern and Humane Essays in Chinese Literature*, John Minford & Siu-kit Wong ed., Hong Kong: The Chinese University Press, 1989, p. 148. 原文为 "Resources existed in the Yuan theatre for producing this particular effect"。

238

《李太白匹配金钱记》《包待制陈州粜米》和《罗李郎》，后来他又在隋树森《元曲选外编》中发现了《刘玄德醉走黄鹤楼》一剧，共四部元杂剧存在"吊人"表演。尤其是《刘玄德醉走黄鹤楼》第四折"张飞高高吊起刘备义子刘封"的情节，霍克思认为，"不采用某种装置是无法在舞台上向观众展示把扮演刘封的演员吊起的片段的"[1]。

另外，此论文为臧懋循所编《元曲选》正位，有利于保证西方戏曲研究的正常开展。学界自戏曲元刊本出现后，批评明末臧懋循本之声日多。以《魔合罗》为例，元刊本《魔合罗》中的宾白片段与《元曲选》中《魔合罗》宾白存在根本不同，有些甚至影响了剧本的情节。研究者多将上述不同归为明末臧懋循的改动，批评他为改动元刊本宾白的罪魁祸首，因为臧懋循撰写的《元曲选·序一》及他的一些信件确实流露出他在编辑时较为自由与随意的态度。霍克思却不同意此见，他仔细校对了明代其他版的《魔合罗》本，发现《元曲选》中的《魔合罗》与这些同时代的《魔合罗》本在文本内容上几乎完全相同。这至少说明臧懋循并不一定就是那个须为杂剧的元刊本与明末本面貌不同而负责之人。霍克思为臧懋循辩驳道："关于臧懋循，这些经常不断重复的苛责大部分是不对的。尽管他的改动与修饰具有误导性，但它们的范围很容易核实，它们的特点很容易辨别，完全否弃他的本子远非学术上的进步。"[2]

霍克思进一步指出，臧懋循改剧的特点是审改曲文，以上的讨论却因宾白问题而否决臧本，因而显得不具说服力。同时，霍克思参考日本学者吉川幸次郎和岩城秀夫及中国学者孙楷第的研究成果，提供了他自己关于

---

[1] Ibid. p. 157.

[2] David Hawkes, "Reflections on Some Yuan Zaju," David Hawkes, *Classical, Modern and Humane Essays in Chinese Literature*, John Minford & Siu-kit Wong ed., Hong Kong: The Chinese University Press, 1989, p. 154. 原文为 "The oft-repeated strictures against Zang Mouxun are for the most part ill-informed. Misguided though his 'corrections' be, and 'improvements' may be, their scope and nature is easily verifiable, and the wholesale dismissal of all his texts is far from being a scholarly proceeding"。

元、明本不同的原因分析。在他看来，几乎所有的明末本，其中也包括臧懋循本，都是源于明朝"御戏监"（即钟鼓司）所保存的内府本。"如果明本的宾白与元刊本有很大不同，那责任主要在 14 至 15 世纪的明代宫廷戏班而不是晚一两百年的戏曲编订者。"[1] 而宫廷戏班的改动力度不会太大，因为它受到中国戏院自身的保守性和当时宫廷趣味的保守性这两重保守性的制约，宫廷戏班演员们做的只是一些小的创新，如增添时事笑话（topical jokes）等。既是如此，霍克思大胆提出，甚至没有理由认定明末《魔合罗》本中的差异就一定是明代演员所改，那些改动同样有可能出自元本戏班之手，并在随后的演出中保留了下来，从而导致两本的文字差异。换句话说，霍克思认为，"由明宫廷演员演出保存在明末本中的《魔合罗》除了一些细节问题，也有可能是个比元刊本中的《魔合罗》更早的版本"[2]。只是霍克思承认这一设想目前没有办法，也许永远也没有办法证明。

　　霍克思对元刊本持较为保留的态度，这一态度值得肯定。因为元刊本只有杂剧三十种，没有撰者名氏，没有楔子与折数，也很少有宫调名，科白极为简略，有的只是简单提示，较齐全的是唱词。且元本排列次序杂乱，字体不一，另含有不少错别字。霍克思批评中国学者郑骞在其《校订元刊杂剧三十种》序文所言过于乐观，简直是"让热情冲昏了头脑"（allowing his enthusiasm to overcome his common sense）[3]。霍克思清醒地指出，发现一个早期的本子自然在学术上令人兴奋，但这并不能排除它是一个糟糕的本子的可能性。"我们对元杂剧的所有认识就其本身而言，实际上归功于明代的戏曲辑录编校者，尤其是臧懋循。在描述戏曲时仅仅限于元刊本，那戏曲就没有多少东西了。"[4]

---

〔1〕Ibid. p. 155.

〔2〕Ibid. p. 156.

〔3〕Ibid.

〔4〕Ibid.

240

　　总之，霍克思从一个小小的"吊人"情节契入，不但看到了元代勾栏的结构与特色，且重新为杂剧明刊本如臧懋循本正位，强调了明刊本在中国元杂剧研究中的重要地位。多年后美国汉学家柯润璞写作《元杂剧的剧场艺术》(*Chinese Theatre in the Days of Kublai Khan*, 1980) 一书时对霍克思此文加以征引。他赞同霍克思有关一幅《包待制陈州粜米》剧明代木版画的讨论，此画中有一人双手被绑着吊起，双脚离地约五英尺，霍克思认为这种吊人法是不可信的，"戏剧插图都是纯想象的，与真实演出没有多大关系"[1]。柯润璞在霍克思的基础上继续深挖，又发现了另两部元杂剧《铁拐李》和《五侯宴》含有"吊人"情节，他综合这些讨论，提出了更为具体的元杂剧"吊人"情节的操作模式："当要表演吊人情节时，垂着的背景幕或边幕拉起，露出用以悬挂帘幔的捆绑结实的竹架，演员的双手非常方便地被捆在竹竿上，演员的双脚不需离地，以便可以舒服地支撑身体的重量。"[2]到底中国元代时期的杂剧表演如何呈现"吊人"情节，在更多的新证据出现之前，我们很难下定论。但两位汉学家轻易否定明代木版画史料价值的做法也有失稳妥。据元鹏飞所做的相关研究，中国历史上不同时代的戏曲版画或插图对于舞台表演史实的再现程度是变化不定的，早期小说戏曲版画有着明显的舞台痕迹，明后期小说戏曲插图特色才发生改变，图像出现了高度的写意表现甚至文人意想画的情况，从而基本消除了舞台表演对版画插图的影响。但自清嘉庆至清末，绣像小说尤其是民间戏曲版画、年画又兴起了一波全方位展示戏曲演出状况的画风。[3]霍克思明确提到了《包待制陈州粜米》的版画作于明代，明后期才兴起的画风变化很有可能对此画没有影响，况且还有不同画家画风不同的问题，直接否认历史版画的参考价值还是有些冒险。

〔1〕Ibid. p. 144.
〔2〕James Irving Crump, *Chinese Theatre in the Days of Kublai Khan*, Tucson: University of Arizona Press, 1980, p. 66.
〔3〕参看元鹏飞：《戏曲与演剧图像及其他》，北京：中华书局，2007年，第68-70页。

　　另外，此篇论文还有一大文献价值，即其中出现了金代杜仁杰散套《般涉调·耍孩儿·庄家不识勾栏》的全文英译。

　　3. 全真剧与道教文化

　　霍克思最后一篇学术论文《全真剧与全真大师》与其元杂剧兴趣有关，发表在 1981 年《远东法兰西学院学报》等 69 卷（Bulletin de l'Ecole Française d'Extrême-Orient, Tome LXIX），日后收录在霍克思汉学研究论文集中。它综合了历史学、文献学、地方志、考古学及人类学等多门学科的研究成果与研究方法，在立论与方法上均有创新，对西方的全真剧研究有较大影响。此文梳理的是全真剧的发展演变及全真大师的真实历史活动之间的既有某些对应又有大量变形的微妙关系。霍克思以两部马丹阳剧为轴，讨论时辐射所有的全真剧，为读者揭开了全真教及全真大师由历史走向传奇的神奇变化之旅。文中，霍克思顺带探讨了"七朵金莲"与全真大弟子的数量，并在文末概括了各全真剧间的异同与演变规律。

　　以上是霍克思一生中较为密集的汉学研究活动期，1983 年他正式荣休后即很少参会，也很少撰写研究论文。1995 年 8 月 28 日至 9 月 3 日，一小群欧美汉学家聚于 Sor-Nesset 湖畔，霍克思虽出席会议，但不再发言，只承担了为会议论文集作序的任务。霍克思此后的研究论文只有离世前追忆燕卜荪的那一篇。

三、中国古典文学片段英译

　　首先，牛津期间，霍克思除陆续完成《楚辞》《杜诗入阶》等完整译著外，也因论证需要，经常在所撰写的论文或书评中翻译中国古典文学片段，具体而言包括《山海经》《尚书》《诗经》《左传》《汉书》《后汉书》《淮南子》《国语》和《史记》等大量中国古代典籍的片段翻译，散见于霍克思的学术研究论文中。如 1959 年版《楚辞》英译导言中，霍克思译出了司马迁《史记·屈原列传》的完整内容。

其次，霍克思还译有不少片段译诗。1961 年 4 月的《中国诗歌中的超自然现象》一文包含不少诗歌简译，如李白《梦游天姥吟留别》、曹植《洛神赋》及《仙人篇》、《古诗十九首·驱车上东门》、阮籍《咏怀诗·其七十二》、李贺《神弦》及《神仙曲》等。[1] 1961 年 5 月霍氏牛津汉学讲座教授就职演说辞中，译有元代管道昇写给丈夫的《我侬词》。1964 年，其《中国诗歌与英国读者》研究论文中又含以下诗歌的英译：《诗经·邶风·终风》、何逊《闺怨诗》、张籍《节妇吟寄东平李司空师道》、李煜《望江南》、白居易《钱唐湖春行》、吴迈远《长别离》、寇准《书河上亭壁》、李商隐《牡丹》和韦庄《归国遥》。

再次，霍克思零星翻译了一些古典戏曲。如 1961 年的汉学讲座教授就职演说辞里融入了霍克思翻译的元代王实甫杂剧《西厢记》第二本《崔莺莺夜听琴杂剧》第五折的［秃厮儿］、［圣药王］和［麻郎儿］三段曲文：

> ［秃厮儿］其声壮似铁骑刀枪冗冗，其声幽似落花流水溶溶，其声高似风清月朗鹤唳空，其声低似儿女语小窗中喁喁。
>
> ［圣药王］他思已穷；恨不穷；是为娇莺雏凤失雌雄。他曲未通，我意已通：分明伯劳飞燕各西东。尽在不言中。
>
> ［麻郎儿］不是我，他人耳聪，知你自己情衷：知音者芳心自同，感怀者断肠悲痛。[2]

Now martial, like mass of mailed horsemen with sword and lance

〔1〕David Hawkes, "The Supernatural in Chinese Poetry," David Hawkes, *Classical, Modern and Humane Essays in Chinese Literature*, John Minford & Siu-kit Wong ed., Hong Kong: The Chinese University Press, 1989, p. 44.
〔2〕按：霍克思提供的曲文在标点符号与文字上与王实甫《西厢记》通行本稍有出入，但大体相当，不影响曲文意。故此处以霍氏汉学论文集内容为准，以便对比分析其英译文。

thundering by,

Now tranquil, like a deep stream on which fallen blossoms lie,

Now strident, as cry of cranes shattering the silence of a fresh,

moon bright sky,

Now low, like children's voices whispered in a little window,

that

fall and die.

The story's done;

The grief goes on;

The grief of phoenixes parted from their mates.

Before the tune ended

My heart comprehended:

Shrike flies east, swallow west, as the song relates.

All this the cittern, without words, narrates.

Not I, your other, have an ear strangely keen

So to detect what your own self could mean:

The listener's heart, attuned to the self-same strain,

Vibrated to the notes and broke with pain.[1]

霍克思以诗歌的形式再现曲文，注意到原作一声急似一声的情绪变化，以四个并起的"Now"再现原文的四个"其声"。并且霍克思英译三段曲文时均句末押韵，［圣药王］译文的韵式为 aabccbb（/on/，/eits/，/endid/，

［1］David Hawkes, "Chinese: Classical, Modern and Humane, An Inaugural Lecture delivered before the University of Oxford on 25 May 1961, " David Hawkes, *Classical, Modern and Humane Essays in Chinese Literature*, John Minford & Siu-kit Wong ed., Hong Kong: The Chinese University Press, 1989, p. 15. 按：黑体为笔者所加，用以标明韵脚。

/eits/）；［麻郎儿］译文的韵式为 aabb（/iːn/, /ein/），且此处的 ab 韵脚如不严格区分，可看成大体相同；而［秃厮儿］一曲更是成功以同一尾韵 /ai/ 一韵到底，完美再现了原曲的韵式。这在霍克思主张汉诗英译不处理韵脚的 60 年代实属不易。

1964 年，霍克思在学术论文《中国诗歌与英国读者》中不仅翻译了明代汤显祖《牡丹亭》第十八出《诊祟》中贴旦的几句话"梦去知他实实谁？病来只送的个虚虚的你。做行云先渴倒在巫阳会！"[1] 而且在此文中，他明确提出了英译中国诗、词、曲、赋时应区别处理的观点。他认为英语世界的"poetry"（the name of all verse literature）翻译成汉语为"诗"，相当于中国语境中的"诗、词、曲、赋"（a broad class of literature containing shi, ci , qu, and fu）之总称。[2] 它们内在格律各不相同，若不加以区别全部采用韦利的跳韵译法，只会给西方读者留下中国诗千篇一律的错误印象。霍克思的做法是汉诗英译放弃韵脚，而译词、曲时尽量保留韵脚。因为"词、曲因其每行音节数不等，在英译转换时不必受固定韵律长度的限制，故而较有可能保留韵脚"[3]。

1969 年"第 21 届国际汉学会议"上，霍克思提交了研究论文《对几出元杂剧的思考》，其中译有金代杜仁杰散套《般涉调·耍孩儿·庄家不识勾栏》的全文[4] 和乔孟符《金钱记》的两句念白"你也恃不得官高动不动将咱吊，我也睹不得心高早两遭儿折了腰"。当然最有价值的是《庄家不识勾栏》的英译，译文没有翻译宫调［般涉调］、曲牌［耍孩儿］及以下 8 支曲子的曲牌名，但 8 首曲文得到了全部译介。此套曲诙谐幽默，一

〔1〕David Hawkes, "Chinese Poetry and the English Reader, " David Hawkes, *Classical, Modern and Humane Essays in Chinese Literature*, John Minford & Siu-kit Wong ed., Hong Kong: The Chinese University Press, 1989, p. 85.

〔2〕Ibid. pp. 81-82.

〔3〕Ibid. p. 88.

〔4〕David Hawkes, "Reflections on Some Yuan Zaju, " David Hawkes, *Classical, Modern and Humane Essays in Chinese Literature*, John Minford & Siu-kit Wong ed., Hong Kong: The Chinese University Press, 1989, pp. 150-151.

韵到底，且具戏曲史料价值，历来受到中外研究学者的重视。霍克思的英译力求再现原作谑而不虐的特色，全诗语言活泼，以短句为多，用词简单并含有不少字典中明确标注为非正式语体的词汇，非常生动地再现了原作庄稼汉的语气与行事。以此套曲最后的［一煞］及［尾］二曲为例：

　　　　［一煞］教太公往前挪不敢往后挪，抬左脚不敢抬右脚，翻来覆去由他一个。太公心下实焦躁，把一个皮棒槌则一下打做两半个，我则道脑袋天灵破，则道兴词告状，划地大笑呵呵。

　　　　［尾］则被一胞尿，爆的我没奈何。刚捱刚忍更待看些儿个，枉被这驴颓笑杀我。

> He gets this old <u>Gaffer</u> in such a <u>paddy-wh**ack**</u>,
>
> He don't know whether he should go forward or b**ack**.
>
> But that serving-man plays them both just how he pleases,
>
> Till old Gaffer he really begins to <u>see r**ed**</u>,
>
> And busts a great skin-bat in two on his h**ead**.
>
> Now surely, I thought, he'll have broken his <u>crown</u>.
>
> I'm sure that that servant will take him to l**aw**.
>
> I vow I ne'er laughed half so hearty bef**ore**!
>
> But while I watched th**is**,
>
> <u>Dang</u> me, but my bladder was bursting to p**iss**.
>
> But I held it and held it to watch a bit m**ore**,
>
> And I laughed at that rogue till I <u>nigh</u> wet the fl**oor**.[1]

---

［1］David Hawkes, "Reflections on Some Yuan Zaju, " David Hawkes, *Classical, Modern and Humane Essays in Chinese Literature*, John Minford & Siu-kit Wong ed., Hong Kong: The Chinese University Press, 1989, p. 151. 按：黑体及下划线为笔者所加，黑体部分表韵脚，下划线单词为诗中的非正式语体词。

246

译文读来没有任何生僻字词，句子也较为简单，其中画线的词汇属于非正
式语体。"Gaffer"是"boss"的非正式语体，对译汉语尊称"老者"的口
语词"太公"；"paddy-whack"是非正式语体，表示"生气"；"see red"
是口语，表示"突然发怒"；"crown"原本为"王冠"之意，口语中代
指"头顶"；"I vow I ne'er"为口语句，表示"我打赌从来没有"；"dang"
则是比"damn"委婉些的诅咒语，表示"见鬼"或"讨厌"，非常符合原
作主人公——庄稼人粗俗但不凶狠的语气，且"damn"表诅咒时通常暗含
着说话者的愤怒或不耐烦，用在此处也不妥；"piss"属于粗鲁的非正式语
体，形象再现了原曲文中的"一胞尿""爆的"等俗语词；"nigh"是个古
词，表示"nearly"，现代英语中已不大使用，霍克思用在庄稼汉身上是为
了体现出其所代表的与现代都市生活完全不同的农村文化。至于韵律方面，
此二曲句末黑体部分显示了译诗的韵脚，虽然没有像原作一韵到底，但对
句尾韵的诗体形式也是易于上口、便于吟唱的。

最后，《红楼梦》片段翻译也有巨大推进。在1961年的就职演说辞里，
霍克思分享了宝黛偷看《西厢记》的精彩片段。1963年3月21日，霍克
思在巴黎中国学院发表了题为《石头记——一部象征主义的小说》(*The
Story of the Stone: A Symbolist Novel*)的法语演讲。此文是霍克思最早的《红
楼梦》研究论文。除了新颖的研究视角及颇具说服力的研究结论外，此文
还有一个值得注意的地方，即出现了大量的《红楼梦》片段法译。英语、
法语同属印欧语系，法译显然为英译打下了基础。法译片段有第七回惜春
见周瑞家的送来宫花所说的话，第三十六回宝玉论"文死谏""武死战"
的文字，第五十二回晴雯病中惩治偷镯的坠儿的文字，第三十回宝玉、黛
玉言和的一番关于做和尚的言语。另外，第一回太虚幻境的对联、第五回
探春的判词及《红楼梦》第四曲、第二十二回探春所设的元宵灯谜、第
二十八回蒋玉函"花气袭人"一语和第三十回金钏儿安慰宝玉时所说的谚
语等，霍克思都做了法译。而且这篇论文处理了不少名称，人名方面如王

熙凤、宝玉、平儿、鸳鸯、王夫人、贾政、贾琏、尤氏、贾蓉、贾瑞、贾母、袭人、霍启、警幻、周瑞家的都有了法译；茶名、酒名、建筑名如千红一窟、万艳同杯、怡红院与大观园等及《红楼梦》这一书名的所有曾用名，霍克思也一一进行了法译。[1]

　　上述片段英译很好地体现了霍克思汉学翻译为汉学研究服务的特征。他之所以英译这些作品，是因为论文的阐述需要；他之所以关注这些作品，是因为他的研究视野所及，翻译则是其间的附属品。即使他早期完成的《楚辞》英译和执掌牛津汉学期间完成的杜诗英译，虽为独立的译作，虽已呈现文学价值，但它们的出现更多是汉学研究、汉学教学的产物。换而言之，迟至从牛津辞职前，霍克思的主要身份是汉学家，忙于汉学教学与研究。

---

〔1〕C. f. David Hawkes, "The Story of the Stone: A Symbolist Novel, " *Classical, Modern and Humane Essays in Chinese Literature*, John Minford & Siu-kit Wong ed., Hong Kong: The Chinese University Press, 1989, pp. 57-68.

第五章 痴译《红楼梦》

第一节 《石头记》翻译缘起

霍克思最早接触《红楼梦》[1] 缘于 20 世纪 40 年代牛津大学中国同学裴克安[2] 的介绍，当时裴克安给霍克思看过一册用极差的草纸印刷的中国古典名著《红楼梦》，字体很小也很不清晰。攻读汉学文学士学位的霍克思第一次听说《红楼梦》，因不懂中国白话文，勉强读了首回第一页就无法坚持。霍克思来到中国后，发现中国学生都爱谈论《红楼梦》，故而决心读懂它，同时也希望通过它来提高自己的白话文水平。霍克思请燕卜荪夫妇帮忙，请了位失业的中国老先生做家教，又让一位中国朋友为自己买了套《红楼梦》，此后他几乎每天请老先生来与自己一同读《红楼梦》。这位终年长袍的老先生与霍克思并排坐着，老先生一边大声朗读《红楼梦》，一边解释。这样的学习至少持续了一年，霍克思开始无法跟读也听不懂老先生的解释，只知道先生解释到了哪里。但慢慢地，这种教学方法开始生

---

〔1〕按：为了行文方便，本书凡直接称《红楼梦》，指代的是中国古典名著《红楼梦》本身，如要表示霍克思翻译的本子，则使用"霍克思《红楼梦》（英）译本"等，另因霍克思的译本英文名称为 *The Story of the Stone, also known as The Dream of the Red Chamber*，故霍克思译本在本书也用"（霍克思的）《石头记》"来表示，而原中文语境中的《石头记》则用《红楼梦》前八十回本或脂砚斋本表示，特此说明。

〔2〕按：裴克安曾于 1945 至 1947 年间在牛津大学学习英语专业，获牛津大学文学士学位。牛津大学最著名的伯德雷恩图书馆曾邀请裴克安协助其中文部进行编目工作。1948 年 6 至 7 月间裴克安学成回国，结伴同行的有一心前往中国学习的霍克思。1986 年裴克安写作《牛津大学》一书，为中国青年介绍世界著名学府之一的牛津大学，此书附有霍克思就职牛津汉学讲座教授的演说辞，由裴克安汉译。

效，他逐渐读懂了这部伟大的著作。这为霍克思最终透彻理解与出色翻译《红楼梦》打下了扎实基础。

在北京的这段时间，霍克思边读边动手翻译了《红楼梦》的个别篇章。据霍克思"访谈录"可知，其中有《红楼梦》第二十三回"宝黛悄看《西厢记》"的片段[1]，这也是他 1961 年 5 月牛津汉学讲座教授就职演说辞中所涉及的内容。另据其友人柯大翊回忆，1950 年时霍克思曾向他提到过《红楼梦》，赞誉有加，并给他看过"香菱学诗"一段的英文译文。[2]这些译好的片段霍克思一直保存着，以后用进了整部《红楼梦》译本中。[3]在就职演说辞中，霍克思称《红楼梦》为 *Hongloumeng*（the "Dream in the Red Chamber"）[4]。

1955 年霍克思完成博士论文《楚辞创作日期及作者考订》后，开始关注杜诗，同时也在关注元杂剧和《红楼梦》。据 1957 年 8 月 13 日初访霍克思的华裔汉学家柳存仁回忆，"我当时不知道，完成他的《楚辞》英译后，霍克思早已有了翻译《红楼梦》的计划；我也不知道他其时对中国元杂剧已有了浓厚兴趣"[5]。

1961 年霍克思发表书评《译自中文》，评论韦利 1960 年出版的译作《敦煌变文故事选》。此文引用韦利自己的话语谈论他婉拒翻译《红楼梦》一事的原因，并对他最终没有找到合适的状态接译《红楼梦》一事，表

---

〔1〕C. f. Connie Chan, "Appendix: Interview with David Hawkes," *The Story of the Stone's Journey to the West: A Study in Chinese-English Translation History*, Conducted at 6 Addison Crescent, Oxford, Date: December 7th, 1998, p. 322.

〔2〕参看柯大翊：《评霍克思英译〈红楼梦〉前八十回》，载《北方论丛》1981 年第 5 期。另见刘恒：《关于"金雎彝"》，载《红楼梦学刊》1983 年第 2 期。

〔3〕C. f. Connie Chan, "Appendix: Interview with David Hawkes," *The Story of the Stone's Journey to the West: A Study in Chinese-English Translation History*, Conducted at 6 Addison Crescent, Oxford, Date: December 7th, 1998, p. 322.

〔4〕C. f. David Hawkes, "Chinese: Classical, Modern and Humane, An Inaugural Lecture delivered before the University of Oxford on 25 May, 1961," David Hawkes, *Classical, Modern and Humane Essays in Chinese Literature*, John Minford & Siu-kit Wong ed., Hong Kong: The Chinese University Press, 1989, p. 17.

〔5〕C. f. Liu Ts'un-yan, "Green-stone and Quince," Rachel May and John Minford ed., *A Birthday Book for Brother Stone for David Hawkes, at Eighty*, Hong Kong: The Chinese University Press, 2003, p. 44.

250

达了深深的遗憾。书评中，霍克思对《红楼梦》有极高评价，"这是一部
真正伟大的中国小说，目前已有的两部英译本虽然不错，但在为英语读者
提供鲜活的译文方面仍做得相当不够"[1]。这一观点在其十五年后撰写的书
评《宝玉的幻灭》中再次被重申，只不过说得更为具体与明确。霍克思明
确肯定了《红楼梦》的伟大及其全译的必要性。他指出，《红楼梦》自出
版以来一直深受读者喜爱，《红楼梦》是"一部从某种意义上说可以象征
整个中国文化的作品"[2]，大多数中国人当被要求说出中国文学中最伟大的
作品时，均会指向此部作品。"它在中国被一遍遍地阅读，犹如我们不断
重读莎士比亚。"[3]他明确指出了全译《红楼梦》的必要性："如果英语读
者不得不不加深究地相信此部小说的伟大，那是因为至今还没有可供使用
的英语全译本出现。"[4]上述两段话互相参看，我们能明确认识到，《红楼
梦》的伟大及对现有译本的不满是促成霍克思俟后下决心翻译《红楼梦》
的因由。我们再引一段《宝玉的幻灭》中的文字，也许有助于我们了解霍
克思对王际真 1958 年《红楼梦》英译本更为具体的评价："（王际真本）
无疑是最出色的，但节译使原作由令人愉悦的漫步，变成了令人上气不接
下气的小跑，破坏了后半部不紧不慢、慢条斯理的节奏。如此翻译只会使
（读了节译本的）英语读者琢磨中国人对这部小说的赞美是否真的恰如其
分。"[5]由此可见，早在 20 世纪 60 年代初，霍克思已认定《红楼梦》需要
全译，随后这一思想变得越来越强烈。

---

〔1〕David Hawkes, "From the Chinese," John Minford & Siu-kit Wong ed., *Classical, Modern and Human: Essays in Chinese Literature*, Hong Kong: The Chinese University Press, p. 246.

〔2〕David Hawkes, "The Disillusionment of Precious Jade," John Minford & Siu-kit Wong ed., *Classical Modern and Humane: Essays in Chinese Literature*, Hong Kong: The Chinese University Press, p. 268. 原文为"a book that in some sense epitomizes their whole culture"。

〔3〕Ibid. p. 268. 原文为"It is read and reread as we read and reread Shakespeare"。

〔4〕David Hawkes, "The Disillusionment of Precious Jade," John Minford & Siu-kit Wong ed., *Classical Modern and Humane: Essays in Chinese Literature*, Hong Kong: The Chinese University Press, p. 268.

〔5〕Ibid.

实际上在王际真 1958 年英译本出版之时，英国已出现了一个《红楼梦》的全译本，是由英国循道会传教士班索尔（Reverend Bramwell Seaton Bonsall，1886—1968）完成的。班索尔 1911 至 1926 年曾来华传教，来华前已获神学学士学位（B. D.）和文学硕士（M. A.）学位，在华的经历激起了他对于中国这个国度及其语言与文学的兴趣。回国后，他延续了研究之路，于 20 世纪 20 年代末获得文学博士学位（D. Lit.），并在博士毕业论文中翻译了中国典籍《战国策》。[1] 他晚年翻译的中国文学作品是《红楼梦》。潘重规在《红学六十年》中提及此译本，"据我近年接触，英文已有彭寿先生（Mr. Bonsall）的全译本。民国五十六年（1967 年），我前往伦敦，曾在他的郊居晤谈，他将译文全稿两箧出示。他从七十岁起，从坊间翻印的程甲本，每日翻译三小时，头尾十年，到八十岁，才把一百二十回书译完。他去世后，他的儿子在美国接洽，将译稿出版"[2]。潘重规的这段话为我们提供了班索尔翻译《红楼梦》的一些细节，但在翻译时间上却有待商榷。从 2004 年香港大学公开的班索尔《红楼梦》英译本 *The Red Chamber Dream* 电子版的导论（Introduction）和译者前言（Translator's Foreword）中可知，1958 年王际真《红楼梦》节译本出版时，班索尔早已完成了《红楼梦》的全译[3]，也就是说，如果班索尔"每日翻译三小时，头尾十年"是事实的话，那么他是在 60 至 70 岁之间完成的《红楼梦》翻译，而不是在 70 到 80 岁之间。至于"他的儿子在美国接洽，将译稿出版"一事，班索尔之子在班索尔《红楼梦》英译本导论中是这样叙述的："此译稿后来纽约亚洲协会（The Asia Society of New York）答应出版，但当企鹅书局

〔1〕C. f. Geoffrey Weatherill Bonsall, "Introduction," B. S. Bonsall tr., *The Red Chamber Dream（Hung Lou Meng）*, Hong Kong: The University of Hong Kong Main Library, 2004, p. i.

〔2〕潘重规：《红学六十年》，台北：三民书局，1991 年，第 9 页。

〔3〕C. f. Geoffrey Weatherill Bonsall, "Introduction," B. S. Bonsall tr., *The Red Chamber Dream（Hung Lou Meng）*, Hong Kong: The University of Hong Kong Main Library, 2004, p. i. & B. S. Bonsall, "Translator's Foreword," B. S. Bonsall tr., *The Red Chamber Dream（Hung Lou Meng）*, Hong Kong: The Hong Kong University Press, 2004, p. iv.

252

宣布即将出版由霍克思教授和闵福德联手翻译的《红楼梦》译本时，此计划中止了。"[1]

为什么这个先出的英语全译本没有出版社愿意接受呢？也许我们从该译本的面貌可知一二。此译本在正式译文前有冗长的内容，包括有关《红楼梦》中一些人称如"大爷""太太""奶奶"等词的英文解释、译者前言、一百二十回的回目翻译和每回难解字词的英文解释，尤其是难解字词解释内容过多，班索尔参考翟理斯所编的《华英字典》等资料，密密麻麻一回回开列过去，一百二十回的字词解释共占了43页篇幅，让人直看得头晕。在这些内容之后才是正式的译文。这样的编排格式显然不易引起读者的阅读兴趣，甚至对于那些好不容易鼓起勇气拿起译本的读者来说，当看完这些冗长的内容，还会剩下多少热情去阅读正式的译文都是一个疑问。而真正可能对读者有所帮助的译者前言，班索尔写得又过简，只占两页的篇幅，大致谈了《红楼梦》前八十回与后四十回的作者问题、译本所据版本、对之前英译本的梳理与评点等几个问题，对于提高读者对《红楼梦》的阅读兴趣没有多大裨益。霍克思《石头记》的长篇导论较之则内容丰富得多，广涉《红楼梦》成书与流传的过程，红学的兴起及其最新研究成果，《红楼梦》的书名，曹雪芹的生平、容貌、性格与才学，曹家家世的演变，《红楼梦》的作者及脂砚斋与畸笏叟考辨，小说中大量的前后矛盾叙述的探究，等等。姜其煌曾因此导论偏重考证、忽视小说的社会意义和艺术价值而批评它为整部译作的短板所在，但他同时指出，"在英国读者看来，这也许是极其必要的，甚或会取得洋红学迷的击节赏叹。若果如此，则霍克思在这方面的学术成就，超出了所有西语文本译者而堪称独步"[2]。这一评价应该说是公允的。而且霍克思译本开篇即是小说正文，不仅没有班氏

---

[1] Ibid. p. i.
[2] 姜其煌：《〈红楼梦〉西文译本序跋谈》，载《文艺研究》1979年第2期。

译本冗长累赘的解释文字，连原作众说纷纭、易带给读者困惑的首段文字，霍克思也给处理到了导论中，从而使整个故事脉络清晰，令读者易于进入阅读状态。

至于译文质量，班索尔译本总体而言可信度较高，做到了原作内容全部翻译，全部人名采用威氏拼音再现，避免了意译可能带来的歪曲变形问题。译文后附有宁、荣二府的谱系图和全部人名列表，此表列出了书中出现的所有人物名，并配以简单的解释，提供其首次出现的章回数。同霍克思译本比较，此译本最缺乏的就是趣味性与文学性，译语生硬，缺乏生趣，难以传达原作的神韵。以第一回雨村对月寓怀、口占一绝后士隐所言为例：

　　原文：士隐听了大叫："妙极！弟每谓兄必非久居人下者，今所吟之句，飞腾之兆已见，不日可接履于云霄之上了。可贺，可贺！"乃亲斟一斗为贺。（人民本[1]第9页）

　　班译文：When Shih-yin heard this he exclaimed in a loud voice: 'Excellent! I, your younger brother, often say that you, elder brother, are one who will certainly not long dwell below other men. Now this verse which you have recited-the omen of your lofty flight is already manifest. Any day you may be received to walk above the fleecy clouds. Congratulations! Congratulations!' Whereupon he himself poured out a cup by way of congratulation.（Bonsall, Book1, p. 8）

　　霍译文：'Bravo!' said Shi-yin loudly. 'I have always insisted that you were a young fellow who would go up in the world, and now, in these verses you have just recited, I see an augury of your ascent. In no time at all we shall see you up among the clouds! This calls for

―――――――――――――――――――――――

〔1〕即人民文学出版社 1964 年出版的启功注释本，下同。

254

a drink!' And, saying this, he poured Yu-cun a large cup of wine.

（Hawkes, Vol. 1, p. 60）

两段译文相比，霍克思译文的流利与畅快及对原作神采的再现都是一流的，而班索尔的译文却读来拗口，亦步亦趋地跟着原作翻译，原作中的"弟""兄"是中国文人说话的一种尊人抑己之法，班索尔将其坐实，一五一十译出；还有诸如"大叫""久居人下""飞腾之兆""接履于云霄之上""可贺，可贺！"及"亲斟……为贺"等，班索尔都是直译，读来生硬，没有任何文学性可言。难怪，当牛津大学出版社接到此份译稿请霍克思过目时，他"对此译本评价不高"[1]。

1998 年的访谈中，霍克思还谈到了早于他的全译本的另外几个译本。库恩译本是当时一个重要的节译本，霍克思的评价是，"译本比译者所宣称的要删节得厉害"[2]。王际真译本正如前文所述，是霍克思最喜爱的本子，他说："王际真译本我喜欢，我喜欢读它，我阅读时很享受。但我的印象是开头还是全文翻译，大约是累了（笑），后来就开始飞跑——因此最后一部分就压缩得很厉害。因此，我觉得这部小说真的值得好好翻译，应该有人来完成这项全译工作。"[3]以上几个本子，全译的没有可读性，其他可读性做得较好的又都是节译本。显然霍克思动手英译《红楼梦》出于两点考虑：一是要出一个全译本，二是要出一个具有高度可读性的本子。

1961 年，中国红学家吴世昌出版 *On The Red Chamber Dream*（《红楼梦探源》），他预言："在西方大学里，《红楼梦》一直是讲授现代汉语的重要教科书。因为它有较多的西方语种的新译本在陆续出版，也因为它在西

---

〔1〕Connie Chan, "Appendix: Interview with David Hawkes," *The Story of the Stone's Journey to the West: A Study in Chinese-English Translation History*, Conducted at 6 Addison Crescent, Oxford, Date: December 7th, 1998, p. 322.

〔2〕Ibid. p. 323.

〔3〕Ibid.

方会同在亚洲一样，很快为越来越多的人所赏读，它无疑会取代某些古汉语课程而成为中国文学的主要教材。"[1]吴世昌自1947年到英国后，一直在牛津教授中文，在他初到牛津时，霍克思正好一心前往中国学习。吴世昌教授了霍克思一段时间唐诗，并为其取了"霍克思"这个中文名。1951年年初，霍克思学成从北京回到牛津，与曾经的老师、如今的同事吴世昌共同努力推进牛津汉学课程的现代化。据时为牛津汉学科学生的约翰·基廷斯回忆，吴世昌曾带领他们在字典的帮助下啃读《红楼梦》。而吴世昌在其《我怎样写〈红楼梦探源〉》一文中提道，"有的学生研究《红楼梦》，由我指导，使我不得不对此书前后两部分的作者、著作过程和版本年代这些问题重新加以考虑"[2]。可见，在20世纪50年代初，《红楼梦》至少已引起了牛津汉学学子的注意。霍克思身为师长，也许正是这股注意之风的培养者。再加上1954年源自中国国内的一场红楼梦研究大辩论，声势之大甚至引起了国外学者的关注。身在牛津的吴世昌和霍克思也不例外，吴世昌受其影响写成了《红楼梦探源》；霍克思多年后还在自己的一篇书评中提到此事，他称其为"1954年始在中国掀起的一场全国性的运动"，并指其威力极大，自那之后中国即使是统计"完全与《红楼梦》有关的研究书籍与文章，其数量也达到了令人吃惊的地步"[3]。吴世昌的《红楼梦探源》以英文写就，在英伦出版，更把中国国内掀起的《红楼梦》研究大潮在英国推涌。霍克思于1958年9月前往美国哈佛大学远东系任客座讲师（Visiting Lecturer in Chinese Literature）之前，已初阅了此书的前十一章，并提供了修改意见。[4]显然，吴世昌对《红楼梦》的研究与重视，客观上促成了霍克思对《红楼梦》的关注日益增长。

---

〔1〕Wu Shih-chang, "Introduction," *On the Red Chamber Dream*, Oxford: The Clarendon Press, 1961, p. ii.

〔2〕吴世昌：《红楼梦探源外编·我怎样写〈红楼梦探源〉》，上海：上海古籍出版社，1980年，第2页。

〔3〕David Hawkes, "The Disillusionment of Precious Jade," David Hawkes, *Classical, Modern and Humane Essays in Chinese Literature*. John Minford & Siu-kit Wong ed., Hong Kong: The Chinese University Press, 1989, p. 268.

〔4〕C. f. Wu Shih-chang, "Introduction," *On the Red Chamber Dream*, Oxford: The Clarendon Press, 1961, p. xxiv.

256

　　从 1963 年发表的《石头记——一部象征主义的小说》[1] 一文中，可以看出霍克思对《红楼梦》已有了较深的研究，也动手译出了不少内容。而且，后来《红楼梦》全译本的书名也在此文标题中有所预示。霍克思对前八十回的重视也预示了他日后会坚持自己一个人译完前八十回。

　　在霍克思 1959 至 1971 年任牛津汉学教授期间，他一直兼任"牛津东亚文学丛书"的主编。在这套受到美国同行启发而编印的东亚文学全译系列中，霍克思列出的必译书单（a list of desiderata）中已纳入了他翻译《红楼梦》的计划。虽然具体何年难定，但我们至少可以明确早在 20 世纪 60 年代霍克思已做出了全译中国古典名著《红楼梦》的决定，并做了不少前期工作。但后来由于对《红楼梦》英译本的预设目标发生改变——"力图讲述一个生动的故事"，霍克思最终选择了与企鹅书局合作。1971 年他辞去了牛津汉学教授一职，与弟子闵福德合作，专心翻译《红楼梦》，1973 至 1980 年，他陆续进行前八十回的翻译与出版工作，即霍克思最为世人所认可与称颂的汉学译作——《石头记》[2]。

　　自 1971 年辞去汉学教授一职后，霍克思未再公开正式授过课。他 1973 年在牛津大学万圣学院（All Souls College）主任约翰·斯帕罗（John Sparrow，1906—1992）的邀请下担任该院高级研究院士（Senior Research Fellow），至 1983 年止。该学院不招收学生，院士们无须授课与处理行政事宜，可谓研究者的天堂。霍克思也正是在此得以顺利完成《红楼梦》前三卷的英译工作。1983 年退休后，他仍是万圣学院的荣休研究员（Emeritus Fellow）。

---

〔1〕C. f. David Hawkes, "The Story of the Stone: A Symbolist Novel," *Classical, Modern and Humane Essays in Chinese Literature*, John Minford & Siu-kit Wong ed., Hong Kong: The Chinese University Press, 1989, pp. 57-68.

〔2〕按：在本书中，霍克思《红楼梦》的英语全译本大体有两种名称，即《石头记》（*The Story of the Stone*）和霍克思《红楼梦》英译本（简称霍译本《红楼梦》）。

第二节　《石头记》经典的生成

一、《石头记》的翻译初衷

霍克思在 1998 年的访谈中告诉陈霭心："我曾有过出一个完整系列译作的想法。我当时的想法是并不要求译本成为文学作品，当时我所想的是与我谈论《红楼梦》翻译时完全不同的方式。"[1] 这里所指的完整系列译作就是霍克思任主编的"牛津东亚文学丛书"，在霍克思看来："那种能为想要了解原作原貌的读者服务的全译本而不是那种专业性很强的学术研究译本，值得一试。"[2] 基于"展现原貌"和"专业性不强"这两大特征，我们可以设想，列于"牛津东亚文学丛书"的《红楼梦》英译本的面貌应该类似于霍克思几年前完成的忠实原作的《楚辞，南方之歌》。译者对原作的负责态度，能够使这一全译本成为不懂汉语的研究学者放心依赖并在研究中加以征引的参考读本。读译本的学者不会担心译本歪曲原作从而影响研究结论，这是此类为汉学研究服务的译本的最理想状态。但随着时间推移，尤其是零碎进行的一些《红楼梦》片段翻译，使霍克思心目中的《红楼梦》英译本面貌越来越清晰，那是一个偏离"牛津东亚文学丛书"汉学译本理想的译本。牛津大学出版社与企鹅书局何去何从？在艰难的取舍中，霍克思本人的一段话特别能说明他选择企鹅书局的态度："我想用一种与《楚辞》翻译完全不同的方式来翻译它。我想做的是那种不需要有学术考虑的翻译。我只想把这本为企鹅书局而译的书以这样一种方式译出：如果可能的话，全译的同时保持趣味性，读者能从我的译作中获得一些我自己在阅读原作时所得到的乐趣。因此，这是一种与翻译《楚辞》完全不

---

〔1〕Ibid. p. 320.

〔2〕Ibid. p. 323.

258

同的方式，处理译作的方式、对待译作的态度都与《楚辞》英译不同。"[1]
作为他为汉学研究所做的翻译，《楚辞，南方之歌》在准确性与可读性之
间，选择了两者兼顾，但当两者发生冲突时以准确性为先；作为汉学教材，
《杜诗入阶》则更多偏向准确性；到了《红楼梦》，作为文学作品，霍克
思满心希望向读者传达的是他在阅读中所感受到的快乐，此时，他看重的
是可读性，旨在给西方读者讲述一个生动的故事。

　　霍克思试译的第一回为什么能打动企鹅书局的编委雷迪斯女士呢？他
的这回译文有什么独特之处，能从其他早已存在的译本中脱颖而出呢？闵
福德曾肯定地说："无论是霍克思还是我自己，在动手翻译时，都没有把
它作为一项学术活动来对待。我们是出于对原作本身的热爱而译，这种喜
爱之情是促使我们工作下去的动力。"[2]霍克思也强调，"所有《红楼梦》
译者首先是被原著的魅力所迷，然后才着手翻译的，译者祈望能将他们
所感受到的小说魅力传达一些给别人"[3]。故而，霍克思在翻译中始终想把
《红楼梦》作为生动的故事讲给西方读者听，他希望通过自己的翻译，"能
够让英国读者也能体会到自己阅读时所感受到的哪怕一丝快乐，那我就没
有虚度此生"[4]。他的《红楼梦》英译本犹如学术研究范围外的兴趣之译。
霍克思二三十年后回忆起当年那段翻译时光仍充满怀念："当年翻译《红
楼梦》是我人生中一段快乐的时光。我译速很慢，但很幸运的是，当时能
够从容不迫、从心所欲地展开这项翻译工作。也许，有些人会认为从心所
欲是一种不负责任，但我却于从心所欲中寻到了灵感。……我能确信一点，

---

[1] Ibid. p. 326.

[2] John Minford, "Letter from John Minford." 见刘士聪编：《红楼译评——〈红楼梦〉翻译研究论文集》，
天津：南开大学出版社，2004年，第10-11页。

[3] David Hawkes, "Letter from David Hawkes." 见刘士聪编：《红楼译评——〈红楼梦〉翻译研究论文集》，
天津：南开大学出版社，2004年，第7-8页。

[4] David Hawkes, "Introduction," David Hawkes tr., *The Story of the Stone*, Harmondsworth: Penguin Books, Vol. 1,
1973, p. 46.

如果我的译本还有一些可取之处的话，那它一定部分地归于我下笔翻译时的那种精神。对这种精神，我无法分析，也无法解说。"[1]

在霍克思看来，"译者处理原作大致有两种方式：一种是译者选择他所认为的最佳版本，然后一直遵从它；另一种是创造一个译者自己的折中版本，即在不同的版本间进行选择，以构成一个生动的故事（make the best story）"[2]。霍克思认为第一种方式是更具学术性的，也是他翻译《楚辞》时所选用的方法。但霍克思翻译《红楼梦》，一开始就采取了另一种方式，他指出："对于文本问题我没有以符合学术规范的方式来处理，……我只是折中，旨在讲述一个生动的故事（made a good story）。"[3]

我们注意到在两段出处不同的引文中，霍克思以相似的话语重复强调了自己旨在"讲述一个生动的故事"的初衷。前段引文中的"make the best story"出现在 1980 年霍克思发表在香港《译丛》杂志第 13 期的学术论文《译者、宝鉴与梦——谈对某一新理论的看法》中，而再一次提到则是将近二十年后霍克思在牛津接受陈霭心访谈时，回忆起当时的情景，75 岁的他再一次清晰地表明自己三十年前翻译《红楼梦》的初衷——讲述一个生动的故事。

霍克思在 20 世纪 60 年代初中期学院派翻译还未风行时就已出版了汉学入门教材类的翻译书籍，之后当很多汉学家走上这条翻译之路时，霍克思已经跳出了学院派翻译的路子，他的译作从教育读者转向了娱乐读者。1973 年他评华生《中国韵文》（*Chinese Rhyme-prose*）时，表达了翻译应重

---

〔1〕David Hawkes, "Letter from David Hawkes." 见刘士聪编：《红楼译评——〈红楼梦〉翻译研究论文集》，天津：南开大学出版社，2004 年，第 8 页。

〔2〕David Hawkes, "The Translator, the Mirror and the Dream—Some Observations on a New Theory," *Classical, Modern and Humane Essays in Chinese Literature*, John Minford & Siu-kit Wong ed., Hong Kong: The Chinese University Press, 1989, p. 159.

〔3〕Connie Chan, "Appendix: Interview with David Hawkes," *The Story of the Stone's Journey to the West: A Study in Chinese-English Translation History*, Conducted at 6 Addison Crescent, Oxford, Date: December 7th, 1998, pp. 327-328.

260

在传达原作带给译者的快乐的翻译观点。他说："当然，当把汉语翻译成英语时，无论是何种文体，都无法在形式上做到与原作相像。跳韵五重音（five-stressed verses in sprung rhythm）并不比抑扬格五音步或普通音步的诗行更像中国五言诗。译者只能选择或创造某种形式，并借助这种形式令自己满意地把原作带给他的感觉（feeling）完美地表达出来。成功与否与原作、译作间形式上有多少相似之处没有多大关系。"[1]这篇发表于《石头记》卷一翻译刚结束之时的书评，清晰地传达了霍克思翻译《红楼梦》的主导思想：向读者传达原作带给译者的情感体验。这一思想，虽然不为当时的学院派翻译家所认同，但霍克思认为这是最重要的。

二、《石头记》的发起者

霍克思的翻译思想在《石头记》英译项目发起者——企鹅书局那觅到了知音。

企鹅书局由艾伦·莱恩爵士（Sir Allen Lane，1902—1970）于1935年创办，旨在满足当时英国民众意欲在乘坐地铁等日常活动间隙随时阅读的需要，其出版理念是将优秀的作品以低廉的价格、方便阅读的平装本推向广大读者。"经典丛书"是企鹅书局1946年增加的系列，创办人兼首任主编E. V. 里欧（Emile Victor Rieu，1887—1972）在莱恩主张的基础上，思考普通读者阅读人类经典的问题，"主张一种后来成为企鹅'经典丛书'标杆的翻译风格，即由学者兼作家型译者创造的流利译作"[2]。他流畅传神的散文译作《奥德赛》成为企鹅"经典丛书"的开篇之作，也树立了翻译

---

〔1〕David Hawkes, "（Untitled Review）Chinese Rhyme-prose by Burton Watson, " *Asia Major*, Vol. 18, Pt. 2, 1973, p. 253.

〔2〕C. f. John Minford's Hang Seng University Lecture in Hong Kong, April 14th, 2018. 原文为 "promote a style of translation that became the hallmark of Penguin Classics, and that was fluent versions by people who were scholars but also fluent writers"。

经典的典范。

　　企鹅书局与霍克思直接洽谈《红楼梦》翻译事宜的是"经典丛书"的编委雷迪斯[1]和企鹅精装本发行部责任编辑普赖斯。雷迪斯与"经典丛书"创办人兼主编里欧一样，也是一位古典文学学者兼翻译家，她曾翻译过小普林尼的《书信》（*Letters*）、泰伦斯的《喜剧》（*Comedies*）、伊拉斯谟的《愚人颂》（*In Praise of Folly*）、《爱洛绮斯和阿贝拉书信集》（*The Letters of Abelard and Heloise*）和提图斯·李维的《罗马与意大利》（*Rome and Italy*）。她为企鹅"经典丛书"写过关于贺拉斯（Horace）和普罗佩提乌斯（Propertius）的阅读导言，为企鹅"英语丛书"编辑过吉本（Gibbon）的自传《生平与写作的回忆》（*Memoirs of My Life and Writings*）。她还曾做过拉丁语、希腊语及意大利语的翻译工作，如与人合译《伊拉斯谟集》（*Collected Works of Erasmus*），还撰写了辞典类著作《古代名人传》（*Who's Who in the Ancient World*）。霍克思称赞雷迪斯是"一个非常好的人""一名非常优秀的古典文学学者""一位特别优秀的编辑"[2]。

　　普赖斯则作为直接负责人与霍克思接触，他对霍克思的翻译抱着极大的热情。当霍克思因牛津大学出版社的抗议而烦恼不已时，是普赖斯代表企鹅书局与牛津大学出版社从中进行协商[3]；当霍克思希望修改与企鹅书局的原定计划，改由弟子闵福德与自己一同合作完成《红楼梦》的全译工作时，普赖斯也表示支持，"听说这一想法，他很高兴"[4]，也许是因为他觉得这样挺符合原作情况，而且也有望使《红楼梦》英语全译本更早与英语

〔1〕按：雷迪斯，牛津大学圣希尔达学院（St. Hilda College, Oxford）的荣休研究员，曾任英国最大的古典研究组织——古典协会（The Classical Association）的副主席。雷迪斯早年在圣希尔达学院学习，1935 至 1958 年担任教师，讲授过古典学、哲学和英语等课程。1959 年雷迪斯加入企鹅书局，成为企鹅书局"经典丛书"创办人兼主编里欧的代理人。1964 年里欧谢世，雷迪斯承担起了企鹅书局工作，直至 1985 年去世。

〔2〕Connie Chan, "Appendix: Interview with David Hawkes," *The Story of the Stone's Journey to the West: A Study in Chinese-English Translation History*, Conducted at 6 Addison Crescent, Oxford, Date: December 7th, 1998, p. 325.

〔3〕C. f. Ibid. p. 326.

〔4〕Ibid. p. 335.

读者见面。雷迪斯与普赖斯秉执里欧的翻译理念，正如思果所言，"英国企鹅翻译丛书主编 E. V. Rieu 和别的译界权威都重视译文的通畅"[1]。这与霍克思的《红楼梦》翻译理念有着惊人的契合，故而霍克思在牛津大学出版社提出异议的情况下，最终选择了与企鹅书局合作。

综上，作为正式翻译行为的发起人，企鹅书局尤其是其"经典丛书"系列的翻译理念对于英译本《石头记》的最终面貌有着意义重大的影响，"英译行为发生在一个有利于创造对读者友好的流利译本的出版环境中"，"译作不仅为读者考虑，甚至要吸引主持编辑'经典丛书'已二十多年的编委"。[2]雷迪斯1969年圣诞节期间坚定英译《红楼梦》这一项目的意愿，节后即与霍克思面谈。1970 年 1 月，霍克思很快译出《红楼梦》第一回完整内容作为样章译文交由雷迪斯审阅。四个多月后，企鹅书局即与霍克思签订英译合约。显然，挑剔的雷迪斯[3]是欣然接受了霍克思的译文。

三、《石头记》的翻译底本

《红楼梦》是一部未完的手稿，迄今为止发现的《红楼梦》早期抄本共有 12 种，有的以《石头记》为名，有的以《脂砚斋重评石头记》为名，有的名为《红楼梦》，如题有"脂砚斋重评石头记"的版本按时间先后就有甲戌本（1754 年）、己卯本（1759 年）和庚辰本（1760 年），另还有各名家收藏的抄本，如由戚廖生所藏并作序的戚序本、清蒙古王府所藏的蒙府本或王府本、梦觉主人收藏于甲辰年（1784 年）并作序的甲辰本。1791 年，最早的刻本——萃文书屋刻程甲本问世，1792 年，萃文书屋再次印刷

〔1〕思果：《翻译新究》，北京：中国对外翻译出版公司，2001 年，第 1 页。

〔2〕C. f. John Minford's Hang Seng University Lecture in Hong Kong, April 14th, 2018. 原文为 "it took place in a publishing environment that was conducive to fluent, reader-friendly translations, ... translations that were very definitely reader-friendly and even lured the man who presided over Penguin Classics for over 20 years"。

〔3〕按：雷迪斯对译文的严苛与挑剔，负责《红楼梦》后四十回译文的闵福德提交试译文字的遭遇可资一证。

《红楼梦》，称程乙本，此后刊刻本日多，另抄本影印也不少。翻译底本的选择是译本成就经典的关键，也凸显译者翻译的目的。为讲述一个生动的故事，霍克思《石头记》在底本的选择上颇费心思。

（一）以程高本为主

曾经的老师兼同事吴世昌回忆霍克思翻译《红楼梦》所用版本时说："译者霍克思（David Hawkes）曾任牛津大学中文系主任。据译者自己说，译本基本上根据脂评本，但有时参用程高删改本。"[1]这实际上与事实不符。霍克思最早提到翻译底本是在1972年写成的《石头记》卷一的导论中，他说："在翻译这部小说时，我发觉无法忠实遵照任何一个文本。翻译第一回时，我主要依从的是高鹗本，因为它虽然没有其他本子有趣味，但却更为前后一致。在接下来的章回翻译中，我经常遵从一个抄本，并且偶尔也会做点自己的修订。"[2]1975年4月18日，霍克思在致《红楼梦》研究学者潘重规教授的信函中，针对评论者对其《石头记》卷一底本问题的批评之声，做了一个简单回应，虽未直接谈到底本，但对俞本和高本有一个评价。他说："我觉得那种认为你选择了俞校本之后，就必须在翻译中严格依照的说法是错误的，因为很多时候是两类本子都有问题。而且在我看来，似乎高鹗是因为抄本有问题才经常做改动，但问题是他经常改错。……不过，似乎俞校本中同样也有很多前后不一致或相互抵牾的地方，有些还是高鹗改对的。"[3]到《石头记》前三卷完工出版的那年，霍克思又一次谈到翻译底本，"最初以最通用的一百二十回本为底本，当脂砚斋评批本提供了更好的文字时就依脂本"[4]。1998年的访谈是霍克思第四次提到底本问

〔1〕吴世昌：《吴世昌全集》（第八卷），吴令华编，石家庄：河北教育出版社，2002年，第302-303页。

〔2〕David Hawkes, "Introduction," David Hawkes tr., *The Story of the Stone*, Harmondsworth: Penguin Books, Vol. 1, 1973, pp. 45-46.

〔3〕David Hawkes,《霍克思教授致潘重规教授函》，载《红楼梦研究专刊》1976年第12期。

〔4〕David Hawkes, "The Translator, the Mirror and the Dream-Some Observations on a New Theory," David Hawkes, *Classical, Modern and Humane Essays in Chinese Literature*, John Minford & Siu-kit Wong ed., Hong Kong: The Chinese University Press, 1989, p. 159.

题，也谈得最清楚。他说："我开始时没有太考虑版本问题，我以人民文学出版社的四卷本《红楼梦》为底本着手翻译，但那时手中也有俞平伯的《红楼梦八十回校本》。"[1] 把以上四段霍克思在不同时期言说的有关同一话题的说明放在一起，我们就很清楚，霍克思在翻译中依从最多或者作为翻译底本的就是人民文学出版社的四卷本，即霍克思所谓的高（鹗）本，参阅最多的是俞平伯的八十回校本，即霍克思所谓的脂本或抄本。这一点其弟子兼女婿及《红楼梦》后四十回的译者闵福德说得更为清楚："霍克思的书架上当然有俞平伯八十回校本、甲戌本、庚辰本和新近出版的程高影印本，但他工作的脚本一直是人民文学出版社由启功注释的四卷本。他做过记号的书目前还保存在岭南大学的图书馆。"[2]

　　查 1964 年人民文学出版社出版的《红楼梦》，从"关于本书的整理情况"一节中，我们找到了此版本的底本，"本书整理，系以程伟元乾隆壬子（一七九二）活字本（校记中简称'乙'本）作底本"，并在解释选择取舍原则时说："附带说明一句，所谓有一个大致的原则，就是这个普及本既然属于百二十回本系统，校改时自以百二十回本的异文为尽先选取的对象。至于八十回本的文字，差别较大，除非个别实有必要时，是不加采取的。"[3] 上引文字说明霍克思翻译时所依据的大致就是程乙本。在霍克思《〈红楼梦〉英译笔记》中，前半部分多以"人民本"称之，后半部分多称之为"程本"。

　　而参阅本根据"霍克思文库"，则是俞平伯校订、王惜时参校，1958年由人民文学出版社出版的本子。查该校本《校改红楼梦凡例》，其首条

〔1〕Connie Chan, "Appendix: Interview with David Hawkes, " *The Story of the Stone's Journey to the West: A Study in Chinese-English Translation History*, Conducted at 6 Addison Crescent, Oxford, Date: December 7th, 1998, p. 327.

〔2〕转引自范圣字：《〈红楼梦〉管窥》，北京：中国社会科学出版社，2004 年，第 27 页。

〔3〕曹雪芹、高鹗：《红楼梦》，启功注释，北京：人民文学出版社，1964 年，第 1-2 页。

即言明此本 "以戚本为底本，以脂庚本为主要校本，定为新本"[1]。此本的底本为戚序本，与杨戴《红楼梦》全译本前八十回的翻译底本相同，霍克思在英译笔记中简称其为俞本或脂本。据洪涛的考察，这个俞本不完全是脂本系统，它不仅少数字句有脂本和程本混用的现象，而且第六十七回整回及第六十八回的一大段文字选用了程本。[2]霍克思在《译者、宝鉴和梦——谈对某一新理论的看法》论文中评说，"高鹗的第六十七回文字事实上无疑是现存的各版本中最好的"[3]，这显然是极具专家眼光的。

　　霍克思力图讲述一个生动故事的初衷也使他在高鹗的一百二十回本和各种八十回手抄本中偏向前者。他认为 "高鹗的一百二十回本是目前所能得到的最好版本"[4]，即使对前八十回中高鹗的一些改动表示不满并不时找到机会改进，但在一些基本事实上，譬如柳儿这件事上，最好还是遵从高鹗本。他对杨戴本和美国评论家对版本问题的处理颇为不解。他说："我不很理解这样一种逻辑，一面要求北京方面的译者必须译出全部的一百二十回，一面又要求前两卷的翻译必须严格遵从抄本系统的某个版本。我同样也不很理解那些美国评论家的立场，他们一面基于完整的一百二十回版本来展开对这部小说的批评研究，一面又声称自己不知道、不确定或是决定不了高鹗增补的问题。"[5]在霍克思看来，"这一问题似乎是不能含糊其词的"[6]。霍克思在这个问题上的答案是明确的，他指出，《红楼梦》后四十回也是曹雪芹的手笔，只不过是曹雪芹早期的一个版本，曹雪芹后来

---

[1] 俞平伯：《校改红楼梦凡例》，曹雪芹著，俞平伯校订，王惜时参校：《红楼梦八十回校本》，北京：人民文学出版社，1958年，第1页。

[2] 参看洪涛：《女体和国族：从红楼梦翻译看跨文化移殖与学术知识障》，北京：国家图书馆出版社，2010年，第131-132页。

[3] David Hawkes, "The Translator, the Mirror and the Dream-Some Observations on a New Theory," David Hawkes: *Classical, Modern and Humane Essays in Chinese Literature*, John Minford & Siu-kit Wong ed., Hong Kong: The Chinese University Press, 1989, p. 170.

[4] Ibid. p. 160.

[5] Ibid.

[6] Ibid. 原文为 "You cannot, it seems to me, have it both ways"。

266

对其再做修改，但高鹗和程伟元拿到的是他修改前的稿子。高鹗所做的是
调和而不是创作工作。[1]西方学者也多赞同霍克思的观点，如闵福德、卢
先·米勒、多尔·利维等，尤其是闵氏在柳存仁指导下完成的博士论文就
后四十回为曹雪芹之作给出了有力的论证。另外，还有华裔学者如夏志清、
余国藩也赞同此见。在美国写成《红楼梦魇》一书的中国小说家张爱玲也
指出，70 年代"西方当时仍是厌闻考据，多以程本为原著"[2]。

　　因而，人民本或者说程本如果没有明显的败笔或逻辑叙述上的大漏洞
时，霍克思均径直依此本译出。这一点我们可以通过人民本和俞本文字不
同之处，找出霍克思翻译时所据的本子。

　　1. 回目异文的英译

　　在前八十回中，人民本与俞本在回目文字上有好几回各不相同，有的
还相差很大。这些回目的霍译文无一例外均显示霍克思翻译时依据的底本
为人民本。兹列于下：

　　（1）Chapter 4: The Bottle-gourd girl meets an unfortunate
young man; and the Bottle-gourd monk settles a protracted lawsuit

　　俞本：薄命女偏逢薄命郎　　葫芦僧乱判葫芦案

　　人民本：薄命女偏逢薄命郎　　葫芦僧判断葫芦案

一个"乱判"，一个"判断"，含着对贾雨村不同的看法。

　　（2）Chapter 5: Jia Bao-yu visits the Land of Illusion; and the
fairy Disenchantment performs the 'Dream of Golden Days'

---

[1] C. f. Connie Chan, "Appendix: Interview with David Hawkes," *The Story of the Stone's Journey to the West: A Study in Chinese-English Translation History*, Conducted at 6 Addison Crescent, Oxford, Date: December 7th, 1998, p. 332.

[2] 张爱玲：《〈红楼梦魇〉自序》，见《张爱玲典藏全集（10）——文学评论：红楼梦魇》，哈尔滨：哈尔滨出版社，2003 年，第1-2 页。

俞本：游幻境指迷十二钗　　饮仙醪曲演红楼梦

人民本：贾宝玉神游太虚境　　警幻仙曲演红楼梦

回目两句，俞本没有施事，人民本前有"贾宝玉"，后有"警幻"，另俞本前句多"十二钗"，都是比较明显的区别。

（3）Chapter 8: Jia Bao-yu is allowed to see the strangely corresponding golden lockets; and Xue Bao-chai has a predestined encounter with the Magic Jade

俞本：比通灵金莺微露意　　探宝钗黛玉半含酸

人民本：贾宝玉奇缘识金锁　　薛宝钗巧合认通灵

这一回目，俞本偏诗意，人民本偏写实；且俞本包含内容较多。

（4）Chapter 9: A son is admonished and Li Gui receives an alarming warning; a pupil is abused and Tealeaf throws the classroom in uproar

俞本：恋风流情友入家塾　　起嫌疑顽童闹学堂

人民本：训劣子李贵承申饬　　嗔顽童茗烟闹书房

两本回目，最大差别在人名入句，译本据何本而译一目了然。

（5）Chapter 17: The inspection of the new garden becomes a test of talent; and Rong-guo House makes itself ready for an important visitor

Chapter 18: A brief family reunion is permitted by the

magnanimity of a gracious Emperor; and an Imperial Concubine
takes pleasure in the literary progress of a younger brother

　　俞本：第十七回　大观园试才题对额　荣国府归省庆元宵

　　人民本：第十七回　大观园试才题对额　荣国府归省庆元

宵；第十八回　皇恩重元妃省父母　天伦乐宝玉呈才藻

　　两回目是合是分，形式上一眼即明，霍译本依据人民本，不过霍克思
修改了人民本的重复之处，比人民本回目的叙述逻辑清晰。

（6）Chapter 25: Two cousins are subjected by witchcraft to the
assaults of demons; and the Magic Jade meets an old acquaintance
while rather the worse for wear

　　俞本：魇魔法叔嫂逢五鬼　　红楼梦通灵遇双真

　　人民本：魇魔法叔嫂逢五鬼　　通灵玉蒙蔽遇双真

　　两本回目文字差异在后句是"红楼梦"还是"通灵玉"，译文明显据
人民本译出。

（7）Chapter 30: Bao-chai speaks of a fan and castigates her
deriders; Charmante scratches a 'qiang' and mystifies a beholder

　　俞本：宝钗借扇机带双敲　　龄官划蔷痴及局外

　　人民本：宝钗借扇机带双敲　　椿龄画蔷痴及局外

　　两本文字差别在"龄官"还是"椿龄"。霍克思注意到了"椿龄"的
问题，这在《〈红楼梦〉英译笔记》中做了讨论，他指出，"'椿龄'是
祝人寿考之辞，也许是'龄官'的字？那么 Charmante 严格意义上来说是

个'误译'"。但霍克思最终认为"保留 Charmante 一译为好"。[1] 从他的讨论可见，霍克思英译时是围绕着人民本展开的。

2. 正文中异文的英译

正文中最有说服力的一个例子是凤姐与贾蓉关系的英译处理。人民本与俞本关于贾蓉与凤姐关系描写的文字有很大出入，人民本中有 5 处刻意暧昧两人的关系。

第六回：

人民本第 77 页：那凤姐只管慢慢吃茶，出了半日的神，忽然把脸一红，笑道……

俞本第 68 页：那凤姐只管慢慢的吃茶，出了半日的神，方笑道。

霍译文：Xi-feng, however, sipped very intently from her teacup and mused for a while, saying nothing. Suddenly her face flushed and she gave a little laugh...（Hawkes, Vol. 1, p. 163）

第七回：

人民本第 88 页：贾蓉溜湫着眼儿笑道："何苦婶子又使厉害，我们带了来就是了。"——凤姐也笑了——说着出去，……

俞本第 76 页：贾蓉笑嘻嘻的说："我不敢强，就带他来。"说着，……

霍译文：Jia Rong cringed in mock alarm. 'Yes, Autie! No need to get so fierce! We'll bring him in straight away.' They both laughed, and...（Hawkes, Vol. 1, p. 177）

---

[1] David Hawkes, *The Story of the Stone: A Translator's Notebooks*, Hong Kong: Centre for Literature and Translation, Ling Nan University, 2000, p. 105.

第十六回：

人民本第 183 页：贾蓉在灯影儿后头悄悄的拉凤姐儿的衣裳襟儿，凤姐会意，也悄悄的摆手儿佯作不知。因笑道……

俞本第 157 页：贾蓉在身旁灯影下悄拉凤姐的衣襟，凤姐会意，因笑道……

霍译文：Jia Rong, who was standing somewhat away from the light, availed himself of the shadow's concealment to give Xi-feng's dress a surreptitious tug. She understood perfectly well what his meaning was, but pretended not to, dismissing him with a curt wave of the hand and addressing herself instead to Jia Lian...（Hawkes, Vol. 1, p. 316）

第六十八回：

人民本第 890 页：凤姐儿见了贾蓉这般，心里早软了，只是碍着众人面前，又难改过口来，……

俞本第 766 页：凤姐见他母子这般，也再难往前施展了，只得又转过一副形容言谈来，……

霍译文：

His pathetic abjectness soon melted Xi-feng; but she could not change her tune too abruptly when there were so many pairs of eyes watching her...（Hawkes, Vol. 3, p. 348）

最后，也是最严重的一处在第六十八回末，俞本对于凤姐与贾蓉的关系描写简洁、干净利落；人民本刻意在凤姐与贾蓉的关系上暧昧，多出了一页多的篇幅，添了诸如"又指着贾蓉道：'今日我才知道你了！'说着，把脸却一红，眼圈儿也红了，似有多少委屈的光景"这样的话语。内容过长，此处无法赘引。正是这里大段大段的不同文字引起了霍克思的注意，他在《〈红楼梦〉英译笔记》中写道："此段表明熙凤和贾蓉的特殊关系全是后来添加的（参看全抄）。这是曹雪芹过世之后的事？"[1] 如果说之前霍克思依据人民本来译，是因为未注意到人民本与俞本的差异的话，那么到第六十八回末，霍克思已发现了人民本的添加问题，他在译文中仍然依照人民本来翻译就是经过了慎重考虑的。

以下还有一些小例子：

第十八回末：元妃赐物时关于宝玉所得礼物，两本文字不同，抄本第400页在钗、黛众姊妹礼物后有"宝玉亦同此"一句，并且此句后有脂批"此中忽夹上宝玉可思"。霍克思翻译时依据人民本。

第十九回：宝玉撞见茗烟和万儿时，人民本有宝玉话语"等我明儿说了给你作媳妇，好不好？"及"茗烟也笑了"两句，抄本没有。从译文来看，霍克思依据的仍是人民本。

第二十一回：两本凤姐所说的话文字上有差异，霍克思依人民本译出。

　　人民本第247页：这十几天，难保干净，或者有相好的丢下什么戒指儿、汗巾儿，也未可定？

　　俞本第215页：这半个月难保干净，或者有相厚的丢失下的东西。——戒指、汗巾、香袋儿，再至于头发、指甲，都是东西。

　　霍译文：He was nearly a fortnight outside. I wouldn't bank on his having kept himself clean all that time. There might have been something left behind by one of his little friends: a ring or a sash or something.（Hawkes, Vol. 1, pp. 427-428）

---

[1] David Hawkes, *The Story of the Stone: A Translator's Notebooks*, Hong Kong: Centre for Literature and Translation, Ling Nan University, 2000, p. 229.

272

第二十二回：众姊妹所作灯谜，人民本与俞本在数量与文字上均有较大差别，霍克思依据人民本来译，其深为人责的如略去惜春灯谜、把宝钗谜译为黛玉谜、另为宝玉与宝钗重添灯谜等举动实为人民本所为，霍克思只是照此译出而已。稍有不同的是他在凤姐的话里多添了个"more"，以消除叙述逻辑上的漏洞。

人民本第261页[1]：刚才我忘了，为什么不当着老爷，撺掇着叫你作诗谜儿？

霍译文：... we ought to have got Uncle to make him compose some more riddles for us.（Hawkes, Vol. 1, pp. 450–451）

第二十五回：以下一段文字人民本和俞本差异非常明显，文字表达水平的高低也很不相同。俞本有效地体现出了宝黛间的深情厚意，而人民本则过简。查霍克思《〈红楼梦〉英译笔记》，没有关于此段文字的任何讨论，显然人民本的文字因其没有任何逻辑叙述错误，读来也很流畅，故而霍克思没有注意到俞本此段文字更佳，依然照人民本译出。

人民本第291页：知道烫了，便亲自赶过来，只瞧见宝玉自己拿镜子照呢。左边脸上满满的敷了一脸药。黛玉只当十分烫的利害，忙近前瞧瞧，宝玉却把脸遮了，摇手叫他出去：知他素性好洁，故不肯叫他瞧。黛玉也就罢了，但问他："疼的怎样？"宝玉道："也不很疼。养一两日就好了。"黛玉坐了一会回去了。

俞本第253页：林黛玉只当烫的十分利害，忙上来问怎么烫

---

[1] 按：引用《红楼梦》原作中的语句时，人民本和俞本如文字不同则两本摘列，如文字相同则只列人民本页码。

了，要瞧瞧。宝玉见他来了，忙把脸遮着，摇手叫他出去，不肯叫他看。——知道他的癖性喜洁，见不得这些东西。林黛玉自己也知道自己也有这件癖性，知道宝玉的心内怕他嫌脏，因笑道："我瞧瞧烫了那里了。有什么遮着藏着的。"一面说，一面就凑上来，强搬着脖子瞧了一瞧，问他疼的怎么样。宝玉道："也不很疼，养一两日就好了。"林黛玉坐了一会，闷闷的回房去了。

霍译文：She found him with a mirror in his hand, examining the extent of the damage. The entire left side of his face was thickly plastered with ointment, from which she deduced that the injury must be a serious one. But when she approached him to look closer, he averted his head and waved her away. He knew how squeamish she was, and feared that the sight of it would upset her. Dai-yu for her part was sufficiently aware of her own weakness not to insist on looking. She merely asked him 'whether it hurt very badly'.

'Not so bad as all that,' said Bao-yu. 'A couple of days and it will probably be all right again.'

Dai-yu sat with him a little longer and then went back to her room.（Hawkes, Vol. 1, p. 492）

第五十回：贾母所说的话中的最后一句两本有些差异，虽然人民本与俞本的差异并不会对上下文造成什么大的影响，但这类例子恰恰说明霍克思在人民本语意不存在逻辑问题时无意修改。

人民本第 625 页：贾母来至室中，先笑道："好俊梅花！你们也会乐，我也不饶你们！"

俞本第 541 页：贾母来至室中，先笑道："好俊梅花！你们也会乐，我来着了！"

霍译文："'What pretty plum-blossom!' she said as they entered it. 'You children certainly know how to enjoy yourselves. I feel quite angry with you for not inviting me!'（Hawkes, Vol. 2, p. 501）

第七十二回有两处俞本有、人民本无的文字，霍译本中也缺译。这也说明霍克思依据的一般是人民本，当人民本前后逻辑出现问题或有叙述漏洞时才对照俞本进行编译。

俞本第 805 页：从此凡晚间便不大往园中来。因思园中尚有这样奇事，何况别处，因连别处也不大轻走动了。

俞本第 806 页：平儿笑道："你知道，我竟也忘了。"

第七十四回十锦春意香袋的出现使得凤姐建议打发些丫头出院，俞本王夫人有一段话忆起当年黛玉母亲未出阁前所用丫头数量，人民本无，霍译本也缺。另外此回还有两处异文，霍克思依据的是人民本，尤其是后一例，两本文字几乎可以说是相反的语意。

人民本第 960 页：王夫人点头道："跟姑娘们的丫头比别的姣贵些，这也是常情。"

俞本第 831 页：王夫人道："这也有的常情，跟姑娘们的丫头原比别的娇贵些。你们该劝他们。连主子们的姑娘不教导，尚且不是，何况他们。"

霍译文：Lady Wang nodded. 'Yes, I suppose the girls who wait on the young mistresses are inclined to be a bit spoiled. '（Hawkes, Vol. 3, p. 462）

人民本第 971 页：惜春道："我也不是什么参悟。我看如今人一概也都是入画一般，没有什么大说头儿！"

俞本第 841 页：惜春道："我不了悟，我也舍不得入画了。"

霍译文：'I lay no claim to enlightenment,' said Xi-chun, 'though I can see that most people are no better than Picture—and that they are as little worth bothering about.' (Hawkes, Vol. 3, p. 481)

综上可知，霍克思在翻译时是有底本的，在底本没有逻辑问题或其他的叙述漏洞不会影响到故事的正常发展时，霍克思通常不改动这个底本。他在《石头记》卷二的序言中写有这样一段话，谈到自己如何处理异文的问题，值得研究者特别注意："经验告诉我，最好把高鹗本与各抄本不一致的地方看作是一个信号，它促使译者探寻高鹗改动原文的症结所在，等弄清楚后在必要时努力找出自己的解决方法。"[1]宋淇曾批评霍克思，"至少应同时参阅俞平伯的根据各种版本的校订本，可以避免许多妄改和节删"[2]。其实，更有可能是霍克思在翻译中如未发现所依底本有抵牾之处或难解的文字时，他就会很自然地依此本直接翻译下去，因为越译到后面，他越"意识到在这部特定的小说中，几乎任何一个关于文本不同版本的选择都要求译者对于一系列相当根本的问题做出决定，诸如小说的作者问题、小说的演变史、小说评论者身份的鉴别、早期编者的可靠性以及他们编辑的性质等等"[3]。正是存在这一翻译底本问题，范圣宇在其《〈红楼梦〉管

---

[1] David Hawkes, "Preface," David Hawkes tr., *The Story of the Stone* Vol. 2. Harmondsworth: Penguin Books, 1977, p. 18.

[2] 林以亮：《〈红楼梦〉西游记·细评〈红楼梦〉新英译》，台北：联经出版事业公司，1976 年初版，2007 年重印，第 3 页。

[3] David Hawkes, "The Translator, the Mirror and the Dream-Some Observations on a New Theory," David Hawkes, *Classical, Modern and Humane Essays in Chinese Literature*, John Minford & Siu-kit Wong ed., Hong Kong: The Chinese University Press, 1989, p. 159.

窥》一文中所纳闷的问题，即"有些地方脂本文字比程本高明的，霍克思却没有选脂本的文字"[1]，也就迎刃而解了。

四、综合其他版本文字

要讲述"一个生动的故事"，除了选择一个通用、较完整的一百二十回本外，霍克思还注意在翻译中参阅其他版本："仔细阅读各大抄本，包括脂砚斋评批本及其他，然后尽力加以明智运用，但我没有做编辑工作。……如果你要把它称作编辑的话，也只是从不同的文本中这里选一点那里选一点而已。"[2]

如第六十回小婵说的话，人民本无，霍译本自俞本补入，不过"他还气我呢"一句，霍克思判断错了动作的施动者，小婵口中的"他"指的是"芳官"而不是"雷公"。

俞本第 663 页：他还气我呢。我可拿什么比你们，又有人进贡，又有人作干奴才，溜溜你们，好上好儿，帮衬着说句话儿。

霍译文：'Either that, or he must be angry with me for something. Still, I can't compete with you, can I! I haven't got anyone to rush out and give me things, or trot around after me like a self-adopted slave, or chip with a good word for me when there's an argument. '
(Hawkes, Vol. 3, p. 160)

第六十五回一段有关尤老娘的文字，霍克思据俞本翻译。

---

[1]范圣宇：《红楼梦管窥——英译、语言与文化》，北京：中国社会科学出版社，2004 年，第 44 页。
[2]Connie Chan, "Appendix: Interview with David Hawkes, " *The Story of the Stone's Journey to the West: A Study in Chinese-English Translation History*, Conducted at 6 Addison Crescent, Oxford, Date: December 7th, 1998, p. 328.

　　　人民本第 844—845 页：当下四人一处喝酒。二姐儿此时恐怕贾琏一时走来，彼此不雅，吃了两钟酒便推故往那边去了。……剩下尤老娘和三姐儿相陪。……贾琏听了，便至卧房。见尤二姐和两个小丫头在房中呢，……

　　　俞本第 727—728 页：尤二姐知局，便邀他母亲说：……尤老也会意，便真个同他出来，……贾琏听了，便回至卧房。只见尤二姐和他母亲都在房中，……

　　　霍译文：... Er-jie knew that it was not for a family evening that Cousin Zhen had come and soon found an excuse for getting herself and her mother out of the way. ... Jia Lian went straight to his own room, where he found Er-jie sitting with her mother.（Hawkes, Vol. 3, p. 278）

　　第七十回众姐妹放风筝一节霍克思多据俞本翻译，此节众人铰断风筝的场景人民本叙述简单，俞本生动精彩，包含了黛玉、宝玉及探春的故事。但俞本回末写到放完风筝众人回房休息即结束，霍克思接着补入人民本文字继续往下翻译，交代了宝玉随后一段时间在功课上用心及贾母丫头来访之事。此处文字过长，不加赘引。

　　第七十八回俞本比人民本长出一大段文字，霍克思大致据俞本翻译，但删去了前面关于景物萧条的感慨，以免枝蔓过多，影响阅读。

　　　人民本第 1025 页：怔了半天，因转念一想："不如还是和袭人厮混，再与黛玉相伴。只这两三个，只怕还是同死同归。"

　　　俞本第 891 页：怔了半天，因看着那院中的香藤异蔓，仍是翠翠青青，忽比昨日好似改作了凄凉了一般，更又添了伤感。默默出来，又见门外的一条翠樾埭上也半日无人来往，不似当日各处房中丫环不约而来者络绎不绝；又俯身看那墙下之水，仍是溶溶脉脉的流将过去。心下因想天地间竟有这样无情的事！悲感一番，忽又想到去了司棋、入画、芳官等五个；死了晴雯；今又去了宝钗一处；迎春虽尚未去，然连日也不见回来，且接连有媒人来求亲：大约园中之人不久都要散的了。纵生烦恼，也无济于事。不如还找黛玉去，相伴一时，回来还是和袭人厮混。只这两三个人，只怕还是同死同归的。

霍译文：A sort of blankness came over him. Chess had gone. ... The Garden's little society was breaking up.（Hawkes, Vol. 3, p. 564）

除了最早拥有的俞本外，霍克思还参阅了其他各本。如对第一回历数的《红楼梦》各曾用书名的翻译，霍译本多了人民本和俞本都无的"至吴玉锋题曰《红楼梦》"和"至脂砚斋甲戌抄阅再评仍用《石头记》"2句的翻译，霍译文为"Wu Yu-feng called it *A Dream of Golden Days*"和"Red Inkstone restored the original title when he recopied the book and added his second set of annotations to it"（Hawkes, Vol. 1, p. 51）。此2句我们只在《脂砚斋甲戌抄阅再评石头记》本中找到，无疑，霍克思此处的翻译参阅了甲戌本。

另外，从霍克思《〈红楼梦〉英译笔记》中的记载可知，早在1970年11月10日霍克思记第一次翻译笔记时，手头所参考的本子除了以上提到的俞本和人民本外，还有庚辰本（《脂砚斋重评石头记》，北京：文学古籍出版社，1955年影印本）和高抄本（《乾隆抄本百廿回〈红楼梦〉稿》，北京：中华书局，1963年影印本）[1]。而1971年2月17日的笔记显示，霍

---

[1] 按：庚辰本属于抄本系统，高抄本是据道光、咸丰年间杨继振藏本影印，是抄本系统中唯一有一百二十回的本子。

克思手头可供参阅的本子至少又多了王本。这个王本是什么本子呢？ "霍克思文库"中收藏有 1977 年台北广文书局据道光壬辰本影印的王希廉评本《新镌全部绣像红楼梦》，但这却不是霍克思笔下的王本，因为王希廉评本是个评论集，只含有《红楼梦》前五回的原文，而霍克思在笔记中最早引用王本是在讨论第十四回凤姐协理宁国府时交代下人一应事情须遵守的时间时，他在笔记中写道"王本：same as 人民"[1]。显然霍克思手中还有一个文库中未收录的《红楼梦》本，即蒙古王府本，属于清王府旧藏的抄本。1971 年 5 月 30 日的笔记显示，霍克思新拥有了作家出版社 1955 年出版的《红楼梦》。在 1978 年 3 月 7 日的笔记中，霍克思引用了己卯本的内容。

翻看霍克思的《〈红楼梦〉英译笔记》，我们能发现一个在进行处处比较，以便为自己寻找最好故事逻辑的译者。有时他称赞庚辰本，如 1971 年 10 月 30 日的笔记讨论的是"便携了回房去与湘云同看，次日又与宝钗看"一句的具体文字，霍克思分别列出人民本、庚辰本及乾隆抄本的文字后，评价道："显然此处庚辰本的文字更好。"[2]有时他看好程高本，如 1978 年 1 月 30 日的笔记中，霍克思在讨论"只见那三姐索性卸了妆饰"一段文字时，写道："这里程本的文字比手抄本好得多，手抄本文字实难理解。"[3]而 1974 年 6 月 21 日的笔记表明，霍克思在处理《红楼梦》第四十回末的异文时选择了乾隆抄本。他引了庚辰本、程本、戚本和乾隆抄本四个版本的文字，前三个本子都在第四十回末有"乱嚷嚷"一语，唯独乾隆抄本没有。霍克思猜测，"很可能四十回末的文字丢失了"[4]，因为四个本子的第四十一回开首均未再提到"乱嚷嚷"。为了叙事逻辑需要，霍

---

[1] David Hawkes, *The Story of the Stone: A Translator's Notebooks*, Hong Kong: Centre for Literature and Translation, Ling Nan University, 2000, p. 11.

[2] Ibid. p. 34.

[3] Ibid. p. 220.

[4] Ibid. p. 149.

克思英译时就把这不相干的 3 个字给略去了。并且他顺便指出，这几个本
子中程本第四十回末在刘姥姥话语"花儿落了结个大倭瓜"前多出的"两
只手比着，也要笑，却又掌住了"的描写是不合逻辑的。他说："高鹗似
乎想在他的第四十回末为第四十一回的哄堂大笑做准备，但刘姥姥没什
么特别的原因觉得自己的答案有多么可笑。"[1]因而霍克思的译文中也没有
这几句描写。而 1976 年 5 月 31 日、6 月 1 日及 6 月 2 日的连续笔记则表
明，他有时比较各本后会综合而成一个最符合叙述逻辑的合成本。在这三
则笔记中，霍克思讨论了程本、校本、有正大字本（按：即戚序本）、乾
原本及乾改本（按：即乾隆抄本百廿回〈红楼梦〉稿中的原文及删改后
文字）、庚辰本等本中第五十四回末与第五十五回开首的异文。霍克思最
后的思考是，"高鹗把凤姐小产作为第五十四回末当然是一个改进，然而
第五十四回如以此结束，那第五十五回就须以此事开篇，这意味着庚辰本
的第五十五回开头描写太妃一事则不可能了。可是，如果没有这里的太妃
一笔，那第五十八回'谁知上回所表的那位老太妃已薨'就没了着落。也
许最好的解决办法是把太妃的一段也放在第五十四回末，先说媳妇们的酒
席再说太妃，最后是小产一事。关于太妃一段的插入可参看吴世昌"[2]。第
六十五回"尤老娘方不好意思起来"（人民本第 848 页，俞本第 730 页：
尤二姐反不好意思起来。霍译本：漏译〔Hawkes, Vol. 3, p. 282〕），刻本与
抄本此句前都有"将姐姐请来！要乐，咱们四个大家一处乐！"之语，故
而二姐是不在西院三姐处的。而依人民本，尤老娘能在三姐处安坐到深夜，
似也无理，故霍克思略去不译很有道理。而尤老娘在两本中就此消失，霍
克思觉得难以自圆其说，即于第六十八回趁描写凤姐素衣素盖前来假心假
意迎接尤二姐这一场景时，自添尤老娘因承受不住尤三姐以剑自刎而伤心

〔1〕Ibid. pp. 149-150.
〔2〕霍克思：《〈红楼梦〉英译笔记》，香港：岭南大学文学与翻译研究中心，2000 年，第 193 页。

离世的情节，同时也使"凤姐素衣素盖之举"不会让人感到突兀。显然，这也是一处两本均未依凭的例子。"我这样做，只是因为有一两次我感到为了使小说内容清楚并能首尾呼应，就不得不对原文有小小的冒犯，譬如，让尤老娘死去，而不是让她可怜地活着。"[1]

简而言之，霍克思在翻译时选用的底本是人民本，这点不容含糊，但同时他参阅了其他很多本子尤其是俞本。

五、文学性的翻译策略

霍克思在翻译过程中采取了一系列增强文学性的翻译策略。这些策略成就了《石头记》，让译本成为"再现的杰作"（a masterpiece restored）[2]。

（一）语言地道，以经译经

传神的地道英语词汇能够让原本陌生的异域文学著作得到生动再现。冯庆华早在 2008 年就通过语料库的研究，证明了霍译本语言的地道：首先通过霍译本和杨戴译本的比照，寻找出霍译本中的特色词语与独特词汇，然后利用数据库把这些特色词与英语世界作家创作的原著比较，通过精密的统计与数据分析，冯庆华以雄辩的证据指出了"霍译本在用词上非常接近英语原著"[3]的特点。随后很多学者沿着这一思路前进，2018 年 4 月 7 日至 4 月 28 日，闵福德在香港恒生管理翻译学院系列讲座《〈红楼梦〉西游记：从译者的视角》（ The Stone's Journey to the West: A Translator's View, Four Talks by John Minford ）中，以及 2022 年范圣宇在其新著《译者宝鉴：

---

〔1〕David Hawkes, "Preface, " David Hawkes tr., *The Story of the Stone* Vol. 3. Harmondsworth: Penguin Books, 1980, p. 19.

〔2〕Tao Tao Sanders, "A Masterpiece Restored: Translating a Chinese Classic, " *Encounter*, 1974, Vol. 43, No. 5, pp. 79-82.

〔3〕冯庆华：《母语文化下的译者风格——〈红楼梦〉霍克思与闵福德译本研究》，上海：上海外语教育出版社，2008 年，第 305 页。

282

曹雪芹的〈红楼梦〉与霍克思的〈石头记〉》（*The Translator's Mirror for the Romantic: Cao Xueqin's "Dream" and David Hawkes' "Stone"*）中，都更进一步从西方文学经典的角度探究编织在霍译本中的西方文学典故与用词。

霍克思具有深厚的西方文化修养，他的译本中随处散落着来自西方经典的词汇与典故，这使他的译文地道、生动。经研究，霍译本不少用词来自莎剧《爱的徒劳》《第十二夜》《奥赛罗》《罗密欧与朱丽叶》，来自普鲁斯特《追忆似水年华》，来自卡罗尔《爱丽丝梦游仙境》，来自丁尼生《小溪》，来自艾略特《不朽的私语》，来自斯摩莱特《皮克尔传》，来自沃尔特·司各特《湖上夫人》，来自弥尔顿，来自詹姆斯王钦定版《圣经》，来自英文儿歌《万物有灵且美》，甚至来自流行电影《野姑娘杰恩》中的人名给予的翻译灵感。其中霍克思借鉴最多的是英国文学史上的两位巨匠莎士比亚和弥尔顿。闵福德曾说："大卫一直在引用莎士比亚，整部译作到处回响着莎士比亚。""而且有趣的是很多都引自《罗密欧与朱丽叶》。""他译的是曹雪芹，但贯穿全剧的背景音却是莎士比亚。"[1]

（二）文内添译减轻通信负荷

霍克思在小说翻译中采取了文内添译的方式来减轻中英信息转换过程中的通信负荷。他评 1979 年珍妮·凯利和美籍华人茅国权合作完成的译著《围城》（*Fortress Besieged*）时，对于书后出现的 200 多条注释如此评价道："译者把注释安排在书后，认真的读者不得不在阅读中把全书前前后后地翻动，犹如扇动一把扇子。"[2]霍克思主张把注释放在小说文本当中，即添译。

他的添译主要出于两种情况：一是中西文化不同，在中国为人熟知的习俗、文化及用语，在异域背景下可能就会引起理解的困难，这些叙述逻

---

〔1〕John Minford, "In the Garden of Perfect Freedom, " John Minford's Hang Seng University Lecture in Hong Kong, April 28th, 2018.

〔2〕David Hawkes, "Smiling at Grief, " David Hawkes, *Classical, Modern and Humane Essays in Chinese Literature*, John Minford & Siu-kit Wong ed., Hong Kong: The Chinese University Press, 1989, p. 285. 原文为 "The 200-odd notes at the back should keep conscientious readers flapping the pages to and fro like a fan"。

辑上的问题霍克思会利用添译来解决，以便西方读者的阅读与欣赏活动更为顺利地展开；二是原作中存在大量的诗词与典故，不明白其来源、创作者及创作意图，就很难能真正读懂这些诗词、典故背后的文化信息，此时霍克思会添译，补齐这些背景知识。这些原本该在脚注中出现的内容，霍克思巧妙地将其嵌入译文中，为的就是读者的阅读不被打断，让读者阅读一个更为生动的故事，而不是研究一部学术作品。

（三）以不同语言分类翻译原作人名

霍克思曾在他唯一一篇中文学术论文《西人管窥〈红楼梦〉》和 1998 年陈霭心访谈中，两次谈到他如何处理《红楼梦》中 400 多个人物名字的问题。在《西人管窥〈红楼梦〉》开篇，他就指出自己之所以把《红楼梦》中的所有丫环和小厮的名字均译成英语或用英语名字来代替是 "为了要减少外国阅者最感头痛的那一堆又难念又难记的中国名字起见"[1]。近二十年后，他又一次谈起："中国人的名字很难。我想你一定注意到了，英国人总是问 '你叫什么名字？' '你能再说一遍吗？我忘记了' 或是 '如何拼写啊？' 之类的问题。（笑）他们记不住中国人的名字，特别是当这些名字用的是威氏拼音。……贾政、贾珍、贾敬，这在西方人看来没有任何区别。"[2]《红楼梦》是一部有着几百个人物的长篇巨著，霍克思觉得，"似乎对我来说，可以做的一件事就是把他们分类，每一类别的人物用一种方式处理，这样至少可以把提诸如 '这是谁' 一类问题的机率减少三分之一。"[3]。

具体说来，霍克思首先对人物进行主人和仆人的区分，所有的主人名字都用汉语拼音，如贾政就用 "Jia Zheng"、王夫人就用 "Lady Wang"；

〔1〕霍克思：《西人管窥〈红楼梦〉》，载《红楼梦学刊》1980 年第 1 期。

〔2〕Connie Chan, "Appendix: Interview with David Hawkes," *The Story of the Stone's Journey to the West: A Study in Chinese-English Translation History*, Conducted at 6 Addison Crescent, Oxford, Date: December 7th, 1998, p. 334.

〔3〕Connie Chan, "Appendix: Interview with David Hawkes," *The Story of the Stone's Journey to the West: A Study in Chinese-English Translation History*, Conducted at 6 Addison Crescent, Oxford, Date: December 7th, 1998, p. 334.

284

丫环或小厮等的名字就全部用英语译出，"这样人们在阅读时就能看懂这个故事，知道你在说些什么，或你在谈论的是哪一种人，就像这是丫环还是小姐这样的判断"[1]。其次，原作中还出现了一些宗教人物像尼姑、道士及和尚等，霍克思就用拉丁文来翻译他们的名字，以体现他们的严肃背景，如"智能"用的是"Sapientia"；原作中的戏子就用法语翻译，以体现他们的艺术性与表演性，如"芳官"译为"Parfumée"。再次，原作人名中有很多谐音双关现象，霍克思在不影响读者欣赏兴趣的前提下都对其进行了一定程度的再现。澳大利亚昆士兰大学 Soo Kong-Seng 曾专门研究霍克思《石头记》中人名与称号的处理，认为"霍克思把翻译中的损失降到了最低限度，有时甚至增强了人名与称号的文学效果"[2]。

（四）调和中英文化差异的必要改译

1. 微调原作内容

在《石头记》中，霍克思为了讲述一个生动的故事，对原作内容进行了个别改动。这些改动属于细节微调。如第六十二回，湘云划拳输后请酒面、酒底的一段文字：湘云吃了酒，夹了一块鸭肉，呷了口酒，忽见碗内有半个鸭头，遂夹出来吃脑子。众人催他：……湘云便用箸子举着说道：

> 这鸭头不是那丫头，头上那有桂花油？（人民本第796页，俞本第685页文字相似）

霍译文：From the dish in front of her Xiang-yun picked out a duck's head with her chopsticks and pointed it at the maids who were sitting round the fourth table at the other end of the room.

'This little duck can't with those little ducks compare:

---

〔1〕Ibid.

〔2〕转引自范圣宇：《〈红楼梦〉管窥——英译、语言与文化》，北京：中国社会科学出版社，2004年，第4页。

> This one is quite bald, but they all have a fine head of hair. '
>
> （ Hawkes, Vol. 3, p. 200 ）

中国人习惯将鸭头剖分烹饪与食用，霍克思却译"半个鸭头"为"a duck's head"；后文湘云用箸子举着鸭头说酒底，霍译文则是湘云用鸭头指着在座的丫头说出酒底，且所说酒底与原文实际上也有一些差别。但这些翻译时的细小改动，不影响此段文字承担描写湘云说出酒底时的情景这一功能，且原作欲传达的幽默效果在改后的译文中也不曾减少。正如霍克思告诉香港友人鄢秀他译诗时的作弊之举，"有的时候他们（《红楼梦》里的人物）作诗时抽一次签，我就让他们抽两次"[1]。此类改译，为的是理清叙事逻辑、强化叙事效果或为译诗进行押韵。

2. "红楼梦"译名的适当变化

霍克思对出现在书中不同位置的"红楼梦"给出了不同译名。具体而言，一是总书名 *The Story of the Stone, also known as The Dream of the Red Chamber*，回译成汉语即《石头记，又名红楼梦》；一是放在译本绪论部分讨论的曾用名之一《红楼梦》，英译为 *A Dream of Red Mansions*；一是第五回《红楼梦》曲，英译为 *A Dream of Golden Days*。

如此处理，不仅能避免单调、枯燥，增强可读性，而且为读者设计了一个由浅入深接受中国红楼意象的过程。首先，小说书名完整，以"also"把《红楼梦》在中国的两个最为人接受的名称一并列出，既符合实情，也便于读者与之前已得到广泛认可的王际真等人的节译本书名相关联。同时以西方读者较熟悉的"the story of"命名，既可与节译本有所区别，也更符合西方文学作品取名习惯，且该名首字母缩写后与霍克思第一部译著 *The Songs of the South* 的首字母缩写一模一样，实是巧妙。其次，绪论中出

---

[1] 鄢秀：《D. Hawkes 与中国语文》，载《语文建设通讯》2003 年第 75 期。

286

现了《红楼梦》的五个曾用名，即《石头记》《情僧录》《风月宝鉴》《红楼梦》和《金陵十二钗》，其中的《红楼梦》霍克思没有套用总书名，而是根据红楼之意译成了 *A Dream of Red Mansions*，表达的是宁、荣两府的梦。因为总书名涵盖面大，可供读者自由生发，但也存在笼统、不知所云的问题，此处的译名比总书名更为具体。另外，霍克思认为 Mansions 好于 Chamber，因为"Chamber 所唤起的一个人睡在绯红色的卧房的想象，虽然神秘与诱人，但却不是原作想要唤起的意象"[1]，故此有 *A Dream of Red Mansions* 一译。巧的是，《红楼梦》另一全译本的译者杨宪益、戴乃迭伉俪选择的总书名正好与此相同，两部译作分隔在不同的时空中完成，这一巧合至少说明霍克思此译对《红楼梦》把握得八九不离十。

第五回是全书谶语性的一回，对全书具有提纲挈领的作用。在这一回中出现了"新填《红楼梦》仙曲十二支""《红楼梦》原稿""《红楼梦》引子"等词，王际真本 *Dream of the Red Chamber*（Wang, p. 57）和杨戴本 *A Dream of Red Mansions*（Yang, p. 79）的处理，都是沿用总书名的英译。霍克思却没有一劳永逸照前翻译[2]，他释译为 *A Dream of Golden Days*（Hawkes, p. 139），很好地呼应了小说中警幻解悟宝玉这一语境，也不知不觉中为读者提供了更多的"红楼梦"信息。

经过上述铺垫，霍克思还将译作进行了分卷，自拟每卷卷名，卷一为 *The Golden Days*（《金色年华》），卷二为 *The Crab-Flower Club*（《海棠诗社》），卷三为 *The Warning Voice*（《哀世之音》）。卷名虽是原作所无，但概括精准，对于读者把握作品起到了较好的引导作用。这些卷名如同《红

---

〔1〕David Hawkes, "Introduction," David Hawkes tr., *The Story of the Stone*, Harmondsworth: Penguin Books, Vol. 1, 1973, p. 19.

〔2〕按：有关翻译即阐释可参看香港岭南大学孙艺风的观点："翻译行为是一种阐释模式，译作就是阐释的结果。字面翻译，表面上看很忠实，实际上是一种懒惰而不负责任的做法，它很少或几乎不涉及阐释，没有任何风险。"（孙艺风：《视角、阐释、文化：文学翻译与翻译理论》，北京：清华大学出版社，2004，第 83 页）不犯错误但同时也毫无意义的直译是霍克思自 20 世纪 50 年代动手翻译《楚辞》时就已明确反对的。

楼梦》书名英译的延伸，译者为《红楼梦》顺利西游煞费苦心。

3. 春夏的替换

中国的"春"常与美好、希望相关联，而作为大西洋东北部的一个岛国，英国的春天却仍与寒冷相关联，一月降雨过后就是二、三月的干燥期，五月的初夏才有一年最好的天气，故而英国人喜欢夏天。英国赞美夏天的诗歌不少。

霍译本中，当原作所含的"春"字不是表示具体时节而更多倾向一种对美好、舒适状态的描画时，霍克思就细心地将其替换成了"夏"。据任亮娥等 2010 年创建的语料库——《红楼梦》汉英平行语料库[1]，霍译本前八十回中共有 60 多处"春"字，其中 40 多处的"春"直译，14 处的"春"字因没有明显寓意与时间指代而淡化处理，其他一些没有什么含义的"春"字则直接略去不译，剩下的 6 处霍克思进行了春夏替换。

第三回描述王熙凤外貌"粉面含春威不露"，这里的"春"更多是赞美熙凤的美，故而霍克思就用了"summer"来传达，整句译文成了"The ever-smiling summer face of hidden thunders showed no trace"。第五回《虚花悟》曲"春荣秋谢花折磨"（To be, like summer's pride, cut down at last），第十八回"软衬三春草"（And summer's herbs in a soft, spicy bed），第二十八回"女儿乐，秋千架上春衫薄"（The girl's content: Long summer days in pleasant pastimes spent），第三十三回"还不快进去把那藤屉子春凳抬出来呢"（Go and get that wicker summer-bed from inside and carry him in on that），第三十八回"春风桃李未淹留"（Tis you, not summer's gaudy blooms I prize），这五回中的"春"在霍克思的笔下都进行了"夏"的转换。

4. 东风、西风的英译

气候上另一中英不同处是东风与西风所引发的联想。中国诗人偏爱

---

[1] 任亮娥、杨坚定、孙鸿仁：《红楼梦》汉英平行语料库，http://corpus. zscas. edu. cn/。

288

东风，诗作中东风多赞美，多与春相关联；西风出现在中国诗人笔下，常
与秋相关联，悲秋之绪、幽怨之情均在西风里。英国东风多寒冷，西风既
有狂野也有温柔的联想，似乎不像中国那么截然分明。如詹姆斯·乔伊
斯（James Joyce）的"A keen east wind"（凛冽的东风）、塞缪尔·巴特勒
（Samuel Butler）的"Biting east winds"（刺骨的东风）、狄更斯（Charles
Dickens）的"How many winter days have I seen him, standing blue-nosed
in the snow and east wind!"（多少个冬日我看见他鼻子冻得发紫，站在雪
地和寒风中）[1]等。西风的描画，如雪莱著名的《西风颂》（Ode to the West
Wind）[2]这一讴歌西风的名篇虽也与秋相关联，但诗中的西风是狂野的西
风，充满了力量感，它扫尽落叶，吹遍大地山河，让大西洋也惊骇。它的
锐势、冲劲与不羁与中国文化中那象征腐朽的西风是完全不同的概念。桂
冠诗人丁尼生（Alfred Tennyson）笔下的西风又轻又柔，会为安睡的宝宝
吹来晚归的爸爸，"Sweet and low, sweet and low, /Winds of the western sea,
/Low, low, breathe and blow, / Wind of the western sea! ... Blow him again to
me"（轻轻地，柔和地，轻轻地，柔和地 / 西方吹来海风 / 轻轻地、轻轻
地吹拂 / 西方吹来海风！……吹得他回家呵）[3]。约翰·曼斯菲尔德（John
Masefield）把他的怀乡诗取名为《西风》（The West Wind），诗中充满对家
乡与西风的赞美。

　　故而，霍克思在英译东风、西风时，直译为"east wind"与"west
wind"的较少，多根据上下文确定此风具体指春风还是秋风、暖风还是
冷风，然后译出，避免因中西方对东、西风不同的习惯联想而造成不必要
的误解。在东、西风翻译上，不是简单替换，霍克思尊重的是原作，他力

---

〔1〕王小凤 曹志希：《"东""西""南""北"的文化蕴涵及其英译》，载《中国翻译》2006 年第 5 期。
〔2〕雪莱：《西风颂》（Ode to the West Wind），王佐良译，见孙梁编选：《英美名诗一百首》，北京：中国对
外翻译出版公司，1987 年，第 198-207 页。
〔3〕丁尼生：《轻轻地，柔和地》（Sweet and Low），宗白译，见孙梁编选：《英美名诗一百首》，北京：中国
对外翻译出版公司，1987 年，第 292-293 页。

图用西方读者能够理解的方式来传达原作的含义。据任亮娥等学者创建的《红楼梦》汉英平行语料库统计,《红楼梦》前八十回有十来处"东风",直译的只有一例,其他均有所改动。如"对立东风里",霍译文为"standing in the soft summer breeze","东风"被霍克思替换成符合西方读者理解习惯的"夏日那柔和的微风"。再如"冲寒先喜笑东风",霍译文为"So brave, so gay they bloom in winter's cold",此处的"东风"霍克思根据上下文译成了"冬天的寒风"。至于"凭栏人向东风泣"中的"东风",霍克思根据忧郁少女在栏前哭泣的语境,将其释译为"在柔和的微风中"(in the soft breeze),而不是直译为"the East Wind"。对于原作中没有特别指代的"东风",霍克思翻译时就将其处理成普通词"风",以免东西方不同的联想给西方读者造成不必要的困惑。如"千里东风一梦遥",霍译文为"Borne by the wind a thousand miles away"。

西风在原作中的出现要少得多,大概有六七处,霍克思在处理时,除第七十八回"尔乃西风古寺,淹滞青磷"[1]一句中的"西风"直译外,其他几处均根据原作含义进行了改动或调整。如第十一回"西风乍紧,犹听莺啼第"一句,霍译文为"In the cold wind's more insistent blast, the oriole's cry could still be heard",此句中的"西风"霍克思就改成了更为明白的"冷风";第三十七回黛玉咏白海棠诗结句"倦倚西风夜已昏",霍译文为"Lean languid on the breeze at close of day",霍克思认为,其中刻画的是倚栏而立的娇羞少女的慵倦形象,那种情调下,少女一定不是站在寒冷的西风里,故而他用"微风"进行了替换。

(五)"译出一切"再现译本原貌

《石头记》不仅延续了《楚辞》英译的全译观念,而且贯彻得更为彻底。也就是说,霍克思在《红楼梦》翻译上没有像《楚辞,南方之歌》

---

[1]按:整句霍译文为"In the burning-ground by the old temple, green ghost-fires flicker when the west wind blows"。

290

那样只停留在译出原作全部文字这样初步的全译要求上。他在《石头记》卷一导言中明确提到翻译过程中恪守的一条原则为"译出一切，甚至双关"[1]。也就是说，霍克思不仅要求自己译出原作的所有文字，还要求自己译出原作的写作技巧，再现原作的文学魅力。这是更高一步的要求，霍克思在翻译《楚辞》时并没有设立如此高的目标，据他自己在访谈中回忆："我确实在《楚辞》中进行了不少不是非常文学性的翻译，只是为自己译出那些词，努力弄清它的含义，然后把它译出来。"[2]

1. 译出文化词背后的文化

文化词指蕴含深厚中国文化的词汇，以"龙"为例，如只涉及"龙"的基本含义即表动物龙，则直译即可，如服饰穿戴、家具、环境、人物语言中包含的"龙"字，霍克思都直接翻译为"dragon"。而对于"龙"超出基本含义外的其他引申义的英译处理，更可见霍克思力图译出一切的努力。"龙"的引申义对于西方读者来说是陌生的，但在中西文化交流上却是译者可以作为之处。霍克思在读者对"龙"已有基本认识的前提下，继续向前迈了一步，对于原作中出现的读者没有知识储备的"龙"，也通过翻译进行了介绍。如原作中的"龙颜"一词，此"龙"已非本义的"龙"而是象征帝王，霍克思英译时没有直译为"dragon"，而是把"龙颜大怒"译为"The imperial eye lighting on this report, kindled with wrath"，把"龙颜甚悦"译为"The Emperor was visibly pleased"，读者在上下语境中自然会明白中国"龙"与中国帝王之间所形成的一层象征、比喻义。再如"龙"与"钟"相连，则有老态之义，霍克思译"龙钟老僧"为"an ancient, wizened monk"，又多教了读者一招。"龙蛇混杂"曹雪芹以"龙"

---

[1] David Hawkes, "Introduction, " David Hawkes tr., *The Story of the Stone*, Harmondsworth: Penguin Books, Vol1, 1973, p. 46.

[2] Connie Chan, "Appendix: Interview with David Hawkes, " *The Story of the Stone's Journey to the West: A Study in Chinese-English Translation History*, Conducted at 6 Addison Crescent, Oxford, Date: December 7th, 1998, p. 313.

与"蛇"两种看似相似却有高低、好坏之别的动物，表达出一种鱼目混珠之意，霍克思也没有拘泥原词，译为英语习语"the wheat is sure to contain a certain amount of chaff"，利用"wheat"与"chaff"的反差成功传达"龙""蛇"之别，而且巧妙翻译了原作的创作技巧。薛蟠偶起的"龙阳之兴"更与"龙"无关，龙阳君是战国时魏王的男宠，故而霍克思将其译为"enthusiasm for 'Lord Long-yang's vice'"。

2. 再现中国诗词的韵与体

"译出一切"另一明显的体现是《红楼梦》中诗词英译的处理。我们惊奇地发现霍克思中国诗词英译理念的大转变。一直以来，对以韵体翻译诗词持保留态度，多放弃韵脚甚至用散文译诗的霍克思，在《红楼梦》英译中，却尽力把文中所含的 170 多首诗词以韵体诗形式再现，在译诗形式上做到了臻于完美。霍克思翻译《红楼梦》时，对于其中的诗词格外用力，友人鄢秀证明了此点："'诗词最难，我每次都是先译诗词……'霍克思说他译的时候不仅要将意思译出来，连形式也要表现出来。"[1] 翻看霍克思《〈红楼梦〉英译笔记》，也能看到诗词英译的草稿是单独写在一本没有日期标注的活页本（loose-leaf folder）中。举《好了歌》为例，原作的"好"与"了"尾韵相同，四个诗节均凭此为韵，如第一节：

好了歌	Won-Done Song
世人都晓神仙好，	Men all know that salvation should be won,
唯有功名忘不了！	But with ambition won't have done, have done.
古今将相在何方，	Where are the famous ones of days gone by?
荒冢一堆草没了。	In grassy graves they lie now, every one.

---

［1］鄢秀：《D. Hawkes 与中国语文》，载《语文建设通讯》2003 年第 75 期。

292

霍克思的英译"Won""Done"不仅在音韵上做到了押韵，在语意上也能对译原文的"好"与"了"："Won"表示赢了，在人生终极意义上胜了那自然是好；而"Done"强调完成，自然能对应汉语中的"了"。从第一节译诗来看，原诗第1、2、4行的押韵在译诗中得到了再现。更为有趣的是原诗第4行的"了"发音为"le"而不是"liao"，此"了"与前"了"构成眼韵，霍克思竟然在译诗押韵的同时也成功转译了眼韵技巧。

3.再构文学技巧

为了使译作达到原作同样的文学效果，霍克思在翻译时从不满足于依样画葫芦，只当一个原文的直译者。在他的《石头记》中，他力图学习原作的创作技巧，在本族语中创造性地译出生动之笔。换句话说，霍克思全译出来的不是原作文字，而是原作的文学技巧。[1]譬如，第二十二回听曲文宝玉悟禅机，制灯谜贾政悲谶语一回中贾母念给贾政猜的谜语，霍克思译来别有一番风趣。

> 贾母道："这个自然。"便念道：
>
> 猴子身轻站树梢。——打一果名。
>
> 贾政已知是荔枝，便故意乱猜别的，罚了许多东西，然后方猜着，也得了贾母的东西……（人民本第259页）
>
> 霍译文：'Of course, ' said Grandmother Jia. ' *The monkey's tail reaches from tree-top to ground. It's the name of a fruit.* '
>
> Jia Zheng knew that the answer *to this hoary old chestnut was* '*a longan*' (*long'un*), but pretended not to, and made all kinds of absurd guesses, each time incurring the obligation to pay his mother

---

〔1〕按：关于霍克思妙译曹雪芹原作中谐音双关、飞白及仿词等语言技巧的讨论，可参看姚琴：《〈红楼梦〉文字游戏的翻译与译者风格——对比 Hawkes 译本和杨宪益译本所得启示》，载《外语与外语教学》2009 第 12 期。

a forfeit, before finally giving the right answer and receiving the old lady's prize.（Hawkes, vol. 1, p. 447）

原谜底为荔枝（lichee），运用的是汉语谐音"立枝"。霍克思在英译时写下"The monkey so light"后划去了，因为他想到了一个比照搬原谜语更妙的翻译方法，即学习曹氏制谜的技巧，利用英语中的谐音改换原作意象，自创一个用"long'un"（'un 是 one 的方言变体，long one 即长尾巴）来谐音"龙眼"（longan）的新谜。[1]比较杨戴译文：

"Of course."Then she recited, "The monkey, being light of limb, stands on the topmost branch. It's the name of a fruit."/Jia Zheng knew of course that the answer was lichee, but he deliberately gave wrong answers and had to pay several forfeits before he guessed right and received a prize from his mother.（Homophone for "stand on a branch."）（Yang, Vol. 1, p. 323）

从译文来看，杨戴译文非常忠实于原作，这对于希望了解原作本来面貌的读者来说，是最好的一种翻译，但从文学感染力来说，霍克思的译文显然更胜一筹，他利用与原作同样的制谜手法，在本族语中进行原作者所做的创造，从而产生了与原作同样的猜谜效果，读者读来会有一种赏心悦目的享受，不愧为一个"生动的故事"。此外，如谐音双关、飞白及仿词等，霍克思也都尽力再造，惟妙惟肖。

4. 个性化语言的再现

曹雪芹原作人物众多，阶级不同，性格相异，霍克思在英译时注意

---

[1] C. f. David Hawkes, *The Story of the Stone: A Translator's Notebooks*, Hong Kong: Centre for Literature and Translation, Ling Nan University, 2000, p. 301.

294

到赋予这 400 多个人物各不相同的语言风格，增强译作的可读性。黄国彬
《隔语呼应：〈红楼梦〉中个性化语言的翻译》（*Voices across Languages: The
Translation of Idiolects in the Honglou meng*）一文，论证了霍译本在传译原作
个性化语言方面的绝对优势。

如《红楼梦》第九回宝玉奴仆李贵斥责茗烟之语。原文与各译本译文
如下：

> 李贵忙喝道："偏这小狗攮知道，有这些蛆嚼！"（人民本，
> 第 115 页）

> 霍译文：Li Gui shouted at him furiously. / 'Detestable little varmint!
> Trust you to know the answer and spread your poison!'（Vol. 1, p. 215）

> 乔利译文："What!" speedily shouted Li Kuei, "does this son of
> a dog happen to know of the existence of all these gnawing maggots?"
> （Vol. 1, p. 148）

> 杨戴译文："Shut up, you dirty bugger. Don't talk such rot, "
> roared Li Kuei.（Vol. 1, p. 142）

> 李治华译文："D'un cri, Li l'Honoré lui imposa silence. /Fallait-
> il donc, déplora-t-il, que ce fils de chien en sût si long? Et le voilà qui
> se remet, à pleine bouche, à asticoter l'adversaire!（Vol. 1, p. 226）

黄国彬指出，"小狗攮"是个性化语词，与受过良好教育的宝玉或秦钟的
语言形成了鲜明对比。从以上译文来看，乔利译文把"狗"和"蛆"的意
象都保留了下来，从语意上看是最接近原文的，但"know of the existence
of"过于文雅，对小厮来说是个过于复杂的短语，且有削弱原作激怒话语
的倾向。杨戴译文整句紧凑，但遗失了原文"偏这……知道"的语意。李
治华译文较为忠实，从句"que ce fils de chien en sût si long"不仅译出了

"小狗攮"，而且传达了原作此句的语气。再看霍译文，黄国彬发现这是上述四个本子中最贴近原作的：用"little varmint"译"小狗攮"，不仅语义传达上准确，而且在语用上也很妥当，尤其是"varmint"（流氓），从音和形两方面都易使读者产生"vermin"（害虫）的联想，非常富有想象力。从语气上看，"Trust you to know the answer"生动地传达了说话者的愤怒，再加上"you"起到了强调语气的作用。[1]"正是因为对个性化语言的准确度量与分级，霍译本在保留原作小人物的细微差异上比其他译本更为准确。这也是为什么霍译本中的人物说的话比法译本、德译本或意大利译本更为生动的原因之一。"[2]而中国香港学者洪涛的《赵嬷嬷说英语——论霍译本〈石头记〉中的 idiolect》《〈石头记〉霍译本中的语码转换与英语文学传统》和《霍译本〈石头记〉中的农家言谈和年龄级差》三篇论文，则从个性化语言翻译与译作生动性方面进一步思考了霍译本与西方小说的相似之处，"也许他根本就有意参照西方小说的做法来进行翻译"[3]。这也让我们不禁想到了《红楼梦》全本的另一英译者杨宪益的评价："霍克思译《红楼梦》译得像英国小说，我则较忠实于原作。"[4]

第三节　《石头记》西方接受

　　霍克思《石头记》在西方世界出版后接受效果到底如何，对此众说

---

〔1〕C. f. Laurence K. P. Wong, "Voices across languages: The Translation of Idiolects in the *Honglou meng*," Leo Tak-hung Chan ed., *One into Many: Translation and the Dissemination of Classical Chinese Literature*, Amsterdam: New York, 2003, pp. 103-105.

〔2〕Ibid. p. 112.

〔3〕洪涛：《女体和国族：从红楼梦翻译看跨文化移殖与学术知识障》，北京：国家图书馆出版社，2010 年，第 223 页。

〔4〕杨宪益：《银翘集》，香港：天地图书有限公司，1995 年，第 126 页。

纷纭。学者一度认为其效果相当不错，"一部英国人读来也十分顺耳的译作"[1]，"《红楼梦》得到他这样一知己，势必在英语世界广为流传，当为《红楼梦》爱好者所乐闻"[2]；而近年来也有学者质疑，认为霍克思并没有成功将中国的《红楼梦》带到西方，霍克思《石头记》在西方的接受效果与传播成绩并不理想。真实情况到底如何？本节经过大量一手文献资料的积累与耙梳，拟从汉学同行、非汉学专业读者、西方仿作三方面勾画《红楼梦》霍译本的西方接受情况。

一、西方汉学同行的肯定

1973 年，霍克思《石头记》第一卷问世，便立刻在西方汉学界引起了普遍关注，众多汉学家立即对霍译本进行了研究与评价。

（一）高级别报纸杂志书评

仔细耙梳英美高级别报纸杂志，1974 至 1976 年首卷《枉入红尘》（*The Golden Days*）问世两三年间共检得三篇报刊长文，分别发表在《泰晤士报文学增刊》《泰晤士高等教育增刊》和《文汇》上。这些散落在高级别报纸杂志上的文献，是中国古典名著《红楼梦》在西语世界激起的第一阵回声，记录了汉学家对霍译《石头记》文学性的肯定。它们回响在学术期刊之外，面向英语世界的精英读者，影响与形塑着英语世界潜在读者对《红楼梦》的阅读态度并引领与规范着他们随后的阅读实践，是霍译本海外接受效果最早的真实反映。1979 年，美国印第安纳大学出版社推出霍译《石头记》卷一、卷二布面精装本，1980 年霍译《石头记》卷三企鹅平装本出版，1981 年霍译《石头记》卷三布面精装本问世。围绕它们，英美高级

---

[1] Tao Tao Sanders, "A Masterpiece Restored," *Encounter*, Vol. 43, 1974, pp. 79–82.

[2] 林以亮：《自序》，林以亮：《红楼梦西游记·细评红楼梦新英译》，台北：联经出版事业公司，2007 年，第 1 页。

别报纸杂志上又涌现了五篇书评，四篇集中在 1980 年发表，最后一篇发表在 1982 年。[1] 它们是霍译《红楼梦》在对英语世界各类读者影响与形塑力超强的重要杂志与顶级报媒上引揽的第二批译评，实际也是最后一批书评。从《红楼梦》海外推广史与霍译《红楼梦》英语世界正面书评舆论态势构建过程等高度对这批珍贵的译评史料进行耙梳与讨论，是描画霍译《石头记》海外接受效果图景的重要笔墨。

1.《泰晤士报文学增刊》上的《雅兴之译》

1974 年 1 月 18 日，《泰晤士报文学增刊》"文学与评论"栏目推出了一篇评介《红楼梦》霍译本卷一的书评——《雅兴之译》(Off-duty)[2]。此书评于《红楼梦》霍译本卷一问世不到两个月发表，是目前发现的西方评论霍氏《红楼梦》英译本的最早篇章，有其不可忽视的史料价值。书评未署名，实为安妮·朗斯代尔（Anne Lonsdale, 1941—）撰写，标题"Off-duty"表达了作者对译者的褒奖，既惊叹译者辞去牛津教职专心英译《红楼梦》之举，亦肯定其所译为兴之所至、雅之所在。

安妮·朗斯代尔，英国汉学家、高等教育专家，1941 年生于英国，1958 年入读牛津大学西方古典学专业，大三后增修中文作为第二学位，吴世昌、霍克思曾任其老师。1962 年安妮牛津大学毕业，短暂以中文教学为生，1964、1966 年两度赴华，但时间都不长，尤其是第二次在华一周后即返英。1965 年安妮再次入牛津大学学习，约于 1967 年投霍克思门下攻读博士学位，研究元杂剧。1970 年，霍克思因翻译《红楼梦》精力损耗过度，短暂前往威尔士休养，安妮代师上课至 1973 年。1973 年始，安妮接触行政管理工作，主管东方学系，对大学体制产生浓厚兴趣，后投入大量时间

---

[1] 按：霍译《石头记》在英语世界所赢得的第二批译评，主要出现在 1980 年，除 1 篇发表在专业学术刊物上，其他 4 篇发表在高级别报纸杂志上，但有 1 篇由中国大使馆参赞撰写发表在《泰晤士报》上，不属海外汉学家作品；1982 年精装布面本卷三问世时，葛浩文在《今日世界文学》再添一篇短评。
[2] Anne Lonsdale, "Off-duty, " *The Times Literary Supplement*, Jan 18th, 1974, p. 59.

298

于大学管理工作，1996 至 2008 年任英国剑桥大学默里·爱华兹学院第三任院长。2004 年，因多年来为英国高等教育所做出的贡献，安妮获英国女王伊丽莎白二世授予的大英帝国勋章第三级司令勋章。[1]

该书评所发表刊物《泰晤士报文学增刊》被公认为"最优秀的文学评论英语刊物"，刊载内容涵盖文学的各个方面，"在文学评论界为优秀定基调、立标杆"。[2] 刘亚猛指出，"面向各界精英的英美高层次刊物极少刊发主要从文学角度谈论中国作品的书评"[3]。霍译本《红楼梦》甫一出版即能赢得如此高级别文学刊物的青睐，其书评内容非常值得关注。

该书评共三大段，开篇首先感叹霍克思对中国此部最伟大小说的译介使得之前漫长的等待回报丰厚。在安妮眼里，《红楼梦》是既令人畏惧又让人渴望的作品，因为它之前所有的西语译本都不够优秀，包括韦利作序的王际真译本对于好奇的读者也"只起阻碍原作与读者建立联系的作用"。虽然安妮对于王际真译本的评判过于严苛，不过在此语境下引出的对于霍译本的评价"一项伟大事业的开始，其在规模与质量上与韦利《源氏物语》六卷英译本相当"，将霍译《红楼梦》置于一个很高的高度，同时也开启了霍译本批评的一个对比维度。

书评第二段关注《红楼梦》本身，将其与《追忆似水年华》同举，认为从广度、细节及怀旧与梦幻的魅力来看，《红楼梦》与法国作家普鲁斯特创作的《追忆似水年华》具有可比性，可谓给予中国古典名著一个极高的评价。将两部作品相类举虽始自《红楼梦》霍译本卷一长序[4]，但从文学的角度细谈，却由安妮开启，这一视角亦成为后来霍译本批评借鉴的视

---

[1] C. f. Alan Macfarlane, "Interview of Anne Lonsdale Part One and Two," July 1st, 2008.

[2] "Times Literary Supplement (British journal)", https://www.britannica.com/topic/Times- Literary-Supplement.

[3] 刘亚猛、朱纯深：《国际译评与中国文学在域外的"活跃存在"》，载《中国翻译》2015 年第 1 期。

[4] David Hawkes, "Introduction," David Hawkes tr., The Story of the Stone, Harmondsworth: Penguin Books, Vol. 1, 1973, p. 22.

角之一。

　　不过，随后安妮由"正如欣赏普鲁斯特的创作艺术却有可能对他笔下所创造的世界不感兴趣一样，也会有人对于曹雪芹所创造的梦境世界没有兴趣"，引出了她对于《红楼梦》不太正面的评价：她觉得书中有一种"颓废的故作风雅之态"，故事被置于一个将佛教、道教"最为异想天开地混杂"后构成的道德框架里，小说的魅力是"短暂、不确定的"，还有"一种被繁复、无形的礼节与遵从所许可的无责任状态"。第十八回宝玉为大观园题诗在安妮看来是"一场牺牲了众人的颇具讽刺意味的绝妙表演"。从"故作风雅""最为异想天开""无责任"等词汇可以窥见书评作者对中国文化的隔膜与生疏，而"一场牺牲了众人的……"则体现了书评作者难以避免的西方个人主义视角。整段书评起于褒但终于贬，肯定了《红楼梦》作者的创作艺术，但对其所创造的文本世界难以认同，易造成信任其判断的潜在读者尚未接触霍译《红楼梦》就把整部小说想象得无趣，从而打消阅读兴趣。

　　书评最后一段回到霍译本。安妮起句即言"谈论译作的质量将是放肆、自以为是的行为"，对译作的肯定和对译者的仰慕藏在字里行间。她赞叹霍译本语言"灵活精湛"，霍氏学术兼具"渊博与人情味"。随后，安妮提出，在她看来霍译本存在两大问题：一是书名选择 *The Story of the Stone* 而不是已有的西方人更为熟悉的 *Dream of the Red Chamber*，前者虽"更为准确"，但对那些在困惑而又陌生的世界摸索前行的西方读者而言，"至少一时仍过于语焉不详"；二是译作中人名使用现代汉语拼音，会令西方读者难以理解。文末，安妮引霍译本卷一长序中有关曹雪芹"若有人欲快睹我书，不难，惟日以南酒烧鸭享我，我即为之作书云"之戏语，与读者一同希盼译者"生计无忧"，呼应霍克思因翻译《红楼梦》而辞去牛津教职，全家生活陷入困顿，可见评者与译者之熟悉。

　　不过，安妮所提出的霍译本问题是否恰当，值得揣酌。首先，在书名

300

选择上，霍克思有自己的考虑。2016 年闵福德在接受"灼见名家"专栏访谈时说："霍克思认为 *Dream of the Red Chamber* 在英文语境下含义不清，遂遵循 18 至 19 世纪英语文学命名通则，偏向 *The Story of the Stone*，但出版时企鹅书局坚持以'dream'为辅，虽不以为然，但霍克思最终还是同意了。"[1] 如再参照闵福德同月早些时候在香港恒生管理学院主持的翻译工作坊"英译《红楼梦》"，有关霍译《红楼梦》命名的细节就会更为明晰。闵福德为听众回忆，"书名是他和我第一个需要考虑的问题，……想了很久，他觉得之前那些诸如 *Dream of the Red Chamber* 的译名皆没有用处，只会误导读者，因为 Red 含义不清，Dream 在中国文化中也不是表明真正的梦，而是一种常用的文学题名与象征……作为一位深思的学者兼富创造力的译者，霍克思决定做出改变，他注意到《红楼梦》有个早期书名《石头记》，*The Story of the Stone*。当他想到这个译名，他知道就是它了，因为这个 Stone 没有 Red 那样的文化含义，而且命名有些通则，英语文学中如 *Sense and Sensibility*、*Pride and Prejudice*，……它们成为好书名的一个原因即是其间的头韵，*A Tale of a Tub* 也是，*The Story of the Stone* 也有，很容易记住。……出版时企鹅书局坚持要加上 also known as……，这让霍克思很生气"[2]。由上可知，霍克思采用 *The Story of the Stone* 经过了深思熟虑，在他看来，对西方读者而言，选用此译名未必会产生更为生疏的感觉。

况且，《红楼梦》一书有多处"红楼梦"需要翻译，作为整部小说的标题，原作本有两个书名（《红楼梦》与《石头记》）可供选择，霍译本的书名设计，从泛泛的总书名 *The Story of the Stone*（《石头的故事》），到卷一长序中的 *A Dream of Red Mansions*（《红楼之梦》），到第五回的 *A Dream of Golden Days*（《青春年华之梦》），再到第一卷的自拟卷名 *The Golden*

---

〔1〕何敏盈：《今之古人：专访汉学家、翻译家闵福德教授》，载《灼见名家》人物志专栏（网络版）2016 年 3 月 24 日。

〔2〕闵福德：文化与翻译系列大师班——《英译〈红楼梦〉》，2016 年 3 月 11 日。

Days（《枉入红尘》），选择的是宽泛的"The story of"结构，各层的意蕴传递则放在正文里，这样既能保留一定的悬念，也能让西方读者理解、接受起来更容易一些，安妮"语焉不详"的指责并不正确。而且 *The Story of the Stone* 虽有与《红楼梦》已有译名 *Dream of the Red Chamber* 无法形成有效互文之嫌，但该名却有助于译作本身作为优秀的作品被西方读者接受，可谓各有利弊。[1]

其次，关于译作使用现代汉语拼音这一点，则更是霍克思、闵福德二人颇有远见的有意之举。当霍克思着手翻译《红楼梦》人物姓名时，他实际首选的是威氏拼音。在霍克思《〈红楼梦〉英译笔记》中保留了这方面珍贵的记录，如贾珍为"Chia Chen"、贾琏为"Chia Lien"、贾政为"Chia Cheng"、林黛玉为"Lin Tai-yu"、探春为"Tan Ch'un"等，改变出现在 1971 年 10 月 15 日（笔记第 31 页），当日霍克思记录道："完成第二十一回打印初稿。与闵福德一同将手稿各备份稿（威氏拼音）改为现代汉语拼音至第三回。一个下午一回！"[2]据此，霍克思最迟在 1971 年 10 月 13 日下午开始将其译稿中的威氏拼音全部改为现代汉语拼音，笔记末尾的感叹号隐约透露了译者对该工作费时之叹。而据闵福德回忆，最早提出修改人名拼写方式的是他，是从译作流通的长远性来考虑的。霍克思一开始并不同意，但一周之后他就想通了，因为"他太喜欢小说中的主人公们，他发现'宝玉''黛玉'和'宝钗'用威氏拼音读起来不如现代汉语拼音好听"[3]。霍闵二人是出于流通和发音的考虑，在着手英译《红楼梦》一年多之后折返，不辞辛劳地从头更改拼音，此为译者深思熟虑之举，不可轻易判为译作问题，其中体现的更多是其传播中国文化之良苦用心。

---

〔1〕按：《石头记》卷一目前常见的版本封底书名为 The Story of the Stone（c. 1760），also known as The Dream of the Red Chamber，是个两全之策，既保有了译者的选择，亦考虑到了与此前译名的呼应问题。
〔2〕David Hawkes, *The Story of the Stone: A Translator's Notebooks*, Hong Kong: Centre for Literature and Translation, Ling Nan University, 2000, p. 31.
〔3〕闵福德：文化与翻译系列大师班——《英译〈红楼梦〉》，2016 年 3 月 11 日。

302

整篇书评，总体偏向大众化解读，对潜在的西方读者具有一定的误导性，但书评对译作评价甚高，作为《红楼梦》霍译本的首篇书评，其首推霍译本的功劳不可抹杀。

2.《泰晤士高等教育增刊》上的《早期中国小说》

1974 年 7 月 19 日，霍克思培养的另一位学生詹纳尔（William Bill John Francis Jenner，1940— ）撰写的《早期中国小说》（*Early Chinese fiction*）[1] 一文发表在英国高等教育报刊《泰晤士高等教育增刊》（*The Times Higher Education Supplement*）上，再度评荐霍译《红楼梦》，举霍译本为"我们时代最佳的英译本之一"。

詹纳尔，英国汉学家，中国历史文化研究者，中国文学译者。他与中国文学结缘在 1952 年，其时 12 岁的他因患支气管炎被迫卧床，百无聊赖之际读到了母亲从教堂旧物义卖活动中替他淘来的韦利译《猴王》，立时被迷住。继而中国京剧团 20 世纪 50 年代中期在伦敦巡回演出，加速催生了他对中国的兴趣。1958 年，18 岁的他原本考入了牛津大学西方古典学专业攻读希腊与拉丁语，却只听了两场讲座即决定转入汉学科求学，追随吴世昌阅读了从《左传》一直到鲁迅作品的大量中国文学作品，包括一些有趣的明代小说和整部《红楼梦》，打下了扎实的汉学底子，同时在心中植下了翻译《西游记》的种子。

1962 年，詹纳尔从牛津大学汉学专业毕业，经刚返回中国的吴世昌老师的引介与帮助，不久后有了赴华工作两年的机会。他于 1963 年 8 月抵华，与中国外文出版社签约担任译员，并在英文新闻周刊《北京周报》工作，后英译溥仪自传《从皇帝到公民——我的前半生》及《鲁迅诗选》等，1964 年冬，詹纳尔在外文出版社建议下着手《西游记》英译，1965 年 8 月合约期满离开中国。其时，《西游记》译稿已完成三十回。此后，詹纳

〔1〕William J. F. Jenner, "Early Chinese fiction," *The Times Higher Education Supplement*, July 19th, 1974, p. 16.

尔辗转任教于英国利兹大学、澳大利亚国立大学和英国东安格利亚大学，又于 70 年代入牛津汉学科攻读哲学博士学位，1976 年完成了博士论文《洛阳伽蓝记，杨炫之与失落的帝都，493—534》的撰写。其间译有《太平天国运动》(1969) 和《现代中国故事》(与戴乃迭合译，1970) 等。[1] 至于《西游记》，因找不到出版机会，当 1978 年夏中国外文出版社通过戴乃迭来函再续前约时，仍停留在原三十回初译稿上。[2]

　　从上可知，詹纳尔写作该书评时已在牛津大学接受了汉学专业训练，汉学专业功底已相当深厚。詹氏的书评以专业人士的身份从文学的角度谈论《红楼梦》，在"面向各界精英的英美高层次刊物极少刊发主要从文学角度谈论中国作品的书评"的大背景下，该书评不得不说是又一篇难能可贵的推介文章。

　　书评开篇即赞霍译《红楼梦》是"一部惊人之作"，肯定霍译《红楼梦》"逾越时代和文化的阻隔后依旧生机盎然，本身就是一项了不起的成就"，因为"又有多少 18 世纪的欧洲小说对于普通读者来说仍然鲜活？"之后，书评更进一步从小说的文学价值来谈霍译《红楼梦》，"它属于那些能够助我们加深对人性的理解，甚至改变我们人生观的稀世作品之一"。

　　书评第二段以专业的眼光在与此前各译本的对比中准确定位霍译本的价值，"没有一部译作能够如此贴切地传达原作的丰富与细腻"，"能够对比译作与原作的读者将十分惊奇于霍译本的精妙"，"他以轻松优雅的英语一一再现了原作中的各种人物语言，从学童的粗俗、仆人的饶舌到主人们时不时沉溺其间的炫耀式的文人闲谈，他都译得惟妙惟肖"。接着，书评

---

〔1〕C. f. W. J. F. Jenner, "Journeys to the East, 'Journey to the West'," February 3rd, 2016, https://lareviewofbooks.org/article/journeys-to-the-east-journey-to-the-west.

〔2〕按：1978 年 7 月詹纳尔终于与外文社重续前约，1979 年夏利用学术假赴中国修改《西游记》前三十回译稿，1982 年译稿问世；詹纳尔 1982 年夏来华开始卷二英译工作，1983 年来华完成卷二的英译，1984 年出版；1984 年夏来华着手卷三的英译，1985 年三卷本全译《西游记》全部完成。

304

作者笔锋一转，指出当前有关中国的很多口号性、学术演讲式的劣质作品都得到了重视，但"这部杰作问世后几未宣传，亦少评论"。

詹纳尔提醒读者，时间最终会还霍译《红楼梦》一个公道，并从曹雪芹《红楼梦》原作在人物刻画上的成就、曹氏创作时不求名利的文人风气及曹氏在内省小说上的开创性等角度，拉近了读者与中国经典的距离。同时，詹纳尔另用整整一段文字陈述西方读者初读《红楼梦》的困难，体贴读者遭遇宁荣二府众多复杂而又难以预料的人物关系时的苦恼。不过，他没有停留在此，文末一段詹氏点出霍译本能给读者带来一种少有的乐趣，即去发现此前由于缺乏好译本而一无所知的原作的种种妙处，并说"那就如读者第一次读到司汤达或托尔斯泰一般"。显然，霍译本与曹雪芹原作在詹纳尔心目中地位崇高。

詹氏如安妮一样，也将曹雪芹与普鲁斯特相类比，不过他的感悟更为文学性，亦更为正面。他承认两位作家的巨大差异，同时指出二人有两处惊人相似，"两人都沉迷于竭力再创一个富有、敏感、相当娇宠的男孩的青春时代，男孩受自身过度的感受力的驱遣，与其说是生活的积极参与者，不如说是一位观察者"，"仆人提供了其接触普通人的唯一机会，这一点也惊人相似"。

综上，书评从文学的角度高度评价了霍译本与原作《红楼梦》，以其专业性、文学性得到了西方读书界拥戴。检视霍闵《红楼梦》英译本各卷封底可发现，印在其上数量颇为有限的推荐语，一大主要来源即为该书评。[1] 它作为发表在英美高级别刊物上的一篇对于中国文学作品英译做出

---

[1] 按：霍闵译本《石头记》五卷本封底第四卷无推荐语；卷一封底有两条推荐语，一条来自英国汉学家詹纳尔于《泰晤士高等教育增刊》上的书评，一条来自美国汉学家魏斐德于《纽约书评》上的撰文；卷二封底只有一条推荐语，来自詹纳尔；卷三封底也是一条推荐语，来自霍克思好友、中国驻英大使馆参赞裘克安，其1980年12月6日于《泰晤士报》发表《中国爱情故事》；卷五封底也是一条推荐语，文字与卷二封底同，也是詹纳尔的文字。卷一封底摘录詹纳尔书评文句如下，"An astonishing book. It recreates a world that would otherwise be utterly lost. One of the best translations into English of our time"；卷二封底摘录詹纳尔书评文句为"One of those rare books that deepens one's understanding of what it means to be human"。

正面评价的书评，对于霍译本及中国经典作品的海外推广有着重要意义，对于西方形成正面的书评舆论亦有积极的作用。

3.《文汇》上的《再现的杰作》

1974 年 11 月，英国杂志《文汇》第 43 卷第 5 期"作家作品"栏目刊出 T. T. 桑德斯（Tao Tao Sanders）撰文的《再现的杰作：英译一部中国经典》(*A Masterpiece Restored: Translating a Chinese Classic*)[1]，为目前所见西方第三篇有关霍译《红楼梦》的书评。

Tao Tao Sanders 是谁，历来学界没有深究。实际上，她即是霍克思在整个《红楼梦》英译过程中可随时请教的华裔学者程荫女士的独生女刘陶陶。查刘陶陶 1973 年博士毕业所提交的论文，可见其英文全名为 Tao Tao Liu Sanders[2]。她发表的作品早年多用 Tao Tao Sanders 署名，晚年则多署 Tao Tao Liu，Tao Tao Liu Sanders 这一全名只偶尔使用。

刘陶陶，英国华裔汉学家，1941 年出生于中国天津，1949 年随母赴英，牛津大学博士，曾任牛津大学中国研究院中文讲师、牛津大学瓦德汉学院东方学研究员，晚年为瓦德汉学院荣休研究员。刘陶陶系牛津大学知名的汉学研究专家，终身致力于中国作品英译及中国古代诗歌与 20 世纪中国文学的研究。

此书评发表之时，作者已于牛津大学霍克思门下完成了汉学博士学位的专业训练，并已有近十年的牛津大学中文教学经历，且刘陶陶较之前两篇书评作者安妮和詹纳尔，其华裔背景拥有天然熟悉、深入理解曹雪芹《红楼梦》的优势。此篇文章是从文学角度解读、评析霍译本及《红楼梦》原作的专业书评。

---

〔1〕Tao Tao Sanders, "A Masterpiece Restored: Translating a Chinese Classic, " *Encounter*, 1974, Vol. 43, No. 5, pp. 79-82.

〔2〕C. f. Tao Tao Liu Sanders, "The balladic tradition in Yueh-fu, " D. Phil. University of Oxford, 1973, https: // www. worldcat. org/title/balladic-tradition-in-yueh-fu/oclc/43224426.

306

书评大体分三部分，开篇"问世不起眼"（unobtrusive appearance），呼应了詹纳尔关于霍译《红楼梦》所谈的"几未宣传，亦少评论"的现象。不过，一如詹纳尔，刘陶陶亦对霍译本充满信心，她认为霍译本"在中国文学作品英译史上是一座里程碑"，"对得起原作"。书评从小说的丰富内质、小说的流布与文本问题、小说作者与作品关系、书名阐释等方面，为西方读者提供了有关《红楼梦》原作全面、准确且相当深入的信息。书评作者将《红楼梦》原作的文本问题与英国莎士比亚剧作存在的种种"四开本现象"做对比，将有关《红楼梦》原作中人物与作者关系的索隐与莎翁十四行诗中有名的 W. H. 先生身份之争并举，立时拉近了西方读者与《红楼梦》的距离。此外，书评作者也帮助阐释了霍克思译本卷一自拟书名 *A Dream of Golden Days* 的用意，从"红楼"意象、富家女、红尘世俗之乐与荣、佛家人生如梦的诫谕等方面，普及原作《红楼梦》书名意欲表达的含混与复杂。当然，书评作者也不忘如詹纳尔一样，从西方小说创作理论肯定了《红楼梦》在人物心理刻画上的创新与现代性，帮助西方读者亲近霍译本及《红楼梦》原作。

书评第二部分为西方读者介绍了小说的中心主题及丰富内涵，以简明的语言勾勒出宝黛的爱情悲剧及钗黛之别，以其他众多人物角色所编织的复杂关系网带领西方读者领悟小说爱情主题外的丰富内涵。同时，不忘强调、提醒西方读者，纵然承载着如此丰富的主题，但小说本身一点也不严肃或沉重，一如其他伟大的作品，它自有精彩的内在世界，其中悲喜交织。书评特别提到小说中存在大量的幽默段落，"有时令人捧腹，有时只是悄悄向我们展示人事的荒谬性"[1]。"幽默"是英国人非常看重的一个品质，刘陶陶对于小说此点的强调可谓抓住了中西交流的一个关键点，有助于唤起潜在西方读者的阅读兴趣。

---

[1] Tao Tao Sanders, "A Masterpiece Restored: Translating a Chinese Classic," *Encounter*, 1974, Vol. 43, No. 5, p. 82.

　　书评第三部分专门评论译笔，指出此作是"一部英国人读来也十分顺耳的译作"。"霍克思把曹雪芹用汉语写成的内容全部翻译，译作不是呆板的字字对译，且译作对英语读者产生的意义和效果与原作带给汉语读者的感受完全相同——译者心中装着读者，译作因之保存了原作的精彩而不是十足的学究气。"刘陶陶肯定了霍克思在传达原作精彩性而不是简单直译上的努力，表达了直译虽安全，但结果却是对原作进行了阉割的观点，她运用了 20 世纪 60 至 70 年代在西方盛行的德国功能翻译理论[1]及美国学者尤金·奈达（Eugene Nida）的动态对等理论[2]来探讨与肯定霍译本的成就，非常契合当时的学术语境，能够更为有效地说服西方潜在读者认识到霍译本的优秀。

　　对汉英两种语言都很熟练，同时具备用词的敏感性，这并不是每位译者都能做到的，刘陶陶认为霍克思做到了，"对未来的译者而言，他的译本将是一个很难超越的典范"。作为华裔学者，刘陶陶对原作的翻译难点了然于心，她指出，译者必须重视汉英两种语言中即使最微小的变化并对之保持警觉态度。她赞赏霍克思高超的技巧与巧妙的应对，并指出其中两个最明显的例子：一是霍克思成功将原作对话根据说话人所属阶层与所具性格转译成英语中相应的层次与恰当的说话方式。这一点与詹纳尔的观点一致。二是霍克思英译了原作中随处可见的诗行，而此前译者多在此处加以回避。这一点之前两篇书评均未谈及，是刘陶陶开启的新视角，也是作为华裔学者才能深刻体悟到的英译难点。后人关于霍译本对话与诗歌英译

---

〔1〕按：德国翻译理论家凯瑟林娜·赖斯（Katharina Reiss）在《翻译批评的可能性与局限》（1971）一书中把源语文本分为以内容为重的文本（content-focused text）、以形式为重的文本（form-focused text）、以诉请为重的文本（appeal-focused text）和以声音为媒介的文本（audio-media text），并主张根据不同的源语文本类别和读者群体的类别来进行翻译批评。其学生汉斯·弗米尔（Hans Vermeer）在此基础上创立了翻译的目的论（Skopos Theory）。

〔2〕按：尤金·奈达（1936—），美国翻译家，长期在美国圣经学会翻译部主持工作，他在圣经翻译的实践基础上创作《翻译理论与实践》（*The Theory and Practice of Translation*，1969），提出了动态对等理论。

308

这两方面的高超翻译艺术的探讨，在批评路径上无疑继承了詹纳尔与刘陶陶二人的书评风格。

书评最后，刘陶陶呼应了詹纳尔书评中的另一观点，即霍译本对双语读者的独特价值。刘陶陶指出，"如果读者懂汉语，那么他可以一面欣赏译文一贯的准确，一面将惊叹译作处处可见的独创性"。同时，刘陶陶也不忘西方大多数只懂英语的一般读者，她写道，"如果读者不懂汉语，作为英语作品，译作文风同样能令读者激赏"。寥寥数语，既关注到了参与霍译本批评的一个独特群体，即双语读者，也考虑到了西方人数更为众多的潜在普通读者群，向其推荐自身具有独立文学价值的霍译本。全文最终以"大卫·霍克思翻译曹雪芹达到了司各特·蒙克里夫翻译普鲁斯特的水平"作结。这是又一篇高度评价霍译《红楼梦》的书评。

该书评发表的刊物《文汇》是英国一份以文学评论为主的知识与文化刊物，发表在其上的正面引介与评析，延续与扩大了前两篇书评所形成的良好书评氛围，对于霍译本在英语世界的传播产生了更强的推动力。正是在这三篇书评的推荐下，霍译《红楼梦》逐渐为人所知。

4.《今日世界文学》上的两篇书评

1980 年春，美国汉学家、时于旧金山州立大学任教的葛浩文（Howard Goldblatt，1939— ）在《今日世界文学》（*World Literature Today*）第 54 卷第 2 期"中国"栏目推荐霍克思《石头记》印第安纳布面本一、二卷[1]。1982 年春，葛浩文在同一刊物第 56 卷第 2 期撰文向西方读者推荐霍克思《石头记》印第安纳布面本卷三。[2] 他称霍克思《石头记》三卷是"爱的劳作（labor of love）"，并肯定地预测"当译文全部完成时，它将是一部

---

[1] Howard Goldblatt, "［Untitled Review］Cao Xueqin. *The Story of the Stone*. 1: *The Golden Days*. 2: *The Crab-Flower Club*. David Hawkes, tr. Bloomington, In. Indiana University Press. 1979," *World Literature Today*, 54 (1980): 333.

[2] Howard Goldblatt, "［Untitled Review］Cao Xueqin. *The Story of the Stone*. III: *The Warning Voice*. David Hawkes, tr. Bloomington, In. Indiana University Press. 1981," *World Literature Today*, 56 (1982): 402.

世界经典"（There can be no doubt that when the translation is completed it will be a world classic）。

　　《今日世界文学》是美国研究型学府俄克拉荷马大学 1927 年创办的国际文学与文化刊物，刊载来自世界各地的散文、诗歌、小说、访谈与书评，旨在树立当代国际文学有趣又有用的风向标。[1]美籍波兰作家、1980 年诺贝尔文学奖得主切斯瓦夫·米沃什（Czeslaw Milosz，1911—2004）曾言："它在为英语世界提供那些他们甚少了解或难以接触到的作品的信息方面扮演着独一无二的角色。"[2]它被诺贝尔奖组委会视为世界上"编得最好、最有信息量的文学刊物之一"[3]。《今日世界文学》是美国历史最悠久且一直持续发刊的少数文学刊物之一，犹如"输入域外书籍的港湾"[4]，登载其上的书评能将所评作品推向远超过英、美疆界的世界舞台，书评中所蕴含的阐释策略与价值判断对于英语世界潜在读者发挥着导向性的舆论功能。

　　书评作者葛浩文是地道的美国人，1939 年出生于美国加利福尼亚州长滩市（Long Beach），1961 年加州州立大学长滩分校毕业，获文学学士学位，1968 年入旧金山州立大学研究院，师从华裔汉学家许芥昱攻读中文硕士学位，1970 年毕业，次年入印第安纳大学攻读中文博士学位，导师为柳无忌教授，博士论文为《萧红（1911—1942）文学传记》（*A Literary Biography of Hsiao Hung*一九一一一一九四二）。评论《红楼梦》霍译本布面本时，葛氏已是旧金山州立大学副教授，出版有英文论著《萧红》（1976）、译著《尹县长》（1978）、《呼兰河传》（1979）、《生死场》（1979），并自博士毕业以来每年不间断有大量中译英篇什发表在各类书刊，研究论文、会议演讲及书评文章也有大量产出，已是一位颇有汉

---

〔1〕See https://muckrack.com/media-outlet/worldliteraturetoday.
〔2〕See https://en.m.wikipedia.org/wiki/World_Literature_Today.
〔3〕See https://www.worldliteraturetoday.org/mission.
〔4〕See https://www.worldliteraturetoday.org/history.

310

学积累、正值学术黄金期的汉学家。[1]

　　葛浩文发表在《今日世界文学》上的是两篇短评。第一篇全文两段文字，一段点评《红楼梦》霍译本译笔与成就，一段谈论印第安纳布面本的由来与价值，结句"随着头两卷的付梓，我们甚至更加热切地期盼霍克思这一爱的劳作的完成"，保持了正面颂扬的基调。作为汉学同行，葛浩文给予霍译至高评价，他指出《石头记》卷一的面世是"文学界热切期盼的大事"，"对得起几乎各大洲汉学家、评论家和读者的期望"，霍克思作为"学者型译者，是其同胞阿瑟·韦利一生名望的最佳继承人"，"霍克思译文权威、精湛、优美，……是完成将小说方方面面向英语世界读者传达这一任务的完美人选"。第二篇书评亦是两段文字，开篇从自己两年前布面本的推介引到卷三企鹅平装本和印第安纳布面本的问世，简括卷三章回数、前三卷与后两卷作者问题，之后文字（第一段的下半段和第二段的前半段）重点为读者指出新出卷三的重要地位：整部小说故事的演进，此时应该说进入"最重要、最有趣的"阶段；在接近八十回的最后几回里贾家连遭厄运，而这些最终导致了贾府最后的倾覆；且这个部分还包含了"曹氏整部小说中写得最好的一些部分"。最后的文字，葛氏用于谈论译作，肯定译作所添加的各附录的价值、人物表的参考意义，以确信无疑的语气预告"毫无疑问，当译作完成，它将成为一部世界经典"。

　　综上可见，两篇书评无一字负面评价，虽言辞简洁但定位极高，较霍译本早期译评正面舆论态势更为强大，且布面本拥有开本大、阅读轻松、装帧精美等优点，无论图书馆收藏、学者研究还是一般读者赏读，该本都更具吸引力。葛文推荐对潜在读者的导向更加有力，另外，书评读者范围也较之早期译评波及更广，一如登载此文的刊物《今日世界文学》之名，

---

[1] 按：有关葛浩文汉学生涯详见史国强：《葛浩文文学翻译年谱》，载《东吴学刊》2013 年第 5 期，第 103-123 页。

其世界传播意识更为强烈。

　　5.《纽约书评》上的《红楼天才》

　　1980 年 6 月 12 日，美国汉学界的国际著名中国明清史研究专家魏斐德（Frederic Wakeman, Jr. 1937—2006）在《纽约书评》(*The New York Review of Books*) 第 27 卷第 10 期发表长文《红楼天才》(*The Genius of the Red Chamber*) [1]，也就印第安纳新出布面本《红楼梦》霍译本卷一、卷二进行推介。

　　《纽约书评》是"英语期刊中最重要的文学智性刊物"[2]，"走进美国知识分子的家里，十有八九会看到《纽约书评》。正是这份杂志，定义了美国近半个世纪的智性讨论"[3]。它"让这个时代最有趣、最优秀的心灵深度讨论流通的书籍和流行的议题，……相信对重要书籍的讨论本身就是不可或缺的文学活动"[4]。《纽约书评》的主要受众为美国高级知识分子，该刊 1963 年创刊，一直保持"高蹈的精英主义姿态"[5]，创刊初心为"告诉人们什么才是值得读的好文章"[6]，书评定位追求"风格化的文字趣味、对社会政治文化的敏锐观察及深度解读"[7]。《纽约书评》看重评者，注重书评质量，"有些重要的书如果找不到合适的作者，我们就不得不放弃这个选题"[8]。在商业化的美国出版界，"书评的毁誉对一本新书的销路和生意有极大影响"[9]。

---

〔1〕Frederic Wakeman Jr., "The Genius of the Red Chamber", *The New York Review of Books*, June 12, 1980.

〔2〕Matt Schudel, "Obituary: N. Y. Review of Books Founder Barbara Epstein," The Washington Post, June 19, 2006, B05.

〔3〕盛韵：《〈纽约书评〉：至死方休》，载《编辑学刊》2012 年第 4 期，第 56 页。

〔4〕"The New York Review of Books", http://www.en.m.wikipedia.org.

〔5〕饶淑荣：《〈纽约书评〉的痛与生》，载《编辑学刊》2019 年第 5 期，第 99 页。

〔6〕盛韵：《〈纽约书评〉：至死方休》，载《编辑学刊》2012 年第 4 期，第 57 页。

〔7〕饶淑荣：《〈纽约书评〉的痛与生》，载《编辑学刊》2019 年第 5 期，第 100 页。

〔8〕盛韵：《〈纽约书评〉：至死方休》，载《编辑学刊》2012 年第 4 期，第 57 页。

〔9〕https://baike.sogou.com/v8068069.htm?fromTitle=%E7%BA%BD%E7%BA%A6%E4%B9%A6%E8%AF%84.

312

魏斐德是美国"汉学三杰"[1]之一，撰写书评之际他43岁，已任加州大学伯克利分校中国研究中心主任七年（1973—1979）、美国学术团体理事会中国文明研究委员会主席六年（1974—1979），是"七八十年代美国中国学研究领域最重要的学术代表之一"[2]。高级别的刊物刊发学科领军人物撰写的书评，必然助推《红楼梦》霍译本更好走进英语世界读者群。

《红楼天才》，一如《纽约书评》其他篇什，是一篇长文，作者魏氏不愧为汉学领域的代表人物，他在文中旁征博引，不仅对中国文学、文化相当熟悉，而且对该领域最新的中外研究成果、主要学者亦十分熟稔。全文信息量大，作者凭借深厚的汉学积淀，不疾不徐娓娓道来，一一介绍了《红楼梦》在中国文学中的地位、其文学创新所在、《红楼梦》中"红楼"的含义以及为何"红楼梦"一名在中国更受欢迎；唯美少年宝玉在他两个表姐黛玉（爱耍性子、自恋、美貌的才女）和宝钗（落落大方、慷慨随和的成熟美人）间左右为难；钗、黛在中国文学与生活中的原型意义，黛玉形象在中国象征着浪漫与反封建；八十回《石头记》到百廿回《红楼梦》的流通简史及红学兴起、红学索隐派的三大观点；北大蔡元培所代表的索隐派红学研究的根本局限，胡适的学术背景、主要学术成就及胡适的《红楼梦》研究，顾颉刚与俞平伯的助力；红学研究经历对顾颉刚方法论上的终生影响，俞平伯的《红楼梦辨》及中外学者接着俞平伯展开的红学研究，曹雪芹家世，祖父曹寅与康熙帝，曹雪芹身份；曹雪芹生前最后时光，他的《红楼梦》创作与主题；中国的批俞、批胡运动，中国马克思主义文学批评与《红楼梦》，毛泽东论《红楼梦》，马克思主义文评下揭示的《红楼梦》贾府败落原因，曹氏笔下生动刻画的贾家奢靡、不争气的子孙后代

---

[1] 按：学界常将美国汉学界继费正清之后三位在中国近代历史领域成就斐然的研究者称为汉学三杰，除伯克利的魏斐德外，另两位是哈佛的孔飞力（Philip Kuhn，1933—2016）和耶鲁的史景迁（Jonathan Spence，1936—）。

[2] 王平：《魏斐德与他的中国学研究》，华东师范大学博士学位论文，2012年。

（男男女女、主主仆仆）；曹雪芹的艺术贡献与关注细节的品质，《红楼梦》的真正魅力；霍克思及霍译本的巨大成就；《红楼梦》霍译本译名选取对于加深小说宗教意义的作用，宝玉的悟道与最终脱离红尘，寓言式结局所无法解决的小说中令人不安的矛盾，曹雪芹所创造虚幻世界的真实感，虚实相间的《红楼梦》。书评为英语世界潜在的精英读者细心勾勒了中国名著《红楼梦》的方方面面，引导性强，评价正面，类比美国制度经济学鼻祖托斯丹·凡勃伦（Thorstein Veblen，1857—1929）之见谈论曹雪芹对上层阶级的刻画，以巴尔扎克、狄更斯的手笔比谈曹雪芹的王熙凤塑造，引法国名作家普鲁斯特品尝玛德莲蛋糕一细节谈曹雪芹在日常具体事物上所花的功夫与唤起的感受，可谓是别出匠心。

关于译作魏氏只有一段文字，此段文字后成为《红楼梦》霍译本卷一封底推介文字一大来源，可见魏氏《红楼梦》霍译本书评在西语世界的影响或者说受认可度。魏氏肯定霍译本全译的努力与成效，"大卫·霍克思那长久被期盼的译作……证明了此前'一部完整对译本不可能'这类说法的错误"，"唯有赞叹他为这一艰巨的任务所付出的努力"。魏氏赞美译作本身是"栩栩如生、光彩夺目的杰作"，"英语世界应大大感激霍克思先生，他将原作的深邃最终以另一种形式充分、恰当地在读者面前展现了出来"。

综上，魏斐德以《红楼天才》为题，高度肯定了《红楼梦》作者曹雪芹的文学艺术天赋，向英语世界潜在的高级知识分子读者群阐明《红楼梦》的阅读价值及《红楼梦》霍译本的可读性。魏氏书评在霍译本及中国经典《红楼梦》的海外推广史上占有一席之地，推动了更为强大的《红楼梦》霍译本正面书评舆论态势的构建。

6.《中国文学》上的短评

1980 年 7 月，刚创刊一年的《中国文学》（*Chinese Literature: Essays, Articles, Reviews*）第 2 卷第 2 期上刊出一篇短评，同样推荐《红楼梦》霍译本第一、二卷的布面精装本，该文由旅美华裔汉学家刘绍铭（Joseph S.

314

M. Lau，1934— ）撰写。

　　刘绍铭当时在美国威斯康辛大学东亚系执教，是创办《中国文学》的八位发起人之一，该刊作为"西语期刊中唯一专注中国文学的刊物"，"是世界范围内开展中国文学学术讨论的主要信息源"[1]，《红楼梦》霍译本得到此刊推荐当在情理之中。刘氏推荐文极其简单，四行多文字加一个例证，没有对译作或原作做任何评价[2]，而是以"布面精装本中存在修改"这一众书评均未注意之处为推介亮点，激发潜在读者的阅读、购买与收藏欲望。

　　刘氏写道："购买《红楼梦》霍译本布面精装本（印第安纳大学出版社）的个人或图书馆可能未意识到以下事实：他们已获得一份额外的福利——一些未及言明的修改。"[3] 该文的价值在于这一独特的视角，后继研究者受此启发，不仅应该注意精装本与之前平装本的差异，而且接下来每一版都应关注是否有新的修订、为什么如此修改、效果如何等话题。译作各版出版文字差异是翻译研究、比较文学研究最为鲜活的一手材料。尤其是霍克思这样译作出版不仅在西语世界激发了不少书评而且在源语国掀起关注研究大潮的译者，其每版译作的变化纵使不大也值得细细耙梳，从而发现译评对译作、译者是否有影响以及影响有多大等传播学问题的答案。该短评严格说来算不上真正的书评，但它的实际舆论效果可能不比真正的

---

〔1〕See "CLEAR（Chinese Literature: Essays, Articles, Revies）"，https://clear.wisc.edu/.

〔2〕有关刘绍铭《红楼梦》霍译本的评价详见其 1979 年 12 月在台湾英文半年刊《淡江评论》（*Tamkang Review*）冬版第 10 卷第 2 期上发表的《幻灭或警悟？——翻译的阐释用途》（*To Disillusion or To Disenchant？: The Use of Translation as Interpretation*）一文。在谈《红楼梦》第五回"警幻仙姑"一名和"幸仙姑偶来，可望先以情欲声色等事警其痴顽，或能使彼跳出迷人圈子，然后入于正路，亦吾弟兄之幸矣"一段文字英译时，刘氏在与杨戴译本的对比中谈及霍译本对双语读者群体额外的价值。他写道："对那些掌握了外语的中国读者而言，杨戴本充满了语言上的熟悉感，无法为读者擦出产生批判性悟见的智慧火花。而杰出的霍译本正是在这点上也许对于那些双语读者而言比对那些汉语为外语的读者来说作用更大。"参看 Joseph S. M. Lau, "To Disillusion or To Disenchant？: The Use of Translation as Interpretation," Tamkang Review, 10（1979）: 238.

〔3〕Joseph S. M. Lau, "［Untitled Review］Cao Xueqin. *The Story of the Stone*. Volume 1and 2. Translated by David Hawkes. Bloomington and London: Indiana University Press, 1979，" *Chinese Literature: Essays, Articles, Reviews（CLEAR）*, 2（1980）: 300.

书评逊色，尤其是对有研究癖的潜在读者更是诱人的"广告"。[1]

　　总之，引领当代国际文学风向标的老牌期刊《今日世界文学》上葛浩文的两篇书评，对英语世界潜在读者的导向更加有力，刊物的世界传播意识强烈，较之霍译本所赢得的早期译评，其所营造的正面舆论态势更为强大。《纽约书评》自创刊以来定义了美国近半个世纪的智性讨论，其上所登载的魏斐德书评，目标读者群为英美高级知识分子，书评强调《红楼梦》的阅读价值及霍译本的可读性，进一步推动了更为强大的霍译《红楼梦》正面书评舆论态势的构建，在中国经典《红楼梦》海外推广史上亦占有重要一席。《中国文学》是西语期刊中唯一专注中国文学的一份刊物，华裔学者刘绍铭的短评对英语世界有研究癖好的潜在读者是一诱人"广告"。四篇书评出现在对英语世界各类读者影响与形塑力超强的重要杂志与顶级报媒上，某种程度上说，达到了中国典籍英译梦寐以求的理想状态，即在西方重要报纸杂志上被讨论、被研究以及被认可。它们同"国际首届《红楼梦》研讨会议"一同助力霍译《石头记》在英语世界的进一步流通与经典化建构，亦可谓见证了霍译《石头记》在英语世界的辉煌时刻。

　　（二）专业期刊、论著的持续关注

　　当然，相较报纸杂志的时效性与舆论造势，霍译《石头记》的译评更为持续地留存在汉学家们的专业期刊论文与学术论著里。

　　1976 年 2 月，沉寂了一年多的霍译《石头记》卷一西方译评世界迎来了一篇高水平的专业书评，该文由斯坦福大学东亚语言文化系美籍华裔

---

[1] 按：短评中所用例证不是特别恰当：刘绍铭所举例子是《红楼梦》第二回中"身后有余忘缩手，眼前无路想回头"一联的翻译，他认为精装本中此联与平装本不同，已根据译评家的意见做了翻译修改。实际上此说法有待商榷，因为此修改在再版的企鹅平装本（1978 年）中已有。而且，1978 年版平装本中并不止此一处修改，以很多译评家提出的初版"人名单聘仁"翻译不当为例，1978 年版英译本第 186 页原 Dan Ping-ren 改为了 Shan Ping-ren，虽然"聘"的前后鼻音仍弄错，但毕竟改了"单"字的明显读音错误。不过，此版卷一第 519 页的"单聘仁"英译赫然是原拼写，看来是漏过了译者的法眼。无论如何，我们可以确定的是"一些未及言明的修改"并不始于此精装本。

汉学家王靖宇（1934—2018）撰写。王靖宇是加利福尼亚大学荣休教授、斯坦福大学柯罗赛特人文讲座教授和多家西文学术期刊的顾问或编委。他1957年台湾大学英语本科毕业，1962年美国明尼苏达大学硕士毕业，1968年康乃尔大学博士毕业，研究对象为中国古典小说。短暂在密歇根大学任教后，王靖宇于1969年加入斯坦福大学东亚语言文化系，主攻金圣叹、《左传》、《史记》和《红楼梦》叙事理论研究，晚年研究兴趣拓至中国传统戏剧尤其是昆剧，1978至1990年连任斯坦福大学东亚语言文化系主任。[1]综上，1976年王氏撰写该书评时，在汉学领域已有相当积累，因之两年后才能获聘成为斯坦福大学东亚语言文化系的掌门人。

王靖宇关于霍译《红楼梦》卷一的书评文章发表在英美专业学术刊物《亚洲研究》（*Journal of Asian Studies*）1976年2月第35卷第2期书评栏目。[2]该刊是世界最大的亚洲研究协会（Association for Asian Studies）的会刊，是"亚洲研究领域最权威、最有声望的出版物"，"为亚洲研究者提供大量独家信息"。书评是该刊一大主要内容，王靖宇发表在此类高层次专业学术刊物上的书评为霍译《红楼梦》进一步拓展了专业研究者这一重要的读者群。

此书评是西方译评界自1974年三篇书评后间隔两年才姗姗来迟的译评，列于《亚洲研究》当期十六篇有关中国书评的首篇，是又一篇从文学角度谈霍译本的书评。书评开篇以此前书评已发现的视角——《红楼梦》的经典地位、西方英语全译本的缺失来肯定霍译本的巨大价值："随着大卫·霍克思《石头记》五卷本第一卷的问世，这一情况最终开始得到改善。"如此前的华裔学者刘陶陶，王氏也借自身对原作熟稔的优势历陈《红

〔1〕C. f. "Lasting Memories: John C. Y. Wang", https://almanacnews.com/obituaries/memorials/ john-cy-wang?o=5581, retrieved 2020-11-04.

〔2〕John C. Y. Wang, "〔Untitled Review〕The Story of the Stone（Vol. 1）, 'The Golden Days.' By Cao Xueqin. Translated by David Hawkes."（Book Reviews）, *The Journal of Asian Studies*, Feb. 1976, Vol. 35, No. 2, pp. 302-304.

楼梦》全译的种种难点，从而描绘理想译者所应具备的条件并高度肯定霍克思的翻译能力，"学习中国文学的学生应当感激，中国文学经典中最受称赞、谈论得最多的作品之一终于找到了卓越的译者，一位能相当胜任其艰巨任务的译者"。该判断有着正面形塑目标读者阅读旨趣的导向。

同样是华裔学者的身份让王氏关注到霍译本"直译、意译完美融合"的特色。一如此前詹纳尔和刘陶陶的书评，懂汉语的译评家都情不自禁会将原作与译作两相对照，王靖宇亦"惊叹与欣喜于霍译处处体现出来的既忠实原作又免于冗长注释的高超能力"。书评接着回应了关于霍译本出现的两点批评，第一是华裔读者关于霍译本不够直译以及原作有些句段被概括、释意甚或删除的批评，第二是霍译本以押韵方式全部再现小说诗作的做法。关于第一点，王氏从霍译本的设定读者为其辩护，"此类读者有一点需要提醒注意，在完成这部译作时，霍克思先生心中清晰设定的读者群是一般读者而不是那些早已能读原作的读者"。他赞叹霍译本"极富想象力、译笔流畅"，"非常成功地传达出了原作的精神"。关于第二点，王氏认为此类做法通常吃力不讨好，但霍克思译诗处于最佳状态时常常能产生"犹如灵感神助的惊人效果"，并以译作第 12 页一例佐证霍克思"捕捉原作语气惟妙惟肖"之本领，显然王氏对霍克思译诗做法欣羡多于批评。另外，书评用长长的一段肯定霍译本另一优点即译者就小说底本文字、小说作者等相关错综复杂问题所拥有的扎实专业知识，认为其深厚的红学知识有助于译者在翻译中就底本文字做出"审慎、明智的抉择"。作为《红楼梦》叙事理论的关注者，王氏特举霍克思译作开篇省去原作一大段落的做法，是海外第一位注意到霍译本开篇异文的汉学家，开辟了霍译本译评的另一批评视角。书评末尾，王氏列举了其随机比读所见霍译本卷一的五处疏漏及两处编辑失误。虽然王氏谦为随机，实际指误涵盖第一至第二十六回，包括译作卷一所有的回数。

这是一篇对译作读得相当仔细、对西方读者已有意见做出一定回应的译评之作，也是基于此前三篇译评之上专门针对专业研究学者的书评。它省略了有关原作内容、主题、思想性等介绍性文字，完全聚焦译作，在肯定译作价值、译者能力、译作特色、译者学养等方面增强已有的正面书评舆论，吸引更多的潜在西方读者加入译作阅读。书评末尾的指误不仅对于卷一的修订再版有价值，更重要的是它也是霍译本研评的又一新路径。

英国汉学家、我国翻译家杨宪益先生的夫人戴乃迭女士，作为《红楼梦》第一个英语全译本的译者之一[1]及牛津大学汉学科学士学位的第一位获得者，应该是对《红楼梦》最有发言权的一位汉学家。她 1980 年在《伦敦大学亚非学院学报》发表书评，高度评价霍克思《石头记》前八十回译文。书评从三大方面肯定了霍译本的独特性及其价值：一是在版本处理上明智、合理；二是在丫环姓名的意译处理上对西方读者帮助巨大；三是摒弃脚注、增译原文使引用或典故清楚明白，原文的文学风味也得以更好地再现。基于此三点，戴乃迭认为："霍克思的伟大成就在于以优美的英文使得这部中国名著能够为西方读者所阅读。"她觉得她自己的译本"*A Dream of Red Mansions*与之相比恐怕只是供语言学习所用的直译本"[2]。霍克思《石头记》译文的优秀甚至在西方佛学研究的工具书《佛教研究论文导读》(*Guide to Buddhist Religion*，1981）中也得到了印证，该书不仅肯定了霍译本所保留的中国佛教信息对于西方宗教研究所具有的重要史料价值，而且也赞赏霍译本为《红楼梦》"新出的优秀译本"（a new and fine translation）[3]。

英国汉学家卜立德 1982 年在《伦敦大学亚非学院学报》第 45 卷第 3

---

[1] 此处指杨宪益与戴乃迭合作翻译、1980 年出齐的三卷本 *A Dream of Red Mansions*。霍克思、闵福德合作完成的 *The Story of the Stone* 共五卷，严格说来，是《红楼梦》第二个英语全译本，因为虽然霍克思负责的前三卷前八十回于 1980 年完成，但一百二十回全译完出版则要到 1986 年。

[2] Gladys Yang, "（Untitled Review）David Hawkes（tr.）: The story of the stone. A novel in five volumes by Cao Xueqin. Vol. Ⅰ: The golden days. Vol. Ⅱ: The crab-flower club. Bloomington, Ind.: Indiana University Press, 1979," *Bulletin of the School of Oriental and African Studies, University of London*, Vol. 43, No. 3, 1980, pp. 621-622.

[3] Frank E. Reynolds, *Guide to Buddhist Religion*, Boston, Mass.: G. K. Hall & Co., 1981, p. 151.

期发表短评，也推荐印第安纳布面本。卜立德注意到了霍克思译本所呈现的多样风格所具有的教育意义，他指出翻译虽依赖学术研究，但教育在翻译中的作用也同样重要。卜立德以霍克思译文中文体各异的两段文字为例，说明霍克思作为"文体家的教育意义是无懈可击的"[1]，他肯定《石头记》是一部只要还有人看书就值得代代相传的作品。

　　美国汉学家佩普尔（Jordan D. Paper）1973年出版《中国散文指南》（ Guide to Chinese Prose）时霍译本还未问世，书中《红楼梦》条目分别列有麦克休姐妹和王际真的节译本，但未置评价。1984年该书再版，佩普尔补充了霍译本和杨戴译本的相关书目信息，并用了三段文字来讨论译作，他认为"在所有译本中，只有霍译本最为接近于展现出原作的文学品质"，推举霍克思的《石头记》为"几项主要的翻译壮举"之一，赞扬霍译本是"中国小说英译的杰作"，是一部"兴趣之作"，"霍克思不仅仅传译了原作的每一个字，而且译笔准确，语言高超"。其中的诗歌翻译，佩普尔认为霍译本"韵律多能捕抓到原作的情绪与意义"。[2]

　　美国汉学家、卫斯理大学中文教授魏爱莲（Ellen Widmer）女士亦高度评价该译本。她1988年在《美国东方研究协会会刊》第4期发表书评，评论闵福德《石头记》卷五的译文时，也整体评价了霍闵译本："霍克思和闵福德的译文非常不错，该本把极难翻译的中国名著转译为英文，其译文水平完全对得起原作，而且放在一起也完全可以成为一个整体。"[3]

　　20世纪90年代，美国汉学家罗溥洛（Paul S. Ropp）与英国汉学家巴

〔1〕D. E. Pollard, "（Untitled Review）David Hawkes（tr.）: Cao Xueqin: The story of the stone（Dream of the red chamber）. Vol. 3; The warning voice.（Chinese Literature inTranslation.）Bloomington, Indiana: Indiana University Press, 1981, " *Bulletin of the School of Oriental and African Studies, University of London*, Vol. 45, No. 3, 1982, p. 645.

〔2〕Jordan D. Paper, *Guide to Chinese Prose*, Boston: G. K. Hall & Co., 1984, 2nd version, pp. xiii, 103.

〔3〕Ellen Widmer, "Reviewed work: The Story of the Stone, Volume 5: The Dreamer Wakes, " *Journal of the American Oriental Society*, Vol. 108, No. 4, Oct. -Dec. 1988, pp. 650–652.

320

雷特（T. H. Barrett）合编了《中国的遗产：中国文明的当代视角》（*Heritage of China: Contemporary Perspectives On Chinese Civilization*，1990）一书，此书在讨论到曹雪芹的《红楼梦》创作时提到了杨戴的《红楼梦》英译本并评价"霍克思、闵福德的译本译文最优美（the most elegant translation）"[1]。

21 世纪有汉学家艾朗诺（Ronald Egan）和艾皓德（Halvor Eifring）的评论。美国汉学家艾朗诺，哈佛大学博士，加州大学圣芭芭拉分校教授，是钱钟书《管锥编》的选译者，对中国北宋时代及诗人苏轼、欧阳修均颇有研究。2002 年 5 月 30 日，他在香港浸会大学翻译研究中心主办的翻译讲座上，做了题为《关于霍克思〈红楼梦〉翻译的思考》（*Some Reflections on David Hawkes' Translation of Hongloumeng*）的主题发言。作为中国文学作品的译者，艾朗诺非常欣赏霍克思的翻译艺术，称霍克思译本为"汉语文学翻译的杰作"（masterpiece of literary translation from the Chinese）[2]。

挪威裔汉学家艾皓德在其撰写的学术论文《〈石头记〉中的爱情心理》（*The Psychology of Love in the Story of the Stone*）中，多引用霍克思《石头记》三卷的译文，只在迫不得已的情况下才自行修改或是重新翻译。我们来看看霍克思的这位汉学同行是如何评价霍译本的："这些（按：《石头记》前三卷）译文准确性不一，因为它们首要的目的是再创一个可读的文本，而不是谨守语言学上的精确性。我只在所选译文影响到我的论证时，才修改霍克思的译文或自己重新进行翻译。当我这样做时，我很清楚地意识到，其中的文学性也因之非常不幸地大量丧失了。"[3] 显然，艾皓德非常

〔1〕Paul S. Ropp & Timothy Hugh Barrett ed. *Heritage of China: Contemporary Perspectives on Chinese Civilization*, Berkley: University of California Press, 1990, p. 328.

〔2〕马红军：《从文学翻译到翻译文学：许渊冲的译学理论与实践》，上海：上海译文出版社，2006 年，第 117 页第 17 条注释。

〔3〕Halvor Eifring, "The Psychology of Love in the Story of the Stone," Halvor Eifring ed., *Love and Emotions in Traditional Chinese Literature*, Leiden·Boston: Brill, 2004, p. 271.

欣赏与肯定霍克思《石头记》所体现出的文学性，只要不影响他的论证，他在论文中还是偏爱引用霍克思的译文。

另外，还有一些汉学家虽然没有直接评价《石头记》译文的质量，但他们在自己的著作中凡涉及《红楼梦》译文时，均参照与援引霍克思《石头记》，这也间接地反映了他们对霍译本的肯定。如美国哈佛大学东亚语文及文明系博士韩献博 1990 年出版的《断袖之癖》中，讨论《红楼梦》男同性恋现象时采用的就是霍克思的译文。再如周锡瑞（Joseph Esherick）和兰金（Mary Backus Rankin）1990 年合著的《中国乡绅及其统治模式》（*Chinese Local Elites and Patterns of Dominance*）一书参看的也是霍克思的《石头记》三卷本。汉学杂志《男女》（*Nan Nǚ: Men, Women and Gender in Early and Imperial China*）在其创刊号上有关中国古代男人、女人和性问题的跨学科讨论中，谈到《红楼梦》中人物的情况，引用的也是霍克思的译文。

综上，有一点可以肯定的是：作为同行，西方汉学家对霍克思《石头记》从专业的角度给予了高度评价。

二、西方非汉学专业读者的反响

国际问题评论员、英籍华人郭莹女士出版过一本口述实录《换一双眼睛看自己——老外侃中国》，系采访在华工作、生活过的外国人士后编撰而成的。一位名叫克里斯（Chris）的英国人，早年在爱丁堡大学学习中文，对中国文化痴迷，大学毕业后，他"模仿中国古代圣贤的生活方式，隐居到苏格兰深山乡野里，自己辟了一块荒地躬耕自食。……一边务农、一边研读中国古代哲学、元曲及明清小说，并为报刊撰稿赚取生活费"[1]。从这

---

[1]〔英〕克里斯：《璀璨的中国文化给予我灵感》，郭莹：《换一双眼睛看自己——老外侃中国》，北京：作家出版社，2003 年，第 164 页。

322

段郭莹整理的自述中我们可以看到，这是一个西方普通知识分子的形象，他没有专业汉学家的研究背景，他对霍克思《石头记》的看法可以说代表了一般读者的态度。他告诉郭莹，"霍氏的《石头记》在众多的《红楼梦》版本中成为独树一帜的一套新版……若右手持原版《红楼梦》，左手持霍氏的英译《石头记》，那你会感受到二者的精髓和韵味是浑然一体的，小说中原有的幽默、节奏都得到了精彩、准确的传达。在霍氏的《石头记》与杨宪益夫妻合译的《红楼梦》分庭抗礼之下，杨氏版本单独欣赏时不易察觉的文采欠佳之处，经与霍氏版本比较，就较易辨出霍氏艺高一筹"[1]。

旅居上海的英国语言学家 John Pasden[2]创办了一个华结网（sinosplice），为西方人学习汉语、了解中国文化提供了交流平台，我们在此网站上也找到了一条谈论霍译本的留言。此留言由《北京人》（*Beijinger*）[3]杂志的新闻记者 Brendan O'kane 2005 年 2 月 1 日写于华结网，虽然其中语句有些偏激，但是反映了普通西方知识分子对霍译本的看法："以我的经验，中国作品翻译成英文后大部分是垃圾，外文出版社的很多译作也难逃此运。……你最好想办法读到霍克思、闵福德翻译的企鹅书局版《石头记》。他俩的译文是我心目中文学翻译的至高标准，译作本身就是杰作。"[4]再看美国俄亥俄大学教师葛锐（Ronald Y. Gary）就西方《红楼梦》英译情况所撰写的综述论文《英语红学研究纵览》，此文评价杨戴本和霍闵本"均为精雕细琢的上乘之作"，但指出霍闵本"为西方人最常用的英译本"。[5]作为一名高校教师，葛锐显然也属于西方普通知识分子，他对《红楼梦》英译

---

[1] 同上书，第 189 页。

[2] John Pasden 是 All Set Learning 的创办人，他同时创办了华结网（sinosplice）帮助外籍人士学习汉语，此网的宗旨为"Try to Understand China. Learn Chinese"。留言的读者或为旅居中国的外国人士或是志在学习汉语、了解中国的外国人士。

[3]《北京人 Beijinger》由外国人迈克于 2001 年创办，杂志读者群主要是旅居北京的外籍人士。

[4] Bredan O'kane: "Comments to 'Murakami-haruki'", February 1 2005, http://www.sinosplice.com/life/archives/2005/01/26/murakami-haruki.

[5]〔美〕葛锐（Ronald Gary）:《英语红学研究纵览》，李丽译，《红楼梦学刊》2007 年第三辑。

本的关注与他对霍闵本的定位，较之 Brendan O'kane 更为客观而中肯，其观点值得参考。

而亚马逊网站上的购书评论则是瞭望西方普通文学爱好者心声的绝佳平台。仔细浏览这些评论，虽然真正评价霍克思译文本身的不多，英语读者多从《红楼梦》英译本帮助他们了解中国古典文化、中国诗词散文及 18 世纪的中国社会历史方面所起到的作用上评价霍译本，但在这不多的评价中，我们还是能找到一些表明读者对霍译本态度的言语。英国读者 G. Oldham 2002 年评价霍闵译本"极具可读性"（extremely readably translated）。Alexander J. Dunn 2009 年留言："我读完第一卷后，对书中人物如此喜爱，以至于我认为不读剩下的四卷是不可思议的。我想这是此书是一部优秀译作的明证。"唯一一条负面书评，题为"not that which I had expected"，发表在 2009 年 9 月："我被别人的评论骗了，这本书很难看进去，而且前奏过长，适合比我更有学术头脑的读者，在我读来，令人气恼。这书我得先收起来，也许在那些寒冷的冬夜可以找来一读。"[1] 这条书评实际并不是完全否定《石头记》，从第一句话我们反而能推出这正好说明大多数英语读者对霍克思《石头记》的良好反响。不过，它暴露了霍译本在海外接受的一个盲点，即《石头记》对于那些缺乏良好教育背景或是成年后很少从事文化、教育类事业的普通读者尤其是一些蓝领阶层来说，还是过于繁复了些。

再进一步通过加州大学戴维斯分校图书馆进行检索，数据显示，加州大学十所分校共有八所收藏了霍克思《石头记》，但该州的地区图书馆（Regional Library）却没有此译本的收藏。这一现象也说明普通读者阅读《石头记》的兴趣寥寥，《石头记》的读者群主要由大学及研究机构的专业

---

〔1〕http://www. amazon. co. uk/product-reviews/0140442936/ref=cm_cr_pr_btm_recent?ie=UTF8 & showViewpoints=0&sortBy=bySubmissionDateDescending.

324

研究师生、普通知识分子和文学爱好者构成，其他读者如对中国《红楼梦》心怀好奇的话，也多是通过阅读一些节译本来满足心愿。而借助 World Cat 检索世界各国图书馆中的图书及其他资料所编纂的目录，我们发现到目前为止，馆藏霍闵全译本的世界各地图书馆确实没有馆藏王际真节译本的图书馆多。如果不计版本与重印问题，大致统计，王际真的《红楼梦》节译本在世界上有 655 家图书馆收藏，而馆藏霍闵《红楼梦》全译本的图书馆为 370 家，只有王本的一半多些。[1] 江帆博士 2006 年 4 月以伊利诺伊州（Illinois）五十六所大学的联合馆藏目录为工具所统计的数据也是一个佐证："王际真译本的馆藏量是最大的，其次是麦克休译本，而霍克思译本收藏最少。一些小型的学院通常王际真译本和麦克休译本都较齐备，而霍克思译本则不一定有。"[2] 翻译理论家安德雷·利夫威尔（André Lefervere，1945—1996）曾注意到节译在欧洲文学和文化中所起的巨大作用，他指出，"节译是使文学新作在其他语言中迅速传播的最经济的方法"[3]。难怪大型工具书《世界文学名著》（*Masterpieces of World Literature*）"Ts'ao Hsüeh-ch'in"条目认可的《红楼梦》最早英译本为 1929 年版的王际真节译本 *Dream of the Red Chamber*[4]，该条目中提供的信息诸如主要人物（principal characters）、故事梗概（the story）、批评性评价（critical evaluation）尤其是人名拼写，都是根据王际真本而不是霍闵本。与霍闵本有关的信息只有如下一句："英译本还有《石头记》（also available in English translation as *The Story of the Stone*）。"[5]

---

〔1〕https://vpn. lib. ucdavis. edu/WebZ/, DanaInfo=firstsearch. oclc. org+FSFETCH?fetchtype=search results: next=html/ records. html: bad=error/badfetch. html: resultset=4: format=BI: recno=11: numr- ecs=10: entitylibrarycount=2112: sessionid=fsapp6-53135-ghjwy3ul-akrxep: entitypagenum=10: 0.

〔2〕江帆：《他乡的石头记——〈红楼梦〉百年英译史研究》，复旦大学博士学位论文，2007 年，第 77-78 页。

〔3〕〔美〕安德雷·利夫威尔：《比较文学与翻译导论》，罗选民：《文学翻译与文学批评》，北京：人民文学出版社，2005 年，第 36 页。

〔4〕Frank N. Magill ed., *Masterpieces of World Literature*, New York: Harper & Row, 1989, pp. 222-226.

〔5〕Ibid. p. 225.

由上述分析可见，霍克思《石头记》虽然无法从文学殿堂走入普通读者心中，满足其好奇心，但它成功地赢得了西方普通知识分子和文学爱好者的由衷喜爱，这是相当不容易的一件事。

三、《石头记》仿作的产生

霍克思《石头记》在西方带来了一个有趣现象，就像在中国有许多作家尝试模仿曹雪芹的手笔进行创作一样，在遥远的英伦，霍克思的《石头记》也引来了仿作。

（一）威尔士设计师琼斯《众生的教育》

在威尔士的阿伯里斯特威斯，这个接受霍克思捐赠4400多册研究书籍的威尔士国家图书馆所在地，生活着一位名叫约翰·克里斯·琼斯（John Christopher Jones，1927— ）的设计师，他曾与霍克思有过书信交流。琼斯毕业于剑桥大学工程设计专业，是英国设计方法改革运动的发起人，也是伦敦公开大学的第一位设计教授。1970年琼斯出版专著《设计方法》（*Design Methods: Seeds of Human Future*），提出了崭新的设计哲学。他打破设计就是为即将生产或建造的事物画图的传统设计观，主张不仅可以设计单个产品，也可以设计整个系统与环境，如机场、交通运输系统、高级百货商店、教育课程、银行系统与电脑网络等；主张设计可以是参与性的，如公众可以参与设计决策的过程；主张设计也可以是创造性的，这是每个人身上都有的潜能；同时设计也可以是一门教育性的学科，它综合了文理科，可以比分开的单科起到更大的作用。琼斯这种没有产品的设计观，本身就可以是一个生活的过程与一种生活的方式。琼斯的全新设计观带来了设计界的革命，他的《设计方法》出版后被公认为设计界的重要读物，陆续被翻译成日语、罗马尼亚语、俄语、波兰语和西班牙语等多国语言。他结合人类环境改造学（ergonomic）、未来学（futurology）进行创新设计研究，曹雪芹《红楼梦》中的超自然叙事模式给了琼斯一个表达他超前科学理念的绝妙方式。

作为一位设计专家，琼斯兼具文学家与艺术家的特质，他设想借助霍克思《石头记》的叙事模式创作一部《众生的教育》，谈谈自己关于人类教育的一种设计理念，《众生的教育》中的那些科幻成分与超前思想正好可以借助《石头记》中的超自然力得到表达。琼斯因之和霍克思进行了通信探讨，得到了霍克思的大力鼓励，不过最终成文的只有一章，原书名《众生的教育》也就成了章节名，出现在他 2000 年出版的论著《网络与众生》(The Internet and Everyone) 中[1]。细读此章，我们惊叹曹雪芹笔下的那块顽石竟然神通广大，现身于英伦汉学界及文学界外的领域，更感慨霍克思《石头记》的莫大译介功劳。

《众生的教育》开篇为 "Gentle reader/What, you may ask, is the purpose of this book, **or even**/**of this world?**/Though the answer to this question may at first seem/absurd, reflection may show you that there is more in it/than meets the eye. /Long ago and far away, when…"[2]，简直可以直接用曹雪芹《红楼梦》的开篇语来对译，"看官：你道此书从何而起？**或者问整个世界从何而来？**——说来虽近荒唐，细玩颇有趣味。却说……"[3]，除了以上黑体的一句话外，其他部分与曹雪芹的开篇显然相当吻合。从英文来看，我们也可以说《众生的教育》与霍克思的《石头记》开篇极为相似，霍译本开篇为，"GENTLE READER, / What, you may ask, was the origin of this book?/Though the answer to this question may at first seem to/ border on the absurd, reflection will show that there is a good/ deal more in it than

---

[1] John Chris Jones, "The Education of Everyone, " *The Internet and Everyone*, London: Ellipsis London Ltd., 2000, pp. 444-450.

[2] John Chris Jones, "The Education of Everyone, " *The Internet and Everyone*, London: Ellipsis London Ltd., 2000, p. 444.

[3] 参看曹雪芹、高鹗:《红楼梦》(共四册)，启功注释，北京: 人民文学出版社，1964年第3版，第1-2页。

meets the eye. /Long ago, when…"[1]。两相比较，我们发现除个别用词差别外，琼斯真正添加的就是"or even/ of this world"一语，显示他是在整个人类或者说整个世界生存的背景下来讨论问题，他借这块假想的石头（imaginary rock）把"此书的目的"与"整个世界的意义"联系在了一起，显示了他一如既往的人世关怀与形而上的哲学思考。

　　像《石头记》中的顽石一样，琼斯的这块假想石也有可爱的形状与神奇的来历。琼斯写道：此石原为那种在海边常见的小孩放在嘴里吮吸的彩色硬棒棒糖（a stick of rock candy），只不过上面印的不是某一度假圣地之名而是"假想的石头"（imaginary rock）罢了。此糖粉红的外表、白色的内底，再加上粉色的"假想的石头"字样。同时来自过去与未来这两个假定现实的虚幻所在（I come from the future and from the past, he says, the two neverlands of the supposed reality）的作者携着此石出现在现时（appear here in the present）。在琼斯的设想中，这块石头出现的"现时"为人类还没有学会使用合成技术（synthetics）的时代，当时人类正在满是蝙蝠与噪音的城堡里召开一次讨论过去的未来（the past of the future）甚至也可以说是未来的过去（the future of the past）的会议，作者带着石头降临其中，以石头自言及作者答疑的形式向无知的人类宣讲神奇的石头地（the Imaginary Rock Foundation）：那里没有现世无处不在的两极对立现象，如好与坏、男与女、新与旧、真与假、古典与浪漫、短暂与永恒等等的两极对立；这一石头地小巧非凡，没人能进得去，因为它只有 5 厘米长 3 厘米宽，如同薄薄的卡片，背面刻着"没人属于它，但它属于每个人"（no one can belong to it/but it belongs to everyone）；此卡可以无限复制，不属于任何人，每个人都可以拥有它并运用它来回答自己各种各样的奇怪问题。至此，作者拿出一叠小巧的卡片撒向空中，卡片随之落到每个参会人员的桌

---

[1] David Hawkes tr., *The Story of the Stone*, Harmondsworth: Penguin Books, Vol. 1, 1973, p. 47.

前。琼斯的描画让读者不禁想起现代电脑的核心部件——硅片或者叫集成电路芯片。琼斯在其中隐含的或许是人类的网络生活时代吧？其行文如同曹雪芹的文字，也充满了各种各样的隐喻性话语。

接着，琼斯又跳出这个作者携石头参会的故事，安排了一个新的虚拟人物 Tinne Kanne，此人在无数时光流逝后为探寻生命短暂的奥秘偶然经过那个城堡并捡拾到一张当年作者抛撒的卡片。在超微科技的解码下，Tinne Kanne 发现芯片上刻的每个字母都包含了 12 000 个更小的字母，能拼出 2000 多个词，而这 2000 多个词就是一本书的一章，每一个章名以这一章所隐藏于其间的那个字母命名，如此这般，构成了人们现在正在翻阅的《众生的教育》。可见，琼斯是借此向读者解释其《众生的教育》的整个成书计划。我们看到这仅有的一章开首就以"chapter t"开始，且在这一章的章末，作者提醒我们要具体了解，请看接下来的"chapter h"。以此类推，读者也能猜到，如果有下下章的话，章名无疑就是"chapter e"。同时，我们也发现琼斯的篇末结语（But, gentle reader, if you wish to learn how that miracle was accomplished you will have to wait for the next chapter...）多么熟悉，一如英文版的"欲知后事，请听下回分解"。对比霍克思《石头记》第一回回末文字：If you wish to know what further calamity this portended, you will have to read the following chapter.（Hawkes, Vol. 1. p. 66），其模仿的痕迹是明显的。

此篇的后半部琼斯借用曹雪芹以无材补天之石与空空道人之间的对话来点明己作与众不同的价值所在，安排 Tinne Kanne 来质疑石兄（Brother Rock）《众生的教育》的创作方式及其意义与价值，并以石头之口向读者解释自己的创作安排、意图及其中所隐含的超前理念，提醒读者注意书中无处不在的文字游戏及暗示象征语。

可以说《众生的教育》虚实相间，在作品的布局谋篇上受霍克思《石头记》启发的痕迹非常明显，难怪琼斯会说自己的创作是"一个新的版本"[1]，也许可以称其为设计版的《石头记》? 琼斯在《众生的教育》开篇第一页左边写下了一段文字，直接说明文章与霍克思《石头记》的关系，值得在此全文引用："这篇文章的一些虽小但却重要的部分均借鉴自企鹅书局 1973 年出版的霍克思《石头记》第一卷。非常感谢大卫·霍克思鼓励我尝试这一新的版本。"[2]

（二）霍克思仿作《来自不信神祖父的信札》

最为神奇的或许是译者霍克思本人的文学创作也深受《石头记》影响。他 2004 年圣诞节在香港自费出版的书信体散文集《来自不信神祖父的信札》（ Letters from a Godless Grandfather ），既是霍克思生前出版的最后一本论著，又是霍克思唯——部非学术性的作品。虽然书中传达的内容不失严肃，包含了作者对人类语言、宗教和历史文化的最新思考，但其行文用语却相对轻松随意，并且脱去了学术写作的严谨，虚实相间、虚构与史实相联。此书极其珍贵，霍克思只印行了 500 本，每本均有编号，分送友人。[3]

与琼斯不同，霍克思在他的书信集中没有套用曹雪芹《红楼梦》的整个叙事模式，也没有渗入超自然力，他主要模仿的是曹雪芹虚实相生的写作手法。全书虽以虚构文学的形式展开，但书中很多处细节描写却又能与霍克思本人的生活片段相吻合。尤其是书信前的序言（或者可以叫作开场白）真假莫辨，能立时吸引住读者，让人不禁想起众说纷纭的曹雪芹《红楼梦》的开篇处理。

---

[1] John Chris Jones, "The Education of Everyone," *The Internet and Everyone*, London: Ellipsis London Ltd., 2000, p. 444.

[2] Ibid. p. 444.

[3] 按：笔者手中是标号第 73 本的《来自不信神祖父的信札》，蒙艾瑞克先生（Eric Abrahamsen，1978—）转赠。艾瑞克，汉名陶健，美国汉学家兼翻译家，曾在中央民族大学学习中文。于 2001 年来中国，近十年来致力于中国文学的对外推广工作。他的译作有王小波的《我的精神家园》（*My Spiritual Homeland*）、徐则臣的《跑步穿过中关村》（*Running Through Zhongguancun*）和为企鹅书局翻译的王晓方的《公务员笔记》（*Notes of a Civil Servant*）。

霍克思的序言落款很奇怪，不是通常的 D. H.，而是 H. D.，让读者自阅读一开始就不敢坐实一切。可是序言中这个 H. D. 的回忆又给人以似曾相识的感觉，H. D. 几年前受旧日同事之邀前往澳大利亚的堪培拉，在那里待了六七周，为同事执管的某个私立学院的一群年轻的毕业生做一些较为随意的指导。H. D. 说学院给他提供了附近的一个小客舍，但他大多数的周末是与自己的侄儿一家一块度过的，侄儿一家那时住在堪培拉这个大城市的外郊，家的旁边就是一丛灌木。侄儿家中有两个孩子，还养着两只狗。这一叙述不禁让人想起霍克思 1979 年下半年在堪培拉的经历。当年 9 月 17 日，刚译完《红楼梦》的霍克思携妻子琼抵达澳大利亚的堪培拉看望女儿梅瑞琦一家。其间受友人柳存仁邀请，"分别于 10 月 11 日、11 月 8 日和 11 月 21 日为澳大利亚国立大学的学生们做了三场关于《红楼梦》的公开讲座"[1]。柳存仁当时是该校教授、汉学系的主任，他是不是就是 H. D. 口中那个所谓的执管一所私立学院的"同事"？而柳存仁口中的"公开讲座"是不是 H. D. 所谓的"非正式的指导"？甚至 9 月至 11 月底的时间跨度也正好与 H. D. 口中的六七周相符。那侄儿一家是不是女儿梅瑞琦一家？梅瑞琦与闵福德不也正好是有两个孩子吗？类似的问题我们可以一直问下去，如果有兴趣的话。

H. D. 接下来的叙述更是真假难辨，他告诉我们，他所发表的这些书信是在此次堪培拉之行结束前的饯行会上遇到的一个年轻人托交于他的。这位年轻人 H. D. 连姓名也不知道，这些书信是这个只有一面之缘的年轻人翌日赶在 H. D. 上飞机前送来的，是年轻人学生时代时其祖父寄给他的一些信件。年轻人请求 H. D. 代为发表，如果不能发表也请他代为保管，因为自己已留有影印本。在飞机上匆匆读了一两篇，H. D. 觉得不适宜发表。

---

[1] Liu Ts'un-yan, "Green-stone and Quince," Rachel May & John Minford ed., *A Birthday Book for Brother Stone: For David Hawkes, at Eighty,* Hong Kong: The Chinese University Press, 2003, p. 49.

回到伦敦后一忙就是三年，三年后的一次春季大扫除才让这些亲笔信又浮现在 H. D. 眼前。这次细读，H. D. 决定为自己的忽视与粗心做些补偿，于是就有了 H. D. 费尽千辛终于呈现在读者眼前的这些怪异但善良、同时又充满学究味的老人的来信。故事这样叙述下去，我们觉得紧张、有趣，这个颇为神秘的开局，这个祖父与孙儿间的通信设计，令文中探讨语言、宗教与历史文化等思想的干巴巴的书信带上了那么一点人情味。书中的叙述有多少是真实的，在无法确切掌握当年霍克思具体生活细节的情况下，我们难以定夺，但有一点是可以肯定的，这些虚构的叙述中带有霍克思真实生活经历的影子。

全书正文共有 31 封信件，从威尔士语言、圣经、古兰经、犹太历史、耶稣，到达尔文、信仰、战争、隐形的世界、科学及道德等话题展开深入探讨，对伪善的宗教给予了犀利的批判，向往没有战争、人人平等的世界。这些信件在表达真知灼见的同时交织着不少事实，如第 28 封信祖父与孙子谈论战争问题时也提及了自己的成长经历，这个祖父的经历竟与霍克思本人的情况那么相符。祖父说他"出生在 1914 至 1918 年战争结束后差不多五年的时候"[1]，我们算算这正好是 1923 年，与霍克思的出生年份相同。祖父说"我是 6 个孩子中最大的一个"[2]，这也与《名人传》(Who's who) 中有关霍克思的介绍"下有弟妹 5 人"[3]相符。书中很多见解非常深刻，有关中国、有关宗教信仰等话题也是非霍克思这样汉学功底深厚的大家无法写出的。那么，此书真为霍克思所作？可是书前明言该老人是他人之祖！虚实之中，让人感慨霍克思运用《红楼梦》手法的娴熟。

---

[1] David Hawkes, *Letters from a Godless Grandfather*, Hong Kong, Christmas 2004, p. 252.

[2] Ibid. p. 252.

[3] *Who's who 1990, an annual biographical dictionary, one hundred and thirty-sixth year of issue*, New York: St. Martin's Press, 1990, p. 1014.

第四节　《石头记》的"归化"批评

一、关键概念：归化

　　要客观评价霍克思的《红楼梦》译本，首先要厘清"归化"这一关键性的概念。"归化"与"异化"相对，这一组词在我国学界曾有多种叫法，如"归化和洋气"[1]"同化和异化"[2]"归化和洋化"[3]"归化和西化"[4]等。可见，名称变化较多的是"异化"，"归化"除少数学者意见不同外，大部分学者都采用了一致的提法。"归化"一词的率先使用始于鲁迅先生，他在 1935 年的杂文《"题未定"草》中谈论正在进行的《死魂灵》翻译时提出了"归化"与"洋气"。我国学者讨论"归化""异化"问题大多会追溯到鲁迅。鲁迅原话完整引用如下：

　　　　动笔之前，就得先解决一个问题：竭力使它归化，还是尽量保存洋气呢？日本文的译者上田进君，是主张用前一法的。他以为讽刺作品的翻译，第一当作求其易懂，愈易懂，效力也愈广大。所以他的译文，有时就化一句为数句，很近于解释。我的意见却两样的。只求易懂，不如创作、或者改作，将事改为中国事，人也化为中国人。如果还是翻译，那么，首先的目的，就在博览外国的作品，不但移情，也要益智，至少是知道何地何时，有这等事，和旅行外国，是很相象的：它必须有异国情调，就是所谓洋气。其实世界上也不会有完全归化的译文，倘有，就是貌

---

[1] 鲁迅：《"题未定"草》，见罗新璋编：《翻译论集》，北京：商务印书馆，1984 年，第 301 页。
[2] 孔慧怡：《翻译·文学·文化》，北京：北京大学出版社，1999 年，第 152 页。
[3] 屠岸：《"归化"和"洋化"的统一》，见许钧编：《翻译思考录》，武汉：湖北教育出版社，1998 年，第 30—32 页。
[4] 叶子南：《论西化翻译》，见许钧编：《翻译思考录》，武汉：湖北教育出版社，1998 年，第 33 页。

合神离，从严辨别起来，它算不得翻译。凡是翻译，必须兼顾着两面，一当然力求其易解，一则保存着原作的丰姿，但这保存，却又常常和易懂相矛盾，看不惯了。不过，它原是洋鬼子，当然谁也看不惯，为比较的顺眼起见，只能改换他的衣裳，却不该削低他的鼻子，剜掉他的眼睛。我是不主张削鼻剜眼的，所以有些地方，仍然宁可译得不顺口。[1]

鲁迅在我国近现代文学翻译史上，历来是"硬译"（即"异化"）的代表，国人对其有关"归化"的观点注意不多。实际上，上述所引话语可谓我国"归化"含义的源头，值得细读。从中我们能找到鲁迅先生对"归化"的朴素定义，即"易懂"或者说"顺口"，可通过"一句化为多句""近于解释"的翻译来达到。鲁迅先生对"归化"与"异化"表达了明确的态度：翻译时适度的"归化"犹如"改换他的衣裳"，是必不可少的，而完全"归化"的情况则犹如对原作"削鼻剜眼"，不足为取；"归化"的对立面为"洋气"，即"有异国情调"或者说"保存着原作的丰姿"；"归化""异化"，在翻译中，理论上需要兼顾但实践中却难以两全，作为译者，鲁迅选择"异化"为先。

　　60 年代提出"化境"说的钱钟书，向来被看作鲁迅翻译主张的不同论者，但重读其 1964 年《林纾的翻译》一文中所说的"化"，我们却发现其与鲁迅实质上别无二致。钱钟书这样写道："文学翻译的最高标准是'化'。把作品从一国文字转变成另一国文字，既能不因语文习惯的差异而露出生硬牵强的痕迹，又能完全保存原有的风味，那就算得入于'化境'。"[2]这样的"化"不就是鲁迅口中"归化"与"洋气"的统一吗？

〔1〕鲁迅：《"题未定"草》，见罗新璋编：《翻译论集》，北京：商务印书馆，1984 年，第 301 页。
〔2〕钱钟书等著：《林译小说丛书：林纾的翻译》，北京：商务印书馆，1981 年，第 18 页。

334

　　70 年代后，西方翻译理论界出现了文化转向，约二十年后，我国翻译界的"归化"讨论也逐渐融入了文化视角，不过，这是从更宽广的视域肯定鲁迅及钱钟书等前辈学者的观点而不是推翻。以 90 年代南京大学西语系翻译研究中心主持的全国性"《红与黑》汉译读者意见征询"为例，当时的问卷调查第一部分的第四问即"文学翻译语言应该带有'异国情调'，还是应该完全归化？"显然这个问题不无鲁迅思考的回响。根据许钧、袁筱一事后所作的《为了共同的事业——〈红与黑〉汉译读者意见综述》，我国大部分读者主张在异国情调和完全"归化"之间寻找一个度，既不能一味追求洋味，也不能一味要求"归化"，文学翻译不仅是文学交流，还是文化交流。[1]翻译研究者孔慧怡曾一针见血指出，"归化""异化"实为"翻译时面对文化差异的中心问题"，并揭示出二者的判定标准是译入语文化而不是源语文化，以中译英为例，"也就是应该以当代英语文化习惯为常规；故意违反此等习惯的做法，就称为'异化'"。[2]

　　综上，我国学者有关"归化""异化"的讨论至此已有半个多世纪，经历了从翻译的语言文字讨论到文化层面思索的提升。这一延续性的讨论与西方 20 世纪末兴起的"归化""异化"论实际有着本质性的差别。21世纪初，我国曾有个别颇有远见的学者从语言学视阈与后殖民视阈[3]或语言层面和文化层面[4]区分与界定传统的"归化"概念与意大利裔美国学者韦努蒂（Laurence Venuti）新提出的"归化"概念。事实上，语言学视阈下的"归化"/"异化"或者说语言层面的"归化"/"异化"虽然是处理文化问题，但其讨论的是文本内的文化即原作所含的文化因子的处理问题。而后殖民视阈下的"归化"/"异化"或者说文化层面的"归化"/"异

〔1〕许钧编：《文字·文学·文化——〈红与黑〉汉译研究》，南京：南京大学出版社，1996 年，第 79-100 页。
〔2〕孔慧怡：《翻译·文学·文化》，北京：北京大学出版社，1999 年，第 152 页。
〔3〕刘艳丽，杨自俭：《也谈"归化"与"异化"》，载《中国翻译》2002 年第 6 期。
〔4〕罗选民：《论文化／语言层面的异化／归化翻译》，载《外语学刊》2004 年第 1 期。

化"，则是处理文本外文化，关注的是社会、政治、经济、意识形态等相关大文化的强弱与翻译间的关系。因之，我国传统的"归化""异化"概念立足于两国语言、文化平等的基础之上；而韦努蒂的 domestication/foreignization，其论域"都是以强势文化为预设背景的，都是以弱势文化文本译入强势文化为讨论对象的"[1]。

韦氏的 domestication 概念借用的是德国学者施莱尔马赫 1813 年演讲中针对翻译的阐释学理解，但施莱尔马赫植入了政治、文化、意识形态背景。《译者的隐身》（ *The Translator's Invisibility: A History of Translation*，1995）一书开篇第一章，韦氏即给出了"归化"的著名定义，后来的论者广为引用，原文如下：

> 施莱尔马赫承认（他用了限定语"尽可能"）翻译永远也无法完全传达原文，他允许译者在两种翻译方法中做出选择：一种是"归化法"，即从民族中心主义出发，使原文屈从于目的语的文化价值观，将作者带回本国；另一种是"异化法"，即偏离民族中心主义，压制目的语的文化价值观，标示原文的语言和文化差异，让读者走出国门。[2]
>
> Admitting (with qualifications like "as much as possible") that translation can never be completely adequate to the foreign text, Schleiermacher allowed the translator to choose between a domesticating method, an ethnocentric reduction of the foreign text to target-language cultural values, bringing the author back home,

---

〔1〕葛校琴：《当前归化／异化策略讨论的后殖民视阈——对国内归化／异化论者的一个提醒》，载《中国翻译》2002 年第 5 期。

〔2〕〔美〕韦努蒂：《译者的隐形——翻译史论》，张景华等译，北京：外语教学与研究出版社，2009 年，第222 页。

336

and a foreignizing method, an ethnodeviant pressure on those values
to register the linguistic and cultural difference of the foreign text,
sending the reader abroad.[1]

　　韦氏的定义添加了后殖民视阈，翻译方法选择也随之附加了屈从或反抗译入语文化价值观的隐含义，并被贴上了"民族中心主义"或"去民族中心主义"的政治标签。正如夏致远（Mark Shuttleworth）、考伊（Moira Cowie）在《翻译学词典》（*Dictionary of Translation Studies*, 2004）中的评点，"对韦努蒂而言，'归化'一词因其与英美主流文化的一种普遍政策相认同而具有负面的内涵"[2]。"归化"作为一种翻译方法，原本是翻译过程中最为普遍也是不可或缺的部分，"翻译必然是介于异和同之间而又同时带有二者特征的一种实践"[3]。韦努蒂提出"归化""异化"理论的原意在于抵制英美其时流行的翻译理论与实践，通过彰显外语文本的语言与文化差异，提请译文读者及译者反思翻译中所谓的"民族主义暴力"。因而他在划分时进行人为对立，将自 17 世纪以来几百年的英语翻译历史简单地描绘为通顺式"归化"翻译的天下，安之以文化帝国主义、霸权主义的居心，而赋予其对立面——阻抗式"异化"以抵抗英语国家文化霸权的道德光环。韦氏这样的概念推导与论证，实际无限缩小了"归化"的内涵，并最终导致了"归化"与文化霸权及文化帝国主义纠缠不清的恶果。

　　如果说 21 世纪引入我国的韦氏"归化"概念属于后殖民视阈的话，那么我国传统的"归化"概念实际上归属语言学视阈。当前，我国不少学者正是因为混用着中外这两种不同视阈下的"归化"概念，从而

---

[1] Lawerence Venuti, *The Translator's Invisibility, A History of Translation*, Shanghai: Shanghai Foreign Language Education Press, 2004, p. 203.

[2] Shuttleworth Mark & Cowie Moira, *Dictionary of Translation Studies*. 上海：上海外语教育出版社，2004, p. 44.

[3] 刘亚猛：《韦努蒂的"翻译伦理"及其自我解构》，载《中国翻译》2005 年第 5 期。

导致有关《红楼梦》译本的"归化""异化"讨论走入了歧途，洪涛曾以"遭人蹂躏的译者"[1] 来描述霍克思等译者在译论者批评话语下的无声处境。

二、《石头记》中的"归化"辨析

霍克思在《红楼梦》翻译中有如下使译作"易懂""顺口"之举。如在翻译底本上，他针对原作无定本的情况采取了"不符学术规范"[2] 之法，即以一百二十回程高本为主，在翻译过程中随时根据此本出现的叙述逻辑矛盾，综合其他版本文字尤其是八十回抄本系统的文字，以使译本有一个周全的叙述逻辑与一个完美的故事展示。而在翻译策略上，基于当时的历史语境所限，霍克思为在译本的可读性上加强文学效果，采取了"以地道英语生动再现异域文化"等等一系列举措。译本完成后，霍克思又按故事情节发展顺序将其分为五卷，每卷分取卷名，并撰写了学术分量厚重的长序及附录，广涉《红楼梦》成书与流传过程等话题，此外还在其中向读者交代了译者对一些疑难点的处理方法，说明了译者在翻译中所遵循的原则。

总之，从翻译底本的选择，到译作具体翻译策略的运用，再到译作体例编排，均是译者帮助读者以较快的速度、从较高的水准走进原作故事的有心之举，亦可谓是帮助原作走向读者的"归化"之举，原作也因此变得"易懂""顺口"。从我国传统的"归化"概念来看，不可否认，霍克思《红楼梦》翻译确实是一种"归化"翻译，但并不是韦氏所谓的"归化"。

---

[1] 洪涛：《女体和国族：从〈红楼梦〉翻译看跨文化移殖与学术知识障》，北京：国家图书馆出版社，2010年，第1页。

[2] Connie Chan, "Appendix: Interview with David Hawkes," *The Story of the Stone's Journey to the West: A Study in Chinese-English Translation History.* Conducted at 6 Addison Crescent, Oxford, Date: December 7th, 1998, p. 327.

338

霍克思的"归化"是译者基于当时中西交流的现实境遇、翻译目的及《红楼梦》自身文体而采取的翻译策略。具体而言，首先，20世纪60至70年代，中英交流处于几乎阻塞的状态，这一状态要求译者在文本处理上多采取"归化"手段。其次，霍克思、闵福德师徒着手翻译《红楼梦》全本"是出于对原作本身的热爱"，希望"能将他们所感受到的小说魅力传达一些给别人"[1]，因而更注重可读性。为了这一目标的实现，霍克思在翻译中采取了"归化"手段。再次，《红楼梦》属于中国古典小说，译者在英译时所进行的是文学翻译，译作的好坏评判最终取决于基于准确性之上的可读性。"异化"处理也许能保证原作得到完整再现，但却无法带来"归化"翻译所具有的文学感染力。

正是基于上述原因，霍克思选择了"归化"翻译。虽然有些"归化"之举有过度之嫌，譬如"改红为绿"及"去红"现象，在新的中英交流语境下完全可以考虑重新修改，但大多数"归化"之举在当时确有其存在的必要。如果译者明明意料到某种译法或某段译文可能会引起译入语读者误读，他却不采取任何措施而放任自流，这才是一种文化霸权意识。

三、《石头记》的评价问题

综上所述，"归化"概念在我国有传统语言学视阈下的"归化"和新世纪韦氏后殖民视阈下的"归化"之分，两者论域不同、本质不同，讨论译作时混用二者易造成翻译批评的混乱。后出的韦氏"归化"概念论域狭窄，我国学者盲目拿来机械套用，其中的风险自不待言。霍克思的《红楼梦》译本中确实有不少"归化"之举，但此"归化"非彼"归化"，译评者如以上升到文化霸权意识高度的韦氏"归化"概念来为霍译本粘贴标

---

〔1〕刘士聪编：《红楼译评——〈红楼梦〉翻译研究论文集》，天津：南开大学出版社,2004年，第7,11页。

签并大肆挞伐，实有不当之嫌。孔慧怡曾提醒，"翻译批评者自身也需要检视可能带有的偏见"[1]。

应该指出，霍克思的《红楼梦》译本作为经典译作，在未来很长一段时间里都将无法被超越与替代。译本的价值应该得到肯定，译者的经验教训也值得后人好好总结与借鉴。

---

[1] Rosemary Roberts, "Chinese Literature Translation Workshop," *Asian Studies Review*, Vol. 18, No. 3, 1995, p. 135.

第六章　潜心修订《楚辞》译著

　　霍克思《楚辞》英译全本初版诞生于 1959 年，译著译中有论，是霍克思正式出版的第一本集研究与翻译于一体的专著。该本自问世起即获得了西方汉学界的普遍肯定与高度赞誉，他的译文与其中的观点广为汉学研究者所征引。霍克思以较为准确与可读的译文首次成功地将中国"总集之祖"的《楚辞》原貌向西方展示，并带去远古中国神奇的荆楚文化。在中英文学交流史上，20 世纪中下叶英语世界也因之才有了第一部《楚辞》全译本，而且此译本也是英语世界至今唯一一部全译本，霍克思的译介功不可没。

　　初版中占主体的英译部分直接来自其博士论文，论的部分则是根据其博士论文相关内容大量删减、简略而成的文字，注释方面，"只列出了非注不可的一批注释，旨在向西方读者展示译者所理解的译本而不在于展示论证过程"[1]，"希望那些想要了解中国早期诗歌与神话的非专业读者也能对此译本产生兴趣"[2]。该译著出版后很快绝版，70 年代中后期始，霍克思陆续接到格林伍德出版社（Green Wood Press）、企鹅书局、哥伦比亚大学出版社等出版社的接洽，希望重印或再版《楚辞》译作。1979

---

〔1〕David Hawkes, "Textual Notes, " *Ch'u Tz'ǔ, the Songs of the South: An Ancient Chinese Anthology*, London/ Boston: Oxford University Press/Beacon Press, 1959/1962, p. 183.

〔2〕David Hawkes, "Preface, " *Ch'u Tz'ǔ, the Songs of the South: An Ancient Chinese Anthology*, London/ Boston: Oxford University Press/Beacon Press, 1959/1962, p. vii.

年 3 月，霍克思完成了既定的《红楼梦》前八十回的英译工作，随即启动了《楚辞》的英译修订。

霍克思的新《楚辞》改了哪些，改了多少，耗时多久，他在 1982 年 12 月 6 日给闵福德的信中有一段谈及这些问题："我花了近一年时间给我的新《南方之歌》撰写了长达 80 页的总序，修订了《离骚》译文，将之前'同上'的注释重新补全信息。给雷迪斯寄去后，目前还没回音，不妙的沉默，但愿她不会太失望。"[1] 此信表明，迟至 1982 年底，霍克思已完成了《楚辞》修订，换而言之，他的《楚辞》修订工作约历时三年半。

纵向对比霍克思《楚辞》英译的初版与修订版两个版本，同时选取阿瑟·韦利的《九歌》译本、杨宪益、戴乃迭伉俪 20 世纪 50 年代完成的译本《〈离骚〉与屈原其他诗作》和孙大雨 20 世纪 70 年代完成的译本《屈原诗选英译》作为横向参照，我们可以回答为学界忽视、霍克思本人也语焉不详的关于相隔约三十年的两版译文的具体改动问题，了然霍克思完成《红楼梦》前八十回英译后下一重要汉学活动的历程与成就。

第一节　《楚辞》译文修订

译者认为修订版译文最大的改动是用现代汉语拼音替代威氏拼音，此改动属技术性问题，点明即可，无须讨论。其他的改动主要体现在诗题、字词、句式、人称和语意等方面，除个别地方与原版相比有很大变化外，大部分属于微调，或使诗题更恰当，或使字词更准确，或使语句更整饬，或使指代更明朗，或使语意更到位。下面，我们分项逐一归类讨论这些主要改动。

---

[1] John Minford's Hang Seng University Lecture in Hong Kong, April 14th, 2018.

一、诗题的恰当

修订版的一个改动体现在各首译诗的诗题上，如《河伯》诗题由初版的 "The God of the Yellow River" 改为 "The River Earl"，不仅更为简洁且更为准确地再现了所咏神是 "伯" 而不是 "帝"。《山鬼》诗题初版为 "The Mountain Goddess"，修订版为 "The Mountain Spirit"，用 "Spirit" 代 "Goddess" 来译 "鬼" 更加准确。《国殇》诗题初版为 "The Spirits of the Fallen"，再版改为 "Hymn to the Fallen"，更能表达原作的用途。《礼魂》诗题原版为 "The Ritual Cycle"，修订时改为 "Honouring the Dead"，更为准确与达意。

二、字词的准确

"夕余至乎县圃" 中的 "县圃" 一词，初版时为 "the Garden of Paradise"，修订版中改为 "the Hanging Garden"，用 "Hanging" 明显比用 "Paradise" 来修饰 "Garden" 更能体现中国神话中 "县圃" 的含义。再如 "溘吾游此春宫兮" 中的 "溘" 字的英译：

> I thought to amuse myself here, in the House of Spring.（p. 29, 1959）
>
> Here I am, suddenly, in this House of Spring.（p. 74, 1985）

"溘" 字何义？王逸注为 "奄也"。对比霍克思在初译和改译中对 "溘" 字的处理，更能看出改译的妙处。"聊假日以媮乐" 中的 "假日"，初版为 "snatch some time"，修订版改为 "borrowing the time"，形象传达出 "假借" 之意。又如 "怨灵修之浩荡兮，终不察夫民心"，初版与修订版对比如下：

> What I do resent is the Fair One's waywardness:
>
> Because he will never look to see what is in men's hearts. (p. 24,
>
> 1959)
>
> What I regret is the Fair One's waywardness,
>
> That never once stops to ask what is in men's minds. (p. 70,
>
> 1985)

两句所表达句意并没有实质变化，也就是说霍克思并没有颠覆自己原有的翻译，但只要细心体会他改动的字词，就能发现其中的恰当性、准确性。修订版中的"regret"显然比初版的"resent"一词更加恰当，屈原对于灵修即怀王的"怨"是臣子对君王的"怨"，幽怨的成分多于怨懑。下句中的"never once stops to ask"也比"never look to see"更为形象，语气也更为强烈，表达出了屈原对怀王的殷切希望与幽幽指责。

《九歌·少司命》篇"荪独宜兮为民正"，霍克思译文如下：

> You only, lord, are worthy to be judge over men. (p. 41, 1959)
>
> You only, Fragrant One, are worthy to be judge over men. (p.
>
> 112, 1985)

修订版中霍克思只换了一个"荪"的译文，但却很显功夫。"Fragrant One"不仅完成了人称指代任务，而且妙译出了"荪"的香草本义。

> 韦译文：Yes, you alone are fit to deal out justice to the people.
>
> (p. 42)

杨戴译文：You only, Lady, can my heart delight.（p. 53）

参看其他两家译文，韦译文只用一个"you"，弱化"苏"之意为"你"，没有霍译文的传达效果好；因为认为少司命是女神，故杨戴译文呼之为"Lady"，完成了原文的交际功能，但未照应到与"苏"本义的契合。再如《天问》"逢彼白雉"中的雉，据闻一多考为"兕"，白犀牛，霍克思初译时用"white ox"，修订版中则改为更为准确的"white rhinoceros"。

三、句式的整饬

诗句"高余冠之岌岌兮，长余佩之陆离"对仗工整，比较初版与修订版：

High towered the lofty hat on my head;

The longest of girdles dangled from my waist.（1959）

Higher still the hat now that towered on my head,

And longer the girdle that dangled from my waist.（1985）

一眼即可看出修订版句式更为整饬。词性上形容词、名词、连词、动词、介词短语上下句一一对应，且与原作排列也基本相似，比初版语句气势表达上更到位。

四、指代的明朗

还有一种改动，是因汉语句子主语常承前省或因其意在汉语上下文中未予明说，这些情况在汉译英时易造成阐释混乱。如《远游》中有4句，

"命天閽其開關兮，排閶闔而望予。召豐隆使先導兮，問大微之所居。""排閶闔而望予"是诗人承前省继续陈述所命之事呢？还是前句为命，下句为受命人的反应呢？同理，"召豐隆"句也有此问题。

> I bade heaven's gate-keeper open up his doors,
>
> And he pushed the portals open and looked out at me.
>
> I summoned Feng Lung to lead the way ahead,
>
> And asked where the Palace of the Great Mystery was.（p. 84, 1959）

> I bade heaven's porter open his barrier,
>
> And stand by his gate awaiting my arrival.
>
> I summoned Feng Long; I made him ride ahead
>
> And ask the way to the Palace of Mystery.（p. 196，1985）

霍译两版对施动者的理解显然不同，哪个是准确的阐释？参看孙译文，其理解与霍译修订版相同，也就是说霍克思修订版看来是改对了。孙译文如下：

> I call to Heaven's Porter to ope his portal,
>
> To push apart Sky-gates and wait for me.
>
> I summon Feng-loon as my van-courier,
>
> To lead me to where T'ai-wei's ten stars be.（p. 325）

《九歌·河伯》"鱼鳞屋兮龙堂"，霍克思两版译文如下：

> Of fish-scales is my palace, with a dragon-scale hall.（p. 42, 1959）

Of fish-scales his palace is, with a dragon-scale hall.(p. 114, 1985)

两版虽只差一个物主代词，但却准确了不少。此屋与此堂均属河伯，而不归迎神之巫。

五、语意的到位

《哀命》"含素水而蒙深兮，日眇眇而既遠"，霍译两版译文如下：

With the clean water in my mouth and the deeps above me,

Farther and farther I drifted in the distance.(p. 130, 1959)

And as I lay, mouth full of water, deep below the surface,

The light of the sun seemed dim and very far above me.(p. 255, 1985)

此句应为描述沉入江底的诗人口中含水在深水中漂荡，恍惚见到日头高高在上，并有渐而远去之感。霍译初版中未译好的"蒙深"与"日眇眇既遠"都在修订版的译文中得到了很好的阐释。同卷另一句"戲疾瀨之素水兮"，霍克思译文如下：

I sported among the white water's rushing shallows.(p. 131, 1959)

Standing in the pellucid water of the rushing shallows.(p. 255, 1985)

关于"素水"，初版的翻译显然有问题，"white water"是什么，让人纳闷；修订版中的 "pellucid water"（清水）才解释清楚了它的含义。

再如《九叹·远逝》"顺風波以南北兮"，霍克思译为：

So I followed wind and waves, drifting from south to northward.
（ p. 159, 1959 ）

So, following wind and waves, I drifted southward.（ p. 291,
1985 ）

修订版中对 "南北" 一词的改动很见功夫，初版是直译，看似完全相同，其实语意上难通，诗人到底是向南还是向北去？霍克思在修订版中据上下文译出了 "southward"（南行）。同篇 "頹流下隰，身日遠兮"，霍译文如下：

But my powers fail and I sink farther each day in decline.（ p.
159, 1959 ）

But my powers fail and I drift farther and farther in exile.（ p.
291, 1985 ）

初版直译 "下隰" 与 "日遠"，但 "sink... in decline" 令人费解，修订版中改为 "drift... in exile"。一个 "in exile" 解释了原因，一个 "drift" 译出了诗人见放后的 "徘徊、游荡"，比初版表意清晰、到位。再如同卷《九叹·忧苦》篇 "外彷徨而遊覽兮"，霍译文如下：

Outwardly a vagrant, aimlessly wandering.（ p. 162, 1959 ）
Outwardly idle wanderer, gazing on the passing scene.（ p. 294,
1985 ）

348

初版"vagrant"和"aimlessly wandering"有同义反复之嫌，原作"彷徨"
与"遊覽"是各有侧重的两词，修订版中用"idle wanderer"译"彷徨"，
用"gazing on the passing scene"译"遊覽"，比初版混为一谈为佳。再如
同篇中的"愁獨哀而冤結"，霍克思的两版译文为：

> In lonely grief I sorrow, that only brings frustration.（p. 158,
> 1959）

> In loneliness I grieve, nursing my bitter wrongs.（p. 289, 1985）

两版的主要差别在于对"愁獨哀"与"冤結"间"而"字的阐释上。初版
用非限制性定语从句相接，"冤結"成了"愁獨哀"的结果，这样的理解
不对；修订版予以修正，用伴随状语表示前后为同时进行的两个动作，此
阐释为佳。

又如《九歌·大司命》"愿若今兮无亏"的翻译：

> I only wish the present could always stay the same.（p. 40,
> 1959）

> If we only could stay as we were, unchanging!（p. 111, 1985）

此句从表面看很简单，表达诗人希望一切都如此刻，没有亏缺。但如深问
一句，诗人到底吟咏的是什么？他想不变的是什么？则一时回答不上来。
结合上下文背景，此句前为"愁人兮奈何"，此句后为全诗结尾"固人命
兮有当，孰离合兮可为？"中间的这句"愿若今兮无亏"，应该是扮巫祈
神之人怨叹所祭之神来去匆匆，相聚的时间过短而发之心愿。初版中，霍
克思只是照字面直译出来；修订版中，霍克思的体会显然加深，译出了
"要是我们能永远停留在刚才那一刻该多好！"的好句子。

韦译文：If only it could be forever as this time it was!（p. 38）

杨戴译文：I vow henceforth from Trespass to refrain.（p. 49）

参看其他两种译本，韦译文是直译；杨戴译文"我因之发誓不再愁人"很好地呼应了上半句"愁人兮奈何"，但与诗尾"离合"之说的应和则稍逊一等。

六、存疑处改回传统注本之见

我们在 1985 年版中发现了好几处霍克思因对 1959 年版中的推论没有把握而改回传统注解的地方。如《离骚》"余虽好修姱以鞿羁兮，謇朝谇而夕替。既替余以蕙纕兮，又申之以揽茝"的翻译：

I have always loved pretty things to bind myself about with,

And so mornings I plaited and evenings I twined.

When I had finished twining my girdle of orchids,

I plucked some angelicas to add to its beauty.（p. 24, 1959）

Though goodness and beauty were my bit and bridle,

I was slandered in the morning and cast off that same evening.

Yet, though cast off, I would wear my orchid girdle;

I would pluck some angelicas to add to its beauty.（p. 70, 1985）

这里的理解有争议，尤其是第 2 句"謇朝谇而夕替"，对照两版译文可发现均不相同。这里是修订版译文与初版译文大相径庭的少数几处之一。王逸认为"谇"为谏，"替"为废；洪兴祖补充"谇"作讯，意为告。初译时，霍克思没有接受王、洪的观点，而是赞同闻一多的校补，认为此处"谇"当为"綷"，两个"替"字均是带"纟"的"缀"，均为约束之意，"表示朝夕取芳草自缚束其身以为佩饰也"[1]，故而其译文出现的是"plaited"和"twined"这样的词眼。三十年后的修订，霍克思显然接受了较为通行的解释，回到了王逸和洪兴祖的阐释上来。不过，在理解"谇"之意时，还是出现了偏差，霍克思译文中所表达的"谇"成了"诽谤、中伤"之义，与原作是否恰适仍待商榷。参看杨戴译文：

> Though I my Gifts enhanced and curbed my Pride,
> At Morn they'd mock me, would at Eve deride;
> First cursed that I Angelica should wear,
> Then cursed me for my Melilotus fair.

再如霍克思《云中君》"龙驾兮帝服"的翻译：

> He yokes to his dragon car the steeds of god.（ p. 37, 1959 ）
> In his dragon chariot, dressed in imperial splendour.（ p. 104,
> 1985 ）

此句译文改动较大，初版中霍克思认为"龙"前脱一"乘"字，"服"为驾车的马匹，并举出《远游》"服偃蹇以低昂兮"中"服"字的用法为例。故而译文被改动成了"给为帝驾车的马匹套上龙车"。修订时，霍克思显然觉得这样的理解与改动理由不充分，故译文回到了"帝服"的通常义。参看各家译文：

---

[1] 闻一多著，李定凯编校：《楚辞校补》，成都：巴蜀书社，2002年，第6页。

韦译文：In dragon chariot and the vestment of a god.（p. 27）

杨戴译文：In queenly Robes, Dragons as Steeds to ride.（p. 37）

孙译文：In a car by dragons drawn, in flowery gown.（p. 239）

韦译文、杨戴译文和孙译文中的"帝服"义都基本指帝王之衣，因杨戴译文及孙译文认为云中君为女神，故一个用了"qeeenly"，一个用了"flowery"来修饰服饰。三家对"帝服"理解相同，霍译修订版的更改是正确的。

《山鬼》"余处幽篁兮终不见天，路险难兮独后来。表独立兮山之上，云容容兮而在下。杳冥冥兮羌昼晦，东风飘兮神灵雨"，前后两版霍译文如下：

I am in the dense bamboo grove, which never sees the sunlight,

A place of gloomy shadow, dark even in the daytime.

Solitary she stands, upon the mountain's summit:

So steep and hard the way is, that I shall be late.

The clouds' dense masses begin below me.（p. 43, 1959）

'I am in the dense bamboo grove, which never sees the sunlight,

So steep and hard the way is, therefore I am late.'

Solitary she stands, upon the mountain's summit:

The clouds' dense masses begin below her.

From a place of gloomy shadow, dark even in the daytime.（p.

116, 1985）

此段话两版文字基本相同，不同的是句序。初版中霍克思认为原作句序不协韵，故而进行了重排。查王力《楚辞韵读》中的分析，前两句之部韵，后几句属于鱼部韵，并没有乱韵现象。[1]许是因为对乱韵现象缺乏把握，修订版中霍克思改回了原作的句序。参照其他两种译本，均未改动句序，译文如下：

> 韦译文：I live in a dark bamboo grove, where I never see the sky;
>
> The way was perilous and hard; that is why I am late
>
> for the tryst.
>
> High on the top of the hill I stand all alone;
>
> Below me the clouds sweep past in droves.
>
> All is murk and gloom. Ch'iang! Darkness by day!（p. 53）
>
> 杨戴译文：Where Reeds gloom darkly and obscure the Day,
>
> Late am I come through steep and weary Way;
>
> I stand alone upon the Mountain's Head,
>
> While multitud'nous Clouds beneath are spread.
>
> The Day is wild, with darkling Gloom increased.（p. 61）

第二节　修订标准

1967年霍克思学术论文《女神的求索》中出现了《离骚》译文片段和《湘君》的全译，文字上与1959年版及1985年版《楚辞》英译均有差异，尤其是《湘君》全译与1959年版《楚辞》英译相比有较大改动。《女神的求索》正好给我们提供了霍克思1985年《楚辞》修订版与1959年《楚

---

[1] 王力：《楚辞韵读》，上海：上海古籍出版社，1980年，第20-21页。

辞》初版比对讨论的好机会，从中我们能更为准确地找到霍克思修订《楚辞》的标准。

一、《离骚》的片段译文

霍克思的《楚辞》修订更倾向于初版译文，而不是1967年的改进译文。

如"朝发轫于苍梧兮，夕余至乎悬圃；欲少留此灵琐兮，日忽忽其将暮；吾令羲和弭节兮，望崦嵫而勿迫；路曼曼其修远兮，吾将上下而求索"的翻译：

1967年译文[1]：

94. In the morning I start my journey from Cangwu;

In the evening I arrive at the Garden of Paradise.

95. I should like to stay at while in these divine precincts,

But the day is swiftly drawing towards evening.

96. So I order Xihe to halt the pace

And overlook Yanzi mountain without going in.

97. The road is very long and far:

I shall go up and down in it seeking a mate.

1959年译文：

94. In the morning I started on my way from Ts'ang-wu;

In the evening I came to the Garden of Paradise.

95. I wanted to stay at while in those fairy precincts,

But the swift-moving sun was dipping to the west.

---

[1] David Hawkes, "The Quest of the Goddess," David Hawkes, *Classical, Modern and Humane Essays in Chinese Literature*, John Minford & Siu-kit Wong ed., Hong Kong: The Chinese University Press, 1989, p. 123.

354

96. I ordered Hsi-ho to stay the sun-steeds' gallop,

   To stand over Yen-tzǔ mountain and not go in.

97. Long, long had been my road and far, far was the journey:

   I would go up and down to seek my heart's desire.

1985 年译文:

185. I started out in the morning on my way from Cang-wu;

   By evening I had arrived at the Hanging Garden.

   I wanted to stay at while in those fairy precincts,

   But the swift-moving sun was dipping to the west.

   I ordered Xi-he to stay the sun-steeds' gallop,

   To stand over Yan-zi mountain and not go in;

   For the road was so far and so distant was my journey,

   And I wanted to go up and down, seeking my heart's desire.

首先，时态上 1985 年版和 1959 年版一样，采用的是过去时的叙述，而 1967 年版用了一般现在时。这是一个较明显的区别。其次，在译文用词上，1985 年版和 1959 年版相同处为多：如"灵琐"1959 年版用的是"fairy precincts"，1967 年版霍克思换用了"divine precincts"；"fairy"，仙女、仙境，符合中国神话传说的背景，"divine"，神性、神圣的，是基督教背景下的词汇，1985 年版又回到了 1959 年版的"fairy"。"日忽忽其将暮"，1985 年版和 1959 年版都为"But the swift-moving sun was dipping to the west"，而 1967 年版霍克思试图去掉落日意象，直接换用"But the day is swiftly drawing towards evening"这样简洁直白的表达。虽然语意表达上完全没有问题，在中文里，"日"既可解作"太阳"，也可解作与"夜"相对的"白天"。《离骚》此句中"日"的意象性本就不是太强。不过，我们从霍克思 1985 年修订时仍沿用 1959 年的表达来看，传递给我们一个这样的信息，即在原作既可处理成意象也可去掉意象的情况下，霍克思最终还是偏向保留诗歌意象。

　　"吾令羲和弭节兮"中的"弭节"，1985 年版又是与 1959 年版保持一致，用的是"stay the sun-steeds' gallop"，而 1967 年新换的译法为"halt the pace"。这也是同样的问题，1967 年版过于直白，只达意而没有原作的雅致与形象。"望崦嵫而勿迫"，同样是 1985 年版与 1959 年版相同，用"To stand over Yan-zi mountain and not go in"[1]，而 1967 年版用的是"And overlook Yanzi mountain without going in"。1985 年版与 1959 年版不同的是"望"的翻译，1967 年版强调的是"看"（overlook）而其他两版强调的是"立"（stand over）的感觉：诗人立于某处，眼光扫掠过整座崦嵫山的意境似乎比"overlook"只有眼光扫视这一层含义来得更丰富些。更重要的区别在后面"勿迫"的翻译上：1967 年版的翻译"without going in"用的是介词结构，属于一种伴随状态，是从属性的，重点落在前译"overlook"上；"望崦嵫而勿迫"更偏向于一种并列结构，"望"和"勿迫"（不靠近）是同样重要的两个动作，1959 年版用"and"并列显然处理得比 1967 年版更好，故而 1985 年版也因此对此加以保留。

　　最后一句"吾将上下而求索"，1985 年版也是基本采用了 1959 年版的表达，与 1967 年版的主要差异在于"求索"一词的翻译上：1959 年版和 1985 年版用的是"seek my heart's desire"；而 1967 年版在讨论"女神的求索"这样的背景下，霍克思把此词译为"seeking a mate"。从"女神的求索"来解读《离骚》只是一种方式，如果把它实译，显然没有"seek my heart's desire"更为含蓄，且以"seek my heart's desire"译"求索"也比"seeking a mate"包容性大。

---

[1] 按：1985 版把 1959 版的威氏拼音全部改为现代汉语拼音，这点不同前文论述中已指出，此处《离骚》与《湘君》等译文讨论时不作为不同点列入。

1985 年版唯一没有依从 1959 年版的就是"县圃"一词的翻译，它依原文直译为"the Hanging Garden"，然后在整首译诗结束后的注释中单列"县圃"条目加以说明。"县圃：昆仑山巅的人间乐园。昆仑山据说外形呈金字形，一层层越往上越小。县圃在昆仑山腰。在中国古代天文书中，昆仑山被描述成天神在人间的脚凳和通向上天的门槛。屈原飞升到昆仑山后主要就是一场太空巡游。昆仑山作为世上最高的一座山脉，自然是古代太空巡游者飞升的合适地点。"[1]这样，霍克思就为西方读者引入了一个原本对他们来说陌生而新奇的事物。而 1967 年版和 1959 年版用的都是经过类化处理的天堂之园（the Garden of Paradise）。从"县圃"的翻译，我们就能明白霍克思在修订版序言中所说的"只修改那些我相当确定译文不对的地方"（altering only what I am fairly certain was incorrect）[2]。

从以上三个版本的《离骚》片段译文的分析可知，1985 年版基本上保留了 1959 年版的译文。除非有确定的错误，霍克思从不擅改 1959 年版的译文。

二、整首《湘君》的翻译

1967 年霍克思撰写《女神的求索》时对《九歌·湘君》有了与 1959 年不同的理解，故在此文中提供了新译文。此译文除"遗余佩兮醴浦"中的"佩"字和结尾句"聊逍遥兮容与"的翻译霍克思稍作变动外，其他部分都完全相同地用在了 1985 年修订版《楚辞》英译本中。我们先就两版相同的这部分内容与 1959 年版做个比照，其差异主要体现在以下几方面：

〔1〕David Hawkes, "Lisao Notes l. 186 the Hanging Garden, " David Hawkes tr., *The Songs of the South: An Ancient Chinese Anthology of Poems by Qu Yuan and Other Poets*, Harmondsworth: Penguin, 1985, p. 88.

〔2〕David Hawkes, "Preface, " David Hawkes tr. *The Songs of the South: An Ancient Chinese Anthology of Poems by Qu Yuan and Other Poets*, Harmondsworth: Penguin, 1985, p. 9.

（一）语词力求更加准确

如统一将诗中的"君"用"goddess"翻译，而不像初版中换用"lady""queen""princess"等多个人称。初版的做法易造成指代混乱，弄不清诗作中到底有几位女神。另外，用"goddess"译"湘君"的"君"比初版的几个选项为好，更能突出女神的韵味；而"lady""queen""princess"则更多是人间或者说尘世的联想。原文中的"女"译文改"maiden"为"lady"，因为诗人用"女"显然希望区别于"君"，但从"将以遗兮下女"中的"女"来看，她也是某一种神，故与"君"的差别就在低一级别的问题上。故霍克思选用了"lady"（女士、淑女、贵妇人）一词以对应"君"的"goddess"译文，以免袭用初版的"maiden"（少女、处女），造成与"goddess"之间距离过大、联系过松。"横大江兮扬灵"的"灵"，霍克思认为是展现神性或者神奇的魔力，故而他改初版翻译"spirit"为"magic"。

（二）句式更为灵活精练

距初译八年之隔，这期间霍克思好好反思再加之对《楚辞》"女神求索"主题的研究，帮助他更为透彻、明晰地理解《湘君》，从而能够突破初译时对原作亦步亦趋解释翻译的局限。譬如"蹇谁留兮中洲"，1967年的译文"Who keeps her delaying within the island"与初版译文"Who is it tarries within the islet"比较，显然更为灵活，表意也更为清晰。句式的精练在1967年的译文中体现得很突出。再如以下二例：

心不同兮媒劳。

The wooing is useless if hearts are divided.（1967, 1985）

Unless two hearts are both as one heart, the match-maker only wastes her labours.（1959）

交不忠兮怨长。

The pain is more lasting if loving is faithless.（1967, 1985）

When friendship is faithless, hate lasts the longer.（1959）

（三）人称更为清晰

霍克思在撰写《女神的求索》时，对《湘君》有了自己的新理解。他认为《湘君》属于巫歌系列，整首诗由求索的男巫演唱，为祭神的观众描绘寻求女神的艰辛过程、终于接近女神时湘君那捉摸不定的躲避行为以及最终湘君在女神寓所外无可奈何地留下信物失败而归的结局。诗作涉及三方即男巫、女神及观众，在具体的人称阐释上，霍克思贯穿了这一概念，故而译文比 1959 年版本的脉络理解起来要清晰得多。如下面几例：

吹参差兮谁思。

Of whom does she think as she plays her reed-pipes?（1967,
1985）

Of whom do I think as I play my reed-pipes?（1959）

这句人称变化最大，原"吹参差"的是男巫，由男巫反问自己来达到效果；1967 年版译文阐释为男巫仿佛听到了湘君的"参差"之乐，但却久等不来，故而怨质女神"到底是在思念谁"。

采薜荔兮水中，搴芙蓉兮木末。

I am gathering wild figs in the water! /I am looking for lotuses
in the tree-tops!（1967, 1985）

Would you gather the wild-fig in the water?/Or pluck the
lotus-flower in the tree-tops?（1959）

1967 年版的译文动作发出者明确，并以感叹号结句，表达了自己寻索女神犹如这两件不可能之事。而 1959 年版的人称就模糊多了，这两个动作是否做了不得而知，且译文多出的反问语气"你会如此做吗？"也是原作没有的，有画蛇添足之感。

> 期不信兮告余以不闲。
>
> She broke her tryst; she told me she had not time.（1967, 1985）
> You break your tryst and you tell me you've not time.（1959）

1959 年版的译文设想整首诗为男巫与女神间的对话，而 1967 年版译文则关涉三方——男巫、女神及观众，男巫向观众演说整个求索过程。这种第三人称叙述的语气更具间离感，更能表达神对于凡人来说那种若即若离、若有若无之感，比第二人称更为适合用在祭歌中。

由以上分析可见，1967 年版《离骚》译文的改动是对 1959 年版的一个修缮。接着，我们来关注两处 1985 年版与 1967 年版不同的地方，为了更清楚地看清问题，我们也参照 1959 年版。

首先，"佩"的翻译。《湘君》中"佩"的翻译，1959 年版为"girdle-gem"，1967 年版用的是"girdle"。"girdle"表达的是腰带、环形物，没有"gem"（宝玉、宝石）不能准确表达此处"佩"琼琚之属的概念。故而 1985 年版仍用"girdle-gem"。从此例可见霍克思翻译时的严谨态度。

其次，"聊逍遥兮容与"的翻译。1959 年版的译文为"and I wish we could sport but a little longer"（我希望我们能再多轻松一会儿），1967 年版译文改为"I should like to enjoy myself at leisure"（我希望我能放松自己），1985 年版译文为"I wish I could play here a little longer"（我希望我能再多娱乐一会儿）。1985 年版译文看似与 1967 年版译文不相同，但其理解是相似的，只是 1967 年版省略了"a little longer"。霍克思在 1967 年的文章中解释、讨论此句时用的原句为"I wish I could stay and enjoy myself a little longer"^[1]，也就是说霍克思知道"容与"为"a little longer"。而1959 年版则在动作发出的人称上与 1967 年版和 1985 年版不同，用的是"we"，这关系到对原作的阐释，是最大的差异。

1959 年版的译文中，霍克思也感觉到了"聊逍遥兮容与"用在诗中并不恰当，前面刚说"将以遗兮下女"，这是一个求而未得见的悲剧结果，但马上接着以"时不可兮再待，聊逍遥兮容与"收束全诗，语气中带着似乎神人已成功相聚、劝人珍惜此刻时光的意味。这样的困惑在八年后他撰写《女神的求索》时，终于迎刃而解。他对《湘君》的汉学研究帮助他解决了这一理解难题。霍克思经研究认为，《湘君》象征着由传统演化与神圣化了的某种宗教仪式。诗歌中包含不少确立已久的惯用语，这些词汇的使用更多是出于仪式的要求而不是逻辑的需要。《湘君》《湘夫人》及《离骚》中出现的与全诗情绪不符的诗句"聊逍遥兮容与"，是作者在此套用了确立已久的惯用语（time-honoured formulae）或者说固定模式语（conventional language）而造成的。这样的理解使得霍克思在翻译"聊逍遥兮容与"时，不再为迁就上下文而牵强地用"we"来作"逍遥"与"容与"的主语，而可以将此句直接当作与诗作上下文没有多大关系的套语译出。由以上的分析可见，1967 年版译文对 1959 年版译文做了不少修订，霍克思自己是这样评价他的 1967 年版译文的："以下是与我 1959 年出版的译本相比有巨大改动的一个版本。"^[2]

从以上的分析可见，霍克思 1985 年版译文有依从 1967 年版译文的，也有保留 1959 年版译文的。到底要不要改，怎么改？霍克思都是以准确为鹄的。如果 1959 年版译文理解正确，传意没有歪曲，霍克思是不轻易改动原译文的。但如发现确有错误的译文，霍克思则给予坚决改正，这一点尤

---

〔1〕David Hawkes, "The Quest of the Goddess, " David Hawkes, *Classical, Modern and Humane Essays in Chinese Literature*, John Minford & Siu-kit Wong ed., Hong Kong: The Chinese University Press, 1989, p. 122.

〔2〕Ibid. p. 118.

其体现在对《湘君》一诗的改动上。这种改动是经过缜密的推理与分析而来，是汉学研究下的新思路，在霍克思看来，这样的改动是在纠错。改动之处大体都是对字词、语句、人称指代及语意等方面的修缮与改进。

可以说，霍克思 1985 年《楚辞》英译修订版是 1959 年初版生命的延续，两者的综合才真正代表了霍克思完整的《楚辞》译本的价值成就。初译对准确性与可读性的强烈诉求以及修订时对准确性的高度重视，创造了此部典籍译本的经典性与蓬勃的生命力。

第三节　问题翻译

本节以后出的修订版为讨论对象，同时辐射到初版，关注在霍克思如此高的准确度要求下及严格筛查后，《楚辞》译本中仍存在的一些问题翻译。

讨论大致分两类展开：一类是初版正确、修订时改错的问题，一类是两版译文均存在的问题。尤其是后一类，对于研究霍克思翻译以及思考中英文学交流之道更有价值。因为霍克思自 20 世纪 50 年代译出初稿到 70 至 80 年代静心修改新稿，在约三十年的时间内译本中始终没有被发现与改动的这些错误，显然能帮助我们找到影响霍译本准确理解与有效传播的真正问题所在。

一、初版正确、修订时改错的问题

如《离骚》"芳与泽其杂糅兮，唯昭质其犹未亏"，霍克思两版译文如下：

362

> Fragrant and foul mingle in confusion, / But my inner
> brightness has remained undimmed.（p. 71, 1985）
>
> Fragrance and richness mingled in sweet confusion, /The
> brightness of their luster has remained undimmed.（p. 25, 1959）

此处，修订版改错了。初版译文表达清楚，上下句逻辑关系通畅，修订版中霍克思把"泽"用"foul"来译，令人费解。参照杨戴译文，"Others may smirch their Fragrance and bright Hues, /My innocence is proof against Abuse"（p. 11），虽然杨戴译文引入了"Others"和"My"的对比，是否正确有待商榷，但其译"泽"为"bright Hues"还是为我们提供了支持霍译初版的证据。

再如《离骚》"女嬃之婵媛兮，申申其詈予"，霍克思译文如下：

> My Nǚ Xu was fearful and clung to me imploringly,
> Lifting her voice up in expostulation.（p. 71，1985）
> Then came my maidens with sobbing and sighing,
> And over and over expostulated with me.（p. 26，1959）

初版直译，语意传达上很到位。修订时的改动，放弃了"over and over"而用"Lifting her voice up"来传达"申申"之义，无原译文准确。王逸注"申申"为"重"义，洪兴祖补"申申"有"和舒"之貌，均无"Lifting her voice up"（提高嗓音）之意。杨戴译文"My Handmaid fair, with Countenance demure, /Entreated me Allegiance to abjure"（p. 12），可回译为"女嬃面容端庄地恳求我发誓放弃忠诚"，省略了"申申"的翻译，故无可参照。

《离骚》"依前圣以节中兮，喟凭心而历兹"是诗人接着女嬃之劝所说的前两句话，霍译文如下：

> So sighing, with a full heart, I bore her upbraidings. (p. 72, 1985)

> So, sighing with a bursting heart, I endure these trials. (p. 26, 1959)

据王逸、洪兴祖注，下半句的"凭"为"怒、懑"之义，"历兹"为"逢此"即遭逢时代之不幸之义。参看杨戴译文"Alas, how one so proud could sink so low!"(p. 13) 中的"sink so low"，霍译初版的"endure these trials"基本能传达出原意，但修订版的"bore her upbraidings"（忍受女婆的申斥）把原作含义狭窄化，遭逢时代不幸变成了忍受女婆的责难，更何况文中女婆采取的是一种温婉劝阻的方式，而不是怒目而斥，屈原也不可能用诗句去表达这样的抱怨。

《九叹·思古》"龚白水而高鹜兮"的翻译：

> So I ride the white waves, my high-stepping coursers. (p. 299, 1985)

> So I ride the white waves and speed into the distance. (p. 167, 1959)

"鹜"疾驰，"高"，远也，王逸注为"高驰而远游"。霍译初版基本达意，不知为何，修订版中改为了名词词组"my high-stepping coursers"（我的快马），且用作"白水"的同位语，与原作语意差距较大，显然是改错了。

《九叹·惜贤》"冠浮雲之峨峨"，霍克思的译文为：

His virtue raised him above the floating clouds.（p. 292, 1985）

Wearing a hat that towers into the clouds.（p. 160, 1959）

两版译文相差很大，一个直译，一个意译或者说是隐含义的传译。从原作来看，上下两句诗人描绘了自己手持香草、头戴高帽的洁身自好形象，霍克思丢弃原作的形象语言而意译出其中的含义，似属不必要的改动。参看王逸章句，"峨峨，高貌也。……冠切浮云……"[1]

《离骚》"抑志而弭节兮，神高驰之邈邈"，霍克思的翻译如下：

In vain I tried to curb them, to slacken the swift pace:

The sprits soared high up, far into the distance.（p. 78, 1985）

I tried to curb my mounting will and slacken the swift pace;

But the spirits soared high up, far into the distance.（p. 34, 1959）

霍译文的问题出在对上下两句间微妙关系的把握上。王逸注此句为"邈邈，远貌。言己虽乘云龙，犹自抑案，弭节徐行，高抗志行，邈邈而远，莫能追及"[2]。洪兴祖补注时未对此解提出异议。杨戴译文为"I lowered Flags, and from my Whip refrained;/My Train of towering Chariots I restrained"（p. 31），上下两句译文语意重复，未翻译出原作下句的内容。参看许渊冲译文，此句解为"姑且压抑心志缓缓而行啊，但心神驰骋广阔遥远"[3]，译文为"I slow down speed and curb my will, oh! My spirit soars far, far away"，基本反映出了原意，正可参考。霍译初版虽属直译，但语意传达是准确的。再版看似只是添了"in vain"，把"curb my mounting will"改成了"curb

---

[1]〔宋〕洪兴祖撰：《楚辞补注》，北京：中华书局，1983 年，第 296 页。

[2] 同上书，第 46 页。

[3] 许渊冲译：《楚辞：汉英对照》，北京：中国对外翻译出版公司，2008 年，第 42-43 页。

them",却导致了理解上的歧义。"in vain"表示"徒劳",原作却不含此意,应该说屈原是做到了"抑志而弭节"的,只是诗人本自心神高远,世人莫及。"them"代指"什么",所指不清,从译文上下文来看,只能代指前文的"八龙""千乘之车",或是后文的"sprits",而实际上原作诗人指的并不是此二者,原文的"志"与"神"需要用不同的词译出,霍克思的指代易造成混乱。

二、两版译文均存在的问题

两版翻译均有问题的例子在《楚辞》英译中更多,且如前所述,其研究价值也更大,值得好好探析。此部分大致分以下 6 种情况试加剖析。

（一）理解中国文化不到位

如《离骚》"羌内恕己以量人兮,各兴心而嫉妒",霍译文如下:

> Forgiving themselves, but harshly judging others;
> Each fretting his heart away in envy and malice.（ p. 69, 1985; p.
> 24, 1959 ）

参照杨戴译文"Themselves condoning, others they'd decry, /And steep their Hearts in envious Jealousy"（ p. 7 ）,"羌内恕己以量人兮",两位译者都疏忽了"恕"古今义的极大差异,以今度古,会错了此句之意。王逸注"以心揆心为恕"[1],此句实表示众小人以己之心量度他人,以为君子与自己一样只有竞进贪婪之心,而不是译文中"宽恕自己,严责他人"之意。译者显然是由于不理解"恕"之本义而造成了误译。

---

[1] 许渊冲译:《楚辞:汉英对照》,北京:中国对外翻译出版公司,2008 年,第 11 页。

《大招》"夏屋廣大，沙堂秀只"，霍译文为：

The main hall is large and spacious;

the audience chamber resplendent with scarlet woodwork.

（p. 236, 1985; p. 112, 1959）

"夏屋"指中高、四方下覆之大屋，其形如殿。"沙堂秀只"王逸注为"以丹沙朱画其堂，其形秀异"，历代注家对此无异议。霍克思此处误读了"沙堂"，以为是与夏屋不同的"客室"。

《惜誓》"水背流而源竭兮"的翻译，"背流"有"横流"与"洄流"两种含义，霍译两版均选择了"洄流"之义。

If water is turned back at source, then the stream will run dry.

（p. 241, 1985）

If water runs backwards, the source will be dry.（p. 117, 1959）

初版译文可回译为"水洄流而源竭"，其隐含的内在逻辑是水流回源头导致水源干涸，显然难以成立；故修订版中霍克思将其改成了"水洄流源头则水流枯竭"，逻辑上好了一些，但仍不是很理想。实际问题出在"背流"的翻译上，王逸在其章句中训"背流"为"言水横流，背其源泉"，最为恰当，霍克思应从之而改。

又如《七谏·自悲》"屬天命而委之咸池"，霍译文为：

I leave these things to God's will and the stars of heaven.

（p. 253, 1985; p. 128, 1959）

《淮南子》云："咸池者，水鱼之囿也。"注云："水鱼，天神。"此处应是借所居处代指其神，整句洪兴祖补曰："言己遭时之不幸，无可奈何，付之天命而已。"霍克思把诗人所托付之神译为两个，值得再商榷。

霍克思对《哀时命》"使枭杨先导兮，白虎为之前後"中"枭杨"的翻译思考更能看出了解中国文化的重要性。"枭杨"，亦作"枭阳"或"枭羊"，兽名，即狒狒。王逸《楚辞章句》、洪兴祖《楚辞补注》、《尔雅》、《说文解字》、《淮南子》和张衡《玄图》等文献中对此均有记载。霍克思初版页下注为西方读者简单介绍了"枭杨"："一种猿类野兽，笑时上唇掩面。其笑邪恶，笑毕即食人。"[1]此注没有大问题，基本依照中国文献译出，只是"笑则上唇掩其目"不知为何被霍克思改为了"掩面"，也许霍克思觉得"掩目"就相当于"掩面"吧。更值得注意的是修订版中霍克思在此注解基础上所提出的疑问："选择它（枭杨）作为先导似乎很奇怪。也许是因为枭杨独居偏僻之处，庄忌想要以此强调自己与世隔绝有多远吧。"[2]霍克思的理解或许有一点道理，但实际上还是因为这里涉及的中国文化元素霍克思不了解而造成了理解困惑。"枭杨"，如上所说，在中国古代文献中多有记载，是一种文化意象，代表山怪或山神。《淮南子·汜论训》中记载："山出枭阳，水生罔象，木生毕方，井生坟羊。"罔象水怪、毕方鸟怪、坟羊土怪与山怪枭杨并称中国古代神话传说中的四怪。此处，诗人凿山楹而为室，深居深山老林之中，其以山神为先导则是最自然不过的事。

（二）缺乏参照

《招魂》"宫庭震惊，发激楚些"与"激楚之结"，霍克思译文如下：

---

[1] David Hawkes, "Ai shi ming, " *Ch'u Tz'ǔ, the Songs of the South: An Ancient Chinese Anthology*, London/ Boston: Oxford University Press/Beacon Press, 1959/1962, p. 139.

[2] David Hawkes, "Ai shi ming, " *The Songs of the South: An Ancient Chinese Anthology of Poems by Qu Yuan and Other Poets*, Harmondsworth: Penguin, 1985, p. 268.

368

　　And the courts of the palace quake and tremble as they throw

themselves into the Whirling Ch'u.（p. 108, 1959; p. 228, 1985）

　　But the dancers of the Whirling Ch'u find favor over all the

others.（p. 108, 1959; p. 229, 1985）

"激楚"有两义，一为清商调之楚曲名，一为发髻之势，正好体现在上引的两诗句中。从霍译文来看，对这两义显然没有加以区别。前句中的"激楚"应表"慷慨激昂的清商曲"，而后句中的"激楚"，"激"即"高激"，"楚"在毛传中被训为"列貌"，"激楚"则为"长发高激而平列盛多之状"，"激楚之结"即"高髻"。霍克思译文对后一"激楚"存在误译，"独秀先些"，王逸解为"其结殊形，能感楚人，故异之而使之先进也"。洪补未就此句做注，闻一多校补也未提到此句，霍克思只能依据王注来翻译此诗句，但问题在于，发髻小事何足以激动楚人？姜亮夫的分析最为在理："'激楚之结'，与'獨秀先些'二句为一语，'激楚之结'乃主语，'秀'乃动词，'独'为状语，'先'为宾语。……两语合言之，则紧束婳列之髻，独特立于头之前先也。"[1]杨戴译文诠释原作也很有欠缺，可聊备讨论参考。杨戴译文如下：

　　The Palace trembles, shakes the Dome in Fear,

　　The Warrior's Hymn doth make a solemn Cheer; ...

　　The Girls disguised as Warrior wins the Day.（p. 159）

　　《九怀·危俊》"陶嘉月兮總駕"，霍克思的译文为：

---

〔1〕姜亮夫：《姜亮夫全集（六）——重订屈原赋校注，二招校注》，昆明：云南人民出版社，2002年，第623页。

In a good month I'll harness my chariot.

（ p. 272, 1985; p. 144, 1959 ）

"陶"，王逸章句和洪兴祖补注都未对其注解，查《尔雅》："陶，喜也。"霍克思在翻译时不解"陶"义，认为其是"掏"（select）字之误讹。也许是对于自己的推测不是很有把握，译文中霍克思只好淡化了"陶"的翻译，以保证译文在大方向上不出问题。

《九思·傷時》"嘉己行兮無為"的翻译：

I called on Chu Jung to have my doubts resolved,

But he would do nothing, wrapped in his own affairs.

（ p. 315, 1985; p. 178, 1959 ）

"嘉己行兮無為"，王逸本注为"嘉，善也。言祝融善己之处"。洪兴祖补注及闻一多校补都未对此句有所注解。就上下文来看，"嘉己行兮無為"大致是说"祝融认为其无为而治的行事方式为佳"，霍克思不解"无为"意，从字面理解而未看到背后的道家文化，最终造成了整句的误译。

（三）擅改原作

《招魂》"晉制犀比，費白日些。鏗鍾搖虡，揳梓瑟些"，霍克思的译文如下：

Their xi-bi buckles of Jin workmanship glitter like bright suns.

Bells clash in their swaying frames; the catalpa-wood zither's strings are swept.（ p. 228， 1985 ）

Their hsi-pi buckles of Chin workmanship glitter like bright suns.

Bells clash in their swaying frames; the catalpa zither's strings
are swept.（p. 108，1959）

霍克思在两版中均将此 2 句前移至"二八齐容，起郑舞些"后。他认为
此 2 句一句描写服饰，一句描写音乐。但音乐在此 2 句前早已结束，参
筵之人此时已开始聚赌与狂饮。"二八齐容，起郑舞些"的前一句"长髮
曼鬋，豔陸離些"正好是描写舞女的服饰，而从"二八齐容，起郑舞些"
起，连着 5 句是讲舞乐，如将"晉制犀比，費白日些。鏗鍾搖虡，揳梓瑟
些"插入其中正好相淆，故而霍克思对此进行了调整。如此改动是否有必
要，有待商榷。从姜亮夫校注来看，也丝毫未触及重排句序的问题。蒋骥
解释"犀比"为"犀牛脐四旁，文如饕餮相对，中有圆孔，西域人取为带
饰，后人漆器仿之，遂袭其名，未知于古博具有合否"。姜亮夫在此基础
上进一步考证，发现《战国策》《史记》《汉书》中所载之金头带"师比"
与"犀比"相合，故而明白"犀比"为一西域外来词的音译，后世袭用作
漆器名。姜亮夫据此推论："近世出土战国楚漆器至多，则以漆漆思剧为
博具，自亦意中事。博具之类至多，今出楚漆器多奁具，犀比或亦投琼，
及平时盛荣子筹箸之器欤？虽不可知，依当时器用种色论之，盖亦近似如
是。"蒋骥与姜亮夫之论正好为此处不存在错简提供了旁证。霍克思译文中
句序的变动是否恰当也就更让人怀疑了。参看杨戴译文：

They revel long until the Day doth fade.

Some strike the Urn and Knock the Wood Frame o'er,

Some play the slanting Lyre and sing once more.（pp. 159-161）

此 2 句出现位置杨氏夫妇未加改动，不过译文阐释则与原作实有不少差距。
霍克思此 2 句的译文在整体传达上是基本正确的，只在"晉制犀比"上还

可再斟酌。

《九怀·株昭》"骥垂两耳兮，中阪蹉跎。蹇驢服駕兮，无用日多"，霍译文如下：

> The stallion droops both his ears; for a long time now no one
> has used him.
>
> A lame ass draws the chariot and stumbles half-way up the hill.
>
> （p. 149, 1959）

修订版只改动了"骥"的译文，用"thoroughbred"（纯种马）来代替"stallion"（种马），其他部分完全相同。比较两版译文与原文，霍克思改动了句中搭配，认为"骥垂两耳"，应是由于"无用日多"；而"蹇驢服駕"，则肯定会"中阪蹉跎"，故而对译文进行了重排。是否正确，有待商榷，未见注家有此见解。

（四）同指词汇译文不统一

《七谏·谬谏》"谗谀登乎明堂"的霍译文为"The flatterer mounts up into the hall of judgement"（p. 257, 1985; p. 132, 1959）。王逸章句"明堂，布政之宫也"，霍克思用具有浓厚西方文化积淀的"hall of judgement"（审判大厅）来译，不妥。《七谏·乱》也有一句涉及"明堂"（甂甌登於明堂兮），霍译文为"The earthenware crock goes up into the audience hall"（p. 258，1985; p. 134，1959）。"audience hall"，会堂，用于政治集会或学术、文化、经济会议的专门建筑，与汉语中的"布政之宫"虽还是有些差距，但较为贴切。多年后，霍克思在翻译杜诗《丹青引赠曹将军霸》中"承恩数上南薰殿"时，对于长安南兴庆宫的内殿"南熏殿"，又用到了"audience hall"，南薰殿他解为"an audience-hall in the Imperial palace at Ch'ang-an"[1]，在正式的译诗中将其译为 "the Hall of Southern Fragrance"[2]。

《七谏·谬谏》"菎蕗雜於廳蒸兮，機蓬矢以射革"，霍译文为：

The good bamboo arrow is mixed up with the kindling;

But a bolt of fleabane stalk is shot at a hide target.

（p. 257, 1985; p. 132, 1959）

王逸《楚辞章句》云："言持菎蕗香直之草，杂于廳蒸，烧而燃之，则不识于物也。"霍克思用 "good bamboo arrow"（好竹箭）译植物名 "菎蕗"，不妥。完全相同的诗句在《哀时命》中再次出现，对比译文，这次处理得更好些。

The tough arrow-bamboo is mixed up with the kindling,

While a quarrel of fleabane is shot at the leather target.（p. 265, 1985）

The arrow-bamboo is mixed with stalks of kindling;

A bolt of fleabane stalk is shot at a leather target.（p. 138, 1959）

"菎蕗"用 "arrow-bamboo"（箭竹）比 "bamboo arrow"（竹箭）为准。《七谏·谬谏》与《哀时命》中对于此词的翻译最好统一。

《九叹·逢紛》"始結言於廟堂兮，信中塗而叛之"的翻译：

He had plighted troth with me in the temple hall.（p. 283, 1985）

---

[1] David Hawkes, "A Song of Painting To General Ts'ao Pa," David Hawkes tr., *A Little Primer of Tu Fu*, Oxford: The Clarendon Press, 1967, p. 140.

[2] Ibid. p. 144.

Once we made troth within the temple hall.（p. 152, 1959）

"廟堂"是个极具中国文化特色的词，除去本义"寺庙"外，还有"朝廷"之义，霍克思此处用本义英译其引申义，不妥。《九叹·忧苦》"偓促谈於廊廟兮"中的"廊廟"（廊庙），廊，殿下屋；庙，太庙，廊庙也即庙堂即朝廷。《国语·越语下》"谋之廊庙，失之中原，其可乎？王姑勿许也"，《后汉书·申屠刚列传》"廊庙之计，既不豫定，动军发众，又不深料"，《后汉书·孟尝列传》"廊庙之宝，弃于沟渠"，等等，都有廊庙一词的使用。霍克思在《忧苦》中对"廊廟"的翻译为"Stupid bigots hold forth in hall and temple"（p. 295, 1985; p. 162, 1959）。《九叹·思古》中有"蒯聩登於清府兮，咎繇弃而在壄"，清府即清廊，也就是太庙，封建帝王为祭拜祖先而建。此处的"清府"应泛指庙堂之义，霍译文为"K'uai Kuei mounts up in the holy temple; Kao Yao is cast out into the wilds"（p. 299, 1985; p. 166, 1959）。《九思·悯上》"鸱鸮兮枳棘，鹈集兮帷幄"中的"帷幄"与"枳棘"对举，表达的也是一在朝一在野的对比，"帷幄"（宫中的帷幕）起的作用与前论"廟堂""清府"等词相似。霍译文为"The swan creeps into a thorny thicket, while pelicans flock in the royal apartments"（p. 311, 1985; p. 174, 1959）。"royal"能很好地体现出皇宫的含义，但"apartments"却不是帷幕，可再斟酌。

《九叹·远逝》"背龍門而入河兮，登大墳而望夏首"的翻译为"I turned my back on the Dragon Gate and entered the Great River, Climbed a high mound and looked out to Hsia-shou"（p. 290, 1985; p. 159, 1959）。"夏首"王逸解句时注为"夏水之口"，霍译初版中即指出此句与《九章·哀郢》"過夏首而西浮兮，顧龍門而不見"可互为参看。查看霍克思对《哀郢》句的翻译，"We passed the head of the Hsia; and once, as we drifted westwards, I looked back for the Dragon Gate, but I could not see it"（p. 164, 1985; p. 65,

374

1959），从中可见霍克思对"夏首"的阐释与王逸注解是相同的，但不知为什么在《九叹·远逝》中霍克思却最终把"夏首"作为一个专有名词来译？此译有误。

《天问》"西北辟启，何气通焉？"霍克思译为"When the north-east one opens, what wind is it that passes through?"（p. 124, 1985; p. 49, 1959）不知为何霍克思把"西北"译为"north-east"？《淮南子》及《山海经》均言"西北方有不周之山"，查霍克思关于不周山的注解，描述其方位时所用为"north-western"[1]。由此可见，霍克思此处将"西北"译为"north-east"为误译。

（五）依字面义理解

《离骚》"众不可户说兮，孰云察余之中情？"霍克思译为"No one can say, 'See, look into my mind!'"（p. 72, 1985; p. 26, 1959）参看杨戴译文，"And who the Purpose of our Heart hath weighed?"（p. 13）此下句中的"云"与其说是实词"曰"之意，不如说有语气词"当"的意味。霍克思初版和修订版均采用"say"来译，不当。

《离骚》"浇身被服强圉兮"，霍译文为：

Zhuo's son, Jiao, put on his strong armour.（p. 72, 1985）

Chio's son, Chiao, put on his strong armour.（p. 27, 1959）

此处杨戴译文为"The Traitor's Son, clad in prodigious Might"（p. 14），杨戴译文避过人名，无法参考。霍译文凡遇"浇"事迹处均译为"Jiao"音，与诸释本作"ao"音不同。姜亮夫指出，尧时之"羿"与夏时寒浞之子

---

[1] David Hawkes, "Tian wen," *The Songs of the South: An Ancient Chinese Anthology of Poems by Qu Yuan and Other Poets*, Harmondsworth: Penguin, 1985, p. 136.

"浇"为两个人，翻译时应加区分。"浇之名，左传并不作鼻。浇或音骁，或音聊，或音交，至集韵乃有鼻音，明其非旧音也。""……论语之浇，本作傲或鼻，而不作浇，彼傲乃与丹朱同其顽兜之一，乃尧时人，与此浇相去至远，而各家亦多不加纠正。"可见，霍克思把所有的"浇"照现代汉语字面读音全译为"Jiao"是不对的。[1]这类对名称的误译还涉及两个国名，"见有娀之佚女""留有虞之二姚"中的"有娀国"和"有虞国"到霍克思的笔下被译成了"the Lord of Song"和"Lord Yu"。

　　《离骚》"民好恶其不同兮，惟此党人其独异"，霍译文为：

> Most people's loathings and likings are different,
>
> Only these men here are not as others are.（p. 75, 1985）
>
> Most people's loathings and likings are quite separate:
>
> Only these men differ in this respect.（p. 31, 1959）

此处杨戴译文为"Evil and Good herein are reconciled;/The Crowd alone hath Nought but is defiled"（p. 23），较费解，与原作有差距，无法提供参照。而霍译文无论是初版还是修订版，"惟此党人其独异"均译得不太达意。人的好恶不同是事实，后半句的语气指向的应是"只是这群人更加独特、怪异"。霍译初版下半句译文可回译为"只是这群人在这方面不同"，所表达意义与原作语意正好相反。再版译文可回译为"只是这些人和别人不同"，仍未达原作语意。原因在于这个"异"不止字面"怪异"之义，还有"差异"之义。

　　《离骚》"折琼枝以为羞兮"，霍译文为：

---

〔1〕姜亮夫:《姜亮夫全集（六）——重订屈原赋校注，二招校注》，昆明：云南人民出版社，2002年，第266-267页。

I broke a branch of jasper to take for my meat.

（p. 77, 1985; p. 33, 1959）

杨戴译文为 "As Victuals rare some Jasper Twigs I bore"（p. 29）。此处霍克思对"羞"的翻译有误。"羞"通"馐"，指美味的食品，强调食物的有滋味，而霍克思用"meat"（熟肉）来译"羞"，令人难解，顿生琼枝怎可为肉的疑问。王逸注"羞，脯"，洪兴祖补注道："琼树生昆仑西，流沙滨，大三百围，高万仞，其华食之长生。羞、脩，二物也，见《周礼》。羞致滋味，脩则脯也。王逸、五臣以羞为脩，误矣。"[1]霍克思犯了与王逸同样的错误，参看杨戴译文，"Victuals"（食品、饮料）更恰当。

《云中君》"华采衣兮若英"，霍译文为：

And dressed ourselves like flowers in embroidered clothing.

（p. 103, 1985; p. 37, 1959）

此句中的"若英"，霍译两版中都未改动，实此处的"若英"为杜若之英，整句意为"衣五采，华衣饰以杜若之英"，《尔雅》中称"荣而不实者谓之英"[2]。霍译文回译"若英"成了"像花儿一样"，错译了"若"字。参看其他译家译文：

韦译文：Many-coloured are my garments; I am like a flower.

（p. 27）

杨戴译文：In Robes of Crocus Petal's varied Hues.（p. 37）

---

[1]〔宋〕洪兴祖撰：《楚辞补注》，北京：中华书局，1983年，第42页。
[2]同上书，第58页。

韦利译文与霍克思犯了同样的错误，杨戴译文"穿着杜若花瓣的多彩衣"，虽"杜若是否为衣饰"未点明，但整体译文与原句契合较好，没有明显错误。

《九怀·尊嘉》"文魚兮上濑"的霍译文为：

Striped fish jump across the rapids.

（p. 274, 1985; p. 146, 1959）

"文魚兮上濑"，王逸注为"巨鳞扶己渡涌湍也。文，一作大"。而且从上下文来看，前句说"蛟龙为己先导"，后句自然也是说巨鳞为己所做事，而不可能如霍译文那般成了直接描述文鱼自身的行为。"Striped fish jump across the rapids"看似直译，每个字都译到了，但实际与原作诗句相差很大。

《九叹·思古》"纖阿不御，焉舒情兮？"霍译文为：

Now that Hsin O will no more drive,

how can one show one's feelings?

（p. 299, 1985; p. 167, 1959）

王逸注"纖阿，古善御者。言纖阿不执辔而御，则马不为尽其力"。此处的"舒情"应该是"尽现其能"之义，霍克思照字面译成"show one's feelings"（形于色），不妥。

《九叹·愍命》"戎婦入而綵繡服"的霍译文为：

The Jung wife installed and dressed in embroidered silks.

（p. 296, 1985; p. 164, 1959）

378

霍译两版对"戎婦"的"婦"都用"wife"来译，是明显的误译。霍译两版都对"戎"进行了注释[1]，但却疏忽了"婦"之义。此处的"婦"与前"蔡女"的"女"同义，而不是指某人之妻。

《九叹·远游》"立長庚以繼日"，霍译文为：

I stood Ch'ang Keng above us to replace the daylight.

（p. 301, 1985; p. 168, 1959）

"繼日"王逸注为"以继日光，昼夜长行"，此处的"继"是"接续"之义，霍克思用"replace"（代替）为误译。

《九思·疾世》"欲衒鬻兮莫取"，霍译文为：

Peddling it for sale; but there are no offers.

（p. 310, 1985; p. 173, 1959）

"衒鬻"指叫卖、出卖。此处的"取"，霍译文有问题。"offer"是主动提供，而原作的"取"与之相反，是拿取。

《九思·疾世》"叫我友兮配耦"，霍译文为：

Summoning my friends to bear me company.

（p. 310, 1985; p. 173, 1959）

此句单看译文没有问题，但放在上下文中则显出问题。对整篇《九思》，

---

〔1〕C. f. David Hawkes, "*Chiu T'an,* " *Ch'u Tz'ŭ, the Songs of the South: An Ancient Chinese Anthology*, London/Boston: Oxford University Press/Beacon Press, 1959/1962, p. 164. & David Hawkes, "*Jiu tan,* " *The Songs of the South: An Ancient Chinese Anthology of Poems by Qu Yuan and Other Poets*, Harmondsworth: Penguin, 1985, p. 305.

王逸时时发出的是"嗟英俊兮未为雙"之叹，某氏注训此句为"叫，急叫也。言此国已无良人，庶北行遇贤友，而以自耦也"[1]。注文认为"我友"不在此国，北徂之目的就在寻友。霍译文"Summoning my friends to bear me company"可回译为"叫上我的朋友与我做伴"，与原作语意不符，属误译。

（六）过度阐释

《离骚》"余以兰为可恃兮，羌无实而容长"，霍译文如下：

> I thought that Orchid was one to be trusted,
>
> But he proved a sham bent only on pleasing his masters.
>
> （p. 77, 1985; p. 32, 1959）

此句"羌无实而容长"各家翻译不一，杨戴译文为"I thought upon the Orchids I might lean: /No Flowers appeared, but long bare Leaves were seen"（p. 27），可回译为"无花，只能见到裸露的长叶"，与原作表达显然有所出入。"容长"一词，王逸解为"长大之貌，浮华而已"[2]，我国学者许渊冲对此句的白话解释是"谁知它内无诚信虚有外表"，整句译文为"On orchids I thought to rely, Oh! They're not so good as they appear"[3]。对照以上几种解释查看霍译文，总体上说霍译文并没有歪曲原作语意，只是"sham"（赝品）直接译出的是原作的隐含义，失去原作的委婉，不甚妥当，且"bent only on pleasing his masters"属不必要的添译。

综上，霍克思《楚辞》译本在中国典籍英译领域有着非常重要的参考价值。此译本可谓中国典籍西传的一个成功实例，其成功的最基本因素在

〔1〕〔宋〕洪兴祖撰，《楚辞补注》，北京：中华书局，1983年，第318页。
〔2〕同上书，第41页。
〔3〕许渊冲译：《楚辞：汉英对照》，北京：中国对外翻译出版公司，2008年，第36页。

于译者翻译中对"准确性"与"可读性"两大要素的牢牢把握，我国典籍外译时可资借鉴。进行中国典籍外译时，可能具体策略因译者不同及译介对象不同会有所变化，但大方向上不外乎上述两点。当然，由于典籍记载的多是今人不熟悉的古代文化或事件，意义陌生的词汇加上难懂的文言文大大增加了今人理解的难度，对西方读者尤甚，故而误译难免。对于霍克思而言，《楚辞》是一部充满歧义的异域上古作品，作为汉学家的他虽然经过三十多年的沉淀，也难保译文免于误讹，有很多初版中的误译霍克思修订时仍然没有发现。霍克思在修订版序言中也表达了这一无奈："《楚辞》原作本身充满歧义与不确定性。其中有个问题我发现自己直到为出版社编订新版时，看法仍不确定。"[1]因而，典籍翻译不是件一劳永逸的事情，它需要译者不断修改与完善。霍克思的《楚辞》英译为后人从事与研究典籍西传工作提供了宝贵的经验与教训。

---

[1] David Hawkes, "Preface," *The Songs of the South: An Ancient Chinese Anthology of Poems by Qu Yuan and Other Poets*, Harmondsworth: Penguin, 1985, p. 9.

第七章　中国戏曲译介

　　霍克思同中国杂剧之缘始于其在北京大学求学之时。1948 至 1950 年间，霍克思在北大学习，其间曾上过吴晓铃的课。吴晓铃是中国戏曲研究专家，他的文献学及目录学功底扎实，于 20 世纪 40 年代发表了一系列戏剧考据文章，如《杜仁杰生卒新考》《胡祇通生卒新考》《关汉卿里居考》《钟嗣成生卒新考》《〈青楼集〉撰人姓名考辨》《云南曲家考略》《说"俳优非俳儒"》《说丁仙现》《说三十六髻》《说黄公》《说旦》《〈今乐考证〉与〈今乐府选〉撰集年代考》等，其论著《金瓶梅》《关汉卿戏曲集》和《西厢记》等古典文学研究成果至今仍极具参考价值。1947 年，吴晓铃自印度归国后在母校北京大学兼课，从而与次年到北大求学的霍克思结下了一段师生缘。霍克思很可能就是从吴先生那里首次知道了元杂剧，也首次了解到中国文学史上曾经有过这样一段辉煌的戏剧时代。五十年后霍克思这样回忆吴晓铃："我记得吴晓龄[1]……研究戏剧的……我常去听他的课，他通常很晚上课，大概晚上六七点的样子，上的是元杂剧之类的内容。"[2] 在霍

---

[1] 按：霍克思此处姓名最后一个字的拼写有问题，实为吴晓铃（1914—1995）。实际上，这一写法的混乱是较普遍的现象，网上搜索铃有四种写法："玲""伶"同用（陈友冰：《二十世纪中国古典文学在法国的流播及学术特征》），"龄"（除霍克思外，尚有《蒲剧艺术》1987 年第 1 期《山西翼城乔泽庙元代舞楼勘察简记及余论》）和"铃"（此为其生前所在单位中国社会科学院文学研究所同仁及友人们悼念文章中所用，如吕薇芬《川水虽逝却留痕——纪念吴晓铃先生》，陈骏涛《布衣吴晓铃》，郑晋、王恂《思故人兮沉心曲——学者吴晓铃谈往录》）。关于吴晓铃的可靠信息可参看社科院文学研究所中国文学网（http://www.literature.org.cn/scholar.aspx?id=31）。

[2] Connie Chan, "Appendix: Interview with David Hawkes," *The Story of the Stone's Journey to the West: a Study in Chinese-English Translation History*, Conducted at 6 Addison Crescent, Oxford, Date: December 7th, 1998, p. 315.

382

克思的中国文学翻译生涯中，戏曲翻译尤其是杂剧翻译是他晚年重要的翻译活动。

第一节　《蟠桃会》英译

庆寿短剧《蟠桃会》(*The Magic Peaches: a birthday playlet for Professor Liu*) 是霍克思戏曲翻译中第一个非片段的译本，虽然经删改后译本篇幅短小，但其完整的形式使其当之无愧成为霍克思戏曲翻译的第一个译本。中西学者在讨论霍克思戏曲英译时对此译本多有忽视，实际上这个最初的尝试本既是为了借朱有燉为明帝庆寿的编演来为好友柳存仁庆贺八十大寿 (birthday offering for Professor Liu)[1]，同时也是出于借此向西方汉学界引荐中国戏曲中独特的宫廷祝寿庆赏应景剧的考虑。它很好地见证了霍克思试图向西方介绍中国戏曲与文化的努力。

《蟠桃会》译本以明代戏剧作家朱有燉杂剧《群仙庆寿蟠桃会》为翻译底本。此译本包括改编的三幕英译文、朱有燉戏曲分析、原剧梗概及注释四部分，完整内容辑于 2002 年出版的《汉学与亚洲研究——庆贺柳存仁教授 85 岁纪念》一书第 101—119 页。朱有燉创作的宫廷庆寿剧最早引起霍克思关注大约与杜为廉 1976 年出版的《中国戏曲史》有关。《脉望馆钞校本古今杂剧》中收录有朱有燉三部宫廷庆寿杂剧，杜为廉在其《中国戏曲史》一书中简单介绍了其中的《吕洞宾花月神仙会》一剧并做了摘译，并取名为《神仙会》(*Meeting of Immortals*)。他的翻译与介绍引起了霍克思的注意，后来霍克思在撰写学术论文《全真剧与全真大师》期间，由于

---

[1] C. f. David Hawkes ed. & tr., "The Magic Peaches: a birthday playlet for Professor Liu, " Wang Gungwu, Rafe de Crespigny, Igor de Rachewiltz ed., *Sino-Asiatica: Papers dedicated to Professor Liu Ts'un-yan on the occasion of his Eighty-fifth Birthday*, Canberra: the Australian National University, 2002, p. 106.

讨论八仙群体形象的演化过程，再度关注到了明初的这类杂剧[1]，并在行文中直接提到了朱有燉的《东华仙三度十长生》和《吕洞宾花月神仙会》两剧。虽然朱有燉三部作品中剩下的《群仙庆寿蟠桃会》一剧霍克思在该文中没有直接讨论，但作为同一作者同一类型且收在同一集子里的作品，霍克思对其至少是有所了解的。霍克思正式翻译《蟠桃会》是在 1996 年[2]，耗时约五个多月。他在译本的"朱有燉戏曲分析"部分提到自己的译作时，称其为"短剧"（playlet），介绍自己采取的是"改编加随意的摘译"（an adaption and very free rendering of extracts）[3]。

改译的短剧只有三幕，通过与朱有燉原作《群仙庆寿蟠桃会》的四折剧本相比，我们更能看出霍克思改译与编辑的力度。原第一折有五幕，除金童玉女、金母的出场外，还穿插了东方朔偷桃的闹剧情节、金童玉女领旨邀约东华木公与南极星君二神赴蟠桃盛宴的唱词及到蓬莱借东华帝君之口三问小仙有关"修真妙道养性玄机""瑶池圣景"和"瑶池之乐"的情况，霍克思译文中只以一幕简单交代了金童玉女及金母的出场，末尾以一句话带过金童玉女领命前往邀约的情节后，直接进入第二幕众仙庆宴。原作第二折包括两大主要内容：一是具体描写仙童前去邀请南极星君的情况，一是仙童请闻延年益寿之理及长生久视之道的说仙讲道文字。霍克思在译文中将其全部删去，短剧中的第二幕大致相当于原作第三折的一些情节。霍克思英译了众仙赴宴、四仙童四仙女舞仙家之曲及曲文《青天歌》的内

---

[1] C. f. David Hawkes, "Quanzhen Plays and Quanzhen Masters," David Hawkes, *Classical, Modern and Humane Essays in Chinese Literature*, John Minford & Siu-kit Wong ed., Hong Kong: The Chinese University Press, 1989, pp. 202–203.

[2] 按：1996 年 1 月 31 日霍克思写信给澳大利亚国立大学亚洲研究系汉学同行雷夫·德克雷斯皮尼，表示欲以改译明代为皇帝庆寿的宫廷杂剧论文为老友柳存仁祝寿，敬候对方惠允。其时，托尼·海德已帮忙从牛津中国研究图书馆获得一份《蟠桃会》影印本。7 月 7 日，霍克思译出《蟠桃会》，寄与雷夫征询译稿意见。

[3] David Hawkes ed. & tr., "The Magic Peaches: a birthday playlet for Professor Liu," Wang Gungwu, Rafe de Crespigny, Igor de Rachewiltz ed., *Sino-Asiatica: Papers dedicated to Professor Liu Ts'un-yan on the occasion of his Eighty-fifth Birthday*, Canberra: The Australian National University, 2002, p. 106.

容。从曲词译文来看，不仅再现了原《青天歌》的结构，也尽力保持了原曲的韵律。《青天歌》分为八节，每节 4 句，大致每节的第 1、2、4 句押尾韵，霍克思的英译文也保留了八节每节 4 句的格式，且每节第 2、4 句尾部韵脚相同；唯一的不足是曲牌名《青天歌》霍克思没有加以保留。总体而言，曲文《青天歌》的翻译是全剧中最贴近原作的部分。《青天歌》译文后即是第二幕的收尾，霍克思将原作第三折西王母有劳南极寿星下方走一遭所言"今有下方三河分野，鹑火之次，善道昭然广施阴骘，理当添与福寿，须索南极寿星下方庆寿走一遭，金童玉女，高捧蟠桃九枚一同庆寿去也"[1]改为了与柳存仁情况相符的言辞，如果将其译文回译，大致如下："今下方干燥南土，大黑山下，古力芬湖边，和风厅里柳氏学者理当添与福寿，当其生诞之日，须索南极寿星下方庆寿走一遭，金童玉女高捧蟠桃九枚作为寿礼。"至此，霍克思结束了第二幕的译文，原第三折金母言辞后尚有嵩山仙子和大河仙女的大段唱词，霍克思省略直接进入第三幕。霍克思所译短剧的第三幕是对原作第四折剧情的简译，厅神预言、南极星君领众仙降临及四毛女愚鼓简子念白，霍克思都做了翻译，只是"四毛女"变成了一位仙女（fairy maiden）[2]，毛女所念之韵文霍克思处理为隔句押韵的诗歌，大致传译出原作的祝寿内容后，霍克思省略了随后的六段用以渲染气氛的"双调"曲文。此幕中霍克思力图保留的另一情节就是"外指彭祖问毛女"的有关贺寿众仙的身份问答文字。为了模仿原作琅琅上口的问

---

〔1〕《古本戏曲丛刊四集之三脉望馆钞校本古今杂剧：第 37 册》，北京：商务印书馆，1958 年，第 60-61 页。
〔2〕按：霍克思用"fairy maiden"翻译原作中的"毛女"，大把握住了"毛女"的本义。汉代刘向《列仙传·毛女》中有具体记载，"毛女者，字玉姜，在华阴山中，猎师世世见之，形体生毛，自言秦始皇宫人也，秦坏，流亡入山避难，遇道士谷春，教食松叶，遂不饥寒，身轻如飞，百七十余年，所止岩中有鼓琴声云"。也许霍克思正是根据这段古文认为"毛女"是个专有名词，故改朱有燉原作中的"四毛女"为一仙女。但实际上随着"毛女"在中国诗人们笔下一再出现，如唐顾况《送华阴隐者》"近来移住处，毛女旧峰前"，明叶宪祖《鸾鎞记·觅鸾》"真个毛女重生，玉清再世"，清高孝本《登华山·其三》"希夷云际卧，毛女树边逢"，等等，此词逐渐带有了一定的泛指性，用以表示"传说中得道于华山的仙女"，"四毛女"就是四仙女，无须改为"一"。

答语，霍克思采用了双行体押尾韵方式，但由于过于注重韵脚，译文与原作相比出现了不少为造韵而添译的内容。如原作"广成子同千岁"在霍克思译文中为了与下句末的"spree"一词相叶，就成了"广成子一千零三岁（Guang Chengzi, a lad of one thousand and three）"[1]；"蓝采和身穿绿道衣"为了与上句末"hand"一词押韵，霍克思将其英译为"蓝采和身穿绿袍真威武（Lan Caihe, in his green gown he looks rather grand）"[2]；"汉钟离头绾双髻髻"和"曹国舅拿着这笊篱"两句为了凑韵，霍克思将其分别译为"双髻髻? 那是汉钟离，我想（With his hair in two horns? It's Han Zhongli, I think）"，"曹国舅，拿着这滤酒器滤酒（Uncle Cao, with a skimmer for straining his drink）"；[3]再如"白髭须唐张果"短短 6 个字，霍克思为了与上句末的"unravel"押韵，甚至动用了"张果老倒骑驴"的俗谚，将其译为"那是白髭须的张，有着奇特的出行方式（That's white-whisked Zhang with his weird mode of travel）"[4]。对剧末"余音"文字，霍克思也进行了改编，揉和原剧"外问捧仙桃的是什么仙长"的答语文字"他常在瑶池金母傍边立，只因将蟠桃捧献来人世。他是那玉女金童共赴仙期。唱道不老容颜年，又庆喜南极光辉"和祝寿词"祝永寿千千岁，遥望见宝殿巍巍，稳坐着盘龙戏金椅"，霍克思自编自译为"自瑶池边蟠桃林，手捧延寿蟠桃献于君。并不老容颜年，金童玉女来祝寿，南极星君共庆祷：亲爱的柳君，生日快乐，长命百岁"[5]，全剧以此终结。

综合上述分析可知，霍克思的《蟠桃会》译文对朱有燉《群仙庆寿蟠桃会》进行了大幅度编译，原四折只保留了三幕，删去的内容有与庆寿

---

[1] David Hawkes ed. & tr., "The Magic Peaches: a birthday playlet for Professor Liu, " Wang Gungwu, Rafe de Crespigny, Igor de Rachewiltz ed., *Sino-Asiatica: Papers dedicated to Professor Liu Ts'un-yan on the occasion of his Eighty-fifth Birthday*, Canberra: The Australian National University, 2002, p. 105.

[2] Ibid.

[3] Ibid.

[4] Ibid.

[5] Ibid. p. 106.

386

无关的插科打诨情节和为帝王歌功颂德或宣扬修道成仙的大量曲文。这样
做客观上使原来篇幅冗长、内容繁杂的庆寿剧情节趋于紧凑，更为接近西
方戏剧的审美标准，从而增加了本剧在西方被接受的可能性。同时，由于
霍克思实际在译本中只英译了《青天歌》一首曲文，为了避免译剧唱词过
少给西方读者留下中国戏曲唱词不多的错误印象，霍克思自行对原作标为
"诗"或"念"的部分内容进行了曲文处理，如译剧第三幕三处韵体诗翻
译实是原作四毛女愚鼓简子的念白、有关众仙身份的问答及剧末余音众仙
的祝寿词，在原作中均未作为曲文处理。

　　另外，为了推进此剧传播，霍克思在译文后提供了原剧梗概（synopsis）
的英译文和此三幕英译短剧的注释（notes）。梗概便于有兴趣进一步深究
的读者瞭望原作的具体结构，既体现了霍克思严谨的学术态度，也有助于
西方读者接受《蟠桃会》。在注释中，霍克思向读者介绍了剧中所蕴含的
丰富意象与典故，从西王母、南极寿星、东华帝君、彭祖、广成子、香山
九老人、洛下耆英会、南阳菊潭秋后水、八仙等中国神话传说中的仙人，
到真阴、真阳、黄庭、艳阳时节采灵苗、离男、坎女、吹得璇玑从左转、
玉殿等道家词汇，再到青天歌、愚鼓简子、寿星队等民俗，一一为读者列
出并加以详细的解说，从而有效弥补了译文大段省译所造成的文化因子流
失，并为译文保留下了原作文化信息的精华。可以说，经过霍克思以上处
理，中国庆寿应景剧的大致特征在西方读者可接受的范围内得到了描画。

第二节　《洞庭湖柳毅传书》英译

　　经过《蟠桃会》的英译尝试，霍克思开始着手处理元代戏曲家尚仲贤
的杂剧《洞庭湖柳毅传书》，英文名为《柳毅与龙公主》（*Liu Yi and the
Dragon Princess*, 2003）。这是霍克思真正全译的第一部也是唯一一部戏剧作

品，此后霍克思没有再翻译过中国戏曲，准确地说继此英译剧后霍克思在中国文学译事上封笔。此部英译剧更为重要的价值在于它是中国戏曲英译史上一部难得的演出剧，译者明确表达了翻译演出剧而非案头剧的愿望。作为可贵的尝试，此剧寄托了霍克思希冀中国戏曲能够在西方舞台演出的美好理想与他对元杂剧的无限热爱之情，是霍克思戏曲翻译的代表作，值得认真关注。《柳毅与龙公主》包含一个长达 28 页的导论、42 页的英译正文和一个长达 40 页的附录，很好地体现了霍克思竭尽全力在西方传播中国戏曲的拳拳之心。

一、力求译出一个演出剧本

霍克思在其译本序言开篇第 1 句就向读者声明，"此译本是一个尝试——我希望不是过分乐观之举——我试图把一部中国 13 世纪的杂剧译成可配乐并搬上西方舞台的英语剧"[1]。霍克思对中国戏曲在西方的传播现状感到焦心，他指出自第一部中国戏曲传入西方以来的二三百年间，虽然译者在译介时逐渐关注到了曲文，但能配乐上演的中国杂剧却依然没有传到西方，而这正是霍克思希望在《柳毅与龙公主》译本中努力一试的目标。他希冀自己改编后的剧目演出时能相当吸引人或者退一步，"不管演出效果如何，只要这些曲文听起来悦耳，观众就至少对元杂剧能有些印象，而这是至今仍几乎无法做到的"[2]。

（一）全译曲文，注重配乐性与表演性

霍克思首先在曲文上竭尽全力。早在 1966 年，霍克思在其戏曲研究中就提醒汉学家注意，中国戏曲的精华是曲文，"所有的诗、所有的激情

---

[1] David Hawkes, "Introduction," David Hawkes tr., *Liu Yi and the Dragon Princess*, Hong Kong: The Chinese University Press, 2003, p. 1.

[2] Ibid. p. 27.

388

以及几乎全部的文学兴趣都在曲文中（all the poetry and passion and almost anything of literary interest is in the arias）"[1]。近半个世纪后，霍克思在其译著《柳毅与龙公主》的导论中仍然表达了其对中国杂剧曲文的欣赏。在他眼里，"中国戏曲的有趣之处全部在引起情节的情境营造上"[2]，而情境的营造在杂剧中就是通过那千回百转的曲文，"那优美的曲文不仅使一部分优秀戏曲成为了伟大的文学作品，而且确保了这些杂剧虽然丧失了原有的配乐和经历了几百年的停演，却仍然作为艺术品留存了下来"[3]。故而，霍克思在导论末尾再次强调，"曲文在所有杂剧中是重要得多的部分"[4]。他批评《赵氏孤儿》英译，"很具讽刺性的是中国第一部介绍到西方的杂剧却把杂剧最重要的部分——曲文给省略了"[5]。2002 年，霍克思先行在由香港翻译协会主办的《翻译季刊》上发表了按原作顺序排列、无一遗漏的《柳毅与龙公主》的全部曲文，曲牌名及宫调名以音译的方式加以保留，次年完整的译著由香港中文大学出版社出版。

　　作为演出剧本，此剧自然需要与案头剧不同的处理方式，德国著名学者赖斯曾在其《翻译批评：潜力与制约》（*Translation Criticism: The Potentials & Limitations*）一书中指出戏曲翻译，"如果译文是为舞台演出所用则属于视听类语篇，那么首要的要求就是考虑口头表达、表演与戏剧效果（包括文本与视觉、听觉的相互作用）"[6]。为了完成演出剧本的翻译任务，霍克思不仅要求自己全部译出原作的曲文，而且他更关心如何使这些

---

[1] David Hawkes, "Chinese Influence in European Drama, " David Hawkes, *Classical, Modern and Humane Essays in Chinese Literature*, John Minford & Siu-kit Wong ed., Hong Kong: The Chinese University Press, 1989, p. 108.

[2] David Hawkes, "Introduction, " David Hawkes tr., *Liu Yi and the Dragon Princess*, Hong Kong: The Chinese University Press, 2003, p. 2.

[3] Ibid.

[4] Ibid. p. 25.

[5] Ibid.

[6] 赖斯：*Translation Criticism: The Potentials & Limitations*，罗得斯译，上海：上海外语教育出版社，2004，第 95 页。

英译的曲文留给读者（或者说观众／听众）深刻印象的问题。霍克思认为，"如同欧洲歌剧的歌词翻译，如果不是在演唱过程中引起听众想要知道歌词的欲望，阅读那些翻译过来的歌词是不会有什么趣味的，杂剧译本也是一样"[1]。故而他要求自己尝试在《柳毅传书》英译中译出可配乐演唱的曲文，以挣脱自第一部中国戏曲传入西方至今以来的二三百年间"依然没有能配乐上演的中国杂剧传到西方"[2]的困境。实际上，霍克思对戏曲舞台表演性的关注早在他 1971 年发表的研究论文《对几出元杂剧的思考》中就有所体现，整篇文章立论得益于作者那独特的视角即"看戏人所见与所赏的视角"（adopting the viewpoint of a playgoer who wants to know what there is to see and enjoy）[3]。

　　那么如何处理曲文，英译才能易于配乐与演唱呢？西方汉学家白之1970年发表的会议论文《元明戏剧的翻译与移植：困难与可能性》（*Translating and Transmuting Yuan and Ming Plays: Problems and Possibilities*）是有关此问题的权威讨论。此文指出："翻译时，需要的是对原文诗行有'体验'，译文中有我们所谓的'节律对应'（prosodic correspondence），但并不需要严格遵循原文的节奏，这样译出的英语诗默读时较别种译法更胜一筹，而且要想配上原音乐困难也较小。"[4]霍克思在处理《柳毅与龙公主》中的曲文时强调的也是总体感觉，"译文自由"[5]，旨在朗朗上口、铿锵有力。衬字直接译入，译文句式上虽显参差不齐，但

〔1〕David Hawkes, "Introduction, " David Hawkes tr., *Liu Yi and the Dragon Princess*, Hong Kong: The Chinese University Press, 2003, p. 25.

〔2〕Ibid.

〔3〕D. E. Pollard, "（Untitled Review）Classical, Modern and Humane: Essays in Chinese Literature, by David Hawkes, John Minford, Siu-kit Wong, " *Chinese Literature: Essays, Articles, Reviews（CLEAR）* , Vol. 13, Dec. 1991, p. 192.

〔4〕〔美〕西利尔·白之：《元明戏剧的翻译与移植：困难与可能性》，见《白之比较文学论文集》，微周等译，长沙：湖南文艺出版社，1987 年，第 83 页。

〔5〕David Hawkes, "Introduction, " David Hawkes tr., *Liu Yi and the Dragon Princess*, Hong Kong: The Chinese University Press, 2003, p. 25.

390

大体再现了原曲行长短；特别注重句末押韵，大部分采取对句末押韵的方式，并间以三行韵及隔行韵的方式，以避免单调。以《柳毅与龙公主》楔子［幺篇］为例：

　　［幺篇］因此上拨下这牧羊差，妆出这捞龙汁。想他每无恩义本性难移，养我向野川衰草残红世。离凤阁，近渔矶，蓬蝉鬓，靥蛾眉，愁荏苒，泪淋漓。想父母，共亲戚。哎，天那知他何日得重完备。

Yao pian

So now they're rid of me: a shepherdess!

His little plan has been a great success.

Hard hearts like theirs will know no alternation:

Here I must stay, amidst this desolation,

For palace, a deserted fishing station;

My hair like a haystack,

My face in a frown,

Constantly grieving,

My tears running down.

And my parents, my dear ones-ah, Heaven above!

Shall I ever again see the ones that I love?

此［幺篇］全曲一韵到底，句式上以六字句和三字句居多，具体论之：第1、2句除去前面的衬字"因此上"正好是对仗的六字句；第3、4句结构相似、字数相等；从第5句始，出现一系列三字短句，层层叠加，一句紧似一句，最终以"哎"字把濒于爆发的情感加以舒缓，"天那知他何日得重完备"则以一句感叹表达无奈，此句除去衬字"天那知他"也正好

是六字句。霍克思翻译时注意再现此曲的总体韵味，第 1、2 句相同尾韵
/es/，去掉 "So now" 上下句正好均为 9 个音节；第 3、4、5 句尾韵为
/eiʃən/，均为 11 个音节，第 5 句由原曲的第 5、6 两句 "离凤阁，近渔矶"
合成。自 "蓬蝉鬓" 至 "共亲戚" 的 6 个三字句，霍克思在译文中处理
成了 3 至 4 个单词不等的小短句，大体与原曲效果相当，押韵上则采取了
隔行韵 /aun/。最后结句，也在霍克思的译文中得到了很好地再现："哎"
用 "ah" 传达，"天那知他" 用 "Heaven above!"，而 "何日得重完备"
则正好是 "Shall I ever again see the ones that I love"，至于押韵则是对句
韵 /ʌ`v/。综上分析，霍克思的译文虽然局部细节有不少变动，但在总体
再现原曲效果这一点上做得不错。难怪澳大利亚中国戏曲研究的资深学者
马克林（Colin P. Mackerras）[1] 称赞霍克思《柳毅与龙公主》"译曲保留了
押韵，是优秀的诗篇。……剧本读来顺畅，相当有趣，完全适合上演，如
果上演的话相信会取得一夜成功。霍克思无疑是英语语言的大师"[2]。

（二）自撰宾白，注重逻辑性与表演性

霍克思通过对比尚仲贤剧本《洞庭湖柳毅传书》和其所据本事唐代李
朝威的传奇故事《柳毅传》，发现尚本宾白存在以下问题：一是尚本宾白
描述与其曲文相抵牾，如第二折唱词前是一大段宾白，叙述了从柳毅来到
洞庭湖边直到钱塘君吞下小龙收兵奏凯的完整故事，其中小龙与钱塘君的
打斗可以用节节败退、几无还击之力来形容，可是随后电母的连篇唱词中
所描绘的却是一场气势恢宏的酣战，宾白与曲文所述判若两事。二是尚本
宾白改动李本，但从曲文看不出改动的必要性。比如刚才讨论的那段宾白
中就存在一些与李本不同的情节叙述，如柳毅的退场与钱塘君的出场、向

---

〔1〕按：马克林是一位在英国介绍中国戏剧的西方学者，代表作有《京剧的兴起：清代中国戏剧的社会面貌》
（1972）和《中国戏剧简史》（1981）。
〔2〕Colin Mackerras, "（Untitled Review）David Hawkes（tr.）: Liu Yi and the Dragon Princess. Hong Kong:
The Chinese University Press, 2003," *Asian Studies Reviews*, Vol. 28, No. 1, 2004, p. 86.

392

柳毅提婚者及柳毅拒婚的真实原因尚本均与李本不同，但尚本的曲文并没有显示有进行此类改动的必要。而且有些改动使得作品失去了原作的立意，霍克思最不满意的就是有关柳毅这个书生形象的塑造。李朝威笔下的柳毅拒婚是因钱塘君恫吓性言语的冒犯激起柳毅一介书生的一时之气而断然相拒；辞归前泾阳女当席致谢，柳毅再次相见顿生叹恨之色。霍克思觉得这是一个很有些书生气的可爱与傻气的柳毅，这一印象与后文三公主略带埋怨与嗔怪的唱词中隐约所含之意十分吻合。这样的柳毅在霍克思眼中是个相当有趣的人物形象。可是尚仲贤剧本中的柳毅却成了一个令人不齿的卑琐形象：他被描绘成因为嫌弃公主的容貌而拒绝龙王嫁女的提议，并表面以此举不义及顾虑老母两个冠冕堂皇的理由相拒。这些拙劣的改动，霍克思猜测不是出自尚仲贤之手，而更有可能是出于表演者的发挥。三是尚本宾白中保留的一些李本内容因情节改动而显得多余或是不相称。如钱塘君向柳毅提婚时的威胁之语原是作为引起柳毅拒婚的导火索而存在，在尚本中保留此威胁之语略显多余。再如龙三娘关于"所牧羊群为雨工"的解释在李朝威的传奇中是因柳毅提出了"神仙不吃羊肉为何要养羊"的问题而给予的解答，可是在杂剧中它径直穿插在龙女自报家门与随后的悲惨命运哭诉两段唱词之间。这些笨拙的宾白霍克思认为很可能是出于一种试图把一些观众熟悉的因子融进戏曲表演中的努力，背后的行为者更可能是剧本的表演者而不是剧作家尚仲贤。

霍克思多年的戏曲研究经验认为，杂剧宾白比起曲文不甚重要，"很有可能，元杂剧从来没有完整的念白。演员们可以即兴发挥，正如在早期滑稽戏中他们所做的那样，而且他们也很可能是只凭借一些简单的笔记提醒，以口授的方式来学习大部分的念白"[1]。正是基于此种考虑，霍克思最终决定完全放弃原作的宾白，尝试自行创作以修补上面讨论中所提到的尚

---

[1] David Hawkes, "Introduction," David Hawkes tr., *Liu Yi and the Dragon Princess*, Hong Kong: The Chinese University Press, 2003, p. 7.

本宾白中存在的诸类问题。

逻辑自洽是剧本得以排演的基本要求。同样出于现场演出的考虑，霍克思删去了宾白中中国戏曲人物自报家门的做法，另行安排了一个叙述者（narrator）角色来串联情节，"用以向西方观众解释那些对中国戏迷来说一目了然但对西方观众却不易理解的事件"[1]。此做法有利于增强剧本上演时的现场接受效果，因为西式的叙述方式能够帮助西方观众更及时地弄懂剧本。譬如，以尚本楔子开戏的几句为例：

> （外扮泾河老龙王领水卒上，诗云）义皇八卦定乾坤，左右还须辅弼臣。死后亲承天帝命，独魁水底作龙神，吾神乃泾河老龙王是也。
>
> 译文：Fu Xi, the great civilizer, who invented the Eight Mystic Trigrams **and taught men how to hunt and fish and how to keep flocks and herds,** had trusty ministers to help him in his work. These men, when their human lives had ended, were transformed by the Celestial Emperor into dragons. They became the Dragon Kings who live in the depths of lakes and rivers **and control the clouds and rain. When they are about their business, flying through the air, wreathed in storm-clouds and with lightnings flashing about them, they can be very terrible; but at other times they can appear in human shape and look just like us.**[2]

在霍克思的英译文中，首先在舞台中央出现一个从头到脚裹着素色黑袍的叙述人，泾河老龙王自报家门的 5 句话被处理成了两段。第一段除译出原

---

[1] Ibid. pp. 25-26.
[2] Ibid. p. 31. 按：黑体部分为笔者所加。

394

作的 4 句外，黑体部分均为霍克思的添译，主要为西方读者解释"伏羲氏"和"龙神"这两个中国文化的专有项。原剧本中的最后一句"吾神乃泾河老龙王是也"，霍克思译文中另起一段，以叙述人口吻介绍"这里是人形的泾河老龙王，泾河在中国的西北部"，引出穿着龙袍、头戴龙冠、身材魁梧的泾河老龙王上场。此外，第二折宾白末，泾河老龙王上场导出电母唱词，尚本为"（泾河老龙上，云）吾神泾河老龙是也。今有钱塘火龙与俺小龙斗胜，未知胜败。我使的雷公电母看去了，这早晚敢来报捷也。（正旦改扮电母两手持镜上，云）这一场厮杀，非同小可也呵"，霍克思译文中改为了以叙述人口吻转述此段文字，其中"我使的雷公电母看去了"和电母唱词间，霍克思添译"Mother Lightning makes the lightning-flash by means of two metal reflectors which she holds, one in each hand. She and the Thunder God make a team; but on this occasion the Thunder God seems to have been employed elsewhere"[1]，为西方读者解释中国神话中的电母形象及交代雷公的去向。尤其是最后所添的交代雷公去向的文字虽短，却更可见霍克思为扫除观众可能出现的理解障碍所做的努力。因为从逻辑上看，原剧泾河老龙王提到受命去观战的有"雷公、电母"二人，可是后文未加任何交代，出现的是只有电母一人上场吟唱的情节，此处无疑存在一个叙述漏洞，虽然不解决也不会影响主要情节的展开，但霍克思的细心添补使译剧洽然一体。

最后，霍克思的改动还涉及一种情况，即为了演出需要增加一些有关剧中人物扮相或言语、行动的提示文字，很多内容对于中国戏迷来说一目了然，但西方读者却知之甚少，需要特别提示。如第一折开场柳毅准备进京赶考与母亲相商，尚本为"（柳毅云）则今日是吉日良辰，辞别了母亲，便索长行也"，霍克思在翻译时处理为"Today's a lucky day for travelling:

---

[1] Ibid. p. 46.

I've looked in the calendar. I'd like to start straight away"。"出门前看黄历"的细节就隐含在"今日是吉日良辰"一语中，中国古代的老百姓已习以为常，不须言明。纵使今日一些人家办大事时也还是会"看看日子"，在西方却没有这样的习俗。为了在保留这一习俗的同时不致使西方观众看剧时感到陌生，霍克思在"今日是吉日良辰"后添译"出门前看黄历"细节。再如柳毅考场失意后偶与龙三娘相遇，霍克思描画柳毅赴考在外的形象为"Enter Liu Yi, he has a cloth bag rather like a satchel over one of his shoulders"。原作这样叙述，"远远望见一个妇女牧羊，好生奇怪。（做看科，云）你看他嚬眉凝睇，如有所待。不免向前问他一声，小娘子拜揖"。没有一句提到柳毅的扮相，但霍克思凭着对中国文化的熟悉，在自撰的宾白中添上柳毅"肩挎褡裢"的扮相，否则西方的演员在演出时就会碰到不知如何穿戴的问题。

　　简而言之，霍克思自撰宾白与尚仲贤的原宾白相比，主要有以下几方面的改动：改剧中角色自报家门为以叙述人口吻介绍剧中人物；修改原剧的矛盾叙述及逻辑瑕疵；对原剧中的西方读者不易理解的独特中国文化内容做添译解释；为了表演的需要，增加一些人物扮相、科范或念白的提醒文字。其他情况下，霍克思为了保证自撰的宾白不出大的问题，均以尚仲贤的剧本宾白为底本进行翻译。作为西方学者，宾白自撰无疑是一个极大的挑战，宾白看似像简单的叙述文字或对话，但没有对中国文化相当的熟悉度却很容易闹些不伦不类的笑话，更何况这是一个舞台演出剧本，需要额外考虑诸如语言、服饰、神态等细节问题，更增添了撰写的难度。因此，可以这样评价霍克思的宾白译文，虽然从文字层面霍克思对原作有较大改动，但从内在内容来看，他并没有改变原作宾白的大意，只不过是在其基础上，参照李朝威本进行了一些加工或增删，以便形成一个逻辑严密、在新的语言环境中易于为西方现代读者所欣赏的剧本。霍克思的上述做法非常明智，保证经其处理的宾白不但基本上不会出大问题，而且还更为完善，

396

从而创造出了一个更为完美的英译剧本。霍克思的宾白处理对后译者很有借鉴意义，尤其是当译者处理那些自身内容存在叙述矛盾与逻辑漏洞、在翻译时可能不得不做某些变动的剧本时，其《柳毅和龙公主》提供了一个可资参考的范本。

二、长篇导论与附录的助阵

在戏曲翻译中，霍克思贯彻了一贯的利用导论和附录提高译文的西方接受度的策略，或者说"厚翻译"策略。在导论部分，他首先为西方读者介绍了杂剧的相关入门知识，内容涉及杂剧的产生、发展及流传，杂剧与西方音乐喜剧的同与异，杂剧唱词的艺术性，杂剧作家生存状况，杂剧演员与领班的构成及其卑微的社会地位，等等，并通过与西方晚几个世纪出现的大戏剧家莎士比亚的情况做比照，来加深对中国杂剧作家与演员状况的历史性理解。作为预备与铺垫，此部分知识便于西方读者对译作有一个总体把握，并形成积极的阅读期待。其次，长篇导论还提供了明代尚仲贤创作的《洞庭湖柳毅传书》剧本的英文梗概（一个楔子和四折内容）和此剧所据本事即唐代李朝威创作的传奇故事《柳毅传》的英语节译文。从广义上说，节译与梗概英译均是戏曲翻译的一种形式，流畅的译笔可以帮助读者了解所译作品的来龙去脉，同时吸引读者的阅读兴趣。几乎与译文等长的附录《元杂剧唱词中的"衬字"》（'Padding Words' in the lyrics of Yuan Zaju）为西方读者介绍了元杂剧曲词的特色与难点：模拟自然之声及表现日常俗语的衬词的出现。王国维曾高度赞赏元杂剧的这一创新之处，他说："元剧实于新文体中自由使用新言语，在我国文学中，于《楚辞》《内典》外，得此而三。"[1]有关衬词的介绍使得西方读者能够

---

[1] 王国维著，叶长海导读：《宋元戏曲史》，上海：上海古籍出版社，1998年，第102页。

更好地欣赏元杂剧，一如导论，这也是霍克思帮助西方读者阅读与鉴赏中国戏曲的辅助手段。

　　在这部英文版的《柳毅与龙公主》剧本中，从宾白、科范到曲文，都能体会到霍克思作为一位汉学家的良苦用心，他是多么希望剧本能够真的上演，并能为西方观众带来一点东方戏曲的具体印象！他在译介之初就能为自己设定一个之前译者不敢奢望或者没有明确确定的目标：译出一个能配乐并在西方舞台上演的剧本。这是霍克思的最大突破与创新，值得研究者肯定。

三、《柳毅与龙公主》在西方的反响

　　《柳毅与龙公主》2003 年出版后两次再版，澳大利亚戏曲研究专家马克林撰写书评引荐此译著。他高度评价译本的可上演性，他说："译本不仅流畅而且有趣，将一种复杂的文学形式以普通读者都能理解的方式加以简化。最重要的是，霍克思成功实现了他的翻译愿望，即把已停演几个世纪的中国戏曲改编成一部当代西方演员可以上演、西方观众可以欣赏的英语剧。"[1] 这一评价是极高的，肯定了霍克思译本的可上演性也就等于肯定了霍克思此次演出剧翻译的成功。美国汉学家兼翻译大家华生则从趣味性方面对霍克思译本加以肯定："传统中国文学丰富、多样，并且有时还挺感人，但像霍克思《柳毅与龙公主》这样有趣的却是稀少！通过大卫·霍克思熟练的改编，配上韵体英译的唱词，这部 13 世纪的音乐剧——一个有关多情龙女与孝顺儿子的传说，立时生动了起来。"[2] 遗憾的是，最终《柳

---

〔1〕Colin Mackerras, "（Untitled Review）David Hawkes（tr.）: Liu Yi and the Dragon Princess. Hong Kong: The Chinese University Press, 2003," *Asian Studies Reviews*, Vol. 28, No. 1, 2004, p. 87.

〔2〕Burton Watson, "Academic Work on Chinese Literature ∕Translation," David Hawkes tr., *Liu Yi and the Dragon Princess*, Hong Kong: The Chinese University Press, 2003, 封底 .

398

毅与龙公主》也没有取得像《石头记》那样的轰动效果。更加遗憾的是，此剧一直未曾如霍克思所期望那样，在西方舞台真正上演，一片苦心付诸东流。而来自世界容量最大的 World Cat 图书馆藏目录的搜索，显示此英译剧也是霍克思几部译著中为世界各地图书馆收藏得最少的一本：世界各地约有150家图书馆拥有该藏书，数量上只有《杜诗入阶》世界馆藏量的四分之一不到。[1]另外，150家馆藏中公共图书馆只有3家[2]，可见霍译《柳毅与龙公主》基本只在高等学校图书馆流通，相关汉学领域的师生是其主要阅读者，而在此之外普及率极低。而且检索数据十几年未变，亦说明《柳毅与龙公主》至今没有获得更多关注。

第三节　戏曲英译之反思

一、主观上的西方立场

戏曲是一种带有强烈民族性与地域性的艺术，同一国家不同地区的地方戏曲都可能对本国观众造成理解的困难，更何况异域的学者要想正确把握中国戏曲的精髓，更是不易。霍克思作为一名汉学家，他在接触中国文学之始就力图采取一种科学、公正的客观治学态度，但在中国戏曲研究领域他却没能完全保持研究者的客观立场。可以说霍克思在戏剧鉴赏中的西方立场较为明显，正是这一西方本位立场束缚了他的戏曲译研之路。

英译剧《柳毅与龙公主》的长篇导论的一部分谈及中国戏曲问题，虽然多年的汉学积淀使霍克思讨论问题时基本能拥有一个平和的态度，但其戏曲译研中的西方立场还是若隐若现。他指出西方读者"如果想在中国戏

---

[1] C. f. https://www.worldcat.org/zh-cn/title/607196715; https://www.worldcat.org/zh-cn/title/952154923.

[2] https://www.worldcat.org/zh-cn/title/607196715.

曲中寻找深刻的悲剧性、内心的洞察力或是精彩的对白，他们最终将会感到失望。因为杂剧中的人物虽然叫着不同的名字，却是一些老套的角色，犹如曾经在意大利风靡一时的即兴喜剧中的人物。杂剧的对白要么很孩子气，要么就是些陈词滥调，中国戏曲的有趣之处全部在引起情节的情境营造上"[1]。显然这段话是从西方戏剧视角来考察中国戏曲的。可是问题在于，中西方戏剧完全不同，它们在完全不同的文化环境中生成，以一方为准来评判另一方，必然导致结论的偏颇。

　　霍克思的这一西方立场在二十多年前的书评《一个朝代的没落》（ *The Decline of a Dynasty* ）中有着更为明显的体现。此文在《泰晤士报文学增刊》1981 年 5 月 15 日版发表，霍克思借评论哈克顿、陈世骧及白之合译的《桃花扇》译著之机，谈到了对中国戏曲的看法。西方戏剧有注重人物心理活动咏叹的传统，霍克思以此标准考察中国戏曲，故而最为不满中国戏曲人物塑造上以类型化为主、少心理刻画的特色。他批评孔尚任《桃花扇》对于剧中反面人物阮大铖塑造的失败。在他看来，阮大铖是戏曲家创作时可以着力挖掘的角色：阮氏性格复杂，他不仅是臭名昭著的坏人，同时还是著名的戏曲家，其作品优秀到连其政敌也不得不承认；更有意思的是阮大铖还有过半途悔过被拒后更加反叛的人生经历。霍克思假设"如果孔尚任能娴熟运用戏剧这一媒介，就应创造出一个生动的性格极其复杂的反面形象"[2]，可是在孔尚任的笔下，阮氏只是一个平面人物，"犹如木偶戏中的坏人（ puppet-villain ）"[3]。霍克思认为孔尚任这部南戏中阮大铖的塑造尽显中国戏曲创作的局限性："戏曲中围绕着阮大铖，读者有很多疑问，剧中没有任何解释：阮氏自始至终是一个纸糊的坏人，不断招到唾弃，但他的

---

〔1〕David Hawkes, "Introduction, " David Hawkes tr., *Liu Yi and the Dragon Princess*, Hong Kong: The Chinese University Press, 2003, p. 2.

〔2〕David Hawkes, "The Decline of A Dynasty, " David Hawkes, *Classical, Modern and Humane Essays in Chinese Literature*, John Minford & Siu-kit Wong ed., Hong Kong: The Chinese University Press, 1989, p. 294.

〔3〕Ibid. p. 295.

400

坏却只因其角色使然。"〔1〕

　　由阮大铖角色的塑造问题，霍克思进而联想到南方戏文、北方杂剧甚至现代京剧，从而对中国戏曲有了一个总体性评价："中国戏曲人物就如古老的即兴喜剧角色，都是一些类型化的扮相。他们缺乏心理上的复杂性，没有向纵深发展的可能性。这样的戏剧，发展的只有情境而不包括人物与性格。"〔2〕仔细研读，我们不难发现此段文字与上引霍克思译著《柳毅与龙公主》导论中的有关中国戏曲的论述其实并无二致。而正是基于以上认识，霍克思在书评中进而指出："中国戏曲不可能产生莎剧中的哈姆莱特或是麦克白，中国戏曲中的坏人都是喜剧性的，因为喜剧中恶棍最终都没有好果子吃，而且按惯例他们的不幸都是滑稽可笑的。"〔3〕这里，实际上霍克思是在用西方戏剧的悲、喜剧概念来套中国的戏曲，当然我们也应该看到如果只作为事实陈述，这种中西对比的比较文学视角是有助于中西戏剧各自特点的彰显，但霍克思在随后的行文中基于此而做的价值判断则无疑偏离了一个汉学家应有的客观治学态度。他对中国戏曲随即给予了严厉的批评，"大多数中国戏曲作为戏剧文学来看，是幼稚与无足轻重的"〔4〕。他认为中国戏曲本身该为这一切承担责任，他批评中国戏曲一直墨守成规，没能跳出自己的歌剧模式：那些类型化的角色同时都是主唱的角色，尖声唱出的曲文更多是一种声乐体验，其词通常晦涩难懂，要靠随后的宾白予以扼要重述。而这些宾白在霍克思眼里是"以不带感情的散体或打油诗念出的朗诵调"（parlando in indifferent prose or doggerel verse）〔5〕。霍克思更严厉的批评在后头，他这样比较中西戏剧："中国最好的戏曲如果是与欧

〔1〕Ibid. p. 296.
〔2〕Ibid. p. 295.
〔3〕Ibid.
〔4〕Ibid. p. 296.
〔5〕David Hawkes, "Introduction, " David Hawkes tr., *Liu Yi and the Dragon Princess*, Hong Kong: The Chinese University Press, 2003, p. 296.

洲一般的歌剧相比，那还可以算作杰作，但如把它们与莎士比亚或拉辛的悲剧相比（并非每个人都想这样把两者相比），那就只能显出其幼稚与肤浅的一面。"[1]霍克思从人物塑造、曲文到宾白，几乎把中国戏曲批得一无是处，他的这一价值判断对于中国戏曲来说无疑太过沉重，也是极为不公的。中国戏曲源远流长，正如清末戏曲大师吴梅在其论著《中国戏曲概论》开篇所言，"乐府亡而词兴，词亡而曲兴"，"曲"一脉相承的是中国文学传统，有谁能轻易下中国文学传统是"幼稚与无足轻重"的结论？

《一个朝代的没落》是霍克思最早一篇从总体谈论与评价中国戏曲的文章，从中可以看出他对中国戏曲总体评价不高。他的中国戏曲译研多停留于局部某些兴趣点，正是由于他在中国戏曲译研过程中有个价值判断上的思想先导，这从该书评行文所使用的严厉语言亦可见一斑。也正是在这篇书评中，我们看到了霍克思作为汉学家在其译研工作中一直力图回避的西方立场。霍克思以鉴赏西方戏剧的眼光来分析中国戏曲，无疑使其观点带有偏颇性。二十多年后霍克思再次谈及中国戏曲时，这种西方立场仍然没有明显改观。中西戏剧各不相同，各有特色也各有局限，任意抬高抑或贬低一方都是不可取的研究态度。西方立场是霍克思从事中国戏曲译研工作的最大障碍，在一定程度上束缚了他在此领域取得更大的成就。实际上，西方立场也是中国戏曲走向西方乃至中国文化走向西方的一大拦路虎。

二、客观上的重重困难

戏曲英译在客观上存在的重重困难，凸显了戏曲译介的艰难。在英国研究中国戏剧的汉学大家屈指可数，据曹广涛博士论文，只有两位："其中较为知名的戏曲专家在英国有龙彼得和杜为廉，前者以研究闽南戏和法

---

[1] Ibid.

402

事戏著称，后者以治戏曲史闻名。"[1]龙彼得1977年发表的长文《中国戏剧源于宗教仪式考》、杜为廉1976年撰成的《中国戏曲史》都是汉学界中国戏曲研究的重要成果，尤其是杜为廉，被中国学者称为"英国唯一的一流的中剧研究专家"[2]。而从事中国戏曲翻译成就较大的英国译者也只有那么寥寥几位，最早的中国古典戏剧翻译者是汉学家德庇时，他译有元杂剧两本：《老生儿：中国戏剧》（*Laousengurh, or An Heir in His Old Age*），1817年由伦敦约翰·默里公司出版；《汉宫秋：中国悲剧》（*Han Koongtsew, or the Sorrow of Han, a Chinese Tragedy*），1829年由伦敦东方翻译基金会出版。1936年英国贵族文人哈罗德·阿克顿出版《中国名剧》，1939年节译《牡丹亭》，1948年与陈世骧合作翻译《桃花扇》。《桃花扇》后六场由白之译完，1976年正式出版，被有些评论者认为是《桃花扇》最出色的英译本。1978年，伦敦保罗·艾莱克出版社推出了汉学家杜为廉的《中国古今八剧》（*Eight Chinese Plays from the Thirteenth Century to the Present*），这是中国戏曲翻译的另一个重要译本，包括各种类型的戏曲如院本《双医斗》、元杂剧《秋胡戏妻》、南戏《宦门子弟错立身》、明昆山腔传奇剧《浣纱记·通嚭》、明单折杂剧之始王九思的《中山狼》、川剧高腔《评雪辨踪》、梨园戏珍品《胭脂记》和京剧《霸王别姬》。1979年，龙彼得在《欧洲汉学研究会不定期刊》第2期发表《朱文，一个皮影剧本》（*Chu Wen: A Play for the Shadow Theatre*），译出了一个中国皮影剧本。21世纪来临前后，霍克思加入了中国戏曲的翻译队伍，作为一名有着丰富翻译经验的译者及学术功底深厚的汉学大家，他也未能扭转中国戏曲西传不佳的劣势。曹广涛在其博士论文《英语世界的中国传统戏剧研究与翻译》中这样概括自1735年法国马若瑟译介《赵氏孤儿》至今二百七十多年间中国戏曲在西方传播

---

〔1〕曹广涛：《英语世界的中国传统戏剧研究与翻译》，广州：广东高等教育出版社，2011年，第28页。
〔2〕孙歌、陈燕谷、李逸津：《国外中国古典戏曲研究》，南京：江苏教育出版社，2000年，第29页。

的情况：“还没有作为一种独立的戏剧样式在任何一国安家落户，也没有任何迹象在将来会如此。”[1]这是中西戏剧译介学者不得不承认与面对的现状。

中国戏曲难译，我们从阿克顿、陈世襄和白之三位著名学者联手完成的《桃花扇》译本的命运就可窥一斑。《桃花扇》1948年由阿克顿邀请在加州大学伯克利分校任教的华裔学者陈世骧合作翻译，此工作持续至1971年尚有最后七出未及译出。陈世骧在此年溘然离世，最后部分由其在伯克利的同事——著名汉学家白之接手完成并负责最后的修缮工作，1976年此译本才得以与读者见面。从此译本问世的坎坷经历我们就能感觉到中国戏曲翻译的艰难，而霍克思曾有一段文字评价此译本，从中尽见中国戏曲译本被接受之难，很多时候它可能就是一件吃力不讨好的事：“自然不用说是译术高超的一个译本，……如果说译本中偶尔会让人产生平板或滑稽之感的话，那也不是译者的错，怪只怪原作的哑剧式风格。读者如果牢记他在看的是一个歌剧本的话，我想他就会发现这是一个感人而又有启发意义的本子。”[2]从剧本的解读、翻译到剧本的接受，中国戏曲在西方的译介之路可谓是困难重重，任重而道远。

戏曲的有效译介首先需要解决的是译者如何正确理解与把握原剧本，以减少翻译中的误读、误译现象，目前的中国戏曲英译严格说来并没有完全跨出这一初级阶段。正如杜为廉所言，“中国人热爱戏曲，就如同英国人爱运动、西班牙人爱斗牛一般”[3]，戏曲在漫长的中国封建社会中曾扮演过非常重要的角色，上至宫廷下至乡野，它一度是最主要的娱乐方式与老百姓生活中的头等热闹之事，不少戏迷由于耳熟能详，平时也能搬演几段。

〔1〕曹广涛：《英语世界的中国传统戏剧研究与翻译》，广州：广东高等教育出版社，2011年，第34页。

〔2〕David Hawkes, "The Decline of a Dynasty," David Hawkes, *Classical, Modern and Humane Essays in Chinese Literature*, John Minford & Siu-kit Wong ed., Hong Kong: The Chinese University Press, 1989, p. 298.

〔3〕William Dolby, *Eight Chinese plays from the thirteenth century to the present*, Columbia: Columbia University Press, 1978, p. 1.

404

与百姓生活娱乐一度密切相关的戏曲剧本自是承载了太多的中国民俗等传统文化，其中很多俚俗用语已不为今日国人所理解，更何况西方的汉学家。因此，正确解读剧本是中国戏曲研究与翻译首先要解决的一大难题。下面以霍克思所译介的一些戏曲包括片段文字中出现的问题翻译为例，说明西方汉学家译介中国戏曲之难。

（一）《庄家不识勾栏》中俗词俚语的误读

如前所述，杜仁杰的这个散套由于包含了不少元代勾栏的描写文字而具有重要的文献价值，霍克思在 20 世纪 60 年代末研究戏曲的论文中为了论证需要全译了这个散套。虽然此套曲只有八曲，但其中有些与当时勾栏演出有关的俗词俚语，今日读者已相当陌生，不知所云。霍克思译文错误不断，其中的问题翻译具体分析如下：

原文：道迟来的满了无处停坐。

这句漏译。"道"后文字为戏班在门橡揽客者所言，"停坐"表示停留、坐下歇息。不知何故，霍克思漏译了此句。

原文：（说道前截儿院本调风月，）背后幺末敷演刘耍和。
译文：（He says, "We shall first present the play *Village Wooing*,）and for the entrée The junior lead will enact the part of Liu Shuahe."

此句译文错误百出。"幺末"，"元杂剧的别称"[1]，与前句的"院本"相对，可是霍克思却把它误为戏曲行当"小生"；另外，"背后"本与"前

---

〔1〕龙潜庵编：《宋元语言词典》，上海：上海辞书出版社，1985 年，第 87 页。另注：王宁曾于 2003 年著文《古剧杂考两则》，据宋元市语提出"幺末"为"作场"，表演之义。虽与传统解释"杂剧"不同，但无论何解，霍克思理解成"小生"显然是不对的。

截儿"相对，表示"之后"，霍克思却理解成了"开场"；"刘耍和"与
"调风月"一样，是戏曲名；"敷演"据陆澹安《戏曲词语汇释》有两
个意思：陈述或表演[1]。因此整句可解为"之后是元杂剧陈述表演《刘耍
和》"，霍克思的译文却成了"开场由小生扮演刘耍和的角色"，误译得
离谱。

> 原文：赶散易得。难得的妆哈。
>
> 译文：You can get there easy for the end, but we want you to
>
> 　　　　see the play.

这两句应是高声招徕观众进自家勾栏看戏之词，霍译文上句虽用词简单，
但句意却不易理解，大致为"你很容易就能赶上结局"或"你最终能很容
易赶上"或"你最终轻易能成功"，不论哪种，与"赶散易得"的本意都
有很大差距。下句霍译文"但我们想要你们来看戏"也与"难得的妆哈"
不符。据《宋元语言词典》，"赶散"指趁热闹，"妆哈"指赔笑脸、捧
场、喝彩，亦写作"妆虾"或"妆喝"。[2]那么，两句大致可作如下理解：
"趁热闹的班子易见，演出精彩的难得。"这是在夸奖自家戏班好。还有一
种解释，"赶散，赶场的散乐班子，指在江湖上四处奔波赶场的民间艺人。
妆哈，指勾栏里的演出。全句是讲，到处赶场的散乐班子很多，容易见得
到，但像今天这样精彩的演出却是很难见到的"[3]。则此2句可解读为在夸
说自己的演出非赶场的散乐可比。不管哪种解释，从霍克思译文来看，都
是失之千里的。

---

[1] 陆澹安：《戏曲词语汇释》，上海：上海古籍出版社，1981年，第566页。

[2] 同上书，第352，723页。

[3] 褚斌杰主编，褚斌杰、杨乃乔、王福利、徐建顺撰稿：《元曲三百首详注》，南昌：百花洲文艺出版社，
2009年，第9页。

406

原文：要了二百钱放过咱。

译文：Well, three hundred cash he took off me and let me in.

不知为何，霍克思把"二"改为了"三"，英文中的"cash"用作口语就是"钱"，但有什么根据两者间的换算是 2 与 3 的对换呢？也许霍克思改动只是为了表明中西方在货币单位上的不同？

原文：中间里一个央人货。

译文：One of them was a sort of beggar-fellow.

"beggar-fellow"，乞怜之人或者说乞丐，而"央人货"在汉语背景下却是詈词，即殃人货，指害人精、害累人的家伙。霍克思理解的"央"是"央求"，为误解。

原文：裹着枚皂头巾顶门上插一管笔。

译文：A black hat he had on his head with a brush stuck through.

皂头巾指黑色的裹头布，在霍克思译文中却成了"a black hat"，有待商榷。

原文：临绝末，道了低头撮脚，曩罢将么拨。

译文：Then, as he was nearly done,

"I bow low before you", he says, "I touch my feet

"The cooking is finished, you now shall have something

to eat!"

"曩"指宋杂剧、金院本中的简短表演，南宋吴自牧《梦粱录》卷二十

"伎乐"条："且谓杂剧中末泥为长，每一场四人或五人，先做寻常熟事一段，名曰艳段；次做正杂剧，通名两段。"其中的"艳段"即指"爨"，是开场前的帽戏，多为歌舞小段。"么"即么末，杂剧。"道了低头撮脚"指说完后低头收脚，向观众鞠躬致谢。"爨罢将么拨"中的"拨"表示"拨弄，指演出"[1]。从霍克思的译文来看，可以说他完全没有读懂这句话，译文出现了很大偏差。首先是"道了低头撮脚"，"道"和"低头撮脚"是两个承接动作，却被霍克思处理成了动宾词组，且原交代性的话语成了译文中的宾白翻译。其次，"爨罢将么拨"完全难住了霍克思，"爨"作为一个多义词，是有"炊"意，但在戏曲语言中表示的却是专业名称，"爨"即爨段、爨弄，整句表示爨段表演完后，就开始么末的演出，可在霍克思的想象中成了"煮好了，你现在可以吃点东西"这样的宾白语。

> 原文：但要的豆谷米麦，问甚布绢纱罗。
>
> 译文：But what they ask, of course, it's not silk or satin:
>
> The talk's all of beans and cereals and rice.

此句"但要的……问甚……"应该是庄稼汉听戏后的反应或者说疑惑，在他看来说亲时只要提些豆谷米麦等实在的要求就好了，还要问布绢纱罗那些不切实际的东西干什么？《元曲三百首详注》中注解"问甚"为"管什么"[2]，也与笔者此处分析基本相符。霍克思的翻译却是"当然，他们所谈论的不是绸或缎而是豆麦与稻谷"，译文有待商榷。

（二）《蟠桃会》英译的问题

虽然删去了原作大量内容，这部短小的译剧仍难避免解读与翻译中的

---

〔1〕褚斌杰主编，褚斌杰、杨乃乔、王福利、徐建顺撰稿：《元曲三百首详注》，南昌：百花洲文艺出版社，2009年，第10页。

〔2〕同上。

408

一些误解、误读和误译现象。最明显的一个错误是霍克思在解释"离男坎女"时把"离""坎"卦图两相颠倒，这点再版时需要纠正。幸好霍克思译文中共出现了两处此八卦文，一对一错，有心的读者也许能发现其中的矛盾。英译的错误主要出现在有关庆寿众仙身份的问答段落，如原作"（外指洛下耆英者云）这十三个人是谁？（毛女）这的是洛下耆英会。（外指众仙云）这几个人是谁？（毛女）这的曾饮南阳菊潭秋后水"[1]这段问答语的处理在霍克思译文中有明显问题。从以上所引原文看，这里一问一答涉及的是两组仙人，霍克思的译文"—And that group of—let's see: one, two, three, four…thirteen?/—The Luoyang Thirteen, having drinks, as you see, /With the Dengzhou Pool's life-giving water for tea"[2]，却把两段问话的回答并入了"洛下耆英会"名下，认为正是洛下耆英会的十三个仙人饮了南阳菊潭秋后水，这是对原作的误读。而且这段有关众仙身份的问答中存在不少因凑韵而为的添译，有篡改原作语意之嫌。

（三）《柳毅与龙公主》曲文的问题翻译

霍克思译著《柳毅与龙公主》的曲文与宾白采取了不同的翻译策略。宾白翻译采取自撰方式，不存在问题翻译，故下面集中就译作中曲文英译出现的问题进行讨论。曲文是译者致力所在，而且译者旨在忠实原本，对其中的问题翻译进行分析亦很能说明问题。

[赚煞] 俺为甚么懒上凤凰台，羞对鸳鸯浦？则为那霹雳火无情的丈夫。是则是海藏龙宫曾共逐，世不曾似水如鱼，谩踌躇。影只形孤。只我这泪点儿多如那落花雨，多谢你有心肠的足，可

[1]《古本戏曲丛刊四集之三脉望馆钞校本古今杂剧：第37册》，北京：商务印书馆，1958年，第66页。
[2] David Hawkes ed. & tr., "The Magic Peaches: a birthday playlet for Professor Liu, "Wang Gungwu, Rafe de Crespigny, Igor de Rachewiltz ed., *Sino-Asiatica: Papers dedicated to Professor Liu Ts'un-yan on the occasion of his Eighty-fifth Birthday*, Canberra: the Australian National University, 2002, p. 105.

着我便乘龙归去。（做拜科）（唱）全在这寄双亲和泪一封书。

这是第一折最后一曲，是龙三娘拜请柳毅代为传书的一曲。霍克思在"世不曾似水如鱼""影只形孤"上有明显的误读与误译。"世不曾似水如鱼"指的是从来不曾有过如鱼得水那般舒坦的日子，霍克思却英译成了"No fish of his came in my waters ever"；"影只形孤"从上下文看是龙三娘描述自己失意婚姻的孤凄生活，霍克思在翻译时与"谩踌躇"连成一句"So do not hesitate, /If you should wish to change your single state"。中英对照，译文错得离谱，龙三娘的慨叹在霍克思笔下成了暗示鼓励对方追求自我的言辞，也好像这龙三娘打算以身相许为诱饵似的，译文对人物形象造成了歪曲，需要修正。

　　［调笑令］畟奈那业龙，说与俺老家公，则为这龙女三娘惹下祸丛。想他在泾河岸上愁千种。闷恹恹蹙损眉峰，暗修下诉控双亲书一封，哭啼啼盼杀宾鸿。

这是第二折中电母回答泾河老龙王"三娘如何给远方父母传音信"的唱词，最后一句"哭啼啼盼杀宾鸿"是描述龙三娘痛哭流涕急盼传信人的场景，在霍克思的译笔之下变成了"This letter then, moved by her tearful pleas, /A passing traveler agreed to take"（可回译为"后来，一位过客被她的带泪祈求所感动，同意代递此信"）。虽然在上下文中，这样翻译没有造成太大的歪曲，但此译文与原剧含义不符却是事实。

　　［集贤宾］则俺那寄书来的秀才错立了身，怎能勾平步上青云。则为他长安市不登虎榜，救的我泾河岸脱离羊群。他本望至公楼独占鳌头，今日向洞庭湖跳过了龙门。则我这重叠叠的眷姻

410

　　可也堪自晒，若不成就燕尔新婚，我则待收拾些珍宝物，报答您
的大恩人。

　　这是第三折龙三娘上堂面谢柳毅前的唱词，从"则我这重叠叠的眷姻
可也堪自晒"到结尾"报答您的大恩人"，霍克思不仅有漏译而且有误译。
其译文为"My dragon-kin should really now decide/To make him one of us-
and me his bride！"[1]回译到汉语大致为"我的亲人们现在真的应该下决
心让他成为我们家族一员，让我成为他的新娘"。首先，"My dragon-kin"
是对"眷姻"的误译，"眷姻"是常用戏曲语言，表"夫妻"，如元代关
汉卿《救风尘》一剧第三折中"家业家私待你六亲，肥马轻裘待你一身，
倒贴了奁房和你为眷姻"，又如元代马致远《荐福碑》第四折"倒招了个
女娇娃结眷姻，和你这老禅师为交契"。以上两例都用到了"眷姻"，表
示的都是夫妻，霍克思理解成"亲眷"不对。其次，尚本描写的是一个温
婉得体的龙三娘，写出了三娘在见柳毅前对婚事没底的忐忑心情：既有希
冀，如果柳毅允诺，自己这坎坷的婚姻算是终博一笑；又有担心，如果不
成，那只好以奇珍异宝相赠，以谢恩情。霍克思在翻译时却去掉了三娘这
种较为合理的心理活动，只翻译了原4句话中的第1句，传达给西方读者
的是一个"一意孤行"、希望家中亲眷为自己谋姻缘的女性形象。

　　而且这也是全剧唯一一处霍克思除误读误译问题外有意改动原曲文的
地方。霍克思向来很重视曲文，他为何会有以上改动之举呢？也许可以从
导论中的一段文字中找到答案："尚仲贤在把李朝威的传奇改编为戏曲时
赋了三公主太多的报恩感。"[2]在他看来，中唐时期出自李朝威笔下的三

〔1〕David Hawkes tr., *Liu Yi and the Dragon Princess*, Hong Kong: The Chinese University Press, 2003, p. 56.
〔2〕David Hawkes, "Introduction, " David Hawkes tr., *Liu Yi and the Dragon Princess*, Hong Kong: The Chinese
University Press, 2003, p. 27.

公主与其同时代的其他唐传奇[1]中的女主人公一样，"属于满足愿望的幻想人物"[2]。这些传奇多出自那些上京城赶考的书生之手，在他们的想象中总有一段与才貌双全女性的艳遇，这些理想的女性或是一位出身高贵且有活动自由的大家闺秀，或是身价百倍、同时乐意以身相许的艺妓，或是狐仙、龙女等非人间的女性。波兰裔学者日比科夫斯基（Tadeusz Zbikowski）曾在其 1974 年出版的博士论文《南宋的早期南戏》（*Early Nan-his Plays of the Southern Sung Period*）中也提道："这些剧本的早期原型很可能来自唐代的短篇传奇，这些传奇最早创作了书生赴京应考的途中与京城歌女产生感情的情节。"[3] 在霍克思看来，"好几处显示龙公主对柳毅的感情不只是感恩那么简单，她从一开始就下定决心要嫁给他"[4]。正是在这种思想主导下，霍克思对这一处不符己意的曲文进行了改译，至于改动好坏则留待读者（或观众）来评说。

> ［柳叶儿］秀才也敢教你有家难奔，是是是熬不出寡宿孤辰。
> 谁着你自揽下四海三江闷，你端的心儿顺，意儿真，秀才也便休
> 愁暮雨朝云。
>
> Liu ye er
>
> Scholar, it's beyond debate,
>
> A home is no home if you're celibate.
>
> You'll find it hard, so hard, to live in

---

[1] 按：初唐时期传记小说内容还未脱离六朝志怪小说的影响，中唐时期是传奇小说的黄金时期，较有代表性的有沈既济《枕中记》、李朝威《柳毅传》、蒋防《霍小玉传》、李公佐《南柯太守传》、白行简《李娃传》和元稹《莺莺传》。

[2] David Hawkes, "Introduction," David Hawkes tr., *Liu Yi and the Dragon Princess*, Hong Kong: The Chinese University Press, 2003, p. 26.

[3] 转引自曹广涛：《英语世界的中国传统戏剧与翻译》，广州：广东高等教育出版社，2011 年，第 119 页。

[4] David Hawkes, "Introduction," David Hawkes tr., *Liu Yi and the Dragon Princess*, Hong Kong: The Chinese University Press, 2003, p. 27.

412

single state.

Must you really condemn yourself to such

a dreary fate?

You're so good-natured, scholar, and so true,

No woman could refuse a man like you.[1]

此曲是龙女借唱词怨嗔柳毅书生气重，责怪其矫饰虚伪、死要面子，如今只得自咽苦果。霍克思此曲译文在表意传情上均有较大偏差，可以说是全剧中翻译问题最大的一首英译曲文，几乎没有一句译文含义与原作相符。

[金菊香] 这的是钱塘破阵乐纷纷，半入湖风半入云，能得筵前几度闻。

此曲是龙女对钱塘破阵之乐的赞美，"能得筵前几度闻"是指席间难得一闻，霍译文中却正好理解相反，"My Uncle Qiantang is a little vain, / No doubt we'll hear that many times again"[2]。

[新水令] 谁想并头莲情断藕丝长，搬调的俺趁波逐浪。正是相逢没话说。不见却思量。全不肯惜玉怜香，则他那古敝性尚然强。

Xin shui ling

In a double lotus-plant, when it's divided,

Long filaments survive the root's bisection:

[1] David Hawkes tr., *Liu Yi and the Dragon Princess*, Hong Kong: The Chinese University Press, 2003, p. 58.

[2] Ibid. p. 60.

So are the hearts of separated lovers.

My filaments now float in the right direction.

Though, when we met, he hadn't much to say,

I'm sure he missed me when he went away.

He's no conception how girl needs tending.

I hope he's not still starchy and unbending. [1]

　　这是第四折龙三娘咏唱的第一支曲子，抒发她趁波逐浪远道来见柳毅、待要相见时的矛盾心情：一会儿忆起自己长久以来对柳毅的思念，心中泛起无限柔情；一会儿想起相见在即，不禁紧张，突觉无语；一会儿又记起柳毅那不体贴的古板内敛性情，顿生怨嗔。这样一个内心丰富的龙女在霍克思笔下却未得到生动再现。"正是相逢没话说，不见却思量。"龙三娘表达的是自己那矛盾的情愫，在霍克思译文中却成了三娘对柳毅心情十分有把握的揣度，"尽管我们相见时他没有多言，但我确信他离开时是思念我的"；而"全不肯……尚然强"是怨怒柳毅书生脾性，"古敝"，《戏曲词语汇释》解作"古怪执拗"[2]，霍克思把整句译为"我希望他不再那么刻板、冷漠"，成了一种愿望，也是不符原意的。

　　　　［得胜令］呀，管教你共醉紫霞觞，并绾紫游缰。（柳毅云）你如今既到人间，怎生还去得你处？（正旦指天云）疾，柳官人你觑者。（唱）……

De sheng ling

Come, then!

Drunk on the wine of immortality, we'll ride,

---

［1］Ibid. p. 64.

［2］陆澹安：《戏曲词语汇释》，上海：上海古籍出版社，1981 年，第 112 页。

414

Each of us an immortal, side by side. [1]

此得胜令中"呀，……并绾紫游缰"2句是龙三娘向柳毅亮明身份后接着"特故的嫁柳氏来淮上"而唱，应该是在向柳毅描述未来的幸福生活，"管教"指"定教"[2]。可是霍克思却把此2句放在柳毅问如何共返龙宫的提问后，并把此2句中的"紫霞觞"想象成长生不老的仙酒，"并绾"想象为成仙后共赴洞庭，这是对"呀，……并绾紫游缰"的误读。

以上所举是霍克思戏曲英译中一些较为明显的问题翻译，从这些例子中我们可以感受到现代人尤其是西方人阅读中国剧本、翻译中国戏曲实在不是一件容易的事情。霍氏晚年致力于中国戏曲西方译介与传播实可谓译途漫漫，老骥壮心。

〔1〕David Hawkes tr., *Liu Yi and the Dragon Princess*, Hong Kong: The Chinese University Press, 2003, p. 68.
〔2〕陆澹安：《戏曲词语汇释》，上海：上海古籍出版社，1981年，第529页。

结　语　一生两半: 专业汉学家与翻译大家

第一节　英国专业汉学的奠基人与中坚力量

从 1945 至 1971 年，整整二十六年，霍克思凭着天资禀赋的语言能力、敏于音律的双耳与饱满的兴趣，刻苦耕耘在英国汉学界。他从牛津大学东方学系汉学科学士学位，到高级文学学士学位，再到中国文学专业哲学博士学位，历十年时间（1945—1955），完成了牛津汉学科本、硕、博专业而严苛的汉学训练。1955 年提交的《楚辞》翻译与考辨博士论文《楚辞创作日期及作者考订》是霍克思第一部大部头的学术论著，该论著奠定了霍克思英国专业汉学家的地位，标志着霍克思正式走向汉学治学之路。《楚辞》译研不仅为他赢得了英国汉学前辈阿瑟·韦利的赏识[1]，也最终使其成为牛津汉学第六任掌门人的不二人选[2]。1959 年，霍克思正式接替美国学者德效骞担任牛津第六任汉学讲座教授，1962 年他又接过德效骞牛津汉学科主任的重担，成为牛津汉学第六代掌门人。在此后长达十年的任职期间（1962—1971）内，他以其汉学讲座教授就职演说辞为纲，兢兢业业推动牛津专业汉学的确立与完善，推动牛津汉学研究从延续了近百年的学院式汉

---

〔1〕闵福德："他的（博士论文）工作吸引了著名中国研究学者与翻译家阿瑟·韦利的注意，并成了他的良师益友……"参看 John Minford, "David Hawkes（1923-2009）and The Story of the Stone,"Final Lecture, Hang Seng Management College, March 12th, 2016.
〔2〕闵福德：文化与翻译系列公开讲座——《霍克思与〈红楼梦〉》，2016 年 3 月 12 日。

416

学时代成功迈向了专业汉学时代。

霍克思始终坚持学术本位，主张汉学以文学研究为基础。从英国经院式汉学时代汉学家通过古籍译著寻找在中国传教的密钥，到专业汉学时代汉学家对文学作品的赏译并从中瞭望大千文化，这一缓慢的转变过程体现了霍克思与早期汉学家完全不同的心态。

霍克思位于英国第一批专业汉学家之列。1947 年发布的"斯卡伯勒报告"帮助英国学院式汉学培养出大量的受过严格正规汉学训练的本土专业汉学家，并吸引他们回到学院接过学院汉学教学的接力棒，霍克思就是其中的一员。作为牛津第一位有着学者背景的汉学讲座教授，他无疑是牛津第一代专业汉学家的代表。他的整个青壮年时期历经了二战后英国专业汉学的预备期、20 世纪 60 年代英国专业汉学的黄金期和 20 世纪 70 至 80 年代英国专业汉学的停滞期，尤其是牛津专业汉学的黄金期更由其一手执掌。

霍克思的汉学研究论文数量众多，从楚辞、汉赋、唐诗、宋词，到元杂剧、清代小说，再到近现代作家作品，他都有广泛涉猎与独到见解。此外，数量众多的书评见证了霍克思积极参与汉学界对话、为促进中国文化传播所做的可贵努力。《中国文学散论：古典、现代和人文》辑录了从他进入汉学界到 1983 年牛津退休之间最重要的汉学研评成果，该书前言概括霍克思的学术身份与专业为"汉学家"和"汉学"，[1] 准确捕捉到霍克思一生中非常重要的身份。

因此，我们说霍克思是英国汉学史上专业汉学的奠基人与中坚力量，是同其专业汉学活动与成就相符的。

---

[1] C. f. J. M. & S. K. W., "Preface, " David Hawkes, *Classical, Modern and Humane Essays in Chinese Literature*, John Minford & Siu-kit Wong ed., Hong Kong: The Chinese University Press, 1989, p. vii.

第二节　中国文学的翻译大家

1969 至 1971 年，是霍克思一生中很重要的转折点。1969 年，霍克思友人阿瑟·库柏（汉名熊古柏，1916—1988）向企鹅书局主编推荐《红楼梦》，主张"如果（企鹅书局）要办企鹅'经典丛书'，远东作品必不可少"[1]，并力荐霍克思为英译者。霍克思对《红楼梦》的痴迷在牛津很出名，他 1948 至 1951 年在北京大学求学期间就开始尝试《红楼梦》片段英译，熊古柏举荐前，他纯粹自娱自乐译过《红楼梦》第一回的《好了歌》与甄士隐解诗部分，且自己感觉不错。20 世纪 60 年代末，他创办"牛津东亚文学丛书"，并兼任主编。丛书所列拟翻译书单中《红楼梦》在榜。显然，翻译《红楼梦》在其时已被霍克思提到了议事日程之上。只不过那时，他想的是"那种能为想要了解原作原貌的读者服务的全译本而不是那种专业性很强的学术研究译本"[2]。

大约同时，企鹅书局编委雷迪斯女士在熊古柏的引荐下来信商谈。1969 年圣诞节期间，雷迪斯从伦敦图书馆借阅了据库恩德译本转译的麦克休姐妹节译本，被深深吸引，坚定了英译《红楼梦》及与霍克思合作的意愿。二人很快面谈，霍克思按约开始试译《红楼梦》第一回，并寄与雷迪斯审阅。

企鹅书局与牛津大学出版社有着完全不同的翻译理念，企鹅书局的介入，推动霍克思从"牛津东亚文学丛书"所设想的为研究者提供再现原作原貌的本子向前迈进了一步，最终萌生了为英语读者"讲述一个生动故事"的宏愿。牛津大学出版社在此时提出异议，认为霍克思应先为牛津大学出

---

〔1〕C. f. Connie Chan, "Appendix: Interview with David Hawkes," *The Story of the Stone's Journey to the West: a Study in Chinese-English Translation History*, Conducted at 6 Addison Crescent, Oxford, Date: December 7th, 1998.

〔2〕*The Story of the Stone's Journey to the West: a Study in Chinese-English Translation History*, Conducted at 6 Addison Crescent, Oxford, Date: December 7th, 1998, p. 323.

版社服务。企鹅书局曾与牛津大学出版社协商，企鹅出平装本，牛津出精
装本，可惜最终沟通无果。霍克思面临着抉择，遴选出版社的背后是翻译
理念的较量，更牵动着他后半生何去何从的问题。

1970 年 5 月 12 日，霍克思携弟子闵福德一同与企鹅书局签约，启动
了他一生最为重要的中国文学作品英译工作。1971 年，为了解决牛津大学
出版社和企鹅书局的纠纷，同时也为了能更专心地从事中国古典名著《红
楼梦》的翻译工作，霍克思向牛津大学提出了辞呈。辞职意味着他在人生
48 岁时放弃了他为之奋斗了整个青春的学术事业，放弃了牛津教书生涯，
走上了专职英译中国文学之路。

从此，英国汉学史上多了一位中国文学翻译大家。他追随自己热爱文
学的本心，十年如一日耕耘在牛津市贝德福大街 59 号的小书房中，用英语
为西方读者讲述一个"石头的故事"。他将自己融入译作，长女梅瑞琦听
闵福德为她朗读贾宝玉和王夫人一段长长的对话后，即指出宝玉所说"完
全就是霍克思会说的话"[1]。1980 年，刚译完《红楼梦》前八十回的他，给
女婿写信抱怨牛津大学管理机构注重形式礼仪、繁琐耗时的弊病，最后慨
叹"大家就明白像宝玉这样的人得面临什么境遇了"[2]。恰如闵福德总结的，
"霍克思在生活中有时会提到贾宝玉，就如宝玉是现实生活中存在的人，
是他生活的一部分，就像他家里生活着一个宝玉似的"[3]。

《红楼梦》嵌入了霍克思的生活。查看霍闵之间的往来信札，霍克思
早在 1978 年 12 月 28 日着手《红楼梦》第七十七回英译时，就曾去信女
婿，谈及明年夏天《石头记》前八十回完成后自己难以放下的心情，询问
闵氏是否愿意在不改变原有安排、不增加译者署名的情况下帮忙翻译最后
的部分，以加快全本完成的速度。1979 年 3 月 26 日，霍克思完成了《石

〔1〕参看闵福德：文化与翻译系列大师班——英译《红楼梦》，2016 年 3 月 11 日。
〔2〕John Minford's Hang Seng University Lecture in Hong Kong, April 14th, 2018.
〔3〕Ibid.

头记》前八十回。但他却难以放下，5月24日，他给闵福德的信中再次谈及二人合译《红楼梦》剩余部分的提议，"我在想我们也许可以合作完成《石头记》第五卷（I'm hoping that we might do V. 5 as an M and H collaboration）"〔1〕。同年6月3日，霍克思在给闵福德的信中表达了译完《红楼梦》前八十回后的空虚感受，"第三卷完成，心情是如此空虚（It's such an empty feeling now that Vol. 3 is finished）"〔2〕。同年8月29日，霍克思在给闵福德的信中第四次谈及请求闵氏帮忙完成《石头记》第五卷的想法。他以一如既往的小心翼翼的商讨语气宣布自己已动手开始第一百一十七回的英译，表示如果闵氏不乐意，他会马上停下。此时，离霍克思完成《石头记》前八十回已近半年，可是他仍无法放下它。霍克思对《红楼梦》英译工作的痴迷由此可见，他的可爱、执着与纯粹性情亦可见。译完《红楼梦》的霍克思时年57岁，在中国学者的眼中，"他现在已经是白发苍苍很象一个老人了。其实他年纪不算大，他的白发，看来是为翻译《红楼梦》增添的"〔3〕。

　　霍克思的纯粹与执着成就了《红楼梦》英译本的经典地位，经典的译本也奠定了霍克思中国文学翻译大家的地位。1983年退休后，他与琼搬出了牛津市贝德福大街59号，西去150英里外的威尔士山区Llanddewi Brefi村庄居住，为企鹅书局"经典丛书"潜心修改已绝版多年的《楚辞，南方之歌》，细加注订，并撰写了两万多字的英译本总论。在此期间，霍克思最主要的翻译有短剧《蟠桃会》的摘译与元杂剧《柳毅与龙公主》的改编译本。2004年圣诞节期间，他自费出版了书信体散文集《来自不信神祖父的信札》（*Letters from a Godless Grandfather*），310页，共印行500本，分送友人。这是他生前出版的最后一部著作，汇集了霍克思对语言、宗教和历

〔1〕Ibid.

〔2〕Ibid.

〔3〕参看冯其庸：《梦多湖畔论〈梦〉记——首届国际〈红楼梦〉研讨会随记》，《读书》1980年第9期。

420

史文化的最新思考，其中也有一些有关中国与中国语言文化的讨论。2009年7月31日，霍克思在家中平静离世，终年86岁。他后半生最为显赫的身份无疑是翻译家。

综上所述，霍克思的一生是纯粹而执着的一生，是与中国文学、文化密切相关的一生，他的研究、教学与翻译，助力了中国文学的西方传播，是英国专业汉学史上不可绕过的一位汉学家。他一生两半，活得通透，作品数量虽不多但部部是精品，体现了他专业、经典的汉学特色，实为治学楷模。

在书房埋头《红楼梦》翻译工作的大卫·霍克思

—

图片来自

香港中文大学特藏库

"霍克思文献"

大卫·霍克思年谱简编

● **1923 年　1 岁**

　　7 月 6 日，出生于英国伦敦东部，下有弟妹五人。祖父杰西·霍克思（Jesse Hawkes，1855—1945），父亲艾瓦特·霍克思（Ewart Hawkes），母亲多萝西·梅·霍克思（Dorothy May Hawkes）。

● **1930 年　7 岁**

　　9 月，进入班克罗夫特预备学校（Bancroft's School），学习了一些法语和德语。因成绩优秀，很快被老师们选出进一步学习拉丁语。

● **1931 年　8 岁**

　　因被同学打落前牙，转学到家对面的圣约瑟夫修道会学校（St Joseph's Covent School）。

● **1935 年　12 岁**

　　祖母玛丽去世。

● **1936 年　13 岁**

　　九年级，决定放弃理科，学习希腊语。

● 1939 年　16 岁

完成中学教育普通证书考试，进入预科班开始两年高年级课程学习。在此期间，阅读了林语堂《生活的艺术》一书，对中国文学产生了最初的兴趣。

● 1941 年　18 岁

10 月，完成 A-Level 课程，获牛津大学公开奖学金，升入该校基督教堂学院西方古典文学专业攻读古希腊、古罗马文学。

● 1942 年　19 岁

在牛津大学学习，同时每周进行一日军训。年末体检未获通过，申请到英国皇家军队情报部门任文职工作。

● 1943 年　20 岁

申请获批，离开牛津大学，到军中服役。短暂从事情报解读工作后，成为日语急训课程的初级教员，为驻扎在英格兰东南部贝德福德郡的各军种联合情报中心培训日军电讯破译员。

● 1944 年　21 岁

在军中服役，日语教学之余阅读了萧乾编著的《千弦琴》和韦利的一些东方译著，尤其是韦利在二战的空袭声中节译的《西游记》，进一步激发了他对东方事物的兴趣。

祖父杰西去世。

● 1945 年　22 岁

10 月，二战结束回到牛津大学，利用原奖学金转入东方学系新建立的汉学科，跟随唯一的老师——前伦敦会传教士修中诚攻读古典汉语，学习中国典籍。霍克思是汉学科在校的唯一一位学生，也是牛津大学汉学科招收的第二位学生。

● 1946 年　23 岁

在牛津大学学习《诗经》、《大学》、《尚书》、《易经》、《礼记》（包括《大戴礼记》与《小戴礼记》）、《道德经》、《论语》、《庄子》等中国典籍。结识中国戏剧家熊式一和一些拿奖学金来牛津大学读书的中国人。

1947 年　24 岁

年初，在牛津市政大厅听钢琴家所罗门（Solomon Cutner，1902—1988）钢琴演奏会，初识未来的妻子西尔维亚·琼·波金丝。

夏，赴荷兰莱顿，同转到莱顿大学的汉学同学聚首，倡议定期召开学术会议。

12 月，完成牛津大学的中文专业学习，获得汉学科文学士荣誉学位，注册成为牛津大学的研究生，继续学业，选定《楚辞》作为研究方向。

1948 年　25 岁

1 月 6 日，召集参加了历时一周的首届"青年汉学家会议"（The Junior Sinologues Conference），与会者 18 人，来自六所欧洲知名学府，包括龙彼得、何四维、谢和耐、伊维斯·埃尔武埃等日后在汉学方面颇有建树的青年学者。

1 月 8 日，中国学者吴世昌到任牛津大学汉学科高级讲师。向吴世昌学习唐诗；同时自学白话文，阅读了鲁迅创作的《彷徨》和一两章《水浒传》；课余展开《离骚》英译。

上半年，完成屈原代表作《离骚》的英译。决定到中国求学，给北京大学写了不少申请信。临行前，吴世昌为其取汉名"霍克思"。

6 月，不顾亲朋与校方的劝阻，花 89 英镑买了到香港最便宜的船票，与在牛津大学完成学业的几位中国同学结伴，自南安普顿乘船，历时一月抵香港九龙。下轮渡前得知获英国"斯卡伯勒报告"资助。

7 月，登上由香港九龙至天津大沽的客船。途中，客船在上海停留三天，带着吴世昌推荐信至上海钱钟书寓所拜访。

8 月，抵达北平，在燕卜荪夫妇帮助下，于北京大学中文系注册为研究生。一面学习汉语，一面旁听著名学者俞平伯、罗常培、唐兰、林庚、王利器、赵西陆、游国恩、吴晓铃等先生的课程，这些课中霍克思去得最勤的是唐兰的"金石文字学"。

9、10 月间，获得英国政府颁发的奖学金及补发的自付路费，霍克思将此笔费用转为女友琼来华的路费，开始为其办理入境许可手续。

11 月，北平被包围，城内水电紧张，霍克思与北京大学同学一同体验挤在东厂胡同学生宿舍楼里刻苦学习的生活。

本年，开始请中国先生上门一同研读《红楼梦》。

424

1949 年　26 岁

1 月 31 日，北平和平解放，霍克思配合中国共产党对在华外国公民采取的系列措施，接受审查、填写家庭情况表及面见等，并参加各种膳团，与北京大学的学生同甘共苦。

10 月 1 日，与北京大学的同学们一同参加新中国开国大典，在天安门前见到了毛泽东主席。

1950 年　27 岁

4 月，拿到入境许可证，23 岁的琼乘坐慢船只身来华。

5 月 5 日，二人在新中国登记结婚。

本年，向友人柯大翊盛赞《红楼梦》，并英译"香菱学诗"片段请柯氏过目。

1951 年　28 岁

3 月中下旬，霍克思携妻离开中国。回到牛津后，入住北牛津伍德斯托克路一所公寓，妻子琼待产，霍克思继续牛津大学研究生学位攻读，修习硕士学位专题课程。

1952 年　29 岁

6 月中下旬，获牛津大学东方学系高级文学学士学位。

10 月，作为哲学博士生参加资格核定考试，并获通过。在《英国皇家亚洲文会会刊》3/4 合期上发表两篇书评，一篇评论老师修中诚刚出版的翻译研究本《陆机〈文赋〉：翻译与比较研究》，一篇评论牛津第三任汉学讲座教授苏慧廉遗著《明堂：早期中国王权之研究》。

1953 年　30 岁

受聘任牛津大学中文讲师，与同事吴世昌一道开设了相对现代的中文课程。

10 月，在《英国皇家亚洲文会会刊》3/4 合期上发表两篇书评，分别评论1952 年美国哈佛大学出版社出版的华裔汉学家洪业的著作《中国最伟大的诗人杜甫》和海陶玮的翻译注释本《韩诗外传：韩婴对〈诗经〉的教化应用的诠说》。

1954 年　31 岁

在牛津大学学习与任教，一面完成《楚辞》全部诗篇的英译，一面进行《楚辞》研究。

1955 年　32 岁

4月，在《英国皇家亚洲文会会刊》1/2 期发表书评，评论理查德·格鲁格·艾尔文的《一部中国小说的演变：〈水浒传〉》一书。

7月，在《文汇》第5卷第1期发表《汉语翻译》书评，评庞德与韦利的《诗经》英译，同时谈及对翻译的看法。

9月30日，在《旁观者》杂志发表《中国文化》一文，讨论中国自五四以来的文艺建设问题。

12月10日，与牛津大学伯德雷恩图书馆签署博士论文读者查阅授权，正式提交有关《楚辞》翻译与考辨的博士论文《楚辞创作日期及作者考订》，上卷287页，下卷622页，原件现仍存伯德雷恩图书馆。从牛津大学基督教堂学院毕业，获中国文学专业哲学博士学位。

本年，韦利《九歌：中国古代巫术研究》出版，韦利在前言中称霍克思为"朋友"，感谢霍克思为自己审阅文稿，并提出不少有用的建议。

1956 年　33 岁

夏，北京图书馆（今中国国家图书馆）代表团出访英国和捷克斯洛伐克。在英国牛津大学参观交流时，霍克思代表友人——《万寿盛典》佚册收藏者、牛津大学基督教堂学院研究员当达斯，问及北京馆藏《万寿盛典》是否缺少第四十一、四十二两卷，并承诺如有缺失，愿将牛津大学所藏两卷回赠。

10月1日，选择中国国庆日与友人当达斯同赴伦敦中国驻英代办处，转赠由当达斯家族收藏多年的中国古籍《万寿盛典》佚册。

10月23日至11月4日，匈牙利事件爆发，霍克思公开发表言论支持匈牙利人民，反对苏联的军事干预行为。

本年，担任论文导师，指导在牛津大学学习文学的中国学生方召麐。担任麦穆伦的中文学习导师。

426

● **1957 年　34 岁**

为即将出版的《楚辞，南方之歌——古代中国文学选集》作序，在序中提到与韦利的师承关系。

● **1958 年　35 岁**

9 月至次年 6 月，任美国哈佛大学远东系中国文学客座讲师，与同时期去牛津大学做客座教授的美国哈佛大学汉学家詹姆斯·海陶玮互换房舍。去美前阅读完吴世昌《红楼梦探源》一书的前十一章，并提出修改意见。

12 月 9 日，在牛津大学为克拉仑顿出版社送来的《楚辞》英译全稿 *Ch'u Tz'ŭ: The Songs of the South* 样书扉页做亲笔签名，敬赠其中国母校——北京大学。

● **1959 年　36 岁**

年初，《楚辞，南方之歌——古代中国文学选集》由牛津克拉仑顿出版社出版，被列为"联合国教科文组织中文翻译丛书"之一。这是霍克思正式出版的第一本集研究与翻译于一体的专著，全书 229 页，成为汉学家凡涉及《楚辞》研究必征引的一部著作。

6 月，结束哈佛大学客座讲师教学活动，回到牛津。

秋，在法国《东方艺术》杂志发表《万寿图：一幅 18 世纪早期的卷轴画》，向西方读者介绍中国画卷。

年末，在《大亚细亚学报》新辑第 7 卷《韦利纪念专号》发表《席佩兰》一文，生动刻画袁枚最欣赏的女弟子席佩兰。

● **1960 年　37 岁**

5 月，在《亚洲研究》第 19 卷第 3 期发表书评，评论施友忠翻译、注释及作序的《刘勰：文心雕龙》一书。

本年，接替德效骞担任牛津第六任汉学讲座教授，这与其在《楚辞》研究与翻译上所做出的成绩是分不开的。

● **1961 年　38 岁**

3 月 3 日，在《泰晤士报文学增刊》发表书评《译自中文》，评论韦利1960 年出版的译作《敦煌变文故事选》。

4月，在《多伦多大学季刊》第30卷第3期发表论文《中国诗歌中的超自然现象》。

5月25日，在牛津大学发表题为《古典、现代和人文的汉学》的汉学讲座教授就职演说辞，是其汉学思想与教学规划的首次公开亮相。当年克拉仑顿出版社出版此演说辞，共27页。

1962年　39岁

5月，在《亚洲研究》第21卷第3期发表书评，严厉批评陈受颐《中国文学史略》一书。

10—12月，在《美国东方学会会刊》第82卷第4期发表书评，评论伯顿·沃森翻译的《唐寒山诗百首》。

本年，在《哈佛亚洲研究》第24卷（1962—1963）发表书评，评论芮沃寿、杜希德合编的《儒家》。

同年，接替德效骞担任牛津汉学科主任，成为牛津汉学第六代掌门人，带领牛津汉学研究从延续了近百年的学院式汉学时代迈向了专业汉学时代。

同年，应汉学前辈阿瑟·韦利指定，担任其遗稿保管人（literary executor）。所立遗嘱中，韦利将所有工作笔记赠了霍克思，包括保留了韦利铅笔注语的《百衲本二十四史》。

1963年　40岁

3月21日，在巴黎中国学院用法语发表演讲《石头记：一部象征小说》，后由 Angharad Pimpaneau 译为英文，题为 *The Story of the Stone: A Symbolist Novel*，于1986年在《译丛》第25期上刊出。

10月，在《英国皇家亚洲文会会刊》第95卷第3—4期发表系列书评三篇，分别简评华裔学者刘若愚《中国诗歌艺术》一书、汉学家罗伯特·特维尔、诺曼·史密斯译就、戴伟士作序并编辑的《企鹅丛书：中国诗词选集》和再评华裔学者陈受颐《中国文学史略》。

本年，在《伦敦大学亚非学院学报》第26卷第3期发表书评，评论刘若愚《中国诗歌艺术》一书。

同年，获汉学界诺贝尔奖——儒莲奖。

同年，任新入学的雅克·班巴诺的指导老师。

● **1964 年　41 岁**

在《中国遗产》发表《中国文学：介绍性说明》和《中国诗歌与英国读者》
两篇重要的研究论文。

● **1965 年　42 岁**

10 月，黄兆杰入其门下攻读博士学位，指导其最终完成博士论文《中国文
学批评中的"情"》。

年末，在《伦敦大学亚非学院学报》第 28 卷第 3 期发表书评，评饶宗颐《词
籍考》。

本年，完成杜诗的翻译、评注工作。

● **1966 年　43 岁**

1—3 月，于《美国东方学会会刊》第 86 卷第 1 期发表书评，评柯润璞《谋
略：〈战国策〉研究》。

6 月 27 日，阿瑟·韦利离世，万分悲痛写下《阿瑟·韦利讣告》，次年发
表于《大亚细亚》，后以《阿瑟·韦利》为题收录在霍克思汉学论文集《中国
文学散论：古典、现代和人文》中。

6 月 30 日下午，至海格特旧墓地（Highgate Old Cemetery）参加韦利葬礼。

10 月 3 日，开始学术休假，原有意到中国一访，不巧"文革"爆发而未成
行，第一站改为康奈尔大学。

● **1967 年　44 岁**

1 月 3 日，从康奈尔大学来到哈佛大学，与好友海陶玮再次互换岗位、房舍。

1 月，与好友海陶玮、白之等一同参加由谢迪克（Harold Shadick，1915—
1992）主持的百慕大"中国文学体裁类型研究"国际学术会议。此会是 20 世纪
下半叶欧洲汉学界一大盛事，汇集了其时几位重量级的汉学家。在会上宣读论文
《女神的求索》。

4 月，从美国飞赴日本参会。

5 月 19 日，出席东方学会在日本东京举办的第 12 届国际东方学者会议，宣
读论文《女神的求索》和《欧洲戏剧中的中国影响》。

9 月，回到牛津大学，闵福德找上门请求讲授《红楼梦》，顿时两眼放光，

欣然允诺。

12 月 31 日，回复牛津大学出版社 Peter Sutcliffe 就邦索尔神父（Rev. Bramwell Seaton Bonsall，1886—1968）《红楼梦》英译全本的咨询信函。

本年，杜诗译注本《杜诗入阶》由克拉仑顿出版社出版。任安妮·朗斯代尔的博士生导师，指导其研究中国元杂剧。创办"牛津东亚文学丛书"并任主编。

1968 年　45 岁

4 月，杨宪益、戴乃迭夫妇在中国被诬陷入狱，四年后方无罪释放。在此期间霍克思到中国驻伦敦大使馆要求保释二人。

夏，接待来剑桥、牛津访游寻找博士论文灵感的中国青年学者李欧梵，二人畅聊《红楼梦》一下午。

本年，指导学生麦穆伦完成并提交博士论文《王夫之和他的政治思想》。

1969 年　46 岁

1 月，在《通报》第 55 卷第 1—3 期发表书评《中国古典诗歌的起源》，评论法国汉学家桀溺《中国古诗探源：汉代抒情诗研究》一书。

4 月，通过戴伟士引荐，成功邀请悉尼大学东方学系教师、华裔学者刘渭平（1915—2003）至牛津大学东方学研究所任客座教授一学期。

8 月，受友人吉川幸次郎之托，在英接待京都大学人文科学研究所东南亚史学研究专家日比野（Hibino）教授。

8 月 16 日，牛津汉学第五代掌门人去世，霍克思作为其接班人在随后举行的追悼会上发表颂文。

9 月 7 日—13 日，在意大利塞尼加利亚参加第 21 届国际汉学研究会议，并做《对几出元杂剧的思考》的发言。

圣诞节前，闵福德突然来访，提出欲攻读博士学位，选题是翻译红楼梦。霍克思对此颇感意外，静默片刻，提出合作翻译的建议。

本年，作为韦利遗著管理人整理其遗作两篇，发表在《亚洲专刊》（N. S. XIV/1）：《〈祖堂集〉中一则宋代白话故事》（*A Sung Colloquial Story From The Tsu-T'ang Chi*）和《说"乍"》（*The Word Cha* 乍）。

同年，任 T. T. 桑德斯的博士生导师，指导其最终完成博士论文《论乐府中的歌谣传统》。

1970 年　47 岁

1 月，译出《红楼梦》第一回全部内容，寄企鹅书局编委雷迪斯女士审阅。

5 月 12 日，经与企鹅书局 James Price 最终商议，霍克思携弟子闵福德共同与企鹅出版社总监艾伦·雷恩签约，合作完成中国古典名著《红楼梦》企鹅版的英译工作。合约规定霍克思负责第一至三卷，闵福德负责第四至五卷，第一卷（第一至二十六回）1972 年 6 月 30 日前交出版社，第二卷（第二十七至五十三回）、第四卷（第八十一至一百回）同时于 1975 年 6 月 30 日交稿，第三卷（第五十四至八十回）、第五卷（第一百〇一至一百二十回）于 1977 年 6 月 30 日同时交稿。

11 月 10 日，收到 James Price 来信告知出版计划，开始记《红楼梦》英译笔记，一直坚持到 1979 年 6 月 1 日。

1971 年　48 岁

8 月 28 日，回复企鹅书局 Hanslick 夫人有关邦索尔神父《红楼梦》英译全稿的咨询信函。

本年，霍克思做出惊人之举，放弃牛津大学系主任之位，辞去汉学讲座教授之职。这一方面是出于解决牛津大学出版社和企鹅书局之间纠纷的考虑，另一方面更重要的是为了能专心致志从事中国古典名著《红楼梦》的翻译工作。该决定使霍克思一家六口生活一度陷入困顿，他甚至尝试应聘送奶工或邮递员的工作，但被以"你的资历太高了"为由回绝。

同年，包华德主编的《中华民国人物传记辞典 4》问世，霍克思负责撰写其中的"俞平伯"词条。

1972 年　49 岁

2 月 23 日，设计好译书目录、回目版式、正文页眉，定下《红楼梦》译作正文前应含内容及前八十回共三卷译稿的英文卷名。

2 月 29 日，目录回目、人物表、拼写说明三部分的打印终稿完成。

4 月 17 日，《石头记》卷一导言打印初稿完成，大松一口气。

11 月 20 日，正式开始《红楼梦》卷二的英译工作。

1973 年　50 岁

1 月，收到友人戴乃迭自中国来信，信中谈到杨宪益与戴乃迭的大儿子杨烨令人忧虑的精神状态。

6 月 27 日，将修订的《石头记》卷一长条校样稿寄回企鹅书局。

7 月，受牛津大学万灵学院院长约翰·斯帕罗之邀，担任该院高级研究院士，聘期为 1973 至 1980 年。

8 月 25 日，将改定的《石头记》卷一印刷页校样、长条校样及原打印稿寄回企鹅书局。

9 月中旬，收到企鹅"经典丛书"编委雷迪斯女士 12 日来信，得知企鹅"经典丛书"拟出版《楚辞，南方之歌》的修订版。

10 月，在《美国东方学会会刊》第 93 卷第 4 期发表书评，评艾兰·埃林改编、邓肯·麦金托什翻译的《中国词及其他诗续编》。

12 月 1 日，《石头记》第一卷（前二十六回）《枉入红尘》作为企鹅"经典丛书"平装本之一，题献给刘荣恩夫妇。译本用小 32 开纸张，1974、1976、1977、1978 及 1983 年五度重印，各版封面与封底设计有所差异，最早版本封面插图为中国明代才子画家唐寅的《仕女吹箫图》，封底文字包括原作者、译本名、译者、《石头记》全本内容概析及封面插图来源说明等五方面的内容。

● 1974 年　51 岁

春，受学生、香港大学教授黄兆杰之托，任其开山弟子杨松年博士论文《诗论史辨惑：明末清初诗论探析》的校外考委。

4 月初，将《石头记》卷一寄赠已返回中国的吴世昌。

9 月初，收到友人戴乃迭寄自北京的一个布制邮袋。

10 月，再次接到友人戴乃迭来自中国的信函，信中提到杨烨自夏以来的反常表现：自认为是英国人，三闯英国大使馆，直至被拘留。

本年，寄赠刚出版的《石头记》卷一给中国台湾红学专家潘重规先生，潘先生复以答信并赠其当年付印的《红楼梦新辨》一书。

● 1975 年　52 岁

2 月，收到戴乃迭来信，得知中国出版社终于决定推进杨宪益、戴乃迭《红楼梦》英译本的出版工作，中国社科院指派了吴世昌先生协助翻译。

5 月 22 日，给《泰晤士报》写信，后以 Chinese humour 为题在该报 28 日版"给编辑的来信"（Letters to the Editor）栏目发表。

432

夏，读到友人剪寄宋淇于《明报月刊》5 月刊第 2—7 页的《红与绿：一个基本问题——试评红楼梦新英译之一》一文，主动与宋淇通信，并引之为"知己"。

8 月初，雷迪斯给闵福德发出第一封关于《石头记》译文的严厉批评信函，指责闵福德不会用英语写小说语言，此信以"你不喜欢读这封信，我写这样的信心情也好不到哪里去"结尾。

9 月 29 日，《石头记》第二卷（第二十七至五十三回）《海棠诗社》译稿杀青交稿，分寄企鹅书局编委雷迪斯和其助理编辑威廉。此卷两年后才付梓出版，1986 年再版，题词纪念 R. C. Z.，1979 年出布面精装本。

秋，《译丛》秋季第 5 期以《大卫·霍克思论林杼》（*David Hawkes On Lin Shu*）的醒目标题摘刊《中国文学：介绍性说明》一文中一段有关林纾的文字。

10 月 20 日，接到雷迪斯电话，就她刚审阅完的闵福德七回译文谈意见。电话中可知，雷氏对闵译文总体印象深刻，但很不喜欢其中的对话。霍克思则回应说虽然对译文有些地方也持保留意见，但他认为不同译者行事自可不同。

10 月 22 日，怕闵福德受不住雷迪斯的再次严厉批评，去信安慰。

1976 年　53 岁

1 月，戴乃迭第三次来信，信中的主要话题还是杨烨。当时杨烨已在英国居住，改名大卫·萨利文。戴乃迭在信中婉转请求霍克思夫妇让在伦敦的女儿们邀请杨烨外出社交。

3 月上旬，收到美国格林伍德出版社 S. A. Milford 3 日来信，得知该社有意出版《楚辞，南方之歌》精装本。

4 月 14 日，给宋淇回长信，对周策纵关于《红楼梦》"汪恰"问题的考证存疑，并提出自己的新看法。

4 月 15 日，收到 S. A. Milford 来信，得知格林伍德出版社不打算出版修订版，只拟在原《楚辞，南方之歌》基础上增加一篇重印序言直接重印即可。

4 月 16 日，给威廉去信，内附给克拉仑顿出版社的一封信。回信 S. A. Milford，拒绝格林伍德出版社重印《楚辞，南方之歌》的请求，可见霍克思希望好好修订自己早年的《楚辞》译作。

约 5 月 17 日，收到澳大利亚好友柳存仁用"斗大的中文"写来的信件，提议闵福德远赴澳大利亚，一面跟随他攻读博士，一面完成《红楼梦》后四十回的英译任务，并提出可设法为闵福德申请三年半的奖学金。

8月，父母离世。

9月，宋淇将在霍克思鼓励与支持下撰写的所有评论《红楼梦》新英译的论文，增订结集为《〈红楼梦〉西游记·细评〈红楼梦〉新英译》，以笔名林以亮出版，霍克思作序，内含宋淇九篇译评。

10月27日，回复弗朗西斯·贝尔福25日来信，表示尽管弗朗西斯已在信中做出了解释，但自己仍对企鹅书局《石头记》卷二跳过长条校样直接进入最后校稿的做法感到担心，尤其担心大量修改意见能否落实到位。

12月17日，在《泰晤士报文学增刊》发表书评《宝玉的幻灭》，简单分析《红楼梦》后，主要评论浦安迪《〈红楼梦〉中的原型与寓意》一书。

本年，去信安慰闵福德。闵福德将其初译的第四卷前几回寄给雷迪斯女士，雷氏仔细审阅后回了一封措辞严厉的批评信，信用彩色铅笔写了数条评论，多为极严厉的批评意见，尤其对闵福德关于对话的处理很不满意。霍克思及时写信给予支持与安慰，并提出睿智的建议。

同年，香港中文大学"译丛丛书"精装系列"中国诗词宝库"栏目刊登霍克思译李煜词《乌夜啼（二）》（*Crows Cry in the Night*〔*No. 2*〕），后在1986年的"译丛文库"平装系列再次刊印。

● 1977年　54岁

1月19日，得知女儿梅瑞琦和弟子闵福德相恋并欲成婚一事，甚感开心，写信给闵氏，表达开心的同时还可爱地反思自己"此前是个相当吝啬的合作者"，想着如何弥补缺憾。

3月，为长女梅瑞琦举办婚礼，闵福德成为乘龙快婿。

3月30日，企鹅书局雷迪斯女士来函，征询赠本问题。女儿梅瑞琦、女婿闵福德携两个孩子自希思罗机场飞赴澳大利亚，投入澳大利亚国立大学柳存仁门下攻读汉学博士学位。行前专程至伦敦企鹅书局办公室会见雷迪斯女士，雷氏提醒闵福德要多看斯威夫特和班扬，以养成英语散文风格，不负西方读者之望。

6月3日，在《泰晤士报文学增刊》发表书评《中国的歌剧》，评论华裔学者时钟雯《中国戏剧的黄金时代》一书。

6月30日，《石头记》卷二——《海棠诗社》正式由企鹅书局对外发行，以此纪念亡友牛津大学万灵学院印度史及比较宗教研究权威扎纳教授（Robert Charles Zaehner，1913—1974）。

434

7 月初，给在华的戴乃迭寄去译作《石头记》卷二，戴氏 7 月 11 日复信。

7 月 10 日，回信 Katherine Chatard，寄去已签字的《楚辞》英译修订版出版合同。

12 月 29 日，《伯利恒之星》(The Star of Bethlehem) 发表在《泰晤士报》"给编辑的来信"栏目。

1978 年　55 岁

3 月始，新增笔记一本，多与《红楼梦》相关，少数涉及《楚辞》等。

4 月 17 日，作七绝一首，酬谢日本《楚辞》研究专家竹治贞夫（1919—1995）惠赠其代表作《楚辞研究》。

6 月，喜闻中国迎来拨乱反正的大好时光，热情洋溢地给北京大学西语系的好友齐声乔写去一封长信。

7 月 2 日，给闵福德写信，为《红楼梦》第六十三至六十九回的文字犯愁，并请闵氏告知秋桐在故事中的遭遇及其具体的章节。

8 月 3 日，给克里斯汀·柯林斯去信，列出《石头记》卷二的印刷缺陷并指出分类目录中将曹雪芹姓氏列错的问题。

9 月，在《中国季刊》(The China Quarterly) 第 75 期发表书评，评论雅罗斯拉夫·普实克主编的《东方文学词典》，尤其关注第一卷东亚篇中自己熟悉的中国部分。

10 月上旬，审阅《石头记》卷二修改校样。

10 月 20 日，在《泰晤士报文学增刊》发表书评《消失在山东》，论史景迁《王氏之死》。

11 月中旬，在牛津大学接待时任北京大学西语系主任李赋宁。

冬，在《太平洋事务》第 51 卷第 4 期发表书评，评论薛爱华《步虚：唐代奔赴星辰之路》。

1979 年　56 岁

4 月 26 日，给企鹅书局威廉去信，告知《石头记》卷三已完成，即将启动《楚辞》英译本修订工作。

5 月 20 日，中国文化部在 1 月成立的红楼梦研究所基础上组织创办《红楼梦学刊》，成立《红楼梦学刊》编委会，9 月正式出刊，霍克思以其卓越的《红楼梦》翻译研究成就成为该刊约稿的第一位海外汉学家。

6月13日，给企鹅书局威廉去信，告知已寄《石头记》卷三，并与威廉谈到自己关于印第安纳大学出版社《石头记》精装本出版协议的担忧。

7月，用中文完成研究论文《西人管窥〈红楼梦〉》，翌年在《红楼梦学刊》1980年第一辑上发表。

7月10日，整理《石头记》三卷手稿，除第一回于打印中销毁外，其他均保存完好，当日在手稿第二回右上角做简单情况说明。

9月17日，携妻子琼抵达澳大利亚堪培拉，看望长女梅瑞琦一家。

10月11日，受柳存仁之邀，为澳大利亚国立大学学子做了三场关于《红楼梦》的公开讲座，另两场讲座时间为11月8日和11月21日。

11月14日，傍晚六点在澳大利亚国立大学公寓一楼宴会厅与琼一同陪伴初到堪培拉的两位中国学者安鸿志、陈兆国参加晚宴，略尽地主之谊。

本年，印第安纳大学出版社同时在布卢明顿和伦敦推出《石头记》第一、二卷的布面精装本，列于其"中国文学翻译丛书"系列。

● 1980年　57岁

1月，戴乃迭在《文汇增刊》第1期发表《一个西方人对〈红楼梦〉的看法》一文，文中提到了即将完成的霍克思英译《红楼梦》全书。

2月25日，给企鹅书局去信，返还已修订的《石头记》卷三校样和打字稿，提到校样中须做的改动。

春，在《译丛》第13期发表学术论文《译者、宝鉴与梦——谈对某一新理论的看法》以及林黛玉《桃花行》的英译文（*Tao-hua xing-The Flower of the Peach by Cao Xueqin*）。

5月中旬，赴美看望海陶玮一家，其时海陶玮之妻班妮（Florence Bunny）身体欠佳，后从新罕布什尔转赴威斯康星。

6月16—20日，于威斯康星大学参加首届"国际《红楼梦》研讨会议"，与来自5个国家的80多位红学家齐聚一堂，见到了不少神交的朋友，并担任第一天第一场会议的会议主席。

6月27日，在《泰晤士报文学增刊》发表书评《笑对苦难》，借评论珍妮·凯利和茅国权《围城》英译本（*Fortress Besieged*），向西方读者推介钱钟书和《围城》。

11月15日，在《红楼梦学刊》第四辑发表用中文创作的次韵诗一首《读吴世昌先生七绝〈扑蝶〉学生霍克思次韵》。

本年，企鹅书局同时在伦敦和纽约推出《石头记》第三卷（第五十四至八十回）《哀世之音》平装本，印第安纳大学出版社在布卢明顿和伦敦推出了《石头记》第一、二卷的布面精装本。

同年，受邀于美国康奈尔大学执教一年。

1981年　58岁

1月，受牛津大学万灵学院院长Patrick Neill（1926—2016）之托，写信邀请中国学者钱钟书前往该学院讲学，并将钱氏两页毛笔回信译为英文。回信寄赠《石头记》卷三。

5月15日，在《泰晤士报文学增刊》发表书评《一个朝代的没落》，评介阿克顿和陈世骧合译的《桃花扇》。

9月，在英国汉学协会上宣读论文《高阳的后人》，两年后在《通报》第69卷第1—3期上刊出。

本年，在《远东法兰西学院学报》第69卷发表《全真剧与全真大师》。为弟子黄兆杰编译的《中国古代文学批评》（*Early Chinese Literary Criticism*）一书撰写短序。美国印第安纳大学出版社继续推出《石头记》卷三布面本。

1982年　59岁

2月19日，给闵福德去信，就企鹅书局《石头记》卷四校样亟需修改的意见征询、列出自己的读后意见，由闵氏定夺。

4月，拟7月赴中国一趟，惜未成行。

7月，在《中国文学》第4卷第2期发表书评《屈原的神话》，评论劳伦斯·施耐德《楚国的狂人：中国的忠诚和异端的神话》（*A Madman of Ch'u: The Chinese Myth of Royalty and Dissent*）一书。

11月初，给英国作家唐纳德·米切尔（Donald Mitchell，1925—2017）复信，帮忙辨认奥地利作曲家古斯塔夫·马勒（Gustav Mahler，1860—1911）两首译诗的中国源头。

12月6日，给香港中文大学正忙着筹办第二届"国际《红楼梦》研讨会"的老友宋淇复信，答应届时参会。完成《楚辞》修订稿，等待雷迪斯回音。

本年，闵译《石头记》卷四《绛珠还泪》（*The Debt of Tears*）出版。

1983 年　60 岁

2 月 27 日，在家把闵福德《石头记》卷四再读一遍，发觉自己每读一次就增加一份对它的喜爱，为卷四出版后反响平平感到沮丧。

6 月 24 日，在《泰晤士报文学增刊》发表书评《雄浑的时代》，介绍汉赋的演变、前身及后来的发展结果，最后评荐两本译作：康达维的《文选》和白安尼的《玉台新咏》。

8 月，在《太平洋事务》第 56 卷 3 期发表书评，评论丹尼尔·伯莱恩《南唐词人冯延巳和李煜》一书。

本年，退休，与琼搬出牛津市贝德福德大街 59 号，西去 150 英里外的威尔士山区 Llanddewi Brefi 村庄居住。成为牛津大学万圣学院的荣休研究员，直至去世。自本年始，用两年时间陆续将珍藏多年的约 4400 册研究书籍悉数捐赠给位于阿伯里斯特威斯的威尔士国家图书馆。

同年，给闵福德写信，谈及对新出法文版《红楼梦》全本（1981）的阅读印象。

1984 年　61 岁

春、秋，在《译丛》第 21、22 期发表译诗 5 首，有曹雪芹《红梅花》（*On A Branch of Red Plum Flower*）、李贺《神仙曲》（*Ballad of the Immortals*）和《神弦》（*Magic Strings*）、阮籍《永怀诗·其七十二》（*Poem of My Heart: 72*）及韦庄《归国遥》（*To the Tune of Kuei kuo yao*）。

秋，买下威尔士山林西南部布林凯尔高格（Bryncarregog）的一处农舍及周边两英亩土地，与琼在这人烟稀少、松树林密集的山地过起几乎与世隔绝的隐居生活，锄地犁庭、伐木汲水、修庐编栏、饲鸡养羊。同时，学习威尔士语，阅读大量宗教史书籍，此段经历后促成了霍克思散文体书信集《来自不信神祖父的信札》一书的诞生。

1985 年　62 岁

2 月 12 日，与香港中文大学签立版权出让书，将《中国文学散论：古典、现代和人文》打印稿转交香港中文大学出版，约定版税为净销售总收入的10%。

本年，《楚辞》修订版《南方之歌——屈原与中国古代其他诗人诗歌集》由

438

企鹅书局出版。

同年，燕卜荪研究者哈芬登来访，小住谈燕卜荪。

1986 年　63 岁

2 月，去信海陶玮，邀好友来农场一看。与琼在荒凉的布林凯尔高格过着近乎自力更生的简朴生活。每天琼自己挤山羊奶，霍克思研究之余修补屋舍、从事园艺。

本年，《石头记》卷五《万境归空》（ *The Dreamer Wakes* ）出版。

同年，《杜诗入阶》列入香港中文大学"译丛文库"平装系列再版。

1987 年　64 岁

3 月 26 日，给 Paul Keegan 去信，寄回收到的《楚辞》英译修订版合同，并附 3 页的合同修改意见。

7 月 18 日，为三女儿卡洛琳举办婚礼，并在婚宴上朗诵一首含女儿、女婿名字的藏头诗。

1988 年　65 岁

年初，与琼在布林凯尔高格山地遭遇洪水，幸而安然无恙。

7 月 15 日，给《中国翻译》的信件在该刊第 4 期第 20 页"来函照登"栏目全文刊出。

11 月 12 日，与 Paul Keegan 共进午餐，商议免费书展。

本年，剑桥大学音乐专业本科毕业生柯林（Colin Huehns）据《楚辞》译本谱曲的 6 首《九歌》曲（ *Six Settings of Poems by Qu Yuan* ）（分别为《东皇太一》《东君》《云中君》《河伯》《湘夫人》《国殇》和《礼魂》）在音乐厅首演。

1989 年　66 岁

年中，给澳大利亚国立大学好友骆慧敏去信，申请历史系访问学者。

11 月下旬，接骆慧敏 21 日回信，安排霍克思到澳大利亚国立大学中国中心做访问学者。

本年，辑录汉学研究二三十年间主要汉学成果的论文集《中国文学散论：古典、现代和人文》出版。

同年，与琼搬离布林凯尔高格山地，来到交通较便利的 Penuwch 村庄居住，常到离村子不远的威尔士国家图书馆走动。亲任考官，选录合适人选来完成对捐赠藏书的编目。

1990 年　67 岁

1 月，夫妇俩去奥克兰看望大女儿梅瑞琦一家。

本年，美国纽约出版《名人录：1984—1985 年度人物传记辞典》(*Who's who 1984—1985, an annual biographical dictionary, one hundred and thirty-sixth year of issue*)，书中第 1014 页列有"霍克思"条目。

1991 年　68 岁

9 月，读《巴尔扎克全集》。

12 月 10 日，给企鹅书局 Paul Keegan 写信，附上《楚辞》英译修订版重印时需要做的修改。信中谈及企鹅版《楚辞》英译本之受欢迎，甚至联合国教科文组织亦寄送了一套。

1992 年　69 岁

2 月中旬，收到 Paul Keegan 来信，得知《楚辞》英译修订版重印具体时间，准备关于此本最新的修改意见。

2 月 25 日，给公共借阅权 (Public Lending Right) 委员会录入员帕克 (Dr. J. G. Parker) 去信，详列自己所有已出版作品的信息，含书名、出版社、出版时间及书号，并对《石头记》第一至三卷和 1985 版《南方之歌》两部译作的学术价值做了精简的论述。

5 月，为鲁惟一 (Michael Loewe, 1922—)《古代中国读本——书目导读》(*Early Chinese Texts: a Bibliographical Guide*) 一书撰写《楚辞导读》一文，收入该书第 48—55 页。

11 月中旬，创作《来自不信神祖父的信札》的第 13 封信。

1993 年　70 岁

6 月，英译《鹿鼎记》试行版两回在澳大利亚国立大学学报《东亚史》1993 年第 5 期发表，其中第一回（第 15—54 页，*Prologue in which three Ming*

440

Loyalists discuss the Manchu Persecution, the Ming History, the Beggars' Guild, and the Triad Secret Society）由霍克思译就，此回后用作正式出版的三卷本 *The Deer and the Cauldron* 的序篇（Prologue）。

1994 年　71 岁

2 月，夫妇俩前往堪培拉看望女儿、女婿。

3 月 10 日，与柳存仁聚首，讨论红学研究的最新成果。

9 月，收到金庸（1924—2018）来函，感谢霍闵协力翻译其作品。

1995 年　72 岁

8 月 28 日—9 月 3 日，于 Sor-Nesset 湖畔参加"中国传统文学中的心境"（mental states in traditional Chinese literature）小型研讨，负责该会议论文集序言的撰写。

10 月 20 日，与企鹅书局签订《石头记》出版补充条款，同意企鹅书局从《石头记》中摘录约 15 000 字组成英语简本《红楼梦》，同时在纽约与伦敦推出，作为企鹅"经典丛书"六十年庆典作品（Penguin 60s classics）。

本年，从隐居十多年的威尔士山林搬到四英里外的特里加伦镇居住。因为威尔士山林山风过大，琼又不会开车，无论生病、就医还是探望孩子，两位老人都日感不便。

1996 年　73 岁

7 月 7 日，译就庆寿剧《蟠桃会》，寄澳大利亚国立大学雷夫，征询意见。

7 月底，与琼经英法隧道转巴黎至法国南部那邦市杜桑镇（Tuchan）度假，帮助身体不适的大女儿梅瑞琦照看患病的外孙女劳拉（Laura）。

8 月上旬，收到雷夫的来信，《蟠桃会》英译文得到其赞誉与肯定。

12 月 22 日，海塔·燕卜荪离世，撰写 4 页悼文《海塔在北京》，深情回忆青春时期异国求学与燕氏一家的北京岁月。

1997 年　74 岁

1 月 10 日，参加海塔葬礼。

2 月，偕琼飞香港与大女儿梅瑞琦一家团聚。与金庸聚于文华东方酒店

（Pierrot）。

3月中旬，在牛津短暂停留，和家中其他成员聚首，为琼庆祝70岁生日。

9月，《红楼梦》英译第二至八十回亲笔手稿（共210页）由香港中文大学中国文化研究所翻译研究中心购入，得款约1200英镑。

12月，与琼搬回牛津市。

本年，与闵福德合译的《鹿鼎记》英译本第一卷共九章由牛津大学出版社出版。中国出版的《中国翻译词典》收录有"霍克思"词条，由周发祥撰写，高度评价霍克思的汉学成就与翻译成就。

1998年 75岁

5月18日，香港岭南大学文学与翻译研究中心获得霍克思英译《红楼梦》所做笔记（三本日记式笔记本、一本活页笔记本）、四卷本中文版《红楼梦》及一张霍克思在其书房翻译《红楼梦》的珍贵照片。

6月，收到岭南大学寄来的银行汇票，金额为628 864英镑。用这笔钱在牛津购置了一套房产，决定离开居住了十多年的威尔士搬回牛津定居。

12月7日，在牛津接受闵福德学生、在读硕士陈霭心采访，次年6月其提交的硕士论文《〈红楼梦〉的西游之旅：中英翻译史研究》附录第229—335页记载有完整的访谈记录。

1999年 76岁

7月，香港岭南大学文学与翻译研究中心开始采用霍克思翻译《红楼梦》时所做的笔记制作影印本。

本年，合译的《鹿鼎记》英译本第二卷（第十至十九回）由牛津大学出版社出版。

2000年 77岁

1月29日，参加于大英图书馆举办的戴乃迭悼念会。

5月，大开本精装书《〈红楼梦〉英译笔记》由香港岭南大学文学与翻译中心出版，闵福德作前言。

5月5日，金婚纪念日，在牛津庆祝与琼结婚五十周年。

7月20日 在《伦敦书评》第22卷发表短信 *What Zeus Did*，回应 Frank

442

Kermode 关于《燕卜荪诗歌全集》的书评。

11 月 23 日下午，在牛津家中接受《中华读书报》记者赵武平的访谈。

● 2001 年　78 岁

1 月底，就企鹅书局拟出版《石头记》电子书带来的新版税盈利签署新的补充条款。

2 月上旬，收到美国著名教科书出版社 W. W. Norton & Company 来函，请求准许在其即将出版的《诺顿世界名著选集》增补二版卷二中重印霍克思译作相关内容。

● 2002 年　79 岁

3 月 9 日，与香港中文大学出版社签订《柳毅传书》及《石头记选读：双语版》出版协议。

3、4 月间，强烈反对美国和英国军队介入巴以事件，反对伊拉克战争，对于以色列对待巴勒斯坦的野蛮行径感到非常愤怒，随时关注新闻并多次走上街头参加抗议游行。

4 月 2 日，《柳毅传书》唱词英译文在《翻译季刊》第 21、22 期发表。

4 月，在大学举办的一次讲座上初遇鄢秀，相聊后邀至家中做客，遂成她的回忆性访谈文章《D. Hawkes 与中国语文》。

5 月，汉学前辈龙彼得去世，为其写下讣文，并协助处理龙彼得身后遗留的大量书籍与资料。

9 月 17 日，给刘士聪致函，预祝 10 月将在中国天津召开的"全国《红楼梦》翻译研讨会"圆满成功。

11 月，在《译丛》第 58 期《〈中国诗词宝库〉预览》发表李煜词《浪淘沙·帘外雨潺潺》和《虞美人》的英译文，此 2 首皆未被编入霍克思译著或研究论文集中。

本年，祝寿短剧《蟠桃会：贺柳教授大寿》（ *The Magic Peaches: a birthday playlet for Professor Liu* ）被收入《汉学与亚洲研究：庆贺柳存仁教授 85 岁纪念》一书，由澳大利亚国立大学出版社出版。

同年，合译的《鹿鼎记》英译本第三卷共九回由牛津大学出版社出版，此本为原作第四、五卷的节译。

2003 年　80 岁

7 月 6 日，举办八十寿筵。

7 月，香港中文大学出版霍克思翻译、改编的《柳毅传书》。

10 月 14 日，"曹雪芹逝世二百四十周年纪念大会"在北京召开，与闵福德一同荣获大会颁发的"《红楼梦》翻译贡献奖"。

本年，为庆祝霍克思 80 岁寿诞，香港中文大学和香港翻译协会联合出版《石兄颂寿集》（*A Birthday Book for Brother Stone: for David Hawkes, at Eighty*）。

2004 年　81 岁

圣诞节期间，大女儿梅瑞琦帮忙校订的书信体散文集《来自不信神祖父的信札》在香港自费出版，310 页，共印行 500 本，每本编号分送友人。

本年，美国《朗文世界文学选集》（*The Longman Anthology of World Literature Vol. D: the 17th and 18th century*）出版，卷四涉及的中国名著《红楼梦》翻译，摘选自霍闵的《石头记》。

2005 年　82 岁

年初，琼摔了一跤，伤及耳、背，二女儿薇雷蒂回家照顾。痊愈后，老两口相互扶持，彼此照应，走过并不轻松的晚年生活：霍克思感觉大脑反应迟钝，琼则深受骨质疏松和关节炎之苦。

本年，《袖珍朗文作家字典》（*The Longman Pocket Writer's Companion*）出版，将霍闵《石头记》五卷本的译例收录在册。

2006 年　83 岁

5 月 6 日，参加友人骆慧敏的葬礼。

5 月中旬，完成庞朴《祝何翁六十华诞》一诗英译。

本年向多家出版社推荐出版《来自不信神祖父的信札》，最终无果。

同年，帮忙校订的闵福德《聊斋志异》英译本出版。

2007 年　84 岁

1 月底，把友人、香港城市大学中国文化中心郑培凯贺岁诗翻译并回寄，题为《试译培凯公贺岁诗 霍克思献丑》。

7月，在牛津家中不经意间接受了闵福德的视频访谈，大女儿梅瑞琦整理、编辑视频英文文字记录。

2008年　85岁

6月3日，与牛津汉学院原主任杜德桥、现主任卜正民（Timothy Brook）三人受郑培凯和白先勇之邀，一同专程从牛津坐火车赶到伦敦，欣赏在萨德勒斯韦尔斯剧院演出的青春版中国昆剧《牡丹亭》英伦首演，为中国戏剧的西传捧场。

8月底，企鹅书局将《石头记》第一至三卷列入当年电子书出版计划，寄来出版协议补充条款，请求签署。

2009年　86岁

2月13日，在《泰晤士报文学增刊》发表纪念威廉·燕卜荪的文章《你中有我，我中有你：有关威廉·燕卜荪及其〈中国歌谣〉创作源头的回忆》。

4月7日，时任中国驻英大使傅莹女士向英国女王伊丽莎白二世呈赠霍闵企鹅版五卷本《石头记》作为友好礼物。

4月，一个晴朗温暖的午后，与琼一同接待中国驻英大使傅莹及同伴晴丽的来访。

7月初，身体欠佳，罹患癌症已近晚期。打起精神，在梅瑞琦、闵福德陪同下，游历英格兰苏塞克斯郡的查尔斯顿村落、格莱德堡歌剧院和牛津郡的凯尔姆斯科特庄园。

7月24日，病重，被家人送往医院。

7月31日早，平静离世，妻子琼及其儿女均在身边守候。

8月7日，家人在《泰晤士报》分类广告栏登发出丧公告。

8月14日，举行葬礼。

参考文献

中文文献

一、霍克思中文论文

［1］霍克思．西人管窥《红楼梦》．红楼梦学刊，1980（1）．

［2］霍克思．读吴世昌先生七绝《扑蝶》学生霍克思次韵．红楼梦学刊，1980（4）．

二、古籍

［3］曹寅．楝亭集．上海：上海古籍出版社，1978．

［4］古本戏曲丛刊四集之三脉望馆钞校本古今杂剧：第37册．北京：商务印书馆，1958．

［5］蘅塘退士．唐诗三百首．北京：文学古籍刊行社，1956．

［6］洪兴祖．楚辞补注．北京：中华书局，1983．

［7］浦起龙．读杜心解．北京：中华书局，1977．

［8］杨伦．杜诗镜铨．上海：上海古籍出版社，1980．

［9］郭茂倩．乐府诗集．北京：中华书局，1979．

三、专著

[10] 蔡登山. 一生两世. 北京：北京出版社，2018.

[11] 曹广涛. 英语世界的中国传统戏剧研究与翻译. 广州：广东高等教育出版社，
2011.

[12] 曹雪芹，高鹗. 红楼梦. 启功注. 北京：人民文学出版社，1974.

[13] 曹雪芹. 红楼梦八十回校本. 北京：人民文学出版社，1958.

[14] 曹雪芹. 脂砚斋重评石头记. 北京：人民文学出版社，1975.

[15] 曹雪芹.《红楼梦》一至三卷：汉英对照. 大卫·霍克思，译. 上海：上海外
语教育出版社，2012.

[16] 陈流求，陈小彭，陈美延. 也同欢乐也同愁：忆父亲陈寅恪母亲唐筼. 北京：
生活·读书·新知三联书店，2010.

[17] 陈晓维. 好书之徒. 北京：中华书局，2012.

[18] 陈毓贤. 洪业传. 北京：北京大学出版社，1995.

[19] 陈子善. 纸上交响. 天津：百花文艺出版社，2014.

[20] 邓云乡. 云乡琐记. 石家庄：河北教育出版社，2004.

[21] 杜维运. 清代史学与史家. 北京：中华书局，1988.

[22] 范圣宇.《红楼梦》管窥——英译、语言与文化. 北京：中国社会科学出版社，
2004.

[23] 冯其庸. 风雨平生：冯其庸口述自传. 北京：商务印书馆，2017.

[24] 冯庆华. 红译艺坛——《红楼梦》翻译艺术研究. 上海：上海外语教育出版社，
2006.

[25] 何华. 一瓢饮. 合肥：安徽教育出版社，2018.

[26] 洪涛. 女体和国族：从红楼梦翻译看跨文化移殖与学术知识障. 北京：国家图
书馆出版社，2010.

[27] 洪涛. 从窈窕到苗条：汉学巨擘与诗经楚辞的变译. 南京：凤凰出版社，2013.

[28] 江岚. 唐诗西传史论——以唐诗在英美的传播为中心. 北京：学苑出版社，
2009.

[29] 姜亮夫. 姜亮夫全集（六）——重订屈原赋校注，二招校注. 昆明：云南人民
出版社，2002.

［30］孔慧怡.翻译·文学·文化.北京：北京大学出版社，1999.

［31］林太乙.林语堂传.西安：陕西师范大学出版社，2002.

［32］林以亮.《红楼梦》西游记·细评《红楼梦》新英译.台北：联经出版事业公司，2007.

［33］林以亮.文思录.沈阳：辽宁教育出版社，2001.

［34］刘绍铭.文字岂是东西.沈阳：辽宁教育出版社，1999.

［35］刘绍铭.情到浓时.上海：上海三联书店，2000.

［36］刘正.图说汉学史.桂林：广西师范大学出版社，2005.

［37］马红军.从文学翻译到翻译文学：许渊冲的译学理论与实践.上海：上海译文出版社，2006.

［38］马宽亮.陈寅恪.西安：陕西师范大学出版总社有限公司，2017.

［39］潘重规.红学六十年.台北：三民书局，1991.

［40］裘克安.牛津大学.长沙：湖南教育出版社，1986.

［41］思果.翻译新究.北京：中国对外翻译出版公司，2001.

［42］宋淇.《红楼梦》识要——宋淇红学论集.北京：中国书店，2000.

［43］宋以朗.宋淇传奇：从宋春舫到张爱玲.香港：牛津大学出版社（中国），2014.

［44］孙大雨.屈原诗选英译.上海：上海外语教育出版社，1996.

［45］孙歌，陈燕谷，李逸津.国外中国古典戏曲研究.南京：江苏教育出版社，2000.

［46］王国维.宋元戏曲史.上海：上海古籍出版社，1998.

［47］王力.楚辞韵读.上海：上海古籍出版社，1980.

［48］闻一多.楚辞校补.成都：巴蜀书社，2002.

［49］吴世昌.红楼梦探源外编.上海：上海古籍出版社，1980.

［50］吴世昌.吴世昌全集（第一卷）.石家庄：河北教育出版社，2002.

［51］夏康达，王晓平.二十世纪国外中国文学研究.天津：天津人民出版社，2000.

［52］萧涤非.萧涤非说乐府.上海：上海古籍出版社，2002.

［53］忻剑飞.世界的中国观——近两千年来世界对中国的认识史纲.上海：学林出版社，1991.

［54］熊文华.英国汉学史.北京：学苑出版社，2007.

［55］许渊冲.楚辞：汉英对照.北京：中国对外翻译出版公司，2008.

［56］杨牧.柏克莱精神.台北：洪范书店，1977.

［57］杨宪益.银翘集.香港：天地图书有限公司，.1995.

［58］元鹏飞.戏曲与演剧图像及其他.北京：中华书局，2007.

［59］岳峰.架设东西方的桥梁——英国汉学家理雅各研究.福州：福建人民出版社，
2004.

［60］张爱玲.张爱玲典藏全集（十）——文学评论：红楼梦魇.哈尔滨：哈尔滨出
版社，2003.

［61］周汝昌.献芹集.太原：山西人民出版社，1985.

四、编著

［62］北京大学国际汉学家研修基地编.国际汉学研究通讯.北京：北京大学出版社，
2016（11）.

［63］白先勇.牡丹情缘：白先勇的昆曲之旅.北京：商务印书馆，2016.

［64］熊式一.八十回忆.北京：海豚出版社，2010.

［65］丁守和，方行.中国文化研究集刊.上海：复旦大学出版社，1986（3）.

［66］顾嘉祖，陆昇合.语言与文化.上海：上海外语教育出版社，1990.

［67］郭丹，陈节.简明中国古代文学史.北京：高等教育出版社，2010.

［68］郭建中.文化与翻译.北京：中国对外翻译出版公司，1999.

［69］何培忠.当代国外中国学研究.北京：商务印书馆，2006.

［70］何寅，许光华.国外汉学史.上海：上海外语教育出版社，2003.

［71］胡适纪念馆.论学谈诗二十年：胡适杨联陞往来书札.合肥：安徽教育出版社，
2001.

［72］胡文彬，周雷.香港红学论文选.天津：百花文艺出版社，1982.

［73］黄长著.欧洲中国学.北京：社会科学文献出版社，2005.

［74］金圣华，黄国彬.因难见巧——名家翻译经验谈.北京：中国对外翻译出版公
司，1998.

［75］雷音.杨宪益传.香港：明报出版社，2007.

［76］李赋宁.学习英语与从事英语工作的人生历程.北京：北京大学出版社，2005.

［77］李赋宁.欧洲文学史（第三卷）.北京：商务印书馆，2001.

［78］李学勤.国际汉学著作提要.南昌：江西教育出版社，1996.

［79］刘士聪．红楼译评——《红楼梦》翻译研究论文集．天津：南开大学出版社，
2004.

［80］龙潜庵．宋元语言词典．上海：上海辞书出版社，1985.

［81］陆澹安．戏曲词语汇释．上海：上海古籍出版社，1981.

［82］浦安迪．红楼梦批语偏全．北京：北京大学出版社，2003.

［83］钱钟书．林译小说丛书：林纾的翻译．北京：商务印书馆，1981.

［84］孙艺风．视角、阐释、文化：文学翻译与翻译理论．北京：清华大学出版社，
2004.

［85］孙玉蓉．俞平伯年谱（1900—1990）．天津：天津人民出版社，2000.

［86］王风．废名集（第六卷）．北京：北京大学出版社，2009.

［87］汪荣祖．陈寅恪评传．南昌：百花洲文艺出版社，2014.

［88］闻一多．楚辞校补．长沙：岳麓书社，2013.

［89］熊式一．王宝川．北京：商务印书馆，2006.

［90］许钧．文字·文学·文化——《红与黑》汉译研究，南京：南京大学出版社，
1996.

［91］尹锡康，周发祥．楚辞资料海外编．武汉：湖北人民出版社，1986.

［92］张岱年．孔子百科辞典．上海：上海辞书出版社，2010.

［93］张西平．欧美汉学研究的历史与现状．郑州：大象出版社，2006.

［94］周策纵．首届国际《红楼梦》研讨会论文集．香港：香港中文大学出版社，
1983.

［95］褚斌杰．元曲三百首详注．南昌：百花洲文艺出版社，2009.

［96］褚钰泉．悦读MOOK（第十七卷）．南昌：二十一世纪出版社，2010.

五、译著

［97］埃斯卡皮．文学社会学．王美华，于沛，译．合肥：安徽文艺出版社，1987.

［98］白之．白之比较文学论文集．微周，等译．长沙：湖南文艺出版社，1987.

［99］辜鸿铭．中国人的精神．黄兴涛，宋小庆，译．海口：海南出版社，1996.

［100］拉里A. 萨莫瓦，理查德E. 波特．文化模式与传播方式——跨文化交流文集．
麻争旗，等译．北京：北京广播学院出版社，2003.

450

［101］赖炎元.《韩诗外传》今注今译.台北：台湾商务印书馆，1972.

［102］龙伯格.清代来华传教士马若瑟研究.李真，络洁，译.郑州：大象出版社，
2009.

［103］屈原.《离骚》和屈原的其他作品.杨宪益，戴乃迭，译.北京：外文出版社，
1953.

［104］韦努蒂.译者的隐形——翻译史论.张景华，等译.北京：外语教学与研究出
版社，2009.

［105］余国藩.《红楼梦》、《西游记》与其他：余国藩论学文选.北京：生活·读
书·新知三联书店，2006.

六、论文

［106］鲍振西.为我国图书馆事业的发展和建设做出了有益的贡献——缅怀丁志刚
同志.图书馆学研究，1999（4）.

［107］陈怀宇.1944年陈寅恪当选英国学术院通讯院士始末.东方早报，2012-02-26.

［108］陈可培.沟通中西文化的有益尝试：论大卫·霍克思译《红楼梦》几首诗词.
红楼梦学刊，2001（3）.

［109］陈可培.误读，误译，再创造：读霍克思译《红楼梦》札记.外语与翻译，
2004（2）

［110］陈可培.译者的文化意识与译作的再生——论 David Hawkes 译《红楼梦》的
一组诗.天津外国语学院学报，2003（1）.

［111］陈历明.从后殖民主义视角看《红楼梦》的两个英译本.四川外语学院学报，
2004（6）.

［112］陈受颐.时人自述：大学教育与文化交流.新时代，1962（9）.

［113］陈友冰.二十世纪中国古典文学在法国的流播及学术特征.人文与社会，2007
（10）.

［114］陈友冰.英国汉学的阶段性特征及成因探析——以中国古典文学研究为中心.
汉学研究通讯，2008（3）.

［115］程美宝.陈寅恪与牛津大学.历史研究，2000（3）.

［116］程军.戏仿与仿作：当代文学理论两个概念差异的阐释.江南大学学报，2014
（1）.

［117］崔永禄.霍克斯译《红楼梦》中倾向性问题的思考.外语与外语教学,2003
　　　（5）.

［118］范圣宇.汉英对照版霍克思闵福德译《红楼梦》校勘记.红楼梦学刊,2015
　　　（2）.

［119］冯其庸.梦多湖畔论《梦》记——首届国际《红楼梦》研讨会随记.读书,
　　　1980（9）.

［120］冯全功.这《红楼》不是那"红楼"——互文写作理念下英语小说《红楼》
　　　评析.当代外语研究,2016（4）.

［121］冯以浤,杨松年,何文汇,等.示我明鑑——黄兆杰教授十年祭专辑.华人
　　　文化研究,2017（2）.

［122］葛锐.英语红学研究纵览.李丽,译.红楼梦学刊,2007（3）.

［123］葛校琴.当前归化/异化策略讨论的后殖民视阈——对国内归化/异化论者
　　　的一个提醒.中国翻译,2002（5）.

［124］龚世芬.关于熊式一.中国现代文学研究丛刊,1996（2）.

［125］郭建中.韦努蒂访谈录.中国翻译,2008（3）.

［126］海炯.首届国际红楼梦研讨会简况.社会科学,1980（5）.

［127］郝稷.霍克思与他的《杜诗初阶》.杜甫研究学刊,2010（3）.

［128］《红楼梦学刊》编委会.沉痛哀悼霍克思先生.红楼梦学刊,2009（5）.

［129］洪涛.《红楼梦》语料库建设和翻译案例研究的几个疑团——以《母语文化
　　　下的译者风格》为中心.红楼梦学刊,2011（2）.

［130］黄鸣奋.近四世纪英语世界中国古典文学之流传.学术交流,1995（3）.

［131］胡文彬.威斯康辛国际《红楼梦》研讨会述评.学习与思考（中国社会科学
　　　院研究生院学报）,1982（2）.

［132］姜其煌.《红楼梦》西文译本序跋谈.文艺研究,1979（2）.

［133］康达维.欧美赋学研究概观.文史哲,2014（6）.

［134］柯大翊.评霍克思英译《红楼梦》前八十回.北方论丛,1981（5）.

［135］赖瑞和.追忆杜希德教授.汉学研究通讯,2007（4）.

［136］李慧君,刘韧.二十世纪《楚辞》英译方向性及其影响考察.河北工程大学
　　　学报,2018（4）.

［137］李修群.从 Naiad 客串潇湘妃子说起——以后殖民视角解读霍译《红楼梦》.
　　　长沙理工大学学报,2006（4）.

452

［138］刘恒.关于"金蜻彝".红楼梦学刊，1983（2）.

［139］刘亚猛.韦努蒂的"翻译伦理"及其自我解构.中国翻译，2005（5）.

［140］刘艳丽，杨自俭.也谈"归化"与"异化".中国翻译，2002（6）.

［141］刘泽权.《红楼梦》的蝉蜕——品陈佩玲之英语《红楼》.红楼梦学刊，2015（5）.

［142］陆建德.钱钟书同时代的几位 B. Litt.. 文汇报，2020-06-04.

［143］罗选民.论文化／语言层面的异化／归化翻译.外语学刊，2004（1）.

［144］毛卫强.《红楼梦》翻译与民族文化传播.江苏大学学报，2009（5）.

［145］潘重规.与霍克思教授论红楼梦书（一）.红楼梦研究专刊，1976（12）.

［146］潘耀明，陈芳.真正的教育和真正的修养——访闵福德教授.明报月刊，2016（5）.

［147］王利器.两种文化的背后.传统文化与现代化，1994（1）.

［148］王丽耘.英国汉学传承：霍克思、韦利汉学关系考述.国际汉学，2023（5）.

［149］王泊宁，王维庆.汲古阁遗珍：传说中的《楚辞补注》——关于汲古阁《楚辞补注》初刻初印本的商榷.书目文献，2020-10-16.

［150］魏家海.韦利翻译诗学的现代转型——以《九歌》英译为例.外国语文研究，2015（5）.

［151］魏思齐.不列颠（英）汉学研究的概况.汉学研究通讯，2008（2）.

［152］鄢秀. D. Hawkes 与中国语文.语文建设通讯，2003（75）.

［153］鄢秀.淡泊平生，孜孜以求——记阿瑟·威利与霍克思.明报月刊，2010（6）.

［154］杨国桢.牛津大学中国学的变迁.中国史研究动态，1995（8）.

［155］杨昊成.钱钟书在牛津大学.文汇报，2015-07-03.

［156］叶嘉莹.杜甫诗在写实中的象喻性.华中师范大学学报，2005（4）.

［157］张西平.西方汉学的奠基人罗明坚.历史研究，2001（3）.

［158］周策纵.红楼梦汪恰洋烟考.明报月刊，1976-04.

［159］卓成华.熊式一、熊德威 父子传奇，报国一生.中国老年，2018（20）.

七、学位论文

［160］冀爱莲.翻译、传记、交游：阿瑟·韦利汉学研究策略考辨.福建师范大学

博士学位论文，2010.

[161] 江帆 . 他乡的石头记——《红楼梦》百年英译史研究 . 复旦大学博士学位论文，2007.

[162] 田玲 . 从霍克斯的《红楼梦》英译本看翻译中的语用等值 . 陕西师范大学博士学位论文，2004.

[163] 王丽耘 . 中英文学交流语境中的汉学家大卫·霍克思研究 . 福建师范大学博士学位论文，2012.

[164] 许玫 . *Hermeneutic Multiplicity and Retranslation of Li Sao*. 电子科技大学硕士学位论文，2008.

[165] 张国耀 . 裘克安翻译思想探究 . 广西师范大学硕士学位论文，2010.

英文文献

一、霍克思英文著作、论文

[1] Hawkes, David. *The Problem of Date and Authorship in Ch'u Tz'ǔ*. Doctoral Thesis of Oxford University, 1955.

[2] Hawkes, David tr., *Ch'u Tz'ǔ, the Songs of the South: An Ancient Chinese Anthology*. London/Boston: Oxford University Press/Beacon Press, 1959/1962.

[3] Hawkes, David tr., *A Little Primer of Tu Fu*. Oxford: The Clarendon Press, 1967.

[4] Hawkes, David tr., *The Story of the Stone*. Volume1-3. Harmondsworth: Penguin Books, 1973, 1977, 1980.

[5] Hawkes, David tr., "Crows Cry in the Night（No. 2），" A Silver Treasury of Chinese Lyrics. *Renditions Books*, 1976: pp. 74-75.

[6] Hawkes, David tr., *The Songs of the South: An Ancient Chinese Anthology of Poems by Qu Yuan and Other Poets*. Harmondsworth: Penguin, 1985.

[7] Hawkes, David tr., "*To the Tune* 'The Beauteous Lady Yu'" & "*To the Tune* 'Waves Scour the Sands', No. 1 and 2". *Renditions*, 2002（58）: 74-75.

454

［8］ Hawkes, David ed. & tr., "The Magic Peaches: a birthday playlet for Professor Liu, " Wang Gungwu, Rafe de Crespigny, Igor de Rachewiltz ed., *Sino-Asiatica*: *Papers dedicated to Professor Liu Ts'un-yan on the occasion of his Eighty-fifth Birthday*. Canberra: The Australian National University, 2002, pp. 101-119.

［9］ Hawkes, David ed. & tr., *Liu Yi and the Dragon Princess*. Hong Kong: The Chinese University Press, 2003.

［10］ Hawkes, David. John Minford & Siu-kit Wong ed., *Classical, Modern and Humane Essays in Chinese Literature*. Hong Kong: The Chinese University Press, 1989.

［11］ Hawkes, David. *The Story of the Stone: A Translator's Notebooks*. Hong Kong: Centre for Literature and Translation, Ling Nan University, 2000.

［12］ Hawkes, David. *Letters from a Godless Grandfather*. Hong Kong, Christmas 2004.

［13］ Hawkes, David. "(Untitled Review) The Art of Letters; Lu Chi's Wen Fu, A.D. 302 by E.R. Hughes, " *The Journal of the Royal Asiatic Society of Great Britain and Ireland*, Oct. 1952, No.3/4: 160-161.

［14］ Hawkes, David. "(Untitled Review) The Hall of Light by W.E. Soothill, Lady Hosie, G.F. Hudson) , " *The Journal of the Royal Asiatic Society of Great Britain and Ireland*, Oct. 1952, No.3/4: 161-162.

［15］ Hawkes, David. "(Untitled Review) Tu Fu, China's Greatest Poet. By William Hung, " *The Journal of the Royal Asiatic Society of Great Britain and Ireland*, Oct. 1953, No.3 /4: 163-164.

［16］ Hawkes, David. "(Untitled Review) Han Shih Wai Chuan. Han Ying's Illustrations of the Didactic Application of the Classic of Songs: An Annotated Translation by James Robert Hightower, " *The Journal of the Royal Asiatic Society of Great Britain and Ireland*, Oct. 1953, No.3 /4: 165.

［17］ Hawkes, David. "(Untitled Review) The Evolution of a Chinese Novel: Shui-hu-chuan. By Richard Gregg Irwin, " *The Journal of the Royal Asiatic Society of Great Britain and Ireland*, Apr. 1955, No.1/2: 78.

［18］ Hawkes, David. "(Untitled Review) The Literary Mind and the Carving of Dragons. By Liu Hsien. Tr. With an Introduction and Notes by Vincent Yu-chung Shih, " *The Journal of Asian Studies*, May 1960, 19 (3) : 331-332.

［19］ Hawkes, David. "The Supernatural in Chinese Poetry, " *University of Toronto*

Quarterly, April 1961, 30（3）: 311-324.

[20] Hawkes, David. "（Untitled Review）Chinese Literature: A Historical Introduction by Ch'en Shou-yi, " *The Journal of Asian Studies*, May 1962, 21（3）: 387-389.

[21] Hawkes, David. "（Untitled Review）Cold Mountain: 100 poems by the T'ang poet Han-shan. Translated and with an Introduction by BURTON WATSON, " *Journals of the American Oriental Society*, Oct.-Dec. 1962,82（4）: 596-599.

[22] Hawkes, David. "（Untitled Review）Confucian Personalities by Arthur F. Wright; Denis Twitchett, " *Harvard Journal of Asiatic Studies*, 1962-1963, 24: 270-274.

[23] Hawkes, David. "（Untitled Review）James J.Y. Liu: The art of Chinese Poetry, " *Bulletin of the School of Oriental and African Studies, University of London*, 1963, 26（3）: 672-673.

[24] Hawkes, David. Reviews of Books. *Journal of the Royal Asiatic Society of Great Britain and Ireland*, Oct.1963, 95（3-4）.

[25] Hawkes, David. "（Untitled Review）Jao Tsung-I: Tz'ǔ-tsi k'ao: examination of documents relating to tz'ǔ, " *Bulletin of the School of Oriental and African Studies, University of London*, 1965, 28（3）: 656-657.

[26] Hawkes, David. "（Untitled Review）Intrigues: Studies of the Chan-kuo Ts'e by J.I. Crump, JR., " *Journal of the American Oriental Society*, 1966, 86（1）: 62-63.

[27] Hawkes, David. "（Untitled Review）Chinese Rhyme-prose by Burton Watson, " *Asia Major*, 1973, 18（Pt. 2）: 253.

[28] Hawkes, David. "（Untitled Review）A Further Collection of Chinese Lyrics and Other Poems. Rendered into verse by Alan Ayling from the translations of the Chinese by Duncan Mackintosh in collaboration with Ch'eng His and T'ung Pingcheng, " *Journal of the American Oriental Society*, Oct.-Dec. 1973, 93（4）: 635-636.

[29] Hawkes, David. 霍克思教授致潘重规教授函. 红楼梦研究专刊，1976（12）: 附录1-4.

[30] Hawkes, David. "The Singing Plays of China, Review of The Golden Age of Chinese Drama, by Chung-wen Shih; A History of Chinese Drama, by William Dolby. " *The Times Literary Supplement*, June 1977: 673.

456

［31］Hawkes, David. "（Untitled Review）Dictionary of Oriental Literatures, " *The China Quarterly*, Sep. 1978（75）: 674-676.

［32］Hawkes, David. "Submerged in Shantung, Review of The Death of Woman Wang by Jonathan D. Spence. " *The Times Literary Supplement*, 20 Oct., 1978: 1191.

［33］Hawkes, David. "（Untitled Review）Pacing the Void. T'ang Approaches to the Stars. By Edward H. Schafer, " *Pacific Affairs*, Winter 1978-1979, 51（4）: 651-652.

［34］Hawkes, David. "Smiling at Grief, Review of Fortress Besieged, by Ch'ien Chung-shu." *The Times Literary Supplement*, 27 June, 1980: 725.

［35］Hawkes, David. "The Decline of Dynasty, Review of K'ung Shang-jen: The Peach Bloosom Fan, trans. Ch'en Shih-hsiang and Harold Acton." *The Times Literary Supplement*, 15 May, 1981: 531-532.

［36］Hawkes, David. "（Untitled Review）A Madman of Ch'u: The Chinese Myth of Royalty and Dissent, by Laurence A. Schneider. " *Chinese Literature: Essays, Articles, Reviews（CLEAR）*, July 1982, 4（2）: 245-247.

［37］Hawkes, David. "Preface, " Siu-kit Wong ed. & tr., *Early Chinese Literary Criticism.* Hong Kong: Joint Publishing Co., 1983: v-vii.

［38］Hawkes, David. "（Untitled Review）Lyric Poets of the Southern T'ang. Feng Yen-ssu, 903-906, and Li Yü, 937-978 by Daniel Bryant. " *Pacific Affairs*, Autumn 1983, 56（43）: 539-540.

［39］Hawkes, David. "Ch'u tz'u, " Michael Loewe ed., *Early Chinese Texts: A Bibliographical Guide.* Berkeley: The Society for the Study of Early China, 1993: 48-55.

［40］Hawkes, David. "Preface, " Halvor Eifring. *Minds and Mentalities in the Traditional Chinese Literature.* Beijing: Culture and Art Pub. House, 1999: xi-xiv.

［41］Hawkes, David. "The Poetry of Liu Hongbin, " *MCLC Resource Center Publication*, May 2007.

［42］Hawkes, David. "Mix them grain by grain, memories of William Empson and the sources of his 'Chinese Ballad' , " *The Times Literary Supplement*, Friday. February 13th, 2009: 13-15.

二、霍克思研究珍贵文献

[43] Chan, Connie: "Appendix: Interview with David Hawkes, " *The Story of the Stone's Journey to the West: a Study in Chinese-English Translation History* (M. A. thesis paper) , Conducted at 6 Addison Crescent, Oxford, Date: December 7th, 1998.

[44] *David Hawkes Papers*. CUHK Library Archival Collections, The Chinese University of Hong Kong Library.

[45] *Llyfrgell Genedlaethol Cymru The National Library of Wales Casgliad David Hawkes Collection* 霍克思文库 . Aberystwyth: The National Library of Wales, 1990.

[46] Jones, John Chris. "The Education of Everyone, " The Internet and Everyone, London: Ellipsis London Ltd., 2000.

[47] 闵福德 . 文化与翻译系列大师班——《英译〈红楼梦〉》. 2016 年 3 月 11 日 .

[48] Minford, John. "David Hawkes（1923—2009）and The Story of the Stone," Final Lecture, Hang Seng Management College, 12 March, 2016.

[49] Minford, John. John Minford's Hang Seng University Lectures in Hong Kong, April 7th, 14th, 21st & 28th, 2018.

[50] Minford, John. "In Memoriam: Sylvia Jean Hawkes, 1927-2017, " In *China Heritage*.

[51] 香港公开大学 . 闵福德的中国文化情 .

[52] 香港中文大学 . International Conference Cultural Interactions : Chinese Literature in English Translations In Memory of David Hawkes.

三、英文著作

[53] Allan, Sarah. *The Shape of the Turtle: Myth, Art and Cosmo in Early China*. Albany, N.Y.: State University of New York Press, 1991.

[54] Anderl, Christoph & Eifring, Halvor ed., *Studies in Chinese Language and Culture-Festschrift in Honour of Christoph Harbsmeier on the Occasion of His 60th Birthday*,

458

Oslo: Hermes Academic Publishing and Bookshop, 2006.

[55] Baker, Mona & Saldanha, Gabriela ed., *Routledge Encyclopedia of Translation Studies.* 2nd edition. Oxford & New York: Routledge, 2009.

[56] Birch, Cyril. *Chinese Communist Literature*, New York: Frederick A. Praeger, Inc., 1963.

[57] Birch, Cyril ed., *Anthology of Chinese Literature.* Harmondsworth: Penguin Books, 1967.

[58] Blacker, Carmen: "Intent of Courtesy, " Ivan Morris ed., *Madly Singing in the Mountains: An Appreciation and Anthology of Arthur Waley*, London: George Allen & Unwin Ltd., 1970.

[59] Bonsall, B. S. tr., *The Red Chamber Dream*（*Hung Lou Meng*）（digital format）. Hong Kong: The University of Hong Kong Main Library, 2004.

[60] Boorman, Howard L. eds., *Biographical Dictionary of Republican China*, Vol. 4, New York: Columbia University Press, 1971.

[61] Cheang, Alice W. ed., *A Silver Treasury of Chinese Lyrics*（A Renditions Paperback）, Hong Kong: The Chinese University of Hong Kong, 2003.

[62] Chen, Pauline. *The Red Chamber.* London: Virago Press, 2013.

[63] Christina Chau. *Translators in the Making: The Work of David Hawkes in the Making of the Hawkes–Minford Translation of The Story of the Stone, with Special Reference to Hawkes' Translator's Notebooks.* A Doctoral Thesis of The Australian National University, Sept. 2019.

[64] Cranmer-Byng, Launcelot. *A Lute of Jade: Being Selections from the Classical Poets of China.* New York: E.P. Dutton, 1909.

[65] Crump, James Irving. *Chinese Theatre in the days of Kublai Khan.* Tucson: University of Arizona Press, 1980.

[66] Damrosh, David. *The Longman Anthology of World Literature Vol. D: The 17th and 18th century.* New York, San Francisco, Boston, London, Toronto, Sydney, Tokyo, Singapore, Madrid, Mexico, Munich, Paris, Cape Town, Hong Kong, Montreal: Pearson Education Inc. 2004.

[67] Dawson, Raymond. *The Legacy of China.* Oxford: Clarendon Press, 1964.

[68] Dolby, William. *Eight Chinese plays from the thirteenth century to the present.*

Columbia: Columbia University Press, 1978.

[69] Eifring, Halvor ed., *Love and Emotions in Traditional Chinese Literature*. Leiden · Boston: Brill, 2004.

[70] Empson, William. *The Complete Poems*. John Haffenden ed., London: Allen Lane The Penguin Press, 2000.

[71] Empson, William. *Selected Letters of William Empson*. John Haffenden ed., Oxford: Oxford University Press, 2006.

[72] Eoyang, Eugene Chen. *The Transparent Eye: Reflections on Translation, Chinese Literature and Comparative Poetics*. Honolulu: University of Hawaii Press, 1993.

[73] Eoyang, Eugene & Lin, Yaofu eds., *Translating Chinese Literature*. Bloomington: Indiana University Press, 1995.

[74] Fan, Shengyu. *The Translator's Mirror for the Romantic: Cao Xueqin's "Dream" and David Hawkes' "Stone"*. London and New York: Routledge, 2022.

[75] France, Peter ed., *The Oxford Guide to Literature in English Translation*. Oxford: Oxford University Press, 2000.

[76] Haffenden, John. *William Empson, Against the Christians*. Oxford: Oxford University Press, 2006.

[77] Honey, David B. *Incense at the Altar: Pioneering Sinologists and the Development of Classical Chinese Philology*. New Haven: American Oriental Society, 2001.

[78] Hsiung, S.I. *The Professor from Peking*. London: Methuen & Co. Ltd.,1939.

[79] Hughes, E.R. *The Great Learning and the Mean-in-Action*. New York: E. P. Dutton & Company, Inc.,1943.

[80] Jones, John Chris. "The Education of Everyone, " in *The Internet and Everyone*. London: Ellipsis London Ltd., 2000.

[81] Lefevere, André. *Translation, Rewriting and the Manipulation of Literary Fame*. London & New York: Routledge, 1992.

[82] Liu, James J.Y. *The Interlingual Critic: Interpreting Chinese Poetry*. Bloomington: Indiana University Press, 1982.

[83] Liu, Tao Tao, Laurence K.P. Wong and Chan Sin-wai eds., *Style, Wit and Word-Play: Essays in Translation Studies in Memory of David Hawkes*. Newcastle: Cambridge Scholars Publishing, 2012.

460

［ 84 ］Mark, Shuttleworth. & Moira, Cowie. *Dictionary of Translation Studies.* 上海：上
海外语教育出版社，2004.

［ 85 ］May, Rachel & Minford, John ed., *A Birthday Book for Brother Stone: For David
Hawkes, at Eighty.* Hong Kong: The Chinese University Press, 2003.

［ 86 ］Minford, John tr., *The Deer and the Cauldron*（Book1-3）, Oxford/ New York/
Hong Kong: Oxford University Press, 1997, 1999, 2002.

［ 87 ］Minford, John ed. & tr., *Pu Songling: Strange Tales from a Chinese Studio.* London:
Penguin Books, 2006.

［ 88 ］Nienhauser, William H. JR. *The Indiana Companion to Traditional Chinese Literature.*
Tai Pei: Southern Materials Centre, INC, 1986, second revised edition.

［ 89 ］Paper, Jordan D. *Guide to Chinese Prose, 2nd version.* Boston: G. K. Hall & Co., 1984.

［ 90 ］Reiss, katharina. *Translation Criticism: The Potentials & Limitations.* E. F. Rhodes.
tr. 上海：上海外语教育出版社，2004.

［ 91 ］Rexroth, K. *Love and the Turning Year: One Hundred More Poems from the Chinese.*
New York: New Directions, 1970.

［ 92 ］Reynolds, Frank E. *Guide to Buddhist Religion.* Boston, Mass.: G. K. Hall & Co.,
1981.

［ 93 ］Ropp, Paul S. & Barrett, Timothy Hugh ed., *Heritage of China: Contemporary
Perspectives On Chinese Civilization.* Berkley: University of California Press, 1990.

［ 94 ］Russell, Bertrand. *The Problem of China.* London: George Allen & Unwin Ltd.,
1922.

［ 95 ］Schonebaum, Andrew & Lu Tina ed., *Approaches to Teaching The Story of the Stone
（Dream of the Red Chamber）.* New York: The Modern Language Association of
America, 2012.

［ 96 ］Simmonds, Stuart & Simon Digby. *The Royal Asiatic Society: Its History and
Treasures.* London: E. J. Brill, 1979.

［ 97 ］Thomson, Alexander tr., *The Lives of Twelve Caesars: to which are added His Lives
of the Grammarians, Rhetorians and Poets.* London: George Bell & Sons, 1909.

［ 98 ］Twitchett, Denis. *Land Tenure and the Social Order in T'ang and Sung China, An
Inaugural Lecture in School of Oriental and African Studies, University of London in
1961.* London: Oxford University Press, 1962.

［99］ Venuti, Lawerence. *The Scandals of Translation*. London: Routledge, 1998.

［100］Venuti, Lawerence. *The Translator's Invisibility, A History of Translation*. Shanghai: Shanghai Foreign Language Education Press, 2004.

［101］ Waley, Ailson. *A Half of Two Lives*. Weidenfeld and Nicolson, 1982.

［102］ Waley, Arthur. *Chinese Poems*. Lowe Bros. High Holborn: London W.C. 1916.

［103］ Waley, Arthur. *A Hundred and Seventy Chinese Poems*. New York: Alfred A Knopf, Inc., 1918.

［104］ Waley, Arthur. *Japanese Poetry: The Uta*. Oxford: The Clarendon Press, 1919.

［105］ Waley, Arthur. *The Nine Songs, a Study of Shamanism in Ancient China*. London: George Allen and Unwin Ltd., 1955.

［106］ Waley, Arthur. "Hymn to the Fallen, " *Chinese Poems Selected from 170 Chinese Poems*. London: George Allen and Unwin Ltd., 1946: 35.

［107］ Wang Gungwu, Rafe de Crespigny, Igor de Rachewiltz ed., *Sino-Asiatica: Papers Dedicated to Professor Liu Ts'un-yan on the Occasion of His Eighty-fifth Birthday*. Canberra: The Australian National University, 2002.

［108］ West, Stephen H. Wilt L. Idema ed. & tr., *Monks, Bandits, Lovers, and Immortals: Eleven Early Chinese Plays*. Indianapolis: Hackett Publishing Company, Inc., 2010.

［109］ *Who's who 1990, an annual biographical dictionary, one hundred and thirty-sixth year of issue*. New York: St. Martin's Press, 1990.

［110］ Wong, Laurence Kwok Pun. *A Study of the Literary Translations of the Hong Lou Meng: With Special Reference to David Hawkes's English Version*. Unpublished PhD thesis of University of Toronto, 1992.

［111］ Wong, Siu-kit. *Early Chinese Literary Criticism*. Hongkong: Joint Publishing Co. 1983.

［112］ Wu Shih-chang. *On the Red Chamber Dream: A Critical Study of Two Annotated Manuscripts of the 18th Century*. Oxford: The Clarendon Press, 1961.

［113］ Yang Hsienyi & GladysYang. *The Li Sao and Other Poems of Ch'ü Yüan*. Peking: Foreign Languages Press, 1953.

［114］ Yang Xianyi. *White Tiger: An Autobiography of Yang Xianyi*. Hong Kong: The Chinese University of Hong Kong, 2002.

［115］ Yeh, Diana. *The Happy Hsiungs: Performing China and the Struggle for Modernity*.

Hong Kong: Hong Kong University Press, 2014.

四、英文论文

[116] Bialias, F. X. "K'üYüan, His life and Poems, " *Journal of the North China Branch of the Royal Asiatic Society*, 1928: 231–253.

[117] Dobson, W.A.C.H. "（Untitled Review）Ch'u Tz'u; The Songs of the South; An Ancient Chinese Anthology. By David Hawkes." *Journal of the American Oriental Society*, Apr.–Jun., 1959, 79（2）.

[118] Fan, Shengyu. "The Lost Translator's Copy: David Hawkes Construction of a Base Text in Translating Hongloumeng, " *Translation Review*, Jan. 2018,100（1）: 37-64.

[119] Goldblatt, Howard. "（Untitled Review）Cao Xueqin. The Story of the Stone.1: The Golden Days.2: The Crab-Flower Club. David Hawkes, tr., Bloomington, Indiana University Press. 1979, " *World literature Today*, Spring 1980, 54（2）.

[120] Goldblatt, Howard. "（Untitled Review）Cao Xueqin. The Story of the Stone Ⅲ: The Warning Voice. David Hawkes, tr., Bloomington, Indiana University Press. 1981". *World literature Today*, Spring, 1982, 56（2）

[121] G.W. "（Untitled Review）David Hawkes（tr.）: A Little Primer of Tu Fu, " *Bulletin of the School of Oriental and African Studies, University of London*, 1968, 31（2）.

[122] Hegel, Robert E. "Reviewed works: The Story of the Stone; Vol. 4, The Debt of Tears; Vol. 5, The Dreamer Wakes." *Chinese Literature: Essays, Articles, Reviews* （*CLEAR*）, Jul. 1986, 8（1/2）.

[123] Hsia, C.T. "Classical Chinese Literature: Its Reception Today as a Product of Traditional Culture, " C.T. Hsia. *C. T. Hsia on Chinese Literature*. New York: Columbia University Press, 2004: 1-29.

[124] Hsu, Kai-Yu. "（Untitled Review）A Little Primer of Tu Fu. By David Hawkes, " *The Journal of Asian Studies*, Nov. 1968, 28（1）: 154-155.

[125] Hutcheon, Linda. *A Theory of Parody: The Teachings of Twentieth-Century Art*

Forms. New York: Methuen, 1985.

［126］Jenner J.F. William. "Early Chinese fiction, " *The Times Higher Education Supplement,* 19th July, 1974: 16.

［127］Jonker, D.R. "David Hawkes: 'A little primer of Tu Fu' (Book Review), " *T'oung Pao,* 1970: 56.

［128］Lanciotti, Lionello. "Chinese: classical, modern and humane. An inaugural lecture delivered before the University of Oxford on 25 May, 1961 by David Hawkes, " *East and West,* Mar. 1962, 13 (1) .

［129］Lau, Joseph S. M. "To Disillusion or To Disenchant?: The Use of Translation as Interpretation, " *Tamkang Review,* Winter 1979, 10 (2) : 227-243.

［130］Lau, Joseph S. M. " (Untitled Review) Cao Xueqin. The Story of the Stone. Volumes 1and 2. Translated by David Hawkes. Bloomington and London: Indiana University Press, 1979, " *CLEAR,* Jul.1980, 2 (2) : 300.

［131］Lévy, André. " (Untitled Review) David Hawkes (translator) , The Story of the Stone, a Chinese novel by Cao Xueqin in five volumes; volume 1, volume 2, volume 3, Harmondsworth: Penguin Books. " *T'oung Pao,* Second Series, 1984,70 (4/5) .

［132］Liu, Chun-Jo. "Briefly Noted: Ch'u Tz'u, The Songs of the South. Translated by David Hawkes. Boston: Beacon Press, 1962. " *Pacific Affairs,* Autumn 1963, 36 (3) .

［133］Lo, Irving Yucheng. "A Little Primer of Du Fu, " *The Tsing Hua Journal of Chinese Studies.* Aug. 1969, 7 (2) : 239.

［134］Mackerras, Colin. " (Untitled Review) David Hawkes (tr.) : Liu Yi and the Dragon Princess. Hong Kong: The Chinese University Press, 2003." *Asian Studies Reviews,* 2004, 28 (1) : 86.

［135］Pollard, D.E. " (Untitled Review) David Hawkes (tr.) : Cao Xueqin: The story of the stone (Dream of the red chamber) . Vol.3; The warning voice. (Chinese Literature in Translation.) Bloomington, Indiana: Indiana University Press, 1981." *Bulletin of the School of Oriental and African Studies, University of London,* 1982, 45 (3) .

［136］Pollard, D.E. " (Untitled Review) Classical, Modern and Humane: Essays in

Chinese Literature, by David Hawkes; John Minford; Siu-kit Wong." *Chinese Literature: Essays, Articles, Reviews*(*CLEAR*) , Dec. 1991, 13.

[137] Pym, Anthony. "Venuti's Visibility, " *Target* 8, 1996(1) : 165-177.

[138] Qiu, K. A. "Chinese love story, " *The Times* (London, England) , 6 December, 1980: 7.

[139] Roberts, Rosemary. "Chinese Literature Translation Workshop, " *Asian Studies Review*, 1995, 18(3) .

[140] Sanders, Tao Tao. "A Masterpiece Restored: Translating a Chinese Classic, " *Encounter*, 1974, 43 (5) : 79-82.

[141] Shadick, Harold. "(Untitled Review) Ch'u Tz'u, The Songs of the South. An Ancient Chinese Anthology. By David Hawkes." *The Journal of Asian Studies*, Nov.1959, 19 (1) .

[142] Soong, Stephen C. "Two Types of Misinterpretation—Some Poems from 'Red Chamber Dream' , " *Renditions*, Spring 1977: 73-92.

[143] Teele, Roy E. "(Untitled Review) David Hawkes. A Little Primer of Tu Fu, " *Asia and Africa: China, Books Abroad*, Winter 1969, 43(1) .

[144] Tymoczko, Maria. "Translation and Political Engagement: Activism, Social Change and the Role of Translation in Geopolitical Shifts, " *The Translator*, 2000, 6(1) .

[145] "(Untitled Review) Classical, Modern and Humane: Essays in Chinese Literature. By David Hawkes." *Philosophy East and West*, Jan. 1992, 42(1) : 202.

[146] Venuti, Lawerence. "Strategies of Translation, " In Mona Baker ed., *Routledge Encyclopedia of Translation Studies*, London & New York: Routledge, 2001.

[147] Waley, Arthur. "Our Debt to China, " *The Asiatic Review*, July 1940, 36(127) : 554-557.

[148] Waley, Arthur. "Chinese Poet, " *The Times Literary Supplement*, Friday January 30 1953: 76.

[149] Waley, Arthur. "(Untitled Review) Ch'u Tz'u, The Songs of the South. An Ancient Chinese Anthology. By David Hawkes." *Journal of the Royal Asiatic Society of Great Britain and Ireland*, Apr. 1960 (1/2) : 64-65.

[150] W., G. "(Untitled Review) David Hawkes (tr.) : A Little Primer of Tu Fu, "

Bulletin of the School of Oriental and African Studies, University of London, 1968, 31（2）.

［151］Wakeman, Frederic Jr. "The Genius of the Red Chamber, " *The New York Review of Books*, 12/06/1980.

［152］Wang, C. Y. John. "（Untitled Review）The Story of the Stone（Vol.1）, 'The Golden Days.' By Cao Xueqin. Translated by David Hawkes." *The Journal of Asian Studies*, Feb. 1976, 35（2）.

［153］Whitaker, K.P.K. "（Untitled Review）David Hawkes（tr.）: Ch'u Tz'u, the songs of the south: an ancient Chinese anthology. " *Bulletin of the School of Oriental and African Studies*, University of London, 1960, 23（1）.

［154］Widmer, Ellen. "The Story of the Stone, Volume 5: The Dreamer Wakes. By Cao Xueqin; Gao E; John Minford." *Journal of the American Oriental Society*, Oct. –Dec. 1988, 108（4）.

［155］Yang, Lien-sheng. "Notes on the Economic History of the Chin Dynasty," *Harvard Journal of Asian Studies* IX, 1946（2）: 107–185.

［156］Yang, Lien-sheng. "（Untitled Review）Ch'u Tz'u: The Songs of the South, An Ancient Chinese Anthology by David Hawkes" . *Harvard Journal of Asiatic Studies*, 1960–1961, 23.

［157］Yang, Gladys. "（Untitled Review）David Hawkes（tr.）: The story of the stone. A novel in five volumes by Cao Xueqin. Vol. Ⅰ: The golden days. Vol. Ⅱ: The crab-flower club. Bloomington, Ind.: Indiana University Press, 1979." *Bulletin of the School of Oriental and African Studies, University of London*, 1980, 43（3）: 621–622.

［158］Yang, Gladys. "An Unfinished Autobiography: I Feel I Have Two Motherlands, " *Women of China English Monthly*, Mar 2002: 25.

后　记

　　为大卫·霍克思撰写评传的任务缘于十多年前的博士学位论文。恩师葛桂录教授为我博士论文勾勒的蓝图就是给霍克思写一部评传。我交出的40余万字的《中英文学交流语境下的大卫·霍克思研究》(2012)，虽努力对霍克思一生汉学活动及成就进行勾勒与定位，但在述与评两方面仍留下了不少可拓展的空间。毕业后，老师一再叮嘱要在此基础上把《大卫·霍克思评传》写出来，但我却迟迟不敢起笔：有资料搜集不全的因素，也有史料读不透、悟不明的忧虑，更有工作忙碌的托词。所幸恩师时有督促，终是没敢懈怠，十余年的坚持，也算小有斩获。在此期间，经闵福德先生应允，我从牛津大学伯德雷恩图书馆觅得霍克思长达909页的博士学位论文，又得以在香港中文大学特藏馆翻阅由霍克思捐赠建立的"霍克思文献"(*David Hawkes' Papers*)，还在威尔士国家图书馆网站发掘到霍克思晚年捐出的"霍克思文库"(*The David Hawkes Collection*)。本人的相关研究一直在缓慢推进，先后完成了《中国古典文学的英国之旅——英国三大汉学家年谱：翟理斯、韦利、霍克思》(2017，合著)和国家社科基金书稿《汉学家大卫·霍克思与中国文学关系研究》(2021，独著)，此外还发表了几篇小文。由此，算是积蓄了些许信心与勇气，伏案提笔，一年有余，终成拙著。书稿愿以更有温度的文句、更为翔实的细节，走近中英文学交流史长河中的霍克思，评传结合，呈现他一生丰富而颇具个性的研、教、译活动，由此逼近他的品质、身份与特质，定位他在英国汉学发展史上的独特地位，以期让更多读者认识、了解霍克思。本书写来仍有多处力不逮心，以待日后改进。

　　写到后记，也就意味着要交稿了，顿感轻松！一是给自己十多年的霍克思研究做了个小结，二是交了恩师的差。无论读书还是为学，我都偏好细水长流，缺少"不用扬鞭自奋蹄"的激情。感恩遇见恩师葛桂录教授，葛老师一直对我充满信任，不断鼓励、帮助、鞭策我，若不是恩师"扬鞭"，此书稿面世定是很遥远的事情了。感恩张西平老师，体谅晚辈为学之艰辛，处处爱护，倾力扶持。感恩同道好友爱莲、陈勇、李开、易永谊的日常提点与勉励，是谓"知我忧者"。无以言谢也毋庸言谢的，还有我的家人，他们的无条件支持与无怨无悔的付出是我治学路上所有小成绩的强力保障。自惭菲薄才，有负师友恩，唯有多努力！

温州大学王丽耘

2023 年 8 月于温州